DESIGNLEXIKON Italien

Blitzstart 1946.
Italienisches Design fährt vor.

Vespa für **PIAGGIO**

Claudia Neumann

DESIGNLEXIKON

Italien

DUMONT

Fernsehserie mit Publikumserfolg.
SAPPER und **ZANUSO** produziere
Hingucker mit globaler Ausstrahlung

Algol für **BRIONVEGA**, 1964

Zu diesem Lexikon 6

The New Domestic Landscape 9
Paola Antonelli

Galerie 12
Italienische Designklassiker

Dekaden 49
Italienische Designgeschichte

Die Wiederentdeckung der Schönheit 84
Fulvio Ferrari

Lexikon 87
Von Abet Laminati bis Zeus

Guide 359
Italienische Designadressen

Index 365
Designer, Firmen, Begriffe

Zu diesem Lexikon

Design und Italien sind Synonyme. In keinem anderen Land findet sich auch nur annähernd eine solche Dichte an Designern und Designideen. Und nirgends gibt es so viele Unternehmen, die, oft über Jahrzehnte, unbeirrt ihr Gestaltungskonzept verfolgt haben. Dieses Lexikon versucht, dem Leser diese so verwirrend vielfältige Designlandschaft zugänglich zu machen, durch den einfachen lexikalischen Aufbau und durch eine große Zahl an Bildbeispielen, die das Thema auch visuell erschließen. Dabei liegt der Schwerpunkt auf Designerportraits, und hier sind wiederum Produkt- und Möbeldesigner am besten vertreten. Eine Auswahl großer Mode- und Grafikdesigner wurde ebenfalls berücksichtigt. Schließlich werden wichtige Stile und Strömungen der italienischen Designgeschichte erläutert und – erstmals in einem Handbuch wie diesem – wurden auch die Portraits wichtiger Firmen aufgenommen. Der *Interni-Guide*, ein Nachschlagewerk der italienischen Einrichtungsbranche, verzeichnet rund 1.000 designorientierte Möbelproduzenten und nicht weniger als 200 Leuchtenhersteller. Aus dieser immensen Zahl sind solche Firmen ausgewählt worden, die exemplarisch für ihre Branche stehen können. Dabei waren sowohl die historische Bedeutung als auch die aktuelle Relevanz ein Kriterium. Das Lexikon wird schließlich durch einen kommentierten Index ergänzt, in den zahlreiche zusätzliche Stichworte aufgenommen wurden. Fett gedruckte Namen und Begriffe in den Texten verweisen auf den Index.

Bernd Polster, HOWARD Buch Produktion

Die Autorinnen und Autoren

Paola Antonelli ist Kuratorin im Department of Architecture and Design am Museum of Modern Art. Studium am Polytechnikum Mailand. Zahlreiche Beiträge in Zeitschriften, darunter *Abitare*, *Domus* und *Nest*. Ausstellungen für das MoMA, u.a. *Mutant Materials in Contemporary Design*. Sie lebt in New York.

Fulvio Ferrari ist Publizist und ein weltweit bekannter Sammler und Händler des italienischen Designs, zu dessen profundesten Kennern er zählt. Er verfügt über ein bedeutendes Privatarchiv und ein Faible für Radical Design. Er lebt in Turin.

Claudia Neumann ist freie Autorin und Redakteurin, außerdem Inhaberin der Agentur Design Archive. Mitherausgeberin des *Design Calendar* (Dumont Buchverlag); zahlreiche Publikationen zu designspezifischen Themen. Sie lebt in Köln.

Massenhaft Klassiker.
ARTEMIDE preßt ab 1969 Kunststoff zur neuen Sitznorm.

Toga von **Sergio MAZZA**

8

Schein-Werfer.
Achille und **Pier Giacomo CASTIGLIONI** orten die Stilbrüche der Zukunft.

Leuchte *Taccia* für **FLOS**, 1962

The New Domestic Landscape

Italien ist Design ist Experimentierfreude

Romantisierende Vorstellungen vom Italiener und seinen geheimen Erfolgsrezepten sollte man tunlichst vergessen und sich stattdessen lieber die außerordentliche Effizienz Italiens bewußt machen, die in der Designgeschichte des 20. Jahrhunderts Modellcharakter hat. Nirgendwo sonst auf der Welt findet man eine solche Vielfalt an Konzepten und formalen Lösungen, so viele Anwendungen unterschiedlichster Technologien. Nirgendwo sind dabei alle Designbereiche so vollständig repräsentiert: von Mode über Grafik bis zu Produktdesign und Bühnenausstattung. Und wo sonst werden all diese Bereiche ausführlicher und facettenreicher in der Literatur dokumentiert und erfahren solch ein internationales Feedback wie in Italien? Durch die Verbindung der besten industriellen und kulturellen Kräfte des Landes zu einer beispiellosen Aktion nationaler Imagebildung ist italienisches Design an sich zu einer Ikone geworden, beinahe schon losgelöst von den konkreten Produkten.

Die nationalen Designkulturen erreichten ihren Zenit zu unterschiedlichen Zeitpunkten. Dadurch wurden sie selbst zu temporären Symbolen in der Geschichte des Designs. Während Frankreich nach der Jahrhundertwende und in den 20er Jahren an der Reihe war, Deutschland in den 30er und 40er Jahren und die USA und Skandinavien sich die 50er Jahre teilten, gehörten Italien der größte Teil der 60er und der frühen 70er Jahre, eine aufregende Epoche voller positiver Bedeutungen, die designgeschichtlich weltweit als besonders wichtig eingeschätzt wird.

Es geht das Gerücht, daß während der 50er Jahre einige talentierte, jedoch arbeitslose Architekten durch einen glücklichen Zufall auf aufgeklärte Industrielle trafen, die gerade auf der Suche nach neuen Produkten waren, während die große Industrie, besonders die Chemieindustrie, vor Innovationen brodelte, die nur darauf warteten, entdeckt und angewandt zu werden.

Gemeinsam schufen die beiden Seiten eine funktionierende Formel, in der ihr technisches Wissen, ihre Träume und ihre Ziele aufgingen, ein Modell, das in den 60er Jahren Früchte tragen sollte. Die besten Beispiele des italienischen Designs spiegeln diese enge Zusammenarbeit wider, von der sich Designer auf der ganzen Welt bis zum heutigen Tag bei ihren Experimenten in hohem Maße anregen lassen.

In der Zeit vor dem Zweiten Weltkrieg teilten nur wenige Firmen diese Einstellung. Bekannte Beispiele sind **Campari**, **Pirelli** und **Olivetti**. In den 50er Jahren ließen sich dann viele Hersteller von dem Modell anstecken. Selbst Designgenies wie **Achille** und **Pier Giacomo Castiglioni**, **Vico Magistretti** oder **Marco Zanuso**, um nur wenige zu nennen, wären wahrscheinlich niemals so erfolgreich gewesen ohne diese ungewöhnliche Sensibilität der Hersteller. Umgekehrt wären viele konservative Firmen wie z.B. **Cassina**, die sich lange mit ihren großen Auftragsbeständen und der bequemen Imitation eklektischer Stile zufrieden gaben, ohne sie niemals zu Vorreitern des Designs geworden. Vor allem Firmen in Familienbesitz, und zwar insbesondere in Norditalien, d.h. in der Region nördlich von Mailand, im Veneto und teilweise in Mittelitalien, reagierten positiv. Sie ließen sich auf die anspruchsvolle Kultur der Architekten ein und sahen die technische Umrüstung der brachliegenden Kriegsindustrie als Chance.

In dem nun schnell einsetzenden wirtschaftlichen Boom konnten die vielen eilig gegründeten Firmen genügend Kapital ansammeln. Einige fingen bei Null an und profitierten von den neuen Technologien. **Kartell** als Beispiel für viele, im Nachkriegsjahr 1948 vom Ingenieur Giulio Castelli gegründet, konnte aus der Erfindung des Propylethylens Kapital schlagen. Andere, wie **Arteluce**, wurden von Designern ins Leben gerufen, die ihre Ideen nicht nur in Einzelstücken realisiert sehen wollten und sich der Technologie deshalb nun auf eine kalkulierte, nutzorientierte Weise bedienten. Währenddessen entzündete sich ein lebhafter Dialog zwischen dieser neu entstandenen Architektur- und Designszene und dem Rest der Welt. Was den interdisziplinären Gärungsprozeß in Italien nur noch verstärkte und das spektakuläre Profil des italienischen Designs weiter schärfte, unterstützt durch Ereignisse wie die Möbelmesse und die *Triennale* in Mailand und Publikationen wie *Domus*, *Abitare* und *Casabella*.

Der große Augenblick kam schließlich 1972 mit der Ausstellung *Italy: The New Domestic Landscape* im Museum of Modern Art in New York, ein Kulminationspunkt des italienischen Designs, den mancher allerdings auch bereits als dessen Schwanengesang bezeichnet. Die Ölkrise und die »von Patronen durchsiebten Jahre« des Terrorismus forderten ihren Tribut. Aber sie konnten die optimistische Einstellung des italienischen Designs und seine visionäre Seele nicht vollständig zerstören. Das **Memphis**-Phänomen und die postmodernen Aktivitäten von Firmen wie **Alessi** stehen beispielhaft für einen neuen Weg im italienischen Design, der sich mehr an die Modebranche anlehnt. Folgerichtig begannen Firmen das Wort »Kollektion« in ihren Produktionskatalogen zu verwenden und sich auf die Signatur des »Künstlers« zu konzentrieren, abgestützt durch eine wohldurchdachte Corporate Identity.

Bei alldem haben es die italienischen Designunternehmen bis zu diesem Tag fertiggebracht, ihren Status und ihre traditionelle Experimentierfreude beizubehalten. Nun locken sie in einer Zeit, in der einheimische Designer rar sind, weltweit die besten Talente an und halten wie ehedem die Flagge des italienischen Designs hoch.

Paola Antonelli
Museum of Modern Art, New York

Muster-Beispiel für ein Jahrzehnt. Die Möbel blieben Einzelstücke. Die **MEMPHIS**-Mosaike von **SOTTSASS** und Co. aber bevölkerten die Welt der 80er.

Regal *Carlton*, 1981

Traumhochzeit.
VALENTINO geht eine unlösbare Verbindung mit einer Farbe ein.

Couture 1965

14

Flirrendes Design-Zitat.
1978 verkündet **Alessandro MENDINI** das Ende der Designgeschichte und macht sich mit Pinsel und Säge über sie her.

Poltrona di Proust
für **ALCHIMIA**

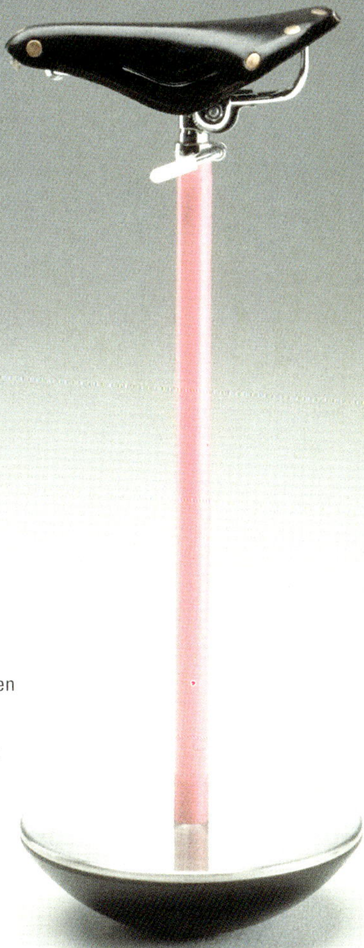

Fahrraddiebe.
1957: **Achille & Pier Giacomo CASTIGLIONI** stehlen allen anderen mit ihrem Wackel-Sattel die Schau.

Sella, ab 1983 von **ZANOTTA** produziert

Weich kalkuliert.
Mario BELLINIS Soft-Tastatur
addiert 1972 zum tristen Rechnen
ein unverhofftes sinnliches Erlebnis.

Divisumma 18 für **OLIVETTI**

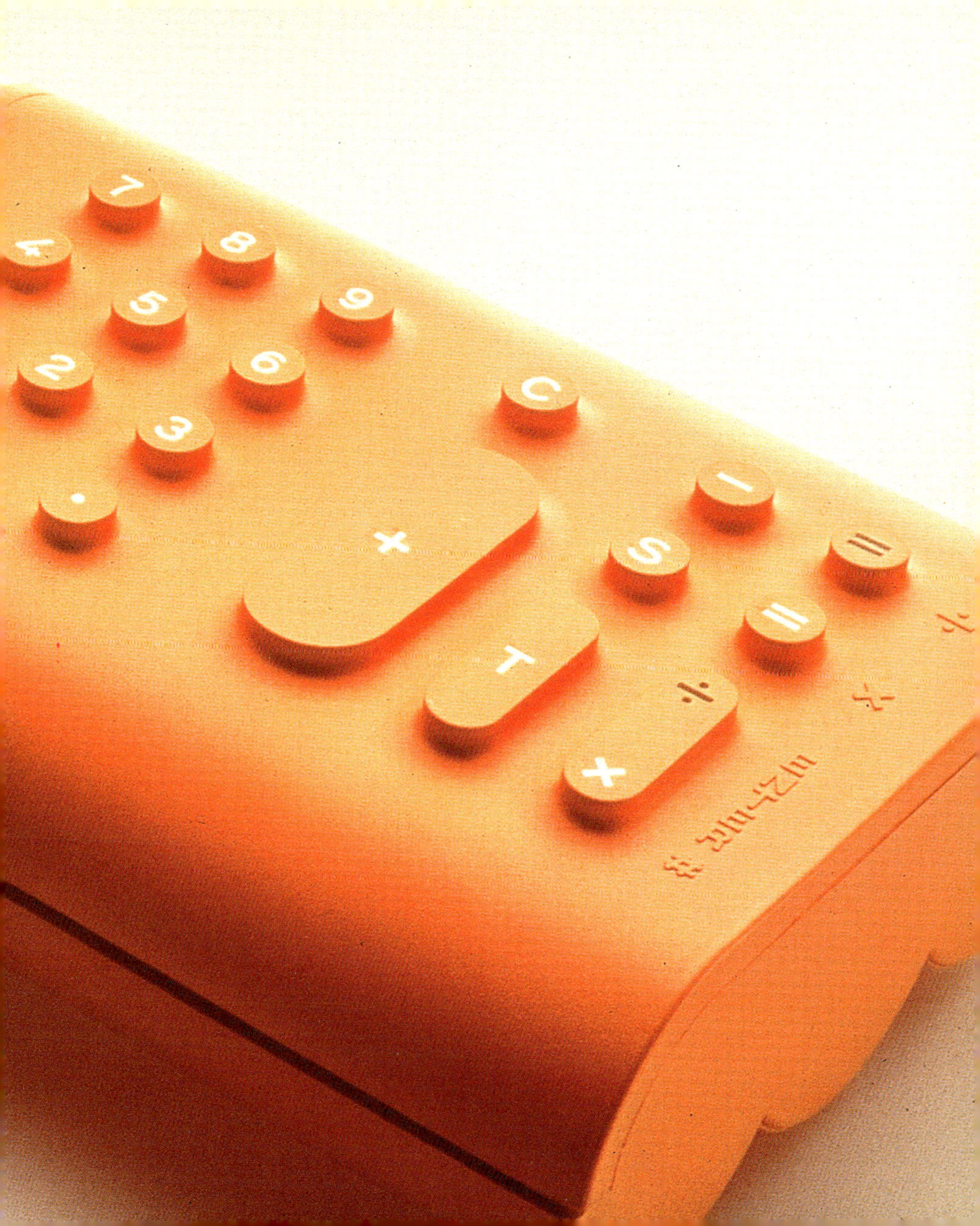

Interaktive Matratze.
Zehn Jahre vor Ikea lädt
Joe COLOMBO Möbelkäufer
zum Bettenbauen ein.
Additional System für **SORMANI**, 1967

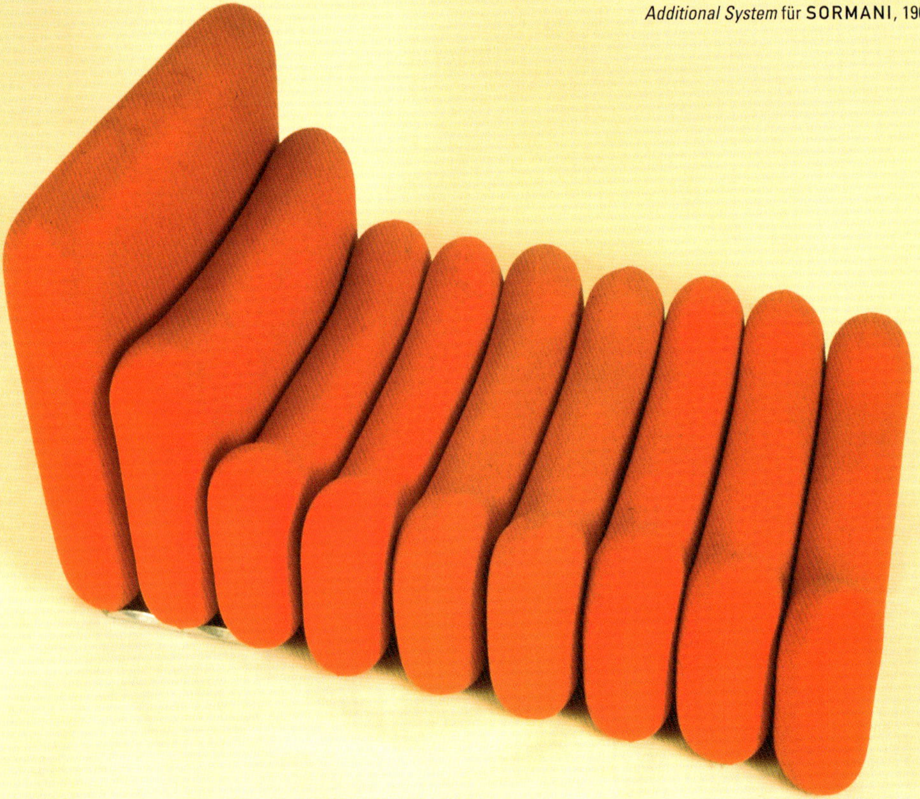

Kühle Geste.
1954 verleiht
Bruno MUNARI dem
Reichen von Eiswürfeln
eine ungeahnte Eleganz.

Eiskübel *TMT*, produziert
von ZANI & ZANI

"PRATONE

Plastik-Provokation.
GUFRAMS Designer schäumen Kunststoff zu Pop-Ikonen auf.

Kunstrasen *Pratone* von CERETTI, DEROSSI, ROSSI, 1971

Sitz-Perspektive.
SAWAYA & MORONIS Kontrast-Keil bringt in den 90ern Hochgeschwindigkeit in jede Ruheposition.

Bine von Marcello MORANDINI, 1991

Piccolo Teatro di Milano

Ente Autonomo

irezione Paolo Grassi - Giorgio Strehler

ilano - Palazzo del Broletto - Via Rovello, 2
elefoni: 896915 - 803464 - 867206 - 867208 - 873585
iglietteria 872352 - 877663

Ufficio Abbonamenti e Propaganda
Via Rovello, 6

stagione1964/65 diciannovesima dalla fondazione
al Piccolo Teatro

da sabato
28 novembre

lunedì, mercoledì, giovedì, venerdì, alle ore 21,10 precise
sabato alle ore 15,30 e 21,10 precise
domeniche e festivi alle ore 15,30 precise
termine spettacoli: pomeriggio: ore 18,10, sera: ore 23,50
martedì (esclusi festivi e prefestivi) riposo

Sul caso J. Robert Oppenheimer

tempi di Heinar Kipphardt
rima rappresentazione in Italia

allestimento di Giorgio Strehler e Cioni Carpi,
Luciano Damiani, Gigi Lunari, Virginio Puecher,
Fulvio Tolusso

istribuzione:

. Robert Oppenheimer, fisico	Renato De Carmine
a commissione d'inchiesta:	
ordon Gray	Raffaele Giangrande
Vard V. Evans	Ferdinando Tamberlani
homas A. Morgan	Gastone Bartolucci
li avvocati della commissione per l'energia atomica:	
oger Robb	Franco Graziosi
.A. Rolander	Ugo Bologna
'avvocato della difesa:	
erbert S. Marks	Mario Mariani
testimoni:	
oris T. Pash, ufficiale del servizio segreto	Corrado Nardi
ohn Lansdale, ex ufficiale del servizio segreto	Ottavio Fanfani
lans Bethe, fisico	Antonio Meschini
dward Teller, fisico	Luciano Alberici
avid Tressel Griggs, geofisico della Air Force	Attilio Duse
sadore Isaac Rabi, fisico	Giulio Girola

ssistente alla regia: Paolo Radaelli

e scene sono realizzate dal Laboratorio
i Scenografia del Piccolo Teatro
ittore scenografo Leonardo Ricchelli,
ostruttore Bruno Colombo

Direttore di palcoscenico: Bruno Martini
Capo elettricista: Mino Campolmi
Rammentatore: Giuseppe Lelio

Vice direttore di palcoscenico: Luciano Ferroni
Primo macchinista: Fortunato Michieli
Attrezzista: Aldo Dal Santo
Sarta di palcosenico: Lea Gavinelli

rezzi:

1600 Poltrona di platea / 1100 Poltroncina di platea / 800 Balconata

e prenotazioni si ricevono alla biglietteria
el Piccolo Teatro (tel. 872352-877663)
gni giorno dalle ore 10 alle ore 19.
a vendita e la prenotazione dei posti
engono aperte con quattro giorni di anticipo.
posti prenotati telefonicamente si ritengono rinunciati

I prezzi su esposti includono ingresso e tasse.
Posteggio autorizzato per automobili.

Vale il tagliando n. 2 degli abbonamenti

Telefoni: 896915 - 803464 - 867206 - 867208 - 873585 Via Rovello, 6
Biglietteria 872352 - 877663

stagione1964/65 diciannovesima dalla fondazione
al Piccolo Teatro

da sabato
26 dicembre

lunedì, mercoledì, giovedì, venerdì, alle ore 2
sabato alle ore 15,30 e 21,10 precise
domeniche e festivi alle ore 15,30 precise
termine spettacoli: pomeriggio: ore 18,10, sera
martedì (esclusi festivi e prefestivi) riposo

Il Signor di Pourceaugnac

commedia in tre atti di Molière
nuova traduzione di Ruggero Jacobbi

regia di Eduardo De Filippo

Distribuzione:

Il Signor di Pourceaugnac	Tino Buazzelli
Oronte	Armando Alzelmo
Giulia, figlia di Oronte	Manuela Andrei
Nerina, ruffiana, finta moglie di Pourceaugnac e finto ufficiale	Gabriella Giacobbe
Lucetta, altra finta moglie di Pourceaugnac	Narcisa Bonati
Eraste, innamorato di Giulia	Umberto Ceriani
Sbrigani, napoletano tagliemestieri	Franco Sportelli
Primo medico	Sandro Merli
Secondo medico	Ivan Cecchini
Un farmacista	Sandro Dori
Un contadino	Giancarlo Cajo
Una contadina	Narcisa Bonati
Primo avvocato	Ivan Cecchini
Secondo avvocato	Pietro Buttarelli
Primo svizzero	Giancarlo Cajo
Secondo svizzero	Paride Calonghi
Infermieri, Bambini, Magistrati, Secondini, Arcieri	Giorgio Biavati Pietro Buttarelli Giancarlo Paride Calonghi Piergiorgio Menegazzo
Musicisti	Antonio Baldini Giuseppe Bova Augusto Antonio Esposito Mario Sarria

L'azione si svolge a Parigi

Scene e costumi di Mino Maccari
Musiche di Fiorenzo Carpi
Pantomime di Rosita Lupi
Regista assistente Virginio Puecher

Le scene sono realizzate dal Laboratorio
di Scenografia del Piccolo Teatro
pittore scenografo Leonardo Ricchelli,
costruttore Bruno Colombo

I costumi sono realizzati dalla Sartoria
del Piccolo Teatro
Capitecnici: Angelo Bocenti, Tina Nicoletti,
Ines Rezzonico
e dalla Sartoria Maria Consiglio di Napoli

Direttore di palcoscenico: Luciano Ferroni
Capo elettricista: Mino Campolmi
Primo macchinista: Fortunato Michieli
Rammentatore: Ildebrando Biribò
Attrezzista: Aldo Dal Santo

Prezzi:

L 1600 Poltrona di platea / L 1100 Poltroncina di platea / L 800 Bal

Le prenotazioni si ricevono alla biglietteria
del Piccolo Teatro (tel. 872352-877663)
ogni giorno dalle ore 10 alle ore 19.
La vendita e la prenotazione dei posti
vengono aperte con quattro giorni di anticipo.

I posti prenotati telefonicamente si ritengono
rinunciati se non vengono ritirati entro le ore 18
del giorno successivo alla prenotazione.

I prezzi su esposti includono ingresso e tas
Posteggio autorizzato per automobili.

Vale il tagliando n. 2 degli abbonamenti

Servizio di recapito a domicilio
dei biglietti o dei posti in abbonamento
prenotati telefonicamente.

Di tutti i poeti comici che subirono, in Europa,
le influenze della Commedia italiana
dell'arte, il più grande e insieme quello che più
direttamente ne proviene è Molière.
Molière è un francese e come tale è un borghese.

precisamente il contrario, ... In certo senso,
d'ogni morale eroica. La morale eroica ...
è in qualche modo «contro natura»: contro
il coraggio, contro natura il sacrificio, contr
la rinuncia, contro natura la castità, contro

Schön banal. Aus **KARTELLS** unscheinbarer Schüssel wird Italiens erstes Designer-Nudelsieb.

Gino **COLOMBINI**, 1959

Schwarz-Rot-Dramaturgie. Seit dreißig Jahren treiben die **VIGNELLIS** ein unverwechselbares Spiel mit ihrem Zwei-Farben-Alphabet.

Programm für das
Piccolo Teatro di Milano, 1964

Ausladend einladend. **Gaetano PESCES** Steppthron dämpft die lauten 80er.

I Feltri für **CASSINA**, 1987

Die **DUCATI** zeigt, was sie hat. In den 90ern läßt die Bella Macchina endgültig die Hüllen fallen.

Ducati *916 Biposto*, 1998

Straßenfeger.
FIORUCCI macht seit den 70ern die Piazza zum Laufsteg.

Kollektion 1997/1998

Sanfter Schwingkörper.
Carlo SCARPA bringt
1940 Ruhe ins Glas.

Vase *Battuto Bicolore* für **VENINI**

Rauhe Schalen.
Marco FERRERIS Stapelteller landen weich im Küchen-Kosmos der 90er.

Antipodi für **DANESE**

Heimliche Invasion.
Mit **Giorgetto GIUGIAROS** Golf kommt italienisches Design über vier Millionen Mal auf deutsche Straßen.

VW *Golf* von **ITALDESIGN**, 1974

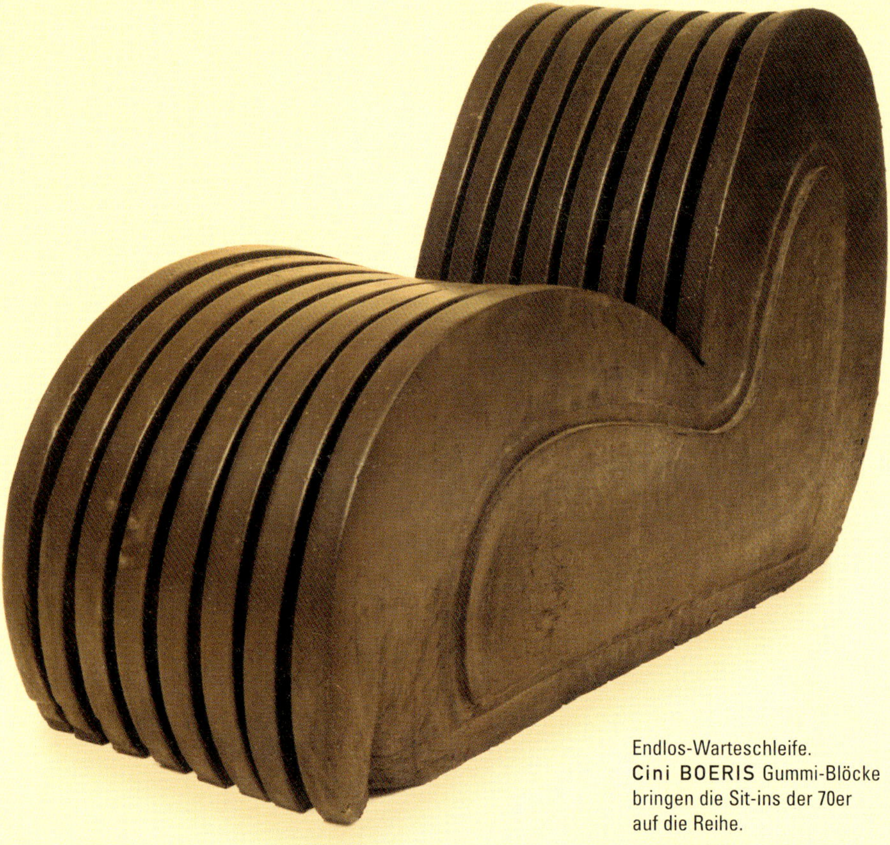

Endlos-Warteschleife.
Cini BOERIS Gummi-Blöcke bringen die Sit-ins der 70er auf die Reihe.

Sitzschlange *Serpentone* für **ARFLEX**, 1971

Stil-Kapriolen.

Ende der 40er Jahre biegen **Carlo GRAFFI** und **Carlo MOLLINO** kühne Kurven in hartes Holz.

Sessel, um 1950

32

Rechner mit Geschwindigkeit.
Marcello NIZZOLI bringt die automobile Stromlinie auf den Tisch. **OLIVETTI** fährt weiter Gewinne ein.

Elettrosumma 14, 1946

Marketing frißt Kunst.
Die **FUTURISTEN** kommen aufs Werbeplakat und steigern die Umsätze der Getränkehersteller.

Plakat für **CAMPARI** von **Fortunato DEPERO**, 20er Jahre

TTER C
MPARI

Erhellende Geometrie.
Vico MAGISTRETTIS
Balance-Akt hebt die
Tischkultur der 70er.

Atollo für O LUCE, 1977

Sitzen im Dreieck.
1969 treibt ARCHIZOOM die Reduktion auf die Spitze und kantet Stahl zur Möbel-Karikatur.

Mies für POLTRONOVA

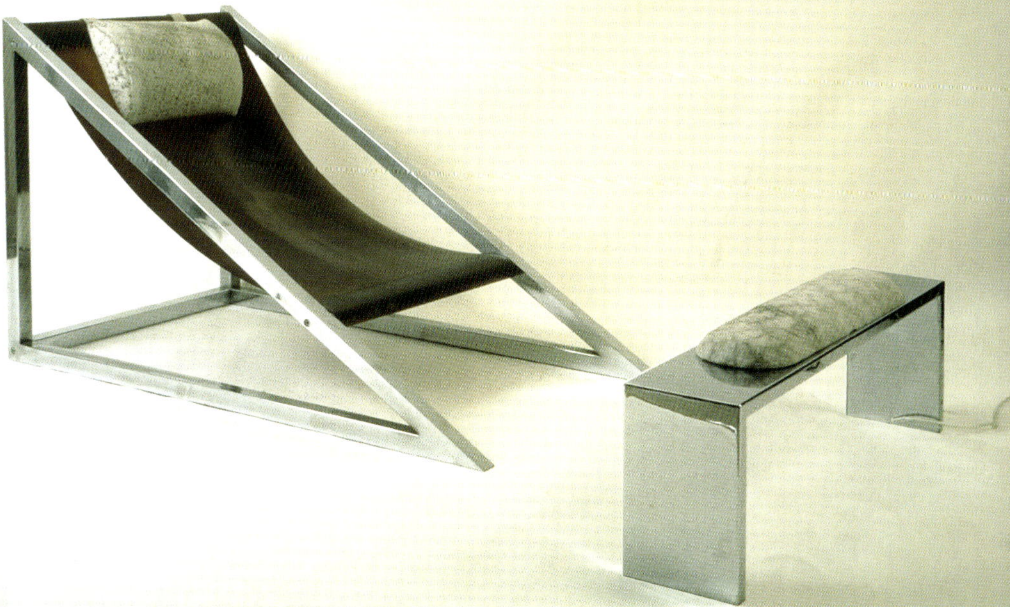

36

Neue Wilde.
Karosserieschneider **BERTONE** wirft für **ALFA ROMEO** die Halbstarken in Schale.

Alfa *Giulietta Sprint Coupé*, 1954

Verpackungs-Künstler. **Erberto CARBONI** macht die Nudel unwiderstehlich.

Verpackung für BARILLA, 1956

Schwebezustand.
1989 entert **LUCEPLANS** Zimmer-Ufo die Bürolandschaft.

Titania von Paolo **RIZZATTO** und Alberto **MEDA**

Kabinett-Stückchen.
Piero FORNASETTI
klebt **Gio PONTI** die Bücher
auf den Schrank.

Prototyp, 1950

40

Knutschzone.
1968 läßt sich die Flower-Power-Generation auf **ZANOTTAS** Pop-Sack nieder.

Sacco von **GATTI / PAOLINI / TEODORO**

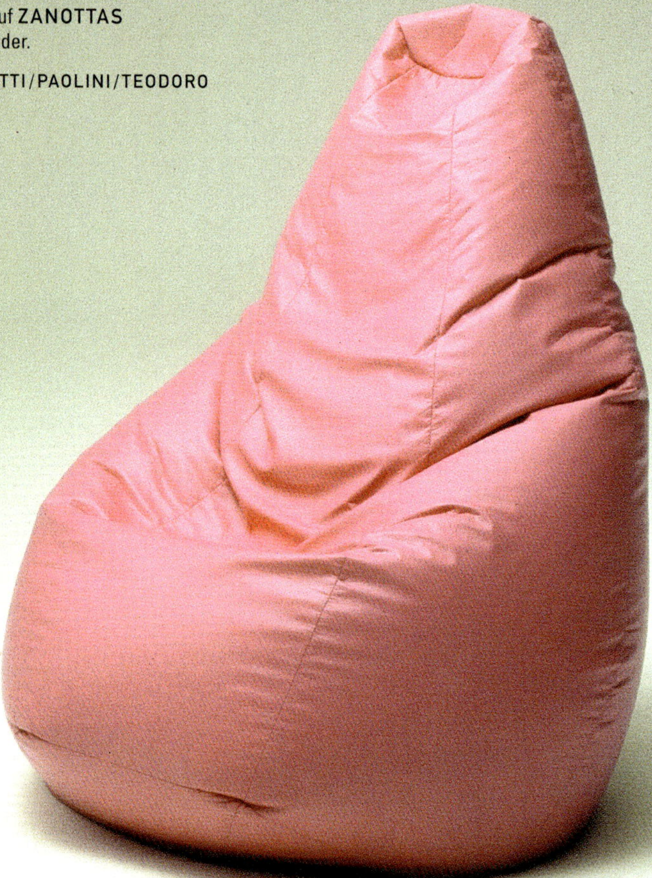

Weisser Monolith. **VALLE** und **ZANELLO** bringen in den 60er Jahre System ins italienische Küchen-Chaos.

Kompaktwaschmaschine *P.5* für **ZANUSSI**, 1966

REX

Mythos-Konstrukteure.
Als **Enzo FERRARI Battista PININ FARINA** traf, formten sie aus rotem Blech die Traummaschinen des 20. Jahrhunderts.

Ferrari *250 GT Berlinetta SWB*, 1960

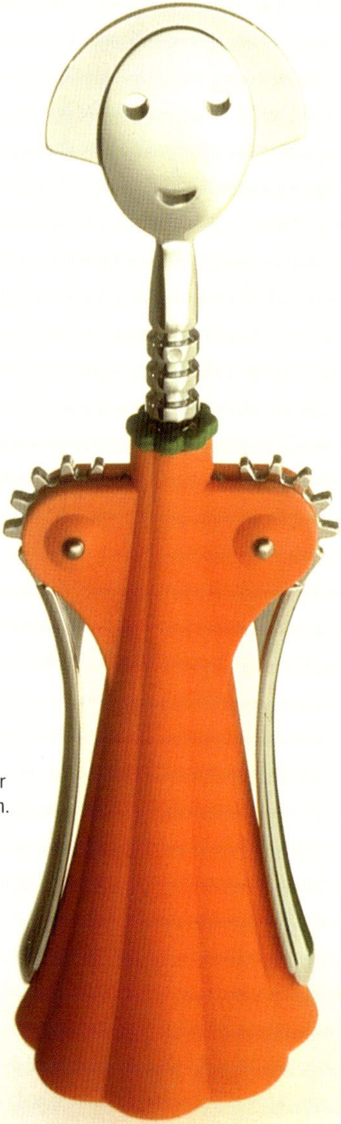

Eiserne Lady.
MENDINIS figuraler Korkenzieher läutet **ALESSIS** bunte Periode ein. Heute wird der armen Frau millionenfach der Kopf verdreht.

Anna G., 1994

Plakatkunst nach Maß.
Albe STEINER gibt einem Kaufhaus Konfektion.

Plakat *L'estetica nel Prodotto* für LA RINASCENTE, 1953

19|31 ottobre 1953
al terzo piano
L'estetica nel prodotto a
la Rinascente

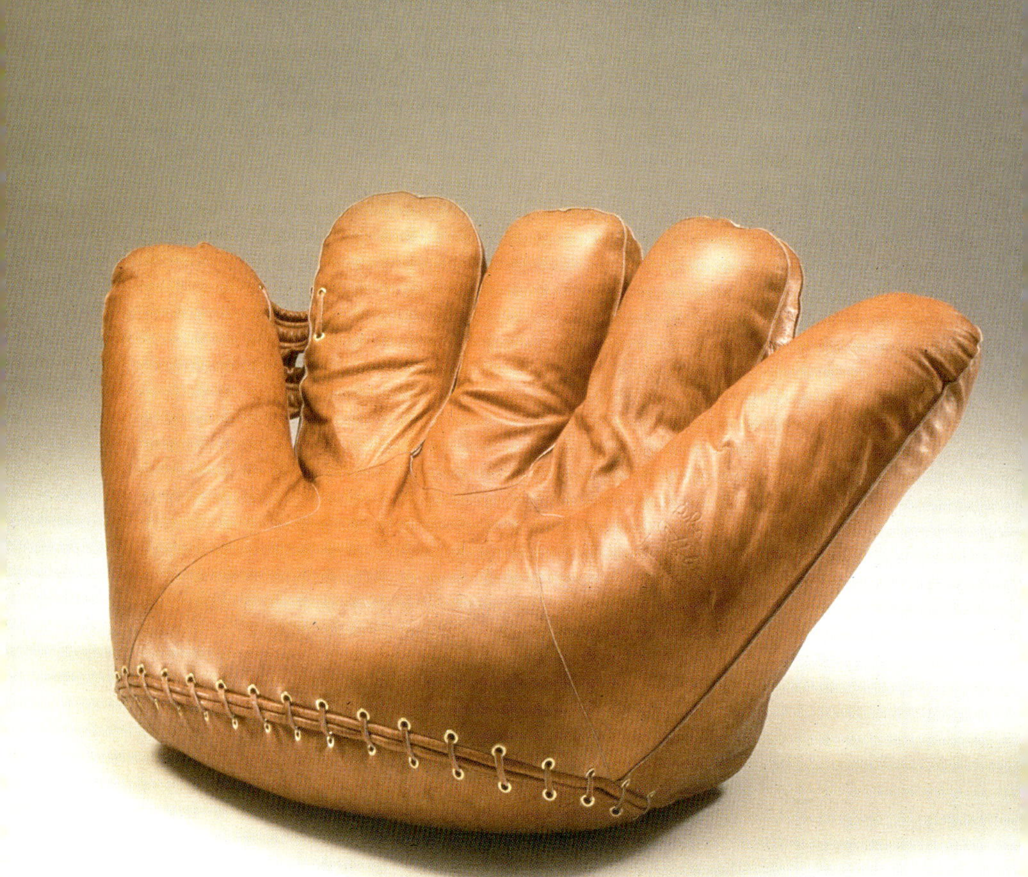

Großer Wurf.
Der Riesenbaseballhandschuh von **DE PAS / D'URBINO / LOMAZZI** wird zum Blickfänger der 70er.

Joe für **POLTRONOVA**, 1970

Elegante Hart-Plastik.
Enzo MARI macht ein sprödes
Material salonfähig.

Vase *3087 A* für **DANESE**, 1969

Mutter aller Kleinwagen.
Dante GIACOSAS *Topolino* bekommt alles, was ein Erfolgsmodell braucht: einen niedlichen Namen und einen niedrigen Preis.

Fiat *500*, 1936

Seite 49
Kalender *Timor* von Enzo Mari für Danese, 1966

Dekaden

Italienische Designgeschichte von 1860 bis heute

1860-1945

Vom Unikat zur Serie

Pionierarbeit und Prototypen

Design wird in Italien nicht von Designern gemacht. Ob *Vespa* oder Knautsch-*Sacco*, der aufblasbare Sessel *Blow*, die rote **Olivetti**-Schreibmaschine *Valentine* oder **Alessis** Espressokanne *La conica*: die Designklassiker – und nirgends gibt es so viele wie in Italien – stammen in der Regel von Autodidakten. Den Mythos des italienischen Designs begründeten Architekten, Künstler, Ingenieure, Chemiker, Flugzeugbauer, Rennfahrer. Keiner von ihnen hat je Design studiert. Denn in Italien gab es bis in die 80er Jahre keine Designausbildung. Und noch etwas ist bemerkenswert: Alle genannten Ikonen wurden erst nach 1945 entworfen. Der Wille, ein neues und demokratisches Land aufzubauen, erfaßte nach dem Ende des Faschismus auch die gesamte kulturelle Welt Italiens. Jetzt forderte der intellektuelle Vordenker und Architekt **Ernesto N. Rogers**, daß Architekten künftig »vom Löffel bis zur Stadt« alles gestalten sollten, was die Menschen umgebe, also auch profane, nützliche Alltagsgegenstände.

Der Demokratisierungsgedanke setzte ein enormes Potential an Gestaltungswillen frei. Selbst ein simpler Plastikeimer wurde nun gesellschaftsfähig, und für sein Design konnte man – wie **Gino Colombini** 1955 – den begehrten *Compasso d'oro*, Italiens Design-Oscar, gewinnen. Erst mit der umfassenden Industrialisierung und dem Wirtschaftswunder der 50er Jahre wurden die Voraussetzungen für das italienische Design geschaffen, das bald weltweit dominierte und in den 60er Jahren damit die Vormachtstellung des skandinavischen Designs brach. Die Geschichte der

»Und gibt es hier auch Philister, so sind es doch italienische Orangenphilister und keine plump deutschen Kartoffelphilister.«

Heinrich Heine

Seite 50
Fiat-Fabrik Lingotto, Turin, mit spiralförmiger Auffahrt zur Teststrecke auf dem Dach, 1921

v.l.n.r.
Pirelli, Reifenmontage, um 1920
Stuhl Cobra von Carlo Bugatti, 1902
Erste Olivettifabrik in Ivrea, um 1910

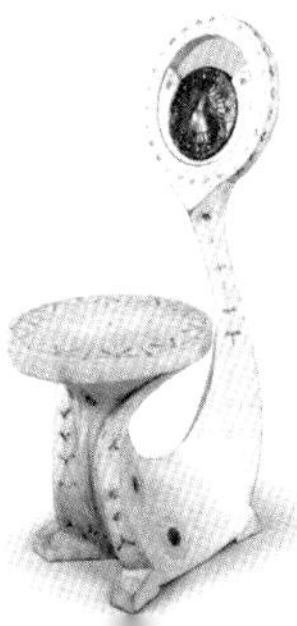

1861 Garibaldis Eroberungen (bis 1871)

1863 Gründung des Polytechnikums in Mailand

1871 Einigung Italiens; Anfänge der Industrialisierung

1876 Elektrische Straßenbeleuchtung in Mailand

1877 Ausbau Eisenbahnnetz

1882 **Tosi** gegr.

1886 **Breda** gegr.

1887 Schutzzollpolitik fördert die Industrialisierung im Norden; im Süden Wirtschafts- und Finanzkrisen

1889 Lega socialista gegr.

1892 **Pirelli** als Gummigeschäft in Mailand gegr.

1893 Bauernaufstände in Sizilien

1899 **Fiat** gegr.

1902 Intern. Kunstgewerbeausst. Turin: Blüte des Stile **Liberty**; Fabrikarbeit gesetzl. geregelt

industriellen Entwicklung ist aufs engste mit der des Industriedesigns verzahnt – eine Tatsache, die bei der Beschäftigung mit ästhetischen Werturteilen oft übersehen wird.

Die industrielle Revolution hatte das Agrarland Italien erst in den 1870er Jahren erreicht, d.h. relativ spät im Vergleich zu England oder Frankreich. Risikofreudige Unternehmer, die tatkräftig neue Betriebe zur Produktion von Konsumgütern aufbauten, gab es nur wenige im Land. Pionierarbeit leistete Camillo **Olivetti**, der 1908 in Ivrea eine Schreibmaschinenfabrik gründete. Eine Schreibmaschine sollte, so seine Überzeugung, nicht länger ein »Nippesobjekt im Wohnzimmer mit Verzierungen von fragwürdigem Geschmack« sein, sondern sich durch ihren Nutzwert auszeichnen. Seine Vorstellung nahm mit der von ihm entworfenen Schreibmaschine *M 1* von 1911 Gestalt an, deren schnörkellose und schlichte Form vollständig aus dem industriellen Fertigungsprozeß abgeleitet war.

Rasanter entwickelte sich die Automobilindustrie, auch wenn zunächst die von ihr produzierten Luxus- und Rennwagen einer kleinen, wohlhabenden Klientel vorbehalten blieben. 1899 wurde **Fiat**, 1905 **Lancia** und 1909 **Alfa Romeo** gegründet. Fortschritt und Tradition gingen dabei eine eigentümliche Verbindung ein: Während technische Leistungen und arbeitsteilige Produktionsprozesse bereits den Weg ins neue Jahrhundert wiesen, regierte im Inneren der Automobile eine pompöse Gemütlichkeit, die noch deutlich dem 19. Jahrhundert entstammte. Eine Wende markierte

1912 die Produktion des Fiat *Zero*. Er war nach amerikanischem Vorbild für die Serie bei niedrigen Herstellungskosten konzipiert und damit die italienische Antwort auf das *Model T* von Ford.

Daß die Bereitschaft der Industrie zu formalen Experimenten noch eher schwach ausgeprägt war, mußten auch die fortschrittsenthusiastischen Futuristen erkennen. Bei aller Euphorie für das donnernde Maschinenzeitalter: die Möbel- und kühn gemusterten Textilentwürfe des Malers **Giacomo Balla** etwa und andere Ideen fanden kaum Eingang in Industrieproduktion und Alltag.

Als nach dem Ende des Ersten Weltkriegs der Kunde Staat für die Industrie ausfiel, waren die Folgen die gleichen wie im übrigen Europa: soziale Unruhen und eine massive Wirtschaftskrise. Die Lage wurde bald so desolat, daß die vollmundigen Versprechungen Mussolinis, das Land zu nationaler Größe zurückzuführen, auf fruchtbaren Boden fielen. Von Anfang an subventionierten die 1924 an die Macht gelangten Faschisten die Industrie. Und so kamen die Italiener in den 30er Jahren in den Genuß von industriell gefertigten und manchmal sogar gut gestalteten Produkten. Wieder war Olivetti, nun unter der Leitung von Camillos Sohn Adriano, Vorreiter: Die funktionalen, eleganten Schreibmaschinen *MP 1* (1932) und *Studio 42* (1935) sowie eine aufsehenerregende, moderne Reklame waren das Werk der Werbeabteilung des Unternehmens, dem u.a. der Bauhaus-Künstler **Xanti Schawinsky**, die Architekten **Luigi Figini** und **Gino Pollini** sowie der Grafiker **Marcello Nizzoli** angehörten.

»Suche die besten Teile der Konkurrenz und kombiniere sie besser als die Konkurrenz.«

Fiat-Maxime

v.l.n.r.

Schreibmaschine M 1 von Camillo Olivetti, 1911

Fiat Zero, 1912

Tisch und Stuhl für Büro Gualino von Giuseppe Pagano und Gino Levi-Montalcini, 1928

Alfa Romeo RL Super Sport, 1925

1905 Eisenbahn verstaatl.; **Lancia** gegr.

1908 **Olivetti** gegr.

1909 F. T. Marinettis Gründungsmanifest des Futurismus

1910 **Alfa Romeo** gegr.

1911 Krieg gegen die Türkei; erste Olivetti-Schreibmaschine

1915 Manifest *Ricostruzione futurista dell'Universo* (Futuristischer Wiederaufbau des Universums) von **Giacomo Balla** und **Fortunato Depero**

1917 **La Rinascente** gegr.

1920 Vertrag von Rapallo mit Jugoslawien

1921 **Alessi** gegr.

1922 Mussolini wird Premier

1924 Wahlsieg der Faschisten; ab 1926 totalitäres Regime

1926 **AGIP** gegr.; Zuwachs Landwirtschafts- und Industrieproduktion (bis 1932)

Die rationelle Industriefertigung nach amerikanischem Modell setzte sich nun endgültig durch. Speziell die großen Automobilfirmen Fiat, Alfa Romeo und Lancia ließen sich auch ästhetisch durch die USA anregen. Sie importierten die Stromlinienform und setzten sie mit Hilfe von Karosseriebauern wie **Pinin Farina** und **Bertone** in Luxuslimousinen wie das Lancia *Aprilia Coupé*, den Fiat *1500* und das Alfa *6 C 2300 »Pescara« Coupé,* um: aerodynamische Wunderwerke all'italiana. 1936 stellte Fiat eine epochemachende Neuheit vor, bei der statt dem üblichen spektakulären Styling mit einem Mal soziale Aspekte die Gestaltung bestimmten: Der Fiat *500*, mit 8.900 Lire für viele Italiener nun im Bereich des Erschwinglichen, eroberte als kleinstes Auto der Welt rasch die Straßen Italiens. Bis 1948 liefen 150.000 der *Topolinos*, der »Mäuschen«, vom Fließband.

Mit dem Radio hielt eine andere technische Errungenschaft Einzug in die italienischen Wohnzimmer. Die meisten waren allerdings noch in einen repräsentativen Wohnschrank eingekleidet. Deshalb sorgte 1940 auf der Mailänder *Triennale*, einer im Dreijahresrhythmus wiederkehrenden großen Produktschau, der von **Luigi Caccia Dominioni** sowie **Livio** und **Pier Giacomo Castiglioni** für Phonola gestaltete Bakelitempfänger für Furore: Er war »tipo a telefono« gestaltet, orientierte sich also formal am Telefon, einem anderen Fortschrittssymbol.

In solchen zeitgemäßen Entwürfen hatte die europäische Moderne ihre Spuren hinterlassen, in Italien als Bewegung des

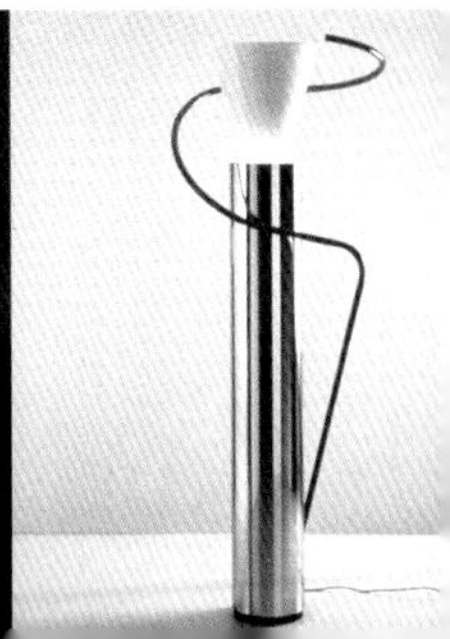

Rationalismus bekannt. Ursprünglich eine Architekturströmung, fand das Prinzip der Funktionalität auch Eingang in die Produktgestaltung. Bis Mitte der 30er Jahre akzeptierten die Faschisten diese Richtung und ließen 1934–36 sogar ihre Parteizentrale, die Casa del Fascio in Como, von **Giuseppe Terragni** im rationalistischen Stil erbauen. Im Bereich der Möbelproduktion schlug sich der Einfluß der Moderne am ehesten in den vom Bauhaus inspirierten Stahlrohr- und Chrommöbeln nieder, wie bei **Piero Bottonis** Stuhl *Lira*, in dessen Metallgestell dünne Stäbe aus Edelstahl eingezogen wurden, die den Stuhl gleichzeitig stabilisierten und die Rückenlehne bildeten (er wird heute von **Zanotta** produziert). Viele rationalistische Entwürfe kamen über das Stadium des Prototyps indessen nicht hinaus, da die Werkstätten sie technisch nicht realisieren konnten.

Mussolini favorisierte im Wettstreit um den »wahren« faschistischen Stil aber schließlich die Architekturbewegung **Novecento**, die auch neoklassizistische Traditionen gelten ließ, sich eher als Modernisierer traditioneller Werte verstand und der es letztlich um die Etablierung eines »italienischen« Stils zu tun war. Die Auswirkungen der Politik wurden noch viel unmittelbarer spürbar, als der Völkerbund 1936 Sanktionen gegen Italien verhängte. Nun war das Land allein auf die eigene Industrieproduktion angewiesen, und die Unternehmen litten unter der Rohstoffknappheit und den wegbrechenden internationalen Absatzmärkten. Bei aller Beschwerlichkeit, die dies für den Alltag der

»Die Kunst hat sich in die Industrie verliebt (...), und die Industrie ist Teil der intellektuellen Phänomene geworden.«

Gio Ponti

v.l.n.r.

Fiat *Ardita* von Bertone, 1927

Porzellanurne *Serliana* von Gio Ponti für Richard-Ginori, 1927

Stehleuchte *Luminator* von Luciano Baldessari, 1929

Schreibtisch für das eigene Atelier von Annibale Pecorelli, um 1930

Plakat von Xanti Schawinsky für die Olivetti-Schreibmaschine *MP 1*, 1935

Teeservice von Nikolai Diulgheroff für Mazzotti, 1930

1926 Gruppo 7 propagiert rationalistische Architektur

1927 **Cassina** gegr.

1928 Zeitschr. *Domus* gegr. durch **Gio Ponti**; Zeitschr. *Casabella* gegr.

1933 **Bialetti**-Kaffeemaschine *Moka Express*; Erste Mailänder *Triennale*

1934 **Terragnis** Casa del Fascio, Como, in rationalistischem Stil (bis 1936)

1936 Fiat *500 Topolino*; Völkerbundsanktionen gegen Italien

1939 Bündnis mit Deutschland (Stahlpakt); **Arteluce** gegr.; Bakelitradio von **Pier Giacomo** und **Livio Castiglioni**, **Luigi Caccia Dominioni**

1940 Eintritt Italiens in den 2. Weltkrieg

1943 Sturz Mussolinis; Resistenza (bis 1945)

Italiener bedeutete, wurde im Einzelfall dadurch auch Improvisationsgeist freigesetzt. Der Schuhmacher **Salvatore Ferragamo** z.B. machte aus der Not eine Tugend und verwandte statt Leder so ungewöhnliche Materialien wie Metall, Bast oder Kork für seine Schuhe – später sein Markenzeichen. Ferragamo war ein begnadeter Kunsthandwerker – und repräsentiert damit die »andere« Seite der italienischen Produktlandschaft. Denn in Italien wurden nicht nur Autos, Radios und Schreibmaschinen gestaltet. Der erstarkenden Industrie standen unzählige kleine und Kleinstbetriebe gegenüber, die auf jahrzehnte- oder jahrhundertealte Traditionen zurückblicken konnten. Kunsttischler wie **Carlo Bugatti**, Eugenio Quarti oder Carlo Zen hatten mit ihren meisterlichen Arbeiten schon Ende des 19. Jahrhunderts große Erfolge gefeiert, als auch venezianische Glasmanufakturen wie Salviati und Keramikwerkstätten wie **Richard-Ginori** ihren Ruhm begründeten. Bugatti wurde für seine eigenständige Interpretation des Jugendstils, in Italien als Stile **Liberty** bekannt, sogar von einem internationalen Publikum geschätzt. Anfang des 20. Jahrhunderts hatte sich eine mittelständische Möbelindustrie in der Brianza nordöstlich von Mailand – noch heute das Rückgrat des italienischen Möbeldesigns – schließlich Techniken der industriellen Fertigung zumindest in Ansätzen angeeignet. Im Italien der 20er und 30er Jahre wurden die meisten Gebrauchsgegenstände für das private Ambiente nach wie vor auf traditionell-handwerkliche Art hergestellt, und der größte Teil der italienischen Möbelpro-

duktion war von stilistischem Konservatismus und kleinen Produktionszahlen bestimmt. Die Anhänger des Novecento revolutionierten das Kunsthandwerk in diesen Jahren auf sanfte Weise, wie z.B. der berühmte Mailänder Architekt **Gio Ponti**, der die gesamte Produktpalette der traditionsreichen Keramikfirma Richard-Ginori überarbeitete und für die Serienproduktion vorbereitete.

Der Begriff »Design« gehörte jedoch bis 1945 nicht zum italienischen Vokabular. Folglich verstand sich auch noch niemand als (Industrie-)Designer. Der Architekt **Franco Albini** aber entwarf in seinem Ausstellungsbeitrag *Zimmer für einen Menschen* für die Mailänder *Triennale* von 1936 nicht nur Möbel, sondern eine extrem funktionale Einrichtung, die die Grundbedürfnisse der Menschen in bezug auf den gesamten Wohnraum reflektierte – eine echte Designleistung. Und die für Olivetti tätigen Künstler und Grafikdesigner hatten längst das Konzept einer umfassenden Corporate Identity entwickelt. So entstand das Berufsbild des Designers fast beiläufig, ohne daß der Großteil der Italiener dies wahrgenommen hätte. Daß die Periode zwischen den Weltkriegen nahezu vollständig durch den Faschismus geprägt war, daß die Ästhetisierung der Politik nicht nur in Deutschland, sondern auch in Italien in hohem Maße gegeben war (bei einer eigenartigen Offenheit der italienischen Faschisten gegenüber der Moderne), – diese Aspekte wurden in der italienischen Design- und Architekturgeschichte bislang kaum kritisch reflektiert.

»Es ist viel schwerer, ein Objekt als ein Gebäude zu entwerfen.«

Luigi Caccia Dominioni

v.l.n.r.

Lancia *Aprilia Aerodinamica* von Pinin Farina, 1936

Sessel aus der Serie *1934* von Carlo Scarpa,1934, reediert von Bernini

Espressomaschine *Moka Express* von Alfonso Bialetti, 1933

Zimmer von Ottorino Aloisio, Ausstellung Turin 1934

Giuseppe Terragni

Appartmenthaus Novocomum, genannt »Transatlantic«, von Giuseppe Terragni, Fertigstellung 1929

1946-1965

Gütesiegel Bel Design

Vom Aufbruch zum Mythos

1946 verließen die ersten *Vespas* das **Piaggio**-Werk. Dem Motorroller des Flugzeugkonstrukteurs **Corradino d'Ascanio** mit seinen schwellenden Rundungen und der aufsehenerregenden selbsttragenden Karosserie war, wie man weiß, ein grandioser Erfolg beschieden. Damals konnten sich viele Menschen noch kein Auto leisten, wohl aber dieses vergleichsweise preiswerte Transportmittel, das nach zwei Jahrzehnten totalitärem Regime im Nachkriegsitalien ein vollkommen neues, freies Lebensgefühl symbolisierte. Wie Gregory Peck und Audrey Hepburn in dem 1953 gedrehten Film *Ein Herz und eine Krone* schwirrten bald viele Italiener auf ihrer »Wespe« durch die Straßen Roms und anderer Großstädte und huldigten dem sprichwörtlich gewordenen italienischen Dolce Vita.

1948 kam die von **Marcello Nizzoli** für **Olivetti** entworfene Schreibmaschine *Lexikon 80* auf den Markt: Ihre glatten Formen und fließenden Konturen lösten bei Kritikern und Publikum regelrechte Begeisterungsstürme aus. Das Museum of Modern Art in New York nahm das profane Gebrauchsobjekt 1952 sogar in seine ständige Sammlung auf, und zwar mit folgender Begründung: »Die Lexikon 80 Büroschreibmaschine ist die schönste aller Olivetti-Maschinen. Die blanke Metallhülle ist in den Händen eines sensiblen Designers zu einer Skulptur geworden.«

Beide Produkte – und nach ihnen viele weitere – wurden Botschafter eines als völlig neu und »modern« empfundenen italienischen Stils, der sich durch organische, eben »skulpturale« For-

»Italien ist eine demokratische, auf Arbeit gegründete Republik. Träger der Souveränität ist das Volk, das sie in den Formen und in den Grenzen der Verfassung ausübt.«

Artikel 1, Italienische Verfassung, 1947

Seite 57
Salvatore Ferragamo überreicht Sophia Loren einen Schuh, 1954

v.l.n.r.
Vespa von Corradino d'Ascanio für Piaggio, 1946
Slipper *Liù* von Salvatore Ferragamo, 1945
Vase aus der *Battuti*-Serie von Carlo Scarpa für Venini, 1940

men, hohe Funktionalität und den Verzicht auf jedwedes pompöse Detail auszeichnete. Dieser Stil wurde in den 50er Jahren unter dem Namen **Linea italiana** weit über die Grenzen des Landes hinaus bekannt. Motorroller und Schreibmaschine waren außerdem für die große Serienfertigung ausgelegt, also »demokratisch« in dem Sinne, daß sie für viele Menschen erschwinglich wurden.

Die Italiener sehnten sich nach solchen Produkten, schließlich gab es nach dem Krieg einen großen Nachholbedarf. Den Menschen fehlte es an Nahrung, Häusern, Transportmitteln, Möbeln und Kleidung. Viele Architekten waren linksstehende Intellektuelle, die sich aus einem gesellschaftlichen und sozialen Bewußtsein heraus nun verstärkt der Gestaltung von alltäglichen Dingen zuwandten, wie die **Rationalisten Franco Albini** und die Mitglieder des Architekturstudios **BBPR**, die sich an der europäischen Moderne orientierten und auf dieser Grundlage eine humane und von sozialer Gerechtigkeit geprägte Gesellschaft mitgestalten wollten. Die Zeit der repräsentativen Großbauten war endgültig vorbei – aus Architekten wurden Designer. Die Losung lautete nun: Neue Formen zur Formung einer neuen Gesellschaft. Dabei wurde erst einmal Basisarbeit geleistet. 1946 fand eine Ausstellung der Riunione Italiana Mostre per l'Arredamento (RIMA, Italienische Ausstellungsvereinigung im Einrichtungsbereich) statt, an der u.a. die Architekten Franco Albini, **Ignazio Gardella** und **Vittoriano Viganó** teilnahmen. Sie zeigten dort einfachst konstruierte, preiswerte Möbel, zugeschnitten auf kleine Wohnungen

1945 Ende des 2. Weltkriegs; Film *Roma città aperta* (Rom, offene Stadt) von Roberto Rossellini

1946 Proklamation der Republik; die ersten *Vespas*; RIMA-Ausst., Thema Einrichtung; **Cappellini** gegr.; **Giovanni Pintori** wird Leiter der **Olivetti**-Werbeabteilung

1947 Friedensvertrag (Währungsreform); Wiederaufbauhilfe (Marshallplan bis 1961); Ausschluß der ital. Linken aus der Regierung; *Triennale* zum Thema Wohnen

1948 neorealistischer Film *Ladri di biciclette* (Fahrraddiebe) von Vittorio de Sica; **O Luce** gegr.

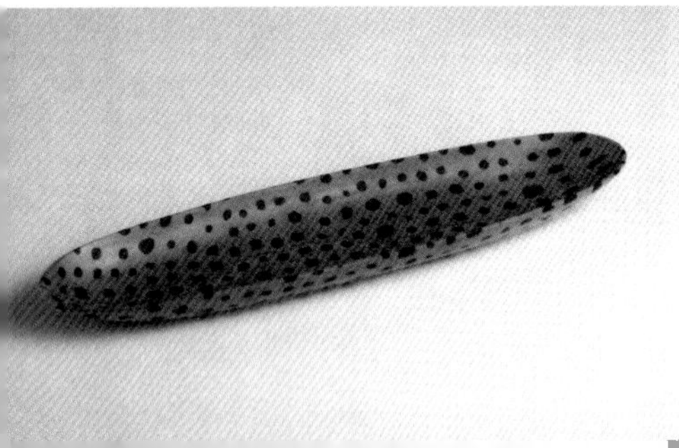

und größtenteils aus Holz gefertigt – nicht zuletzt in Ermangelung anderer Rohstoffe. 1947 fand die erste Nachkriegs-*Triennale* statt. Auch ihr Thema hieß »L'abitazione«, das Wohnen. Der Kommunist **Piero Bottoni** war ihr Kurator, und er betonte ausdrücklich, sich »mit den Problemen der am wenigsten begünstigten Klassen« auseinandersetzen und sie lösen zu wollen.

Trotz der herben Enttäuschung, die 1947 der Ausschluß der Linken aus der fortan konservativ geführten Regierung auslöste, hielten die Gestalter an ihren reformatorischen Zielen fest. Die fast sklavische Ergebenheit an den reinen Nutzwert des gestalteten Objekts geriet allerdings ins Wanken. Denn nun, Ende der 40er Jahre, öffnete sich das italienische Nachkriegsdesign auch anderen Einflüssen: Es orientierte sich an Tendenzen der aktuellen Kunst und am amerikanischen Design. Eine junge Gestaltergeneration trat – in Zeiten eines sanften wirtschaftlichen Aufschwungs – hervor, darunter die Brüder **Achille** und **Pier Giacomo Castiglioni**, **Marco Zanuso**, **Ettore Sottsass** und **Vico Magistretti**, die die italienische Designlandschaft als Überväter auch heute noch mitprägen. Die Gestaltungsformel, die jetzt galt, lautete »Nützlichkeit plus Schönheit«.

Soweit herrschte Einigkeit. Das gesamte Spektrum der gestalteten Dinge stellte sich jedoch als ein vielfarbiges Prisma dar, innerhalb dessen die Architekten-Designer jeweils ihre eigene, persönliche Formensprache entwickelten. Aus diesem Grund läßt sich die Geschichte des italienischen Designs viel eher an der

»Das reale und das ideale Heim müssen als Teile desselben Problems angesehen werden.«

Ernesto N. Rogers

v.l.n.r.

Glasschale *Murrine opache* von Carlo Scarpa für Venini, 1940

Franco Albini

Tischleuchte von Gino Sarfatti für Arteluce, 1951

Casino in San Remo von Gio Ponti und Piero Fornasetti, 1950

Tische *Laminati plastici* von Lucio Fontana, 1954

Porzellandose *Palladiana* von Piero Fornasetti, 50er Jahre

1949 Süditalienische Agrarkrise: Teilenteignung des Großgrundbesitzes; Wirtschaft erholt sich; NATO-Beitritt; **Kartell** gegr.

1950 Möbelserie *Arabesque* von **Carlo Mollino;** Gründung der Cassa per il Mezzogiorno zur wirtschaftlichen Förderung des Südens; Wiedereröffnung von **La Rinascente**;

1951 **Arflex** gegr.; Sessel *Lady* von **Marco Zanuso;** Beitritt zur europäischen Montanunion

1952 Aufnahme der Olivetti-Schreibmaschine *Lexikon 80* in die Sammlung des MoMA, New York; **Moroso** gegr.; Obstkorb *370* von Ufficio Tecnico **Alessi**; **Brionvega** beginnt Prod. von Fernsehgeräten

Entwicklung einzelner Persönlichkeiten nachvollziehen als an bestimmten Strömungen oder Tendenzen. Die Freiheit, die italienische Designer sich auch im Dialog mit der Industrie herausnahmen, brachte eine formale Vielfalt hervor, die in anderen Ländern fehlte – in Deutschland allemal. Da gab es Exzentriker und eingefleischte Individualisten wie den Turiner Architekten **Carlo Mollino**, dessen Möbelserie *Arabesque* von 1950 durch wuchernde Sperrholzverformungen auffiel, oder den Mailänder Künstler, Grafiker und Designer **Piero Fornasetti**, der die Oberflächen zahlloser Gebrauchsgegenstände mit eigentümlichen Architektur-, Sonnen- und Fischmustern überzog.

Andere Gestalter suchten den Kontakt zur Industrie (und umgekehrt), und so kamen hier bald dauerhafte Bindungen zustande. Auf Anregung des Reifenherstellers **Pirelli** entwickelte der junge Architekt Marco Zanuso ein Möbel, das mit dem neuartigen Schaumstoff Gommapiuma produziert werden sollte. Jener erste Entwurf war der berühmte Sessel *Lady*, der mit seinen nierenförmigen Armlehnen später als Ikone des 50er-Jahre-Designs gelten sollte. Das Experiment war (auch wirtschaftlich) so erfolgreich, daß 1951 als Konsequenz daraus die Polstermöbelfirma **Arflex** gegründet wurde. Weitere Zanuso-Bestseller folgten, wie z.B. das praktische Sofa *Sleep-o-matic* im Jahr 1954. Es ließ sich problemlos zum Bett umfunktionieren und war von Zanuso speziell mit Blick auf die beengten Mietwohnungen konzipiert worden, die nun überall im Zuge des sozialen Wohnungsbaus entstanden.

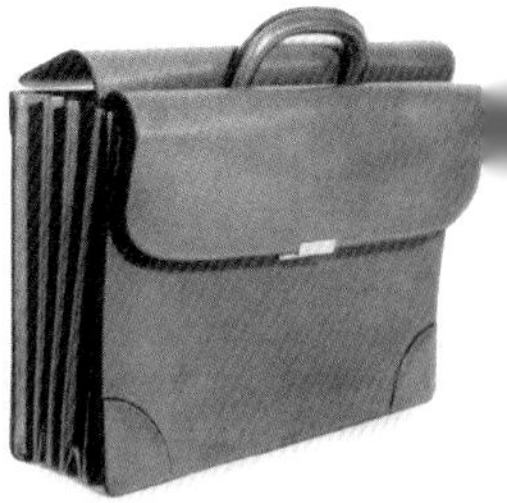

Ein anderes Erfolgsduo wurden **Gio Ponti** und der Unternehmer Cesare **Cassina**. Das 1927 gegründete Unternehmen des letzteren trat erst jetzt mit einer klaren Designstrategie hervor. Pontis eleganter und mondäner Lehnsessel *Distex* aus dem Jahr 1953 oder sein berühmter Stuhl *Superleggera* von 1957, der die traditionelle Form und den modernen Stil stimmig verband, haben Designgeschichte geschrieben.

Diese erfolgreichen Unternehmungen stehen stellvertretend für viele andere. **Gino Sarfatti** z.B., der 1939 die Leuchtenfirma **Arteluce** gegründet hatte, entwarf gleich alle seine Produkte selbst und entwickelte pionierhaft die Idee eines modernen Leuchtendesigns, und Dino **Gavina** war bestrebt, modernes Möbeldesign mit der Kunst zu verknüpfen. Er lud Architekten wie **Carlo Scarpa**, die Castiglioni-Brüder oder Zanuso ein, für seine Firma zu entwerfen. Sie alle waren willens, stilistische und wirtschaftliche Risiken einzugehen, moderne Produktionstechnologien einzusetzen und neue Materialien zu erproben. Durch die Zusammenarbeit mit einem Pool kleiner Werkstätten auf der einen und großen Zulieferindustrien auf der anderen Seite waren (und sind) die italienischen Hersteller in der Lage, flexibel zu produzieren und spezielles Know-how auch für scheinbar unmögliche Entwürfe einzusetzen. Damals wie heute konzentrierte sich die Zusammenarbeit zwischen Möbelindustrie und Designern überwiegend auf den Großraum Mailand. Die lombardische Metropole ist bis heute lebendiger Umschlagplatz neuer Ideen und Kontakte.

»Ich mußte den Arbeitern Einblick in Ziele und Zweck geben. Dies lag nicht länger in der Verantwortung des ›aufgeklärten Arbeitgebers‹, sondern in der der Gesellschaft.«

Adriano Olivetti

v.l.n.r.

Tisch aus Holz und Kristallglas von Gio Ponti, 1954

Gio Ponti

Reisetasche *24 ore* (24 Stunden) von Giovanni Fontana für Valextra, 1953

Nähmaschine *Supernova Bu* von Marcello Nizzoli für Necchi, 1953

Sofa *Sleep-o-matic* von Marco Zanuso für Arflex, 1954

Beistelltisch *Cicognino* von Franco Albini für Poggi, 1954

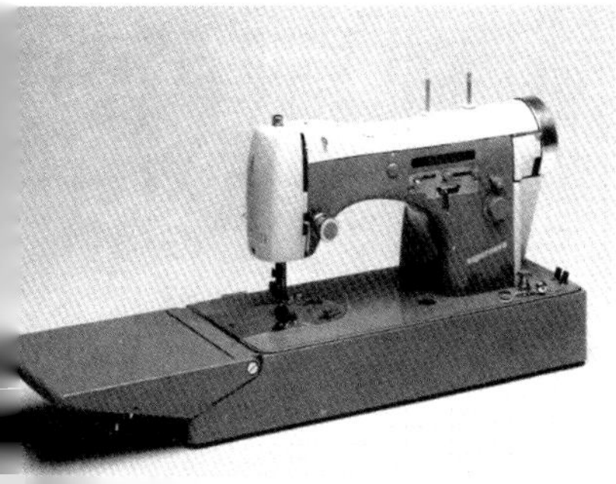

1953 **Tecno** gegr.

1954 erstmals *Compasso d'oro*; Zeitschr. *Stileindustria* gegr.; Sofa *Sleep-o-matic* von Marco Zanuso; **Olivetti**-Showroom in New York (gestaltet von **BBPR**); **Carlo Mollino** gewinnt das Rennen von Le Mans; **Pirelli**-Hochhaus in Mailand von **Gio Ponti**

1955 Beitritt zur UNO; Vanoni-Plan (Wirtschaftsprogramm); Sessel *P 40* von **Osvaldo Borsani**

1956 Gründung des **ADI**

1957 Römische Verträge: Eintritt in die EWG; Stuhl *Superleggera* von Gio Ponti; Fiat *Nuova 500*; **Poltronova** gegr.; **Danese** gegr.

Das Thema Design war spätestens seit Anfang der 50er Jahre ins gesellschaftliche Bewußtsein vorgedrungen. Im Wettbewerb der Produkte kam der Formgebung immer mehr Bedeutung zu. Die Mailänder *Triennalen* der Jahre 1951, 1954 und 1957 waren nicht umsonst ganz der jungen Disziplin des Industriedesigns gewidmet. In Italien rief 1954 sogar ein Kaufhaus, **La Rinascente**, einen eigenen Designpreis ins Leben: den *Compasso d'oro*. Diese honorige Trophäe zu erhalten bedeutet bis heute einen großen Imagegewinn für jeden Designer. 1956 wurde ein Verband gegründet, der die Interessen der Designer wahrnehmen sollte: der **ADI** (Associazione per il Disegno Industriale). Seit 1959 organisiert er die Preisverleihung des *Compasso d'oro*. Ausgezeichnet wurden von der strengen Jury, der u.a. Franco Albini, Pier Giacomo Castiglioni und **Ignazio Gardella** angehörten, im Jahr 1957 übrigens ganze fünf Produkte (1.200 waren eingereicht worden): Nur eine Plastikschale **Gino Colombinis** für **Kartell**, Marcello Nizzolis Nähmaschine *Mirella* für Necchi, Benso Cesarino Priarollos Skischuhe *Dolomite*, Ruth Christensens Stoff *Alta Marea* und einige bunte Glasvasen von Vinicio Vianello erfüllten die strengen Kriterien, nach denen die Objekte »eine einzigartige Ausdruckskraft in ihren technischen, funktionalen und ästhetischen Charakteristika« aufweisen mußten.

Auch abseits der Einrichtungsbranche wurde die Verbindung zwischen Industrie und Designer immer enger. Von 1953 an bestimmte Marcello Nizzoli das Design der Nähmaschinen Necchis;

überdies prägte er maßgeblich das Olivetti-Design der 40er und 50er Jahre. Die »Elettrodomestici« Zanussis, einfache Haushaltsgeräte, erhielten erst durch den Designmanager **Gino Valle** ein unverwechselbar elegantes, puristisches Outfit.

Die Designer blieben – auch dies ein spezifisch italienisches Charakteristikum – dabei meistens unabhängige Berater, die sich nicht in Firmenhierarchien integrieren ließen. Nur so ist zu verstehen, daß Ettore Sottsass im Jahr 1959 sowohl den ersten vollständig in Italien entwickelten Computer, den *Elea 9003* für Olivetti, entwarf und gleichzeitig seine keramischen Objekte in kleinen Kunstgalerien ausstellte.

Ein wichtiges Arbeitsfeld für die Designer wurde die Autoindustrie. Italienische Modelle galten bald als Sinnbild für Luxus und Exklusivität. Karosseriedesigner wie **Pinin Farina** und **Bertone** wurden durch ihre Liebe zum feinen oder auch spektakulären Detail als Haute Couturiers des Automobils gefeiert – Pinin Farina z.B. mit seinem *Cisitalia* von 1947, der durch pralle, ausladende Kurven bestach, oder mit seinem schnittigen *Giulietta Spider* für **Alfa Romeo** aus dem Jahr 1956. Während der ehemalige Rennfahrer Enzo **Ferrari** in seiner Firma ausschließlich Rennwagen baute, wandte sich **Fiat** fast vollständig der Produktion von Mittelklassewagen und kleineren Autos zu. Vor allem die Neuauflage des Fiat *Topolino* aus den 30er Jahren als *Nuova 500* im Jahr 1957 brachte die allgemeine Motorisierung Italiens ein großes Stück voran. »Der Italiener wollte ein Auto und hätte sich auch mit dem

»Wenn die Menschen das Neue fürchten, laßt uns ihnen etwas noch Neueres geben.«

Giulio Castelli, Kartell

v.l.n.r.

Marco Zanuso

Ventilator *Zerowatt V.E. 505* von Ezio Pirali für Fabbriche Elettrotechniche Riunite, 1953

Erberto Carboni und Pietro Barilla, 1960

Plastikeimer *K.S. 1146* von Gino Colombini für Kartell, 1954

Der Torre Velasca von Studio BBPR, Mailand, Fertigstellung 1958

Sessel *Kosmos* von Augusto Bozzi für Saporiti, 1954

Plakat für *Cinturato Pirelli* von Bob Noorda, 1956

1958 Bau des ersten ital. Atomkraftwerkes; **De Padova** gegr.

1959 **Artemide** gegr.

1960 *Financial Times* verleiht *Währungs-Oskar* an die Lira; Film *La Dolce Vita* (Das süße Leben) von Federico Fellini; Zeitschr. *Abitare* gegr.; Adriano Olivetti stirbt

1961 erstmals Möbelmesse *Salone del Mobile* in Mailand

1962 Nationalisierung der Elektroindustrie durch die erste Mitte-Links-Regierung

1963 Produktion von über einer Million Automobile; Kartell prod. erste Vollplastikstühle von Marco Zanuso und **Richard Sapper**

kleinsten Raum zufriedengegeben, wenn dieser sich nur auf vier Rädern befand«, schrieb der Schöpfer des kleinen »Volkswagens«, der Fiat-Ingenieur **Dante Giacosa**, in seinen Memoiren.

1957 trat Italien in die Europäische Wirtschaftsgemeinschaft ein, was erhebliche Erleichterungen im Export zur Folge hatte. Als schließlich ab 1958 das Wirtschaftswunder einsetzte, wurde Italien endgültig zur modernen Konsumgesellschaft. Erst jetzt begann die eigentliche Blütezeit des italienischen Designs. Anfang der 60er Jahre wurden italienische Produkte auf den internationalen Märkten so erfolgreich, daß ihr »schönes« Design, nun auch explizit **Bel Design** genannt, sogar die Vorherrschaft der skandinavischen Formgebung brach. Die Möbel verfügten über eine ästhetische Ausgereiftheit, die weltweit Bewunderung erregte. Mit dem 1961 erstmals stattfindenden *Salone del Mobile* in Mailand, der internationalen Möbelmesse, stand für die Branche ein wichtiges jährlich wiederkehrendes Datum im Terminkalender. Mit Hilfe des Designs gelang es sogar, profane, schwer unterscheidbare Geräte wie Wasch- und Nähmaschinen zu begehrenswerten Objekten zu machen. Die Italiener waren stolz auf ihr Design und feierten es als kulturelle Errungenschaft.

Die Zusammenarbeit zwischen Unternehmen und Designern war Anfang der 60er Jahre eher Normalfall als Ausnahme. Die Industrie konnte nun auch aus einer zweiten Designergeneration ihre Berater rekrutieren. Zu ihr gehörten **Gae Aulenti**, **Rodolfo Bonetto**, **Cini Boeri**, **Mario Bellini**, **Afra** und **Tobia Scarpa**, **Anna**

Castelli Ferrieri und **Joe Colombo**, die, bei aller Unterschiedlichkeit ihrer persönlichen Stile, das Motto »Erfolg durch Design« in prägnante Formen umsetzten. Bestes Beispiel dafür war die Phono- und TV-Firma **Brionvega**. Sie wagte, in Zusammenarbeit mit Designern wie Marco Zanuso, **Richard Sapper** und den Brüdern Castiglioni, aufsehenerregende formale Experimente und stellte Produkte her, die auch den spielerischen Aspekt des Designs zeigten. Die Funktion des Doppelwürfels *TS 502* z.B., 1964 von Zanuso und Sapper entworfen, war im zusammengeklappten Zustand überhaupt nicht erkennbar; erst beim Öffnen gab sich der Apparat als Radio zu erkennen. Zur Pflichtübung – der Funktion eine klare Form zu geben – kam nun die Kür. Dies galt auch für die Kunststoffindustrie. Wieder spielten die italienischen Designer eine wichtige Rolle dabei, Technologie appetitlich zu verpacken. Sie entwickelten eine eigene Materialästhetik, befreiten den Kunststoff von seinem negativen, minderwertigen Image und trugen dazu bei, die neuen Vorteile – niedrige Produktionskosten, Beständigkeit, geringes Gewicht und die Möglichkeit eines flexiblen Umgangs mit Farben und Formen – ins rechte Licht zu rücken. Die Firma **Kartell**, die auf die Produktion von Kunststoffwaren spezialisiert war (und auch heute noch ist), hat an dieser Entwicklung einen sehr großen Anteil, außerdem die Firma **Artemide**.

Aber so erfolgreich das italienische Design auch war: erste kritische Stimmen regten sich. Besonders hervor hatte sich Ende der 50er Jahre eine Gruppe von Mailänder und Turiner Gestaltern

»Der Mensch ›trägt‹ sein Auto wie seine Jacke oder seinen Mantel.«

Gillo Dorfles

v.l.n.r.

Carlo Mollino

Spieltisch von Carlo Graffi, Einzelstück, 1950

Ingenieur Dante Giacosa mit Fiat *500*, 1936, und *Nuova 500*, 1957

Plastikbehälter von Gino Colombini für Kartell, 1956

Spiegel von Ettore Sottsass für Poltronova, um 1960

Rechenmaschine *Divisumma 24* von Marcello Nizzoli für Olivetti, 1956

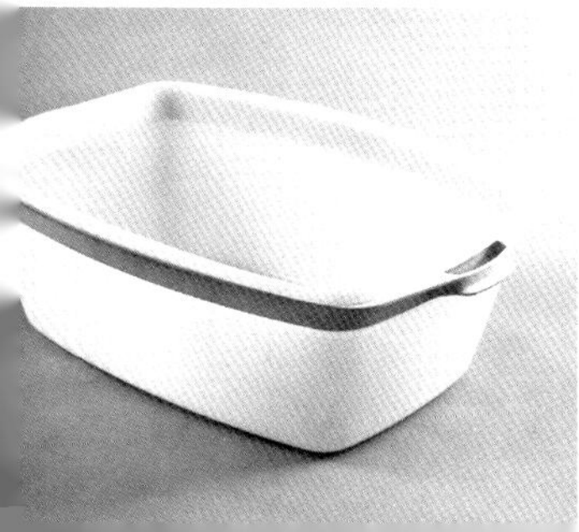

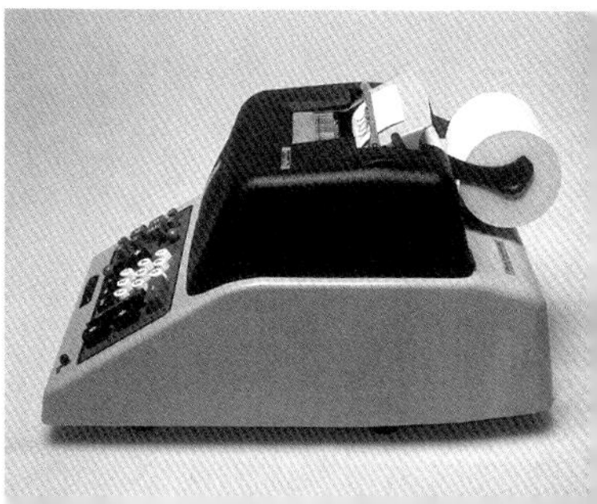

getan, zu der u.a. Gae Aulenti, **Roberto Gabetti**, **Aimaro Isola** und **Aldo Rossi** gehörten. Als Protagonisten der sogenannten **Neoliberty**-Bewegung – in Anlehnung an die Stilbewegung **Liberty**, also die italienische Variante des Jugendstils – kritisierten sie in durchaus ironischer Weise den zunehmenden formalen Konformismus und den einseitigen Bezug auf die moderne Tradition. Der Sessel *Cavour* von **Vittorio Gregotti**, **Lodovico Meneghetti** und **Giotto Stoppino** mit seinen »altmodisch« geschwungenen Lehnen ist ein Beispiel dafür. Zwar setzte die Bewegung sich nicht auf breiter Ebene durch, doch die Gruppe löste erste Zweifel an einem einzig wahren und richtigen Stil aus.

Bald ging es nicht mehr nur um stilistische Probleme, sondern auch um inhaltliche. Auf der XI. *Triennale*, die 1964 unter dem Thema »Freizeit« stattfand, warf eine jüngere Generation die Frage auf, ob die zweckdienliche Gestaltung des Einzelobjekts die einzige Aufgabe von Design sein könne und solle. Auf dieser *Triennale* wurde wieder der gesellschaftliche Kontext, innerhalb dessen die Produkte standen, thematisiert. In zahlreichen Debatten wurde die kritiklose Einbindung des Designs in den Kreislauf aus Konsum und Produktion hinterfragt. Das Design nämlich, soviel war klar, war den sozialen Ansprüchen, mit denen es nach dem Krieg angetreten war, untreu geworden. Eine erste Konsequenz aus diesen Diskussionen bestand darin, dem Design allmählich neue Arbeitsfelder zu erschließen: die Bürowelt etwa und die Gestaltung von flexiblen, modularen Einrichtungslösungen. Metho-

1963 Aldo Moro bildet eine Linksregierung: stabilisiert Währung, Zahlungsbilanz und Fremdenverkehr; Binnenwanderung von Arbeitskräften nach Norden

1964 Radio *TS 502* von Sapper und Zanuso

1965 Fusion Edison und Montecatini zur Montedison; **C&B Italia** gegr. (später **B&B Italia**); **Cassina** beginnt Serie *I Maestri* mit Reeditionen u.a. von Le Corbusier

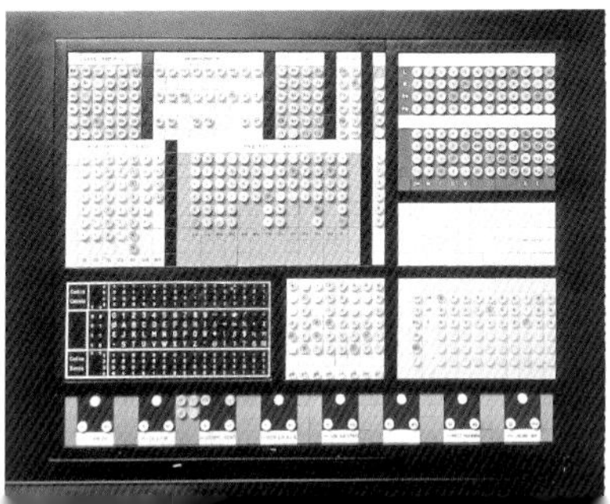

dische Organisation und Planung wurden verstärkt angestrebt, die Rufe nach einer systematischen Designausbildung lauter. Einige Designer verfolgten erste, ganzheitliche Ansätze: Franco Albini etwa gestaltete mit seiner Partnerin **Franca Helg** und dem Grafikdesigner **Bob Noorda** Anfang der 60er Jahre die U-Bahn-Stationen der Linie 1 in Mailand, von der Ausstattung der Bahnhöfe bis zur Konzeption des Informationssystems. Die Lehre der deutschen Ulmer Hochschule für Gestaltung mit ihrem Ansatz, neben der Formgebung von Produkten auch deren soziale und gesellschaftliche Implikationen zu erforschen, übte in den 60er Jahren großen Einfluß auf die italienischen Designer aus. **Tomás Maldonado**, von 1964 bis 1966 Rektor der Ulmer Hochschule, wurde zu einer zentralen Leitfigur; er selbst entwickelte in Italien für das Kaufhaus La Rinascente ein einheitliches Designkonzept, das sowohl die Gestaltung der Verkaufsräume, die Anordnung der Waren als auch grafische Belange mit einbezog.

Mitte der 60er Jahre war die Krise der italienischen Wirtschaft, in die sie seit 1963 geraten war, allenthalben manifest. Sie kämpfte mit einer hohen Inflation und mußte auf Druck der Gewerkschaften ihre Niedriglohnpolitik aufgeben. Der internationale Wettbewerb wurde zunehmend härter, Arbeiter und Studenten stiegen auf die Barrikaden. Das Design blieb von den gesellschaftlichen Umwälzungen nicht unberührt: Seine Rolle und seine Aufgaben mußten nun vollkommen neu überdacht werden.

»Jedes Objekt ist eine Botschaft, die Antworten verlangt. Die Tatsache, daß es zu Zehntausenden produziert wird, ist sehr stimulierend, weil es dich in Kontakt mit der ganzen Welt bringt.«

Anna Castelli Ferrieri

v.l.n.r.

Tischuhr *Static* von Richard Sapper für Lorenz, 1959

Computer *Elea 9003* von Ettore Sottsass für Olivetti, 1959

Fernsehgerät *Doney* für Brionvega von M. Zanuso und R. Sapper, 1962

BMW *3200 CS* von Bertone, 1961

Bierzapfgerät *Spinnamatic* für Splügenbräu von Achille und Pier Giacomo Castiglioni, 1963

Sessel *Cavour* von G. Stoppino mit V. Gregotti und L. Meneghetti, 1959

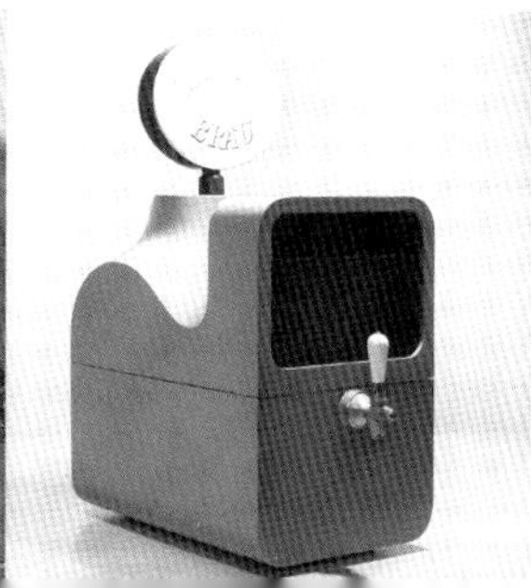

1966-1979

Design auf den Barrikaden

Zwischen Verweigerung und Vermarktung

1972 wurde im New Yorker Museum of Modern Art eine inzwischen legendäre Ausstellung eröffnet, die die aktuelle italienische Designsituation in ihrer ganzen Widersprüchlichkeit spiegelte: *Italy: The New Domestic Landscape*. Präsentiert wurden auf der einen Seite Wohn- und Einrichtungsgegenstände. Das Publikum konnte sich einmal mehr von der ästhetischen Qualität des Designs »made in Italy« überzeugen, z.B. anhand von **Giancarlo Pirettis** Plexiglasklappstuhl *Plia*, **Anna Castelli Ferrieris** und **Ignazio Gardellas** elegantem Plastiktisch *4997* für **Kartell** oder **Marco Zanusos** Telefon *Grillo* für Siemens, das Wählscheibe und Hörer zu einer kompakten Einheit zusammenführte.

Andere Exponate dagegen schienen so gar nicht mit dem Bild vom **Bel Design** übereinzustimmen. **Mario Bellini** etwa zeigte mit dem *Kar-a-sutra* ein experimentelles Fahrzeug, das einem Science-fiction-Film hätte entstammen können. Rundum verglast und mit einer weichen Kissenlandschaft gepolstert, war es eine Art mobiles Zuhause für moderne Nomaden. Ein anderes »Micro-Environment« lieferte **Joe Colombo** mit seiner *Total Furnishing Unit*, einem modular aufgebauten Containersystem, das Wohnbereich, Küche, Bad und Arbeitszimmer auf engstem Raum zusammenführte und verschiedene Möglichkeiten der Zusammenstellung anbot – die Vision einer Wohnwelt der Zukunft. Andere Arbeiten thematisierten in Zeichnungen, Collagen und Texten den öffentlichen Raum und beschäftigten sich mit alternativen Lebens- und Wohnformen.

»Es gibt keine urbanistische Form, die nicht gescheitert ist oder die nicht auf dem Wege ist zu scheitern.«

Andrea Branzi

Seite 70

Performance *Lassú* von Alessandro Mendini, 1974

v.l.n.r.

Ricerche individuali di design (Forschungsarbeit) von Enzo Mari, 1967

Sitzmöbel *Dondolo* von Cesare Leonardi und Franca Stagi, 1967

Tischleuchte *Frine* von Studio Tetrarch für Artemide, 1969

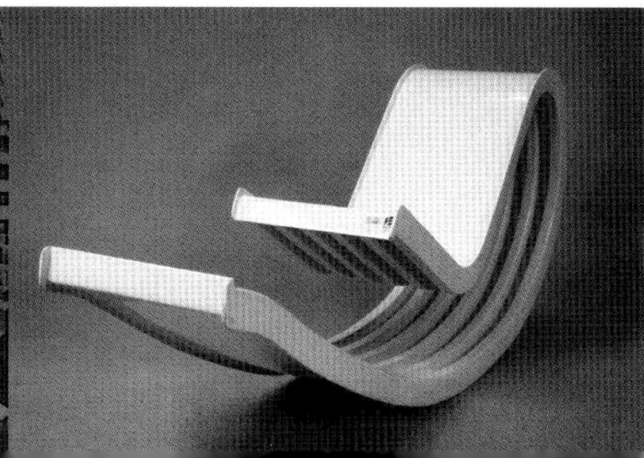

Solche Ausstellungsbeiträge zeigten, daß in Italien inzwischen parallel zur konventionellen Industrieproduktion eine subversive Designkultur entstanden war, die aufrüttelte und irritierte. Eines machte die Ausstellung ganz deutlich: Es gab in Italien kein einheitliches Design mehr. Denn seit etwa 1965 hatte das italienische Design eine tiefe Bewußtseinskrise durchgemacht, und die sozialen Unruhen und Arbeiterproteste, die das Land erschüttert hatten, waren an ihm nicht spurlos vorbeigegangen. Die Universitäten waren, wie überall in Europa, in Aufruhr geraten – auch die Architekturfakultäten. Vor allem in Florenz bildeten sich Gruppen wie **Archizoom**, **Superstudio**, **UFO** und **9999**, die utopische Entwürfe, Grundsatzpapiere und Ausstellungen en masse produzierten, unterstützt von bereits etablierten Designern wie **Ettore Sottsass** oder »Fachfremden« wie dem Kritiker und Filmemacher **Ugo La Pietra** und dem Künstler **Gaetano Pesce**, der nun zum Design wechselte. Die Hauptangriffspunkte der Rebellen waren der Kult um das ästhetische Industrieprodukt, der immergleiche Kreislauf von Produktion und Konsum in der kapitalistischen Gesellschaft und naive Funktionalismusgläubigkeit. Bald hatte die Bewegung ihren Namen: **Architettura radicale**, auf das Design bezogen **Radical Design**.

Die jungen Radikalen orientierten sich an Vorbildern aus dem Ausland wie der englischen Architektengruppe Archigram, aber auch an aktuellen Kunstströmungen wie Pop Art, Arte Povera oder Concept Art, die ihrerseits traditionelle Kunstkonzepte hin-

1966 Gruppen **Archizoom** und **Superstudio** gegr.; Zeitschr. *Ottagono* gegr.

1967 Beginn Studentenunruhen; **Gruppo UFO** gegr.

1968 Besetzung der Mailänder *Triennale*

1969 Heißer Herbst (3 Mio. Streikstunden): Arbeiter erkämpfen 40-Stunden-Woche und Abbau der Lohngruppen; Sitzsack *Sacco* von **Gatti**, **Paolini**, **Teodoro**; Liege *Mies* von Archizoom; **Hans von Klier** strukturiert die CI von **Olivetti**; Reiseschreibmaschine *Valentine* von **Ettore Sottsass** und **Perry A. King**

1970 **Unifor** gegr.

1971 Sitzschlange *Serpentone* von **Cini Boeri**; **Zanotta** produziert Stahlmöbel **Terragnis** aus den 30er Jahren

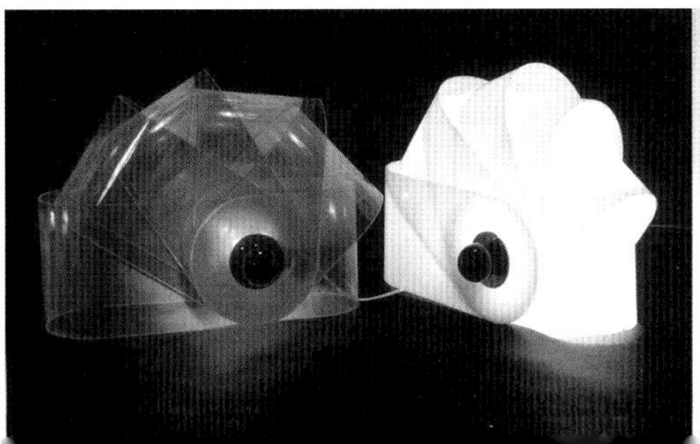

terfragten. Das Ziel der jungen Wilden war es, die Gesellschaft durch Design und Architektur zu verändern. Der Einfluß der Bewegung machte sich allerdings nicht primär an den vergleichsweise wenigen realisierten Projekten fest. Archizooms Projekt *No-Stop-City*, die negative Utopie einer artifiziellen Zukunftsstadt, war auch gar nicht mit Blick auf eine Realisierung entwickelt worden. Und mit ihrem Sessel *Mies*, dessen Sitzfläche so schräg gestellt war, daß man sich gar nicht darauf zu setzen traute, ironisierten **Andrea Branzi**, **Massimo Morozzi** und die anderen Archizoom-Mitglieder die konstruktiven Merkmale moderner Möbelklassiker und sorgten damit für eine notwendige Schocktherapie.

Die Krise führte aber, wie nach dem Ende des Zweiten Weltkriegs, zu weitgreifenden intellektuellen Auseinandersetzungen. War es den Vätern des italienischen Designs darum zu tun gewesen, ein funktionales, nützliches und schönes Design überhaupt zu etablieren, zeigten die jungen Rebellen die Sackgasse auf, in die dieser Weg geführt hatte. In ihren Augen war das Design der Industrie allzu dienstbar geworden.

Die Industrie jedoch setzte in der anhaltend angespannten Lage, in der sie sich seit Mitte der 60er Jahre befand, weiterhin auf die innovativen Impulse des Bel Designs, um zu überleben. Und das mit Erfolg, denkt man an die eleganten Kunststoffmöbel von Kartell, die rote Reiseschreibmaschine *Valentine* von Ettore Sottsass und **Perry A. King** für **Olivetti** und die begehrenswerten Straßenkreuzer von **Alfa Romeo**, **Lancia** und **Ferrari**.

»Als ich begann, Maschinen zu entwerfen, begann ich auch daran zu denken, daß diese (...) nicht nur physische Bedingungen, sondern auch Emotionen beeinflussen können.«

Ettore Sottsass

v.l.n.r.

Stuhl *Ribbon* von Cesare Leonardi und Franca Stagi, 1961

Leuchte *Gherpe* von Superstudio für Poltronova,1967

Klimagerät von Joe Colombo für Candy, Ende der 60er Jahre

Sitzmöbel *CUB 8* von Angelo Mangiarotti für Poltronova, 1968

Leuchte *Orio* von Sergio Mazza für Quattrifolio, 1973

Klappstuhl *Plia* von Giancarlo Piretti für Castelli, 1969

Enzo Mari

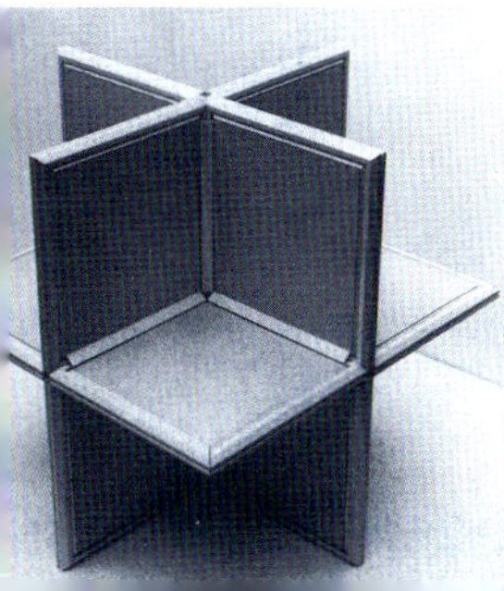

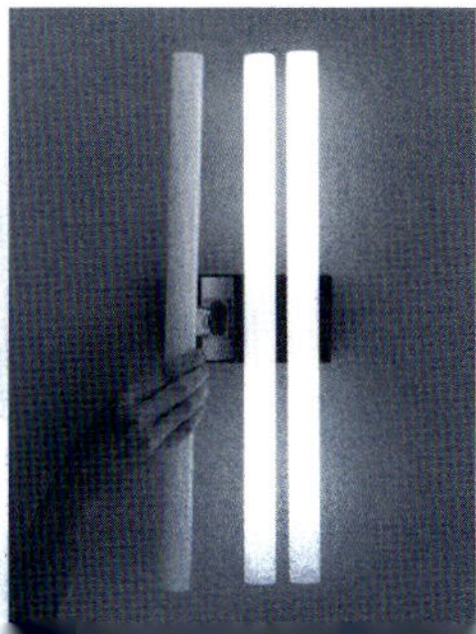

1972 Ausst. *Italy: The New Domestic Landscape* im MoMA, New York; Gründung der Federazione Unitaria (Gewerkschaftsbund); Leuchte *Tizio* von **Richard Sapper**

1973 erste Ölkrise; Ausst. *Design als Postulat am Beispiel Italien*, Berlin; **Global Tools** gegr.; Sessel *AEO* von **Paolo Deganello**

1974 1,2 Mio. Arbeitslose; VW *Golf* von **Giorgetto Giugiaro**

1976 **Alchimia** gegr.

1977 Ausstellung *Il design italiano degli anni 50*; Zeitschr. *Modo* gegr.

1978 Ermordung Aldo Moros durch die Roten Brigaden; **Re-Design**-Projekte von **Alessandro Mendini**; **Luceplan** gegr.

1979 zweite Ölkrise

Als italienisches Phänomen muß verbucht werden, daß sich teilweise beide Richtungen im Design – klassische Industrieproduktion und utopischer Gegenentwurf – im Werk einzelner Gestalter verbanden. Sottsass etwa reflektierte in experimentellen Arbeiten über alternative Designprozesse, blieb aber weiterhin einem Unternehmen wie Olivetti als Berater eng verbunden, und Mario Bellini trat in besagter, oben zitierter Ausstellung außer mit seinem seltsamen Wohnmobil auch mit einem eleganten Ledersessel für **Cassina** an.

Bei solchen Konstellationen spielten aufgeschlossene und neugierige Unternehmer eine große Rolle, die sich den neuen Entwicklungen nicht verschlossen, sondern das Experiment wagten, sie in die aktuelle Produktion zu integrieren. So tauchten um 1970 im Studio Archizoom illustre Mailänder Persönlichkeiten auf, darunter Möbelmagnat Cesare Cassina, der mit den jungen Rebellen über die Produktionsmöglichkeiten ihrer gegen das Designestablishment gerichteten Entwürfe verhandelte und sich für einen monatlichen Scheck ihren kreativen Output sicherte.

Allenthalben hielt das Pop Design nun Einzug in die Möbelwelt – ein Design, das ohne den frischen Wind in der Designszene nicht denkbar gewesen wäre: der aufblasbare Plastiksessel *Blow*, 1967 von **De Pas/D'Urbino/Lomazzi** entworfen, der Sitzsack *Sacco* von **Paolini**, **Gatti** und **Teodoro** (1969), beide von **Zanotta** produziert, die schrille Garderobe *Cactus* von **Gufram** (1971). Die Öffnung der Industrie für die neue Designkultur nahm dieser

aber in gewisser Weise auch ihren Stachel. Grenzen waren den Designutopisten ohnehin gesetzt. Ihre illusionslose Anti-Haltung und Theorielastigkeit erschöpften sich Mitte der 70er Jahre.

Es ist auch heute noch schwer nachzuvollziehen, warum wenig später die Zeit plötzlich bereit für eine zweite Welle des Radical Design schien, das nun auf einmal Mittel und Wege fand, um sich durchzusetzen. Den Anfang machte das Studio **Alchimia** in Mailand. Als Vordenker trat **Alessandro Mendini** hervor; außer ihm schlossen sich der Gruppe **Michele De Lucchi**, Ettore Sottsass, die Gruppe UFO und weitere junge Designer an. Alchimia stellte 1978 erstmals kleinere Objekte in einer Mailänder Galerie aus. Der unkonventionelle Umgang mit verschiedenen »Sprachen« im Design, mit kulturellem Pluralismus und ironischem Re-Design – Alessandro Mendini etwa überzog historische Stilmöbel und Bauhaus-Klassiker mit bunten Laminaten und ornamentalen Attributen – stellten die Doktrinen von seriösem Geschmack, guter Form und Funktionalismus erneut rigoros in Frage.

Wenn Alchimia auch keine wirklich breite Öffentlichkeit erreichte: Die Arbeiten markierten dennoch einen Aufbruch, der von der Designszene nun verstärkt wahrgenommen wurde. Aufgenommen wurde er Anfang der 80er Jahre von der Gruppe **Memphis**. Dies führte in den 80er Jahren zu einer umfassenden Erneuerung des italienischen und internationalen Designs, das weit über die Grenzen Italiens hinausstrahlte.

»Alchimia glaubt an die Bedeutung von Erinnerung und Tradition.«

Alessandro Mendini

v.l.n.r.

Leuchte *Asteroide* von Ettore Sottsass für Poltronova, 1968

Tisch *Massolo* von Piero Gilardi für Gufram, 1974

Rechenmaschine *Logos 50/60* von Mario Bellini für Olivetti, 1972

Sessel *Chiocciola* von Studio 65 für Gufram, 1971

Leuchte *Paramount* für Alchimia von Gruppe UFO, 1979

Mario Bellini

1980-1999

Memphis, Mode, Markt

Von der Avantgarde zum internationalen Standard

Im September 1981 staute sich der Verkehr vor dem Mailänder Showroom, in dem die frisch gegründete Gruppe **Memphis** am Rande der Möbelmesse ihre erste Kollektion vorstellte. Über 2.000 Menschen drängelten sich dort und staunten, beispielsweise über **Ettore Sottsass**' Möbel *Beverly*. Das Objekt bediente sich eines respektlosen Mixes aus Holz, Kunststofflaminat und Metall und verursachte bei den Betrachtern leichtes Stirnrunzeln, wenn sie seine Funktion erraten wollten: Die Türen ließen auf einen Schrank deuten, eine darauf stehende schräge Konsole auf ein Regal und die rote Glühbirne, die an einem gebogenen Metallreif befestigt war, auf eine Lampe. Andere Designer, darunter **Michele De Lucchi**, **Andrea Branzi** und **Matteo Thun**, zeigten ähnlich undefinierbare Objekte und Möbel, Martine Bedin etwa einen kleinen Wagen auf Rollen, auf dem viele bunte Lämpchen prangten, und **Marco Zanini** das thronartige Sofa *Dublin*. Die Szene hatte ihre Sensation und die Presse ihre Schlagzeilen. Was damals sicher nur wenige ahnten: die Objekte, die bewußt nicht für die industrielle Produktion gedacht waren, und die Ideen, die mit ihnen verknüpft waren, sollten die Designkultur Italiens und anderer Länder nachhaltig revolutionieren. Memphis hatte sich unbefangen und endgültig eines Sakrilegs entledigt – der Doktrin von der guten Form. Nun galt das Interesse der Gestaltung der Oberflächen und farbenfrohen Mustern, die teilweise fremden Kulturen entliehen waren, der Multi- statt Monofunktionalität, dem kommunikativen Aspekt der Produkte. Michele De Lucchi schrieb später: »Mit

»Die Industrie realisiert nicht, daß Konsumieren auch Vergnügen ist und daß ein Vergnügen nie ganz kontrollierbar ist, nie ohne Konsequenzen.«

Barbara Radice

Seite 76

Showroom für Artemide von Vignelli Ass., New York 1987

v.l.n.r.

Teil aus der Versuchsserie neuer Haushaltsgeräte von Michele De Lucchi für Girmi, 1979

Möbel *Beverly* von Ettore Sottsass für Memphis, 1981

Ettore Sottsass

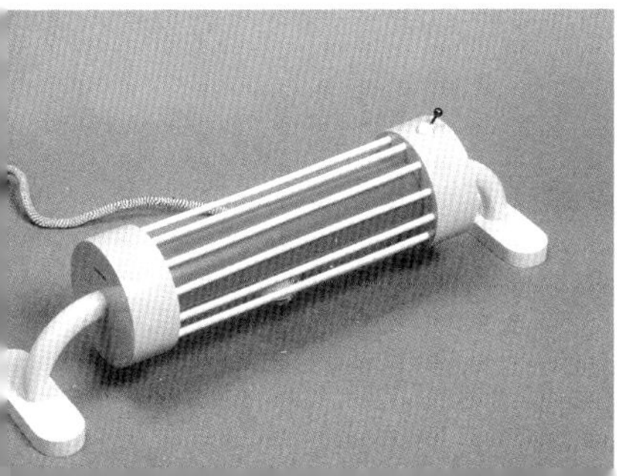

Memphis hatten wir eine Produktions- und Organisationsweise realisiert, die es uns erlaubte, die normalen Beziehungen zwischen Design und Industrie zu durchbrechen und als Designer die Industrie zu unseren Diensten zu haben, statt selber im Dienste der Industrie zu stehen.«

Jedes Jahr zeigte Memphis eine neue Kollektion. Ein wahrer Kult setzte ein. Als Modezar Karl Lagerfeld beispielsweise sein Apartment in Monte Carlo ausschließlich mit Memphis einrichtete, wußten die Medien in großer Aufmachung davon zu berichten. Allerdings verkam die Bewegung bald zur modischen Attitüde, und als Mitte der 80er Jahre eine jüngere, zweite Memphis-Generation die Designszene betrat, darunter **Massimo Iosa Ghini**, war der Höhepunkt der Bewegung bereits überschritten. Viele entwarfen fortan »im Stil von Memphis« und unzählige Kopien überschwemmten den Markt. Die Aktivisten der ersten Stunde zogen sich bald zurück.

Der Einfluß der Gruppe aber ist nicht hoch genug einzuschätzen. Als wäre plötzlich ein Grauschleier gefallen, wurde nun munter experimentiert. Neue Firmen traten hervor, die mit der neu gewonnenen gestalterischen Freiheit experimentierten, wie der Möbelhersteller **Alias**, für den Mario Botta architektonische Stuhl-Skulpturen und **Carlo Forcolini** seinen archaischen Tisch *Apocalypse Now* mit integrierter Lampe entwarf. Der Leuchtenproduzent **Artemide**, die Möbelfirmen **Driade**, **Zanotta**, **Cassina**, **Bieffeplast** und viele andere beschäftigten Memphis-Designer. **Alessi** holte

1980 Ausstellung *L'oggetto banale* auf der *Biennale di Venezia*; 1502 Terrorattentate; zur Sanierung der **Fiat**-Werke werden 14.469 Arbeiter entlassen

1981 **Memphis** gegr.; erste Memphis-Ausst. in Mailand; Regal *Carlton* von **Ettore Sottsass**; Attentat auf Papst Johannes Paul II auf dem Petersplatz, Rom

1982 zweite Memphis-Ausst. in Mailand; Italien zum 3. Mal Fußballweltmeister; Dalla Chiesa ermordet; Kampf gegen Mafia verstärkt

1983 **Alchimia**-Ausst. *Il grande metafisico* in Mailand; Sozialist Craxi bildet Regierung

1984 **Baleri** gegr.; Buch *La Casa Calda* von **Andrea Branzi**, Espressokanne *La conica* von **Aldo Rossi** für **Alessi**; **Zeus** gegr.

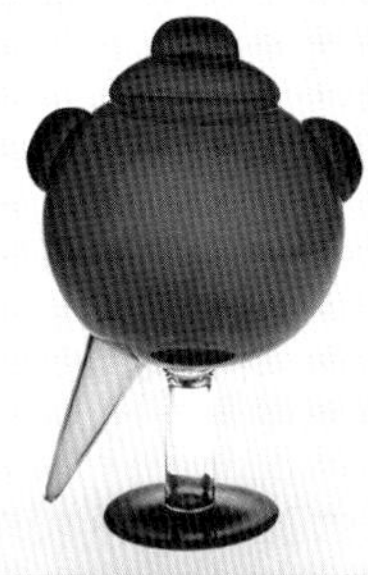

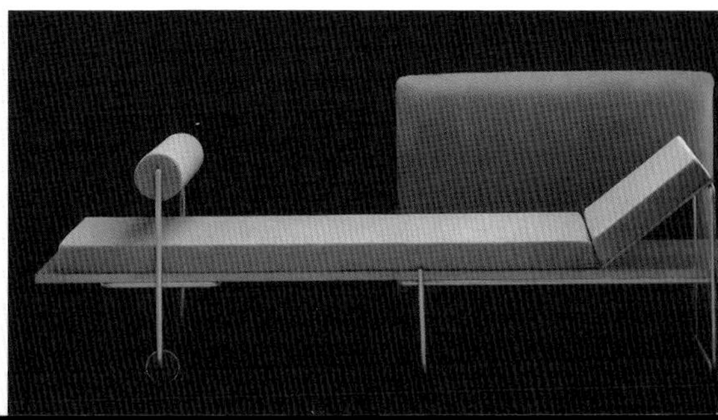

unter Leitung von **Alessandro Mendini** (der allerdings kaum für Memphis, sondern weiterhin für **Alchimia** arbeitete) zu Beginn der 80er Jahre für sein *Tea and Coffee Piazza*-Projekt zeitgenössische, der Postmoderne zugerechnete Architekten wie **Aldo Rossi**, der eine Espressokanne als Miniarchitektur gestaltete. Ende der 80er Jahre schließlich brachte Alessi eine ganze Kollektion spielerischer Produkte auf den Markt, darunter **Stefano Giovannonis** Toilettenbürste *Merdolino* im Blumentopf und Alessandro Mendinis Korkenzieher *Anna G.* in Gestalt einer gleichmütig dreinblickenden Dame, die immer dann die Arme hebt, wenn mit ihrer Hilfe eine Flasche geöffnet wird. Bei all diesen Objekten stand ihr kommunikativer Aspekt, ihr Witz, ihre Fähigkeit, über die jüngste Designgeschichte zum Teil selbstironisch zu reflektieren, im Vordergrund. Sie wären ohne den Befreiungsschlag von Memphis nicht denkbar gewesen. Italien hatte nun ein vielfältiges, offenes und spielerisches Design, dessen Einfluß auch in Deutschland, Frankreich, Spanien und England seine Spuren hinterließ. Dieses **Nuovo Design** hat das heutige Verständnis von »designten« Objekten eminent geprägt. Über formale Verschrobenheiten wundert sich kaum noch jemand, denn diese werden selbstverständlich mit dem Begriff Design assoziiert. Anders als in den 60er und 70er Jahren und sogar bei den ersten Memphis-Aktivisten blickten die neuen Designer und Firmen, die aus diesem Umfeld kamen – wie **Edra** oder **Baleri** – dabei durchaus auf den Markt. »Memphis ist außergewöhnlich, weil sich darin die Essenz der 80er Jahre angesam-

»Die 80er waren eine Ära voller Ekstase, eine Obsession aus Form und Sprache. Heute versuchen wir, dieses Fieber zu überwinden, indem wir zu Dingen zurückgehen, die mehr Sinn ergeben.«

Alberto Meda

v.l.n.r.
Renzo Piano
Glasobjekt *Rigel* von Marco Zanini für Memphis, 1982
Liege *Century* von Andrea Branzi für Memphis, 1982
Stuhl *Riviera* von Michele De Lucchi für Memphis, 1981
Leuchte *Asoka* von Ettore Sottsass für Memphis, 1983
Leuchte *D 7* von P. Rizzatto und S. Colbertaldo für Luceplan, 1981

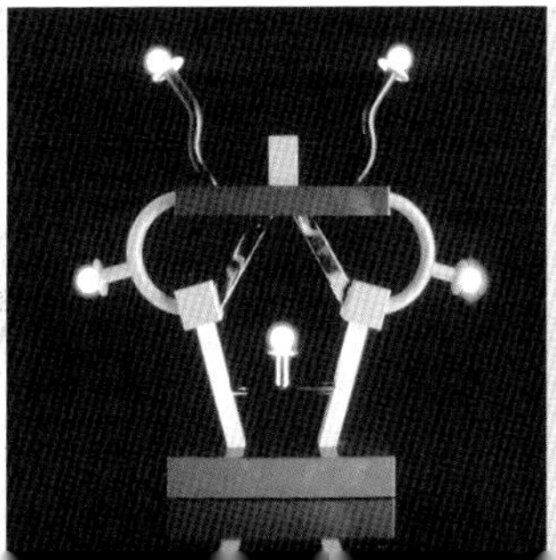
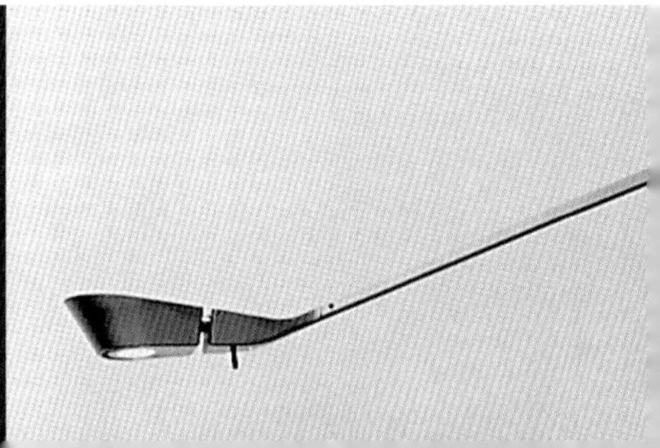

melt, verdichtet und definiert hat«, resümierte Michele De Lucchi. Die Idee für den Personality-Kult im Design, für den heute Philippe Starck das beste Beispiel ist, und die Praxis, zwischen preiswerteren »normalen« Produkten und teureren »Designerstücken« zu unterscheiden, so, als wären andere Produkte nicht gestaltet, entwickelte sich in den 80er Jahren. Es verwundert nicht, daß in diesem Jahrzehnt, in dem auch die Wirtschaft prosperierte, spektakuläre und von erfolgreichen Werbeagenturen »signierte« Werbung und die Imagebildung von Firmen im Rahmen von Corporate-Identity-Programmen immens an Bedeutung gewannen. Design war ein Synonym für Lifestyle und ein wichtiges Instrument der Marketingstrategen geworden.

Vom Boom der Werbung profitierte insbesondere auch italienische Mode. Ihre Helden – **Giorgio Armani** und **Gianni Versace** beispielsweise – hatten zwar bereits in den 70er Jahren einigen Ruhm geerntet (Armani etwa mit der »Erfindung« des legeren Business-Look für Frauen und Männer). Zum entsprechenden Medienrummel im Kreis ihrer Starmodels aber kamen sie erst in den 80er Jahren. In diesem Jahrzehnt und am Übergang zu den 90er Jahren traten außerdem junge Modedesigner hervor wie **Romeo Gigli**, der Ende der 80er dem Bild der gepanzerten Business-Frau das Konzept elfenhafter Wesen, gewandet in weich fließende Roben aus Samt und golden schimmernden Geweben gegenüberstellte, oder **Dolce & Gabbana**, die sich in der Kostümkiste historischer italienischer Landkleidung umschauten und diese im Sinne

1985 *Bird Kettle 9093* von Michael Graves für Alessi; italienische Textil- und Bekleidungsexporte Weltspitze

1986 Umbau Palazzo Grassi, Venedig durch **Gae Aulenti**; 2. Memphis-Generation: Twelve New; histor. Höhepunkt der Mailänder Börse

1987 **Fiat** übernimmt **Alfa Romeo**; **Edra Mazzei** gegr.; **Mario-Bellini**-Retrospektive im MoMA, New York

1988 **Mendini** baut für Alessi die Casa della felicità; Memphis aufgelöst.

1989 **Gianfranco Ferré** künstler. Leiter bei Dior; Hängeleuchte *Titania* von **Alberto Meda**, **Paolo Rizzatto**

1990 Alchimia aufgelöst; Eröffnung Centro Studi Alessi in Mailand; Fußball-WM Italia 90

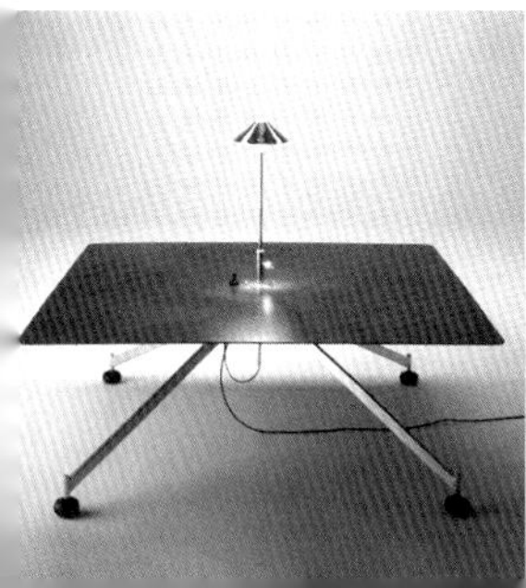

der 90er Jahre mit großem Erfolg cool stilisierten. Das Comeback der Tradtionsunternehmen **Prada** (mit sorgfältig inszeniertem Grunge-Appeal) und **Gucci** (mit neuen mondänen Entwürfen des Amerikaners Tom Ford) fällt in die 90er Jahre.

Im Bereich des Produktdesigns blieben Memphis und Nuovo Design weitgehend auf die Einrichtungsbranche beschränkt. In der Autoindustrie, wo der Markterfolg größerer Serien wegen der hohen Investitionen möglichst vorausberechenbar sein muß, folgte das Design anderen Kriterien. Dort war **Giorgetto Giugiaro** der Repräsentant einer neuen Autodesignergeneration: modern und dienstleistungsorientiert, stand für ihn nicht primär das teure, exklusive Einzelmodell im Vordergrund, sondern nach den großen Ölkrisen der 70er Jahre der preiswerte Klein- und Mittelklassewagen. Wenn der spartanisch ausgestattete Fiat *Panda* von 1980 oder der unprätentiöse Fiat *Uno* von 1983 dennoch soviel »italienisches Lebensgefühl« versprühten, daß sich die junge Yuppie-Generation in Deutschland zu ihnen weit mehr hingezogen fühlte als zu anderen Kleinwagen, dann ist dies Giugiaros besonderem Fingerspitzengefühl für Trends zu verdanken.

Am Übergang von den 80er zu den 90er Jahren hatte sich der Kult um das signierte, spektakuläre Objekt weitgehend erschöpft. Einige junge Firmen grenzten sich bewußt ab. Mit ihren rohen, schwarzen Stühlen nahm **Zeus**, 1984 gegründet, eine explizite Gegenposition ein. »Wenn das Memphis-Objekt (...) eine Bejahung des Vorübergehenden, des Mondänen, des Oberflächlichen, ein

»Ein Designer muß Geschmack haben, aber er muß auch fähig sein, die Regeln zu brechen, mit denen wir ihn als Industriepartner konfrontieren.«

Alberto Alessi

v.l.n.r.

Tisch *Apocalypse Now* von Carlo Forcolini für Alias, 1984

Containersystem *Steps* von Cini Boeri für Estel, 1982, mit Laura Griziotti

Tische *Artifici* von Paolo Deganello für Cassina, 1985

TV-Set für die Sendung *Obladì Obladà* von Massimo Iosa Ghini, 1985

Sofa *Tatlin* von Roberto Semprini und Mario Cananzi für Edra, 1989

Alberto Meda

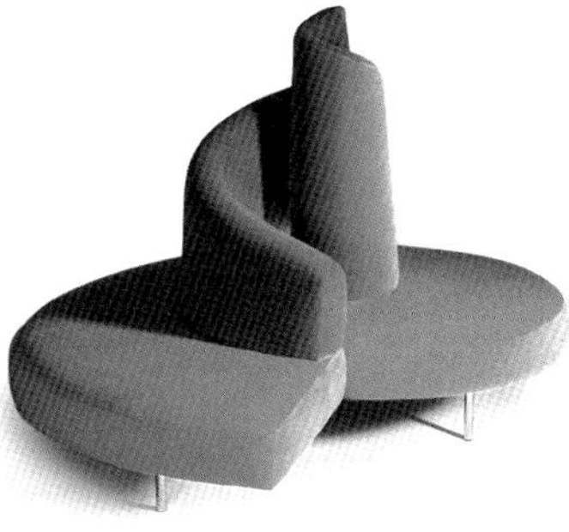

1992 **Brionvega** aufgelöst; Ermordung der Mafia-Ankläger Falcone und Borsellino; Beginn der Untersuchung *Mani Pulite* (Saubere Hände) gegen Korruption

1993 Fiat *Cinquecento*

1994 Bücherregal *Bookworm* von Ron Arad; Silvio Berlusconi bildet Regierung, tritt im selben Jahr zurück

1995 Eröffnung **Ferragamo**-Museum in Florenz; Ausst. *Krizia. Una storia*, Mailand

1996 Hängeleuchte *Fucsia* von **Achille Castiglioni** für **Flos**; Kabinett Prodi

1998 Eröffnung des Archivio Storico **Olivetti** in Ivrea; Prodi verliert Vertrauensabstimmung im Parlament, die 55. Nachkriegsregierung beginnt ihre Arbeit

kostspieliges und amoralisches Objekt ist, (...) ist das Zeus-Objekt ein bescheidenes, moralisches, tendenziell mystisches Objekt, und als solches schlägt es wieder eine absolute Qualität vor, die das Industrieprodukt immer hatte«, schrieb **Paolo Deganello**. Zeus nahm damit eine Tendenz voraus, die am Übergang zu den wirtschaftlich viel unsichereren 90er Jahren einen sich langsam vollziehenden Wertewandel ankündigte.

In dieser Zeit wurde auch das Design bescheidener. Zwar hatte sich das Prinzip »Alles ist möglich« auf breiter Ebene durchgesetzt – denkt man an Philippe Starcks Zitronenpresse *Juicy Salif* für Alessi oder an die extrovertierten »Autoren«-Möbel **Cappellinis** –, doch viele Hersteller zogen sich wieder stärker auf solide, elegante und seriöse Gestaltung zurück, wie die Möbelhersteller **B & B Italia** und Cassina mit ihren diskreten Polstermöbeln. Das renommierte Avantgarde-Unternehmen Driade wollte 1995 mit der *Atlantide*-Kollektion bewußt eine junge, designinteressierte »Nomaden«-Generation ansprechen: mit Möbeln aus hellem Holz, entworfen von jüngeren Designern wie **Marco Romanelli**, Konstantin Grcic und **Rodolfo Dordoni**. Die Leuchtenfirma **Luceplan**, schon Ende der 70er Jahre gegründet, verbuchte ihre größten Erfolge seit den späten 80ern, indem sie konsequent Leichtigkeit und Transparenz verkaufte. Und noch etwas, das mit Memphis begonnen hatte, setzte sich in den 90er Jahren endgültig durch: Italienische Firmen arbeiteten zunehmend mit internationalen Designern zusammen. Die Avantgarde-Möbelfirma Cappellini hat

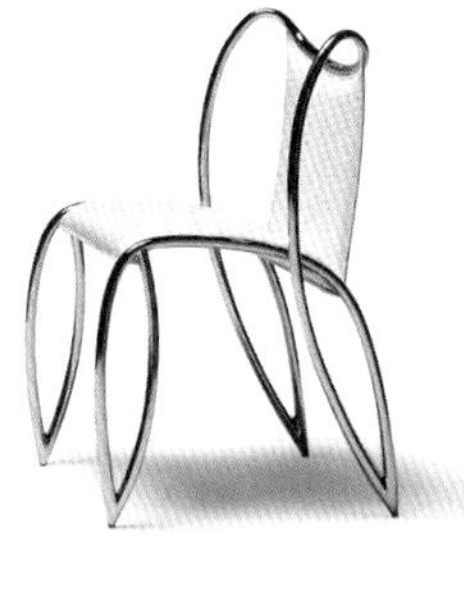

Möbel der Engländer Jasper Morrison und James Irvine im Programm, Driade die des Deutschen Konstantin Grcic und des Franzosen Philippe Starck, **Moroso** bedient sich der Entwürfe des Spaniers Javier Mariscal, der Möbel- und Objekthersteller **Sawaya & Moroni** vertraut auf die Ideen und das Know-how internationaler Architekten, das Glasunternehmen **Fiam** beschäftigt Ron Arad und Danny Lane – und dies sind nur wenige Beispiele. Die Arbeiten der jungen Designergeneration lassen sich heute nicht mehr als spezifisch italienisch charakterisieren. Die in den 50er Jahren vielgerühmte **Linea italiana** hat mittlerweile einer »Linea internazionale« Platz gemacht, deren Konturen weitaus weniger scharf gezeichnet sind. Die Innovationen im Design finden heute in den Medien, im Servicedesign, im Bereich der Ökologie statt, und zwar überall in Europa. Am Übergang zum 3. Jahrtausend haben sich die länderspezifischen Unterschiede weitgehend aufgehoben; Italien jedenfalls hat sich im Gegensatz zu England oder Skandinavien weitaus weniger profiliert. Im Bereich der klassischen Industrieproduktion machen am Ende der 90er Jahre nicht umsonst Nostalgie-Editionen Furore: Piaggio mit seiner neuen »alten« Vespa, Fiat mit der dritten Auflage des *Cinquecento*, das holländische Unternehmen Philips, unter Leitung des italienischen Designmanagers **Stefano Marzano**, mit Küchengeräten im Stil der 50er Jahre. Diese Objekte zehren vom Mythos der großen Design-Ikonen, von denen die 90er Jahre im übrigen, zumindest in Italien, nur wenige hervorgebracht haben.

»Die erste methodologische Regel für einen Designer lautet, den richtigen Kunden zu finden.«

Massimo Morozzi

v.l.n.r.

Klobürste *Merdolino* von Stefano Giovannoni für Alessi, 1994

Denis Santachiara

Angel Chair von Terri Pecora für Bieffe, 1990

Architekturentwurf für ICE-Bahnhof Limburg von Studio de Lucchi, 1997

Bellini Chair von Mario Bellini für Heller, 1998

Ducati *916 Biposto*, 1998

Spiegel *A bocca aperta* von Ugo La Pietra für Toppan Barbara, 1997

Die Wiederentdeckung der Schönheit

Italienisches Design: La bella bionda

Der lange, wunderbare Zeitraum des wirtschaftlichen Aufschwungs, der in Italien von der Nachkriegszeit bis in die frühen 70er Jahre reichte, ist permanent von einem Glauben heidnisch-religiöser Art durchkreuzt worden: dem Glauben an das Schöne. Freiheit und Freude am Leben, wirtschaftlicher Erfolg und das Erreichen persönlicher Ziele kennzeichnen eine Epoche, der man ein Symbol zuordnen kann: nämlich das einer schönen jungen Frau. Das italienische Design jener Zeit ist wie diese schöne blonde junge Frau: Jeder schaut sie an, will sie in seiner Nähe haben, als Beweis der Zugehörigkeit zu einer privilegierten Klasse Mensch, einer Klasse, die dem Paradies besonders nahe zu sein scheint. Denn sie wähnt sich Seite an Seite mit der Schönheit. Sie gilt ihr als höchster Ausdruck der Perfektion und Erfolgsgarantie schlechthin.

Die einförmige Vorkriegszeit war arm an kreativen Inhalten. Mit dieser Vergangenheit und dem Elend des Krieges wollte man brechen. Man wollte sein Haus neu einrichten. Dabei versteht es sich von selbst, daß neue Entwürfe des Hauses vorgelegt wurden. Es sollte jenseits jeder Tradition in einem konsequent modernen Geist eingerichtet werden, nach den ästhetischen Kriterien, die die blonde Frau mit den blauen Augen vorgab. Da sind zum einen die Farben, nein, alle Farben: Rot, Gelb, Blau, Grün, Violett. Da ist Harlekin, der farbliche Ausdruck existentieller Glückseligkeit – ich denke an Muranoglas –, und da ist zum anderen die Form von Objekten, die man den schmeichelnden Linien des menschlichen Körpers entlehnte. Die Formen des Automobils werden plastisch; das Plastik, als Material, wird ganz Form. Eine ungeheure Menge an Einflüssen – ich denke an die Fortbewegung, den Weltraum, die Grafik, an neue Materialien, die sich daraus entwickelnden Technologien und Möglichkeiten des Gebrauchs – wird aufgenommen und in Designobjekte transformiert.

In den 60er Jahren lehnt sich die blonde Frau an ein Design an, das intensiv die technologischen und wirtschaftlichen Vorteile ausnutzt, die der wachsende Markt bietet. Das Resultat sind Designobjekte, die man als überfeinert, etwas bürgerlich, vielleicht auch ein wenig langweilig bezeichnen kann. Aber durch unsere lebendige Blondine wird die Kunst entdeckt oder wiederentdeckt, und so erfährt das italienische Design die Invasion der fröhlichen und großartigen Popkultur. Es sind unruhige und intensive Jahre. Die Blondine ist erregt. Und am Ende der Dekade erscheinen erste Falten in ihrem Gesicht. Aus dieser Falle, die sich jedem, das Design nicht ausgenommen, stellt, entkommt die Blondine, indem sie mit ihrer Jugendfrische abschließt und sich einer Vergangenheit anempfiehlt, die uns nicht mehr interessiert.

Mit großer Sachlichkeit teilt sich das Design 1968 auf der *Triennale* in Mailand mit. Der Fokus verschiebt sich weg vom Design hin zur Designpolitik, zu seinen »sozio-kulturellen Implikationen«, wie man damals so schön sagte. Es folgen die 70er Jahre, die Wirtschaftskrise und das Ende aller Träume der Blondine, auch der finanziellen. Am Ende dieser Dekade nehmen sich Mendini, Sottsass & Co mit ihren Projekten für Alchimia vor, das italienische Design wiederzubeleben, und erreichen noch 1981 mit ihrer Schöpfung »Memphis« das Wunder, die mittlerweile reife Dame sehr interessant zu erhalten.

Und noch etwas geschieht Anfang der 80er Jahre: die Formierung einer großen Zufallssammlung von Objekten italienischen Designs. Diese Zusammenstellung bestand aus einer Fundgrube für Material, das in den 50er, 60er und 70er Jahren in alle Richtungen versprengt worden war und an einigen eigentümlichen Orten erhalten geblieben war, z.B. in Fabriken, Werkstätten von Kunsthandwerkern, den Showrooms der berühmten Geschäfte (man nannte das so in Italien), aber weitaus häufiger auch im Umland der großen Städte, in Architekturstudios oder irgendeinem Lager. Nun tauchten zwischen den bekannten Objekten plötzlich noch unveröffentlichte Prototypen auf, Stücke außerhalb jeder Serie, die im Salone del Mobile in Mailand oder auf den Eurodomus-Messen in Mailand, Turin und Genua ausgestellt wurden. Man grub ehemals aussortierte Stücke aus, die den Test des kommerziellen Marktes nicht bestanden hatten und deren Produktion sich deshalb nicht gelohnt hatte. Oft handelte es sich um authentische Objekte der Avantgarde. Es erschienen Namen vergessener Designer (Wer erinnert sich an das Studio A.R.D.I.T.I.?), von verschwundenen Materialien (gebranntes Email), von Dingen, angesichts derer man sich nicht zu entscheiden traute, ob es sich nun um einen Gebrauchsgegenstand oder ein Kunstwerk handelte. Es erschienen Lampen mit mysteriösen Halogenbirnen und ebenso mysteriöse Fernbedienungen. Es tauchten wieder fluoreszierende Kunststoffe auf, in Rot oder Grün und in geschäumtem Polyurethan mit überraschenden Formen: als Kaktus, Mund, Ziegelstein oder als ein Stück Wiese.

Die Sammlung wurde schließlich einem großen Publikum präsentiert, und das auf ungewöhnliche Weise. Man stellte äußerst gewissenhaft einen Katalog zusammen und versah jedes Stück mit einem Preis. Die Objekte wurden auf einer Auktion verkauft, so wie man es eigentlich nur von großen Sammlungen alter Kunst her kennt. Zum ersten Mal wurden dem Antiquitätenmarkt Objekte angeboten, die aus Schaumgummi, Kunststoff und Chrom bestanden. Der begleitende Katalog *Italienisches Design 1951–1984* wurde 5.000 mal aufgelegt und war sofort vergriffen. Heute gilt er als Rarität. Die Galerie Wolfgang Ketterer in München vertraute den Auktionshammer Steven Cristea an, ehemals Direktor der Münchner Filiale von Sotheby's. Auf diese Weise gelangten die Stücke in die Museen der ganzen Welt, wodurch sich die Preise stabilisierten und die Anerkennung enorm stieg.

Man schrieb den 24. März 1984. Das deutsche Fernsehen und die halbe Welt griffen dieses Ereignis auf, woraufhin das italienische Design wieder wie eine Jungfrau erschien, die ein Prinz geküßt hatte. Es war die Wiederentdeckung der reinen Schönheit. Natürlich haben sich die Produktionsstätten diese Gelegenheit nicht entgehen lassen. Die plötzliche Wiederentdeckung ihrer Objekte der vergangenen Jahrzehnte führte dazu, daß sie Modelle aus ihren Magazinen hervorholten und einige davon augenblicklich wieder auflegten, womit sie für einiges Durcheinander sorgten. Denn man konnte nun den Stücken ihr Alter nicht mehr eindeutig zuordnen. Der Kreis von Geburt, Tod und Wiedergeburt hatte sich geschlossen, und italienisches Design war unsterblich geworden.

Fulvio Ferrari

Sessel *Argine* von Studio Libidarch für Gruppo Ind. Busnelli, 1974

Seite 87
Sessel *Capitello* von Studio 65 für Gufram, 1972

Lexikon

von Abet Laminati bis Zeus

ABET LAMINATI

Laminathersteller

Die große Stunde kam für Abet Laminati Anfang der 80er Jahre. Im Zuge der Designbewegungen **Alchimia** und **Memphis** und ihrem neuen Interesse an Oberflächen entwarfen Designer wie **Ettore Sottsass** oder **Michele De Lucchi** für den Hersteller von Kunststofflaminaten so augenstrapazierende Dekors wie *Bacterio, Spugnato, Fantastic* und *Micidial.* Sie adelten ein als billig und häßlich geschmähtes Material, indem sie es für ihre spektakulären Möbelentwürfe wie z.B. das *Carlton*-Regal (Abb. S. 12) einsetzten. Bereits in den 60er und 70er Jahren hatte Abet mit **Gio Ponti**, **Joe Colombo** oder **De Pas / D'Urbino / Lomazzi** zusammengearbeitet und die neuartigen Beschichtungen *Print, HPL Print* und *Folden* entwickelt. Zur Sensation geriet die Markteinführung des ersten transparenten Laminats: *Diafos.* In der Ausstellung *Material Lights* setzten ihm 1988 u.a. Sottsass, De Lucchi, James Irvine, **Antonio Citterio** und **Massimo Iosa Ghini** durch ihre Anwendungsbeispiele ein Denkmal. Abets Laminate werden für Möbel- und Messebau sowie Fassadengestaltung eingesetzt.

Abet Laminati spa,
Bra (Cuneo)

1957 als Abet gegründet in Bra

1979 neuer Firmenname Abet Laminati

1987 *Compasso d'oro* für *Diafos* (erstes transparentes Laminat)

Produkte

1961 *Laminat Print* (später *Folden, HPL Print*)

1978 Dekor *Bacterio* von **Ettore Sottsass**

1979 Dekor *Spugnato* von Ettore Sottsass

1981 Dekors *Fantastic* und *Micidial* von **Michele De Lucchi**

1983 *Marmo Print HPL* von **George J. Sowden**

1988 *Diafos*-Ausstellung *Material Lights*

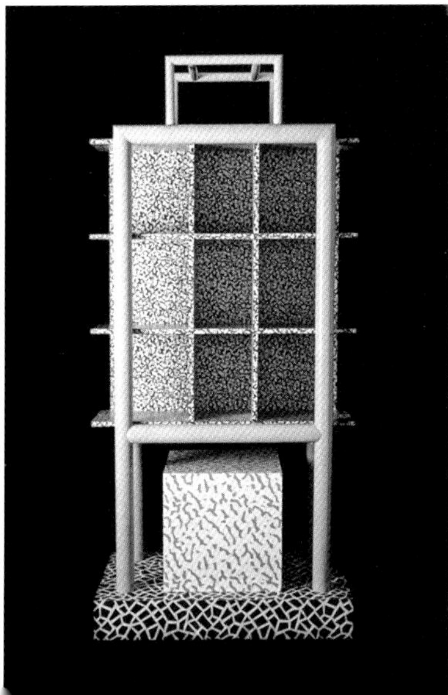

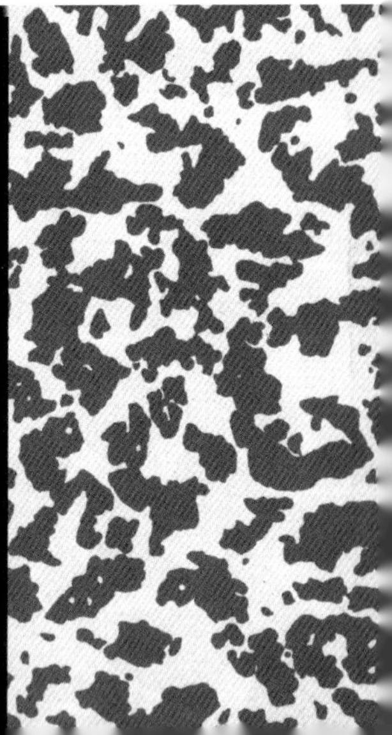

Regal *Union* von Marco Zanini, 1983

Laminat *Spugnato* von Ettore Sottsass, 1979

Franco ALBINI

Architekt und Möbeldesigner

Als die junge **Anna Castelli Ferrieri** 1942 in das Mailänder Studio des damals bereits hochgeschätzten Architekten Franco Albini eintrat, zeichnete sie als erstes sein berühmtes Hängeregal. Am nächsten Tag fand sie auf ihrem Schreibtisch eine Notiz vor, in der Albini sie bat, die Lineale unbedingt an jedem Abend ordentlich aufzureihen und die Geodreiecke genau daran anzupassen. Franco Albini verlangte Perfektion. Ob er wie bei seinen Hängeregalvariationen in den 40er Jahren ein hinreichend bekanntes Produkt neu interpretierte, indem er die in einen Holz- oder Metallrahmen eingelassenen Glasböden an Metallketten aufhängte und dem Möbel damit die doppelte Funktion von Regal und Raumteiler zudachte, oder ob er bereits vor dem Zweiten Weltkrieg den Prototyp eines durchsichtigen Radios vorstellte, bei dem die konstruktiven Komponenten zwischen zwei rechteckige Glasscheiben gepreßt waren – viele von Albinis Entwürfen waren in ihrem Minimalismus und in ihrer klaren Konstruktion ihrer Zeit, in der eher Behäbig-Repräsentatives gefragt war, weit

1905 geboren in Robbiate, Como

1929 Architekturstudium in Mailand abgeschlossen

1930 eigenes Architekturbüro

1945 Herausgeber von *Casabella* (bis 1946)

1949 Professor für Architektur, Venedig und Turin (bis 1963)

1950 Umbau des *Palazzo Bianco* und des Museums in Genua (beides mit Franca Helg)

1952 Mitarbeit **Franca Helg**; *Museo del Tesoro di San Lorenzo*, Genua

1955 *Compasso d'oro* (auch 1964)

1957 **La Rinascente**-Kaufhaus, Rom (bis 1961)

1958 Architekturpreis *Premio Olivetti*

1962 Mitarbeit **Antonio Piva**

1964 Professor für Architekturkomposition, Mailänder Polytechnikum (bis 1977)

1965 Mitarbeit **Marco Albini**

1977 gestorben in Mailand

Stuhl *Luisa* für Poggi, 1954

Produkte

1936 *Triennale*-Ausstellungsbeitrag *Stanza per un'uomo*

1938 Prototyp für tragbares, durchsichtiges Radio

1939 Hängeregal (bis 1949)

1950 Korbsessel *Margherita* für **Bonacina**

1952 Sessel *Fiorenza* für **Arflex**

1954 Stuhl *Luisa*

1956 Liege *PS 16*

beide für **Poggi**

1962 U-Bahn-Stationen der Linie 1 in Mailand (bis 1969) mit Franca Helg und **Bob Noorda**

1967 Sideboard *Credenza* mit Franca Helg

Seite 91

Sessel *Fiorenza* für Arflex, 1952

Schrank *Armadio per il refugio pirovano* für Poggi, 1950

Schaukelliege *PS 16* für Poggi, 1956

voraus. Das Radio ging nie in Produktion. **Alessandro Mendini** hat Albini einmal als »den größten Meister der modernen Architektur Italiens« bezeichnet. Die Architektur war sein Hauptbetätigungsfeld, aber er gehörte auch zu den frühen Protagonisten des modernen italienischen Designs. Schon 1936 hatte er mit der *Stanza per un'uomo* (Zimmer für einen Menschen) einen progressiven **Triennale**-Beitrag geliefert. Er gestaltete einen winzigen Raum, in dem jedem Element eine oder mehrere klar definierte Funktionen zugeteilt waren: In eine Regalwand war eine Tischplatte integriert, die Leiter, über die man das Bett erreichte, diente auch als Garderobe, das Bett wiederum schloß den Raum nach oben hin ab. Mit diesem Projekt definierte Albini die minimalsten Anforderungen an einen gestalteten Lebensraum. Nach dem Ende des Zweiten Weltkriegs engagierte Albini sich nicht nur theoretisch intensiv in den aktuellen Diskussionen um die sozialen Aufgaben von Architektur und Design (u.a. als Herausgeber der Zeitschrift *Casabella,* als Mitglied des Congresso Internazionale di Architettura Moderna, CIAM, und als Professor für Architektur), sondern er knüpfte mit seinen architektonischen Arbeiten und Möbelentwürfen auch praktisch an seine bereits vor dem Krieg gewonnenen, stark von der Moderne beeinflußten Vorstellungen an. Der Stuhl *Luisa* für **Poggi** (einen auf Holzmöbel spezialisierten Hersteller, dessen Profil Albini in den Nachkriegsjahren maßgeblich prägte), der Korbsessel *Margherita* für **Bonacina** und der Sessel *Fiorenza* für **Arflex** festigten Albinis Ruf als Meister reduziert-spröder, aber nie blutleerer Formen, der souverän mit den unterschiedlichsten Materialien umging. Eines seiner komplexesten Projekte bietet heutigen Besuchern Mailands immer noch Orientierung: Gemeinsam mit seiner Partnerin **Franca Helg** und dem Grafiker **Bob Noorda** gestaltete er Anfang der 60er Jahre die U-Bahnhöfe der Linie 1 und deren Leitsystem.

ALCHIMIA

Galerie und Designergruppe

1976 gegründet in Mailand von Alessandro und Adriana Guerriero

1979 Ausstellung *Bau.Haus I*, Mailand und New York; Ausstellung *Re-design*, Mailand

1980 Ausstellung *Bau.Haus II*, Mailand; Ausstellung *L'oggetto banale*, Biennale Venedig; Ausstellunsbeitrag *Design Phenomene*, Linz

1981 *Mobile infinito*, Möbelmesse Mailand; *Compasso d'oro*

1982 Ausstellung *Città Alchimia*, Paris; Ausstellung *Oggetti banali*, Genua; Ausstellung *Stanza filosofica*, Mailand

1983 Ausstellung *Il grande metafisico*, Mailand

1990 aufgelöst

Seite 93

o. Tisch *Ondoso* von Alessandro Mendini, 1979

l.u. Tisch *Le strutture tremano* von Ettore Sottsass, 1979

r.u. Einzelstück für die Ausstellung *Robot Sentimentale* von Alessandro Mendini, 1982

Alles begann damit, daß **Alessandro Guerriero** 1976 eine Gruppe von Designern, darunter **Alessandro Mendini**, **Andrea Branzi**, **Ettore Sottsass**, **Michele De Lucchi**, **Franco Raggi** und **Paola Navone**, einlud, in seiner Mailänder Galerie Designexperimente auszustellen, die nicht den Zwängen industrieller Fertigungsprozesse unterworfen waren. In der Alchimisten-Werkstatt setzten die Designer »unedle« Laminate und »falsche« Stilmixturen im Bewußtsein völliger gestalterischer Freiheit für das Re-Design moderner Klassiker oder für eigene abstruse Entwürfe ein (Abb. S. 14). »Es gibt keine Originalität mehr. Das Neuerfinden von Formen wird ersetzt durch das Variieren von Dekors, von Mustern und Oberflächen. Design als Re-Design. Entwerfen ist Dekorieren«, erklärte Alchimia-Vordenker Alessandro Mendini. Damit stellte Alchimia die Doktrin des Funktionalismus rigoros in Frage – und auch das vorherrschende italienische **Bel Design**.

In den Ausstellungen *Bau.Haus I* und *Bau.Haus II* (1979 und 1980 in Mailand) unterzogen die Designer Bauhaus-Klassiker und historische Stilmöbel einer ironischen Kommentierung durch die Applizierung von Kunststoffbeschichtungen und Zitaten aus der Bildenden Kunst. Für das 1981 im Umfeld der Mailänder Möbelmesse vorgestellte *Mobile infinito* (Unendliches Möbel) wurden Designer, Architekten und Künstler wie Sandro Chia und Francesco Clemente aufgefordert, Dekorationen, Griffe, Leuchten und Fahnen zu entwerfen, die auf neutrale Holzkörper aufgebracht werden konnten. Für die Oberflächengestaltung stand ein unendlicher Pool verschiedener Muster zur Verfügung. Aus diesem Baukasten konnte jeder »sein« Möbel nach eigenem Gusto gestalten. Populär wurde Alchimia mit solchen Events allerdings nicht. Dennoch war das Studio ein wichtiger Katalysator eines **Nuovo Design** und ein Vorläufer der kommerziell viel erfolgreicheren **Memphis**-Bewegung.

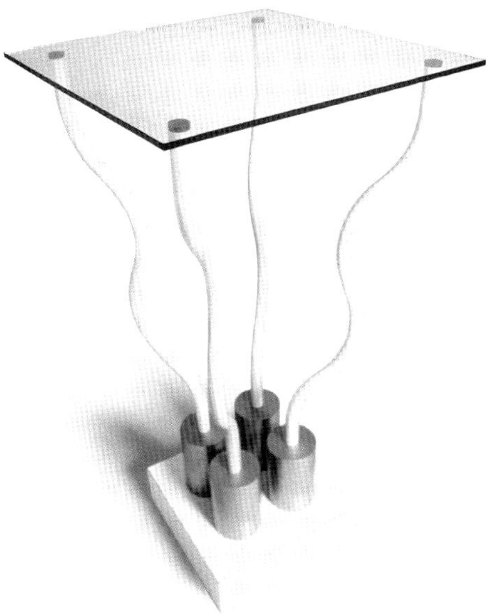

ALESSI

Haushaltswarenhersteller

Alessi spa, Crusinallo

1921 gegründet von Giovanni Alessi Anghini als Gießerei und Metallwerkstatt

1924 mit erster Kollektion entsteht Markenname FAO (Fratelli Omegna Alessi)

1932 Carlo Alessi tritt in die Firma ein

1938 Versuche mit Stahlverarbeitung

1983 Produktlinie *Officina Alessi*

1986 Zusammenarbeit mit Philippe Starck

1987 *Compasso d'oro*

1988 Bau der Casa della felicità am Orta-See (von **Alessandro Mendini**)

1989 Kollektion *Twergi*

1990 Eröffnung des *Centro Studi Alessi* in Mailand

1991 Kollektion *Family follows Fiction*

Zahllosen Besitzern von Haushaltswaren des Herstellers aus Crusinallo gilt das Wortpaar »Alessi und Design« als Synonym. Die klangvollen Namen zeitgenössischer Designer, die edel blitzenden Produkte, der spielerische Umgang mit Funktionen, Formen und Farben: all dies hat dazu beigetragen, daß Alessi in den 80er Jahren zu *dem* Designunternehmen schlechthin wurde. In dem, was Philippe Starcks berühmter Zitronenpresse *Juicy Salif* von 1990 in den Haushalten widerfährt, manifestiert sich dieses Designverständnis anschaulich. Jeder kennt sie, viele besitzen sie, doch niemand benutzt sie. Dieses seltsame, aber kaum funktionstüchtige »Design«-Objekt steht eher als Statussymbol im Regal.

Bei Alessi nämlich folgt die Form nicht nur der Funktion, sondern auch der Laune, wie bei dem bauchigen bunten Gasherdanzünder *Firebird* **Guido Venturinis**, bei dem windschiefen Wasserkessel *Hot Bertaa* von Philippe Starck, dem melodisch singenden statt profan pfeifenden Kessel **Richard Sappers** oder bei **Alessandro Mendinis** Korkenzieher *Anna G.* (Abb. S. 44), dem seine Lebensgefährtin Modell stand. Den Weg für das »Alles ist möglich« im Design hatten Anfang der 80er Jahre Gruppen wie **Alchimia** und **Memphis** geebnet, die die Produkte von ihrer steifen Zweckmäßigkeit befreiten. Alessis Verdienst ist es, diese veränderte Designauffassung systematisch in die industrielle Serienfertigung von Haushaltswaren übertragen zu haben.

Das Design wird aber nicht nur geschickt als effizientes Marketingvehikel eingesetzt. Eine seriöse Designpolitik steht bei Alessi in einer langen Tradition und ist strukturell und historisch verankert. Hier finden die Designer optimale Bedingungen, neue Ideen und Formen zwanglos auszuprobieren. Schon 1924 entwickelte Firmengründer Giovanni Alessi Anghini erste eigene Kaffeekannen und Tabletts in seiner Metallwerkstatt. Carlo Alessi

Seite 95

Wasserkessel *Bird Kettle 9093* von Michael Graves, 1985

Besteck *Nuovo Milano* von Ettore Sottsass, 1989

Zitronenpresse *Juicy Salif* von Philippe Starck, 1990

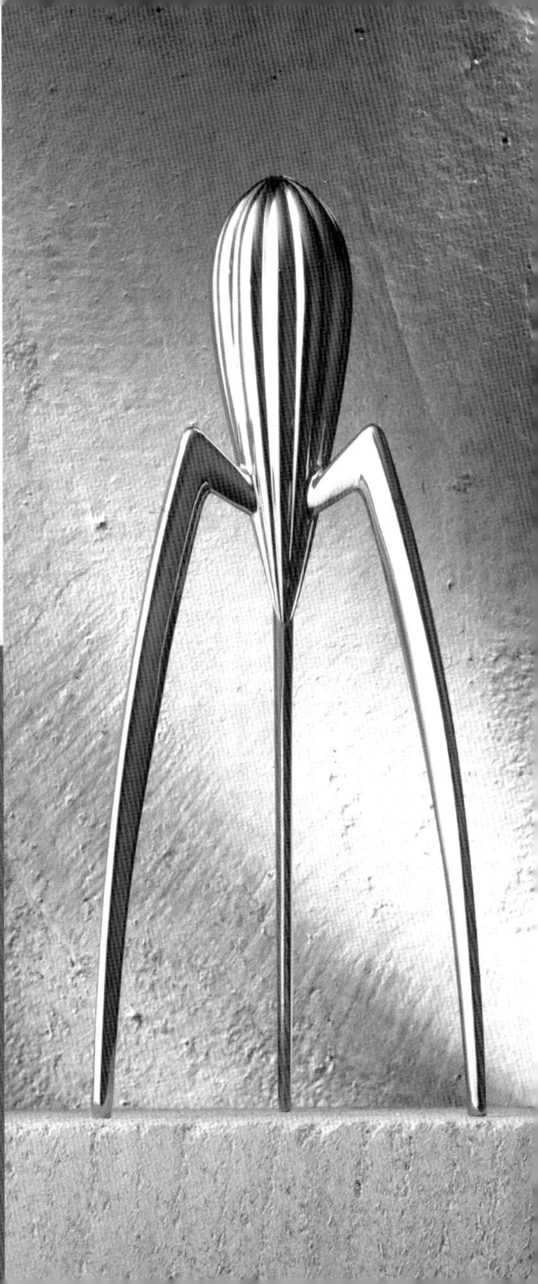

Produkte

1945 Kaffeeservice *Bombé*, von Carlo Alessi Anghini

1951 Drahtkorb *826*

1952 Obstkorb *370*

beide von Ufficio Tecnico Alessi

1970 Aschenbecher *7690 Spirale* von **Achille Castiglioni**

1978 Essig- und Ölbehälter *5070-5079* von **Ettore Sottsass**

1984 Espressomaschine *La conica*

1988 Espressomaschine *La Cupola*

beide von **Aldo Rossi**

1990 Zitronenpresse *Juicy Salif* von **Philippe Starck**

1994 Korkenzieher *Anna G.* von Alessandro Mendini

1997 Espressomaschine *Cobán* von **Richard Sapper**

steuerte 1945 sein berühmtes Service *Bombé* bei, und in den 50er Jahren entstanden mit den Edelstahlobstschalen und -brotkörben die ersten Klassiker. In den 70er Jahren nahm schließlich Alberto Alessi Kontakte zu Richard Sapper, **Ettore Sottsass**, **Achille Castiglioni** und Alessandro Mendini auf – Väter des Alessi-Designs, die es bis heute mitgestalten. Großes Aufsehen erregte Anfang der 80er Jahre das Projekt *Tea and Coffee Piazza*, für das Alessandro Mendini **Aldo Rossi**, Michael Graves, **Paolo Portoghesi** und andere internationale Architekten einlud, Tee- und Kaffeeservice zu entwerfen. Es entstand die berühmt gewordene Kollektion von »Miniarchitekturen« (Mendini). Alessi nahm dieses Experiment zum Anlaß, seine Produktion zu teilen. Während das Label **Alessi** weiterhin für die hochwertige Massenproduktion in Edelstahl steht (mit den Espressokannen Rossis und Sappers, den Töpfen Massimo Morozzis oder den Bestecken von Sottsass und Castiglioni), konzentriert sich die Tochterfirma *Officina Alessi* auf die Produktion limitierter Kleinserien in verschiedenen Metallen. Unter dem 1989 eingeführten *Twergi*-Label sind Haushaltswaren aus gedrechseltem Holz zusammengefaßt, und die 1991 vorgestellte Kollektion *Family Follows Fiction* versammelt die für Alessi typischen bunten Accessoires.

Gasanzünder *Firebird* von Guido Venturini, 1993

Seite 97

o. Wasserkessel *9091* von Richard Sapper, 1983

l.u. *Pasta Set* von Massimo Morozzi, 1986

r.u. Serie *Il conico* von Aldo Rossi, 1989

ALFA ROMEO

Automobilhersteller

Alfa Romeo
(heute Fiat Auto spa), Turin

1909 gegründet als *Società Anonima Lombarda Fabbrica Automobili* (ALFA) in Portello bei Mailand

1915 Nicola Romeo tritt in die Firma ein

1932 neue Firmenstruktur

1938 Fabrik in Pomigliano d'Arco (Neapel)

1963 Fabrik in Arese

1967 Bau der *Alfasud*-Fabrik

1987 von **Fiat** übernommen

Der Legende nach soll Henry Ford einmal gesagt haben, daß er immer dann, wenn ein Alfa Romeo an ihm vorbeifahre, den Hut ziehe. Ford gehörte offenbar zu der eingeschworenen Liebhaberschaft der Marke, die, 1909 als einzige der großen Autofirmen in Mailand statt in Turin gegründet, eine beispiellose Modell- und Renngeschichte aufzuweisen hat. Allerdings konzentrierte sich die Produktion der »Anonima Lombarda Fabbrica Automobili« zunächst nicht auf Autos, sondern vor allem auf Nutzfahrzeuge sowie auf Flugmotoren und Kompressoren für die Rüstungsindustrie, die sowohl im Ersten wie auch im Zweiten Weltkrieg im großen Stil beliefert wurde. Dennoch: Von Anfang an feierte Alfa Romeo auch große Rennerfolge, schon auf der *Targa Florio* 1911 mit einem *24-HP*-Rennmodell und in den 20er Jahren mit dem Alfa *RL*; unzählige Siege folgten. Die Konstruktion von Rennmotoren blieb lange der Antrieb für Alfas Autoproduktion. Dem Zuschnitt eines dazugehörigen »Kostüms« nahmen sich seit den 30er Jahren renommierte Karosseriebauer an, die Tempo und Sportlichkeit in adäquate Formen übersetzten: bei Sportwagen wie dem *8 C 2900 B* Sportroadster von **Touring** (1937) mit seiner wie gegossen wirkenden Karosserie und bei Luxuslimousinen wie dem aerodynamischen *6 C 2300 Pescara Coupé* von **Pinin Farina** (1936), das seine strotzende Kraft durch angriffslustig aufgeblähte Nüstern in Form von gewölbten Kotflügeln und tiefliegenden Lampen demonstrierte. Das Ende des Krieges und Italiens Wandel zum Wohlstandsland bedeutete für Alfa Romeo den allmählichen Ein-

Seite 99

o. *Guiletta Sprint* von Bertone, 1954

u. *1750 GT Veloce*, 1967

l.u. *Montreal Coupé* von Bertone, 1967

r.u. *Giulia 1600 T.I.*, 1962

stieg in die Großproduktion. Den Weg dahin ebnete die erfolgreiche elegante *Giulietta*-Modellreihe (Abb. S. 36), die Mitte der 50er Jahre auf den Markt kam und für die sowohl **Bertone** als auch Pininfarina Varianten entwarfen. In den 50er und 60er Jahren agierte Alfa Romeo überaus erfolgreich auf dem internationalen Markt, u.a. mit seinen Spider-Modellen wie dem *1600 Duetto* (1966) und dem *1750* (1969) von Pininfarina, die heute Kultstatus haben. Neben vielen anderen Erfolgsmodellen errang vor allem der *Alfasud* von 1972, dessen Karosserie von **Giorgetto Giugiaros** Firma **Italdesign** gestaltet wurde, legendären Ruhm. Für die Produktion dieses Autos wurde sogar ein eigenes Werk errichtet. Die seit Anfang der 70er Jahre anhaltende wirtschaftliche Krise des Unternehmens konnte Mitte der 80er Jahre allerdings nur behoben werden, indem das Unternehmen unter Beibehaltung des eigenen Markennamens in den Fiat-Konzern integriert wurde. Immer noch steht Alfa Romeo vor allem für Sportlichkeit, wie 1987 der schnittige Alfa *164 Berlina* mit seiner schmalen Rücklichtleiste, der keilförmige Straßensportwagen *ES 30* (1989) und in jüngster Zeit der Alfa *156* unter Beweis stellten, der 1998 nicht zuletzt wegen seines »schönen« Designs zum Auto des Jahres gewählt wurde.

Produkte

1910 Tourenwagen *24HP*
1927 Rennwagen *Typ RL*
1937 Roadster *8 C 2900 B* von Touring
1939 Cabrio *6 C 2300 B* von Pininfarina
1954 Sportwagen *Giulietta Sprint* von Bertone
1960 Sportwagen *Giulietta Sprint Speciale*
1962 Limousine *2600*
1963 *Giulia Sprint GT Coupé*
1966 Cabrio *1600 Spider Duetto;* Limousine *Giulia 1300 t.i.*
1972 Limousine *Alfasud*
1998 Limousine *Alfa 156*

Alfa *156*, 1998

Möbelhersteller

Gleich der erste 1979 von **Giandomenico Belotti** entwickelte Stuhl *Spaghetti* mit seiner Sitzfläche aus eng gespannten Gummifäden wurde für Alias zum Bestseller. Das junge Unternehmen definierte die neue gestalterische Freiheit im Umfeld des **Nuovo Design** für sich als die Summe seiner Designer. Während Belotti seinem puristischen Ansatz treu blieb, setzte Mario Botta mit seinen skulpturalen Sitzgelegenheiten *Prima*, *Seconda*, *Quarta* und *Quinta* auf architektonische Wirkung und **Alberto Meda** mit seinen extrem leichten Stühlen *Armframe* und *Highframe* auf technologische Innovation. Schlichtes und Transparentes findet sich in der gesamten Kollektion des Herstellers, der seine Möbel von ausgewählten Betrieben fertigen läßt, sich selbst aber um Produktentwicklung, Marketing und Vertrieb kümmert. Für Alias entwerfen außerdem u.a. **Carlo Forcolini**, **Paolo Rizzatto**, Jasper Morrison, Häberli & Marchand und Riccardo Blumer. Seit 1991 ist das Unternehmen Teil der **Artemide**-Gruppe, seit 1994 vertreibt es außerdem die Kollektion **Danese**.

Alias srl,
Grumello del Monte

1979 gegründet von **Giandomenico Belotti**, **Carlo Forcolini** und **Enrico Baleri**;

1991 Alias wird Teil der **Artemide**-Gruppe

1994 Alias übernimmt **Danese**

Produkte

1979 Serie *Bloomstick* von **Vico Magistretti**

1984 Tisch *Apocalypse Now* von **Carlo Forcolini**

1986 Stuhl *Quinta*, Tisch *Tesi* von Mario Botta

1987 Stuhl *Light Light* von **Alberto Meda**

1994 Chaiselongue *Longframe*, und Stuhl *Highframe* von Alberto Meda; Bücherregal *Alpha* von Jasper Morrison

1997 Möbelsystem *Sec* von Häberli / Marchand; Stuhl *Laleggera* von Riccardo Blumer

l. Stuhl *Spaghetti* von Giandomenico Belotti, 1979

r. Stuhl *Seconda* von Mario Botta, 1982

ARCHIZOOM

Designer- und Architektengruppe

1966 gegründet in Florenz; Ausstellung *Superarchitettura* in Pistoia (auch 1967 in Modena)

1974 aufgelöst

Produkte

1967 *Dream-Beds* (Traumbetten), u.a. *Rosa d'Arabia*, *Presagio di rose*, *Naufragio di rose*

1968 *Triennale*-Ausstellungsbeitrag *Zentrum für eklektische Konspiration*; Sitzlandschaft *Safari*

1969 Sessel *Mies*;

beide für **Poltronova**;

Projekt *Wind Town*

1970 Sofa *Superonda* für Poltronova; Projekt *No-Stop-City*

Eine sterile, vollklimatisierte und von künstlichem Licht durchflutete Supermarktstadt, die durch nichts anderes als den Kreislauf von Kaufen und Verkaufen bestimmt ist: bereits 1970 entwarf die Architektengruppe Archizoom mit ihrem Projekt *No-Stop-City* diese pessimistische Zukunftsvorstellung. Damals noch Sciencefiction, erscheint der Entwurf in Anbetracht der gigantischen Shopping-Malls von heute allerdings visionär.

Die Arbeit Archizooms, 1966 in Florenz von **Andrea Branzi**, **Paolo Deganello**, **Massimo Morozzi** und Gilberto Corretti gegründet, stand im Kontext der politischen Protestbewegungen, die Ende der 60er Jahre auch in Italien in die Offensive gingen. Vorbild für die jungen Rebellen, die sich in London »über die Carnaby Street und das Grab von Karl Marx« informiert hatten (Andrea Branzi), war die Arbeit der englischen Architektengruppe Archigram. Archizoom kritisierte in Manifesten und Ausstellungsbeiträgen Funktionalismusgläubigkeit, die Vereinnahmung des Designs durch die Industrie und seine Rolle als Statussymbol. Dabei eigneten sich Zeichnung und Text weitaus besser für utopische Entwürfe als das reale Objekt – eine Tendenz, die die gesamte **Radical-Design**-Bewegung kennzeichnet. Die eine oder andere Idee wurde dennoch realisiert, wie der Stuhl *Mies* (Abb. S. 35), der die konstruktiven Merkmale eines berühmten Sessels Ludwig Mies van der Rohes so überzeichnete, daß er unbenutzbar aussah (es aber nicht war: in die steile Sitzfläche konnte man bequem einsinken). Mit den pompösen *Dream-Beds* (Traumbetten) unterminierte Archizoom durch kitschige Art-déco- und Pop-Art-Elemente außerdem das hochgeschätze **Bel Design**: Schlechter Geschmack wurde Programm. Archizoom löste sich bereits 1974 auf. Aber die Ideen der Gruppe wirkten, wenn auch ohne den explizit politischen Anspruch, in den späteren **Anti-Design**-Bewegungen **Alchimia** und **Memphis** fort.

Seite 103

o. Sessel *Mies* für Poltronova, 1969

l.u. Traumbett *Naufragio di rose*, 1967

r.u. Sitzelement *Safari* für Poltronova, 1968

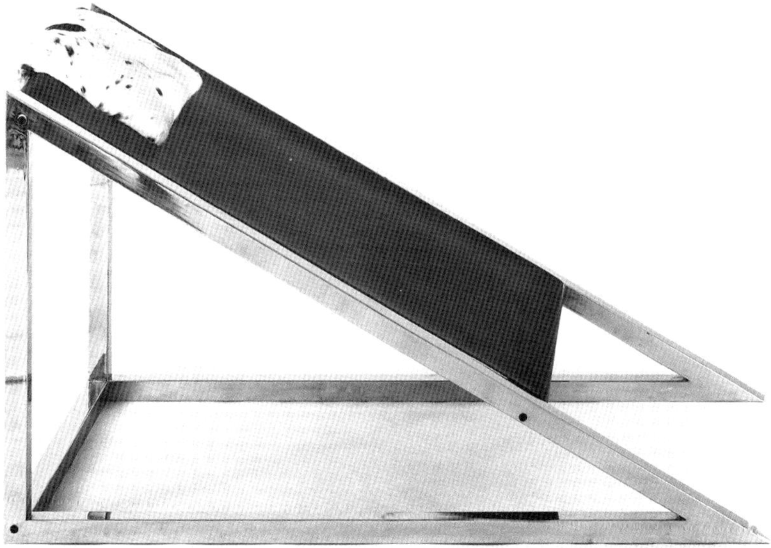
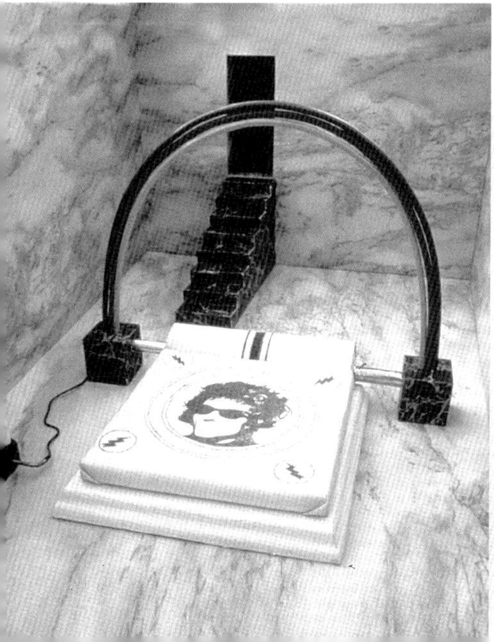

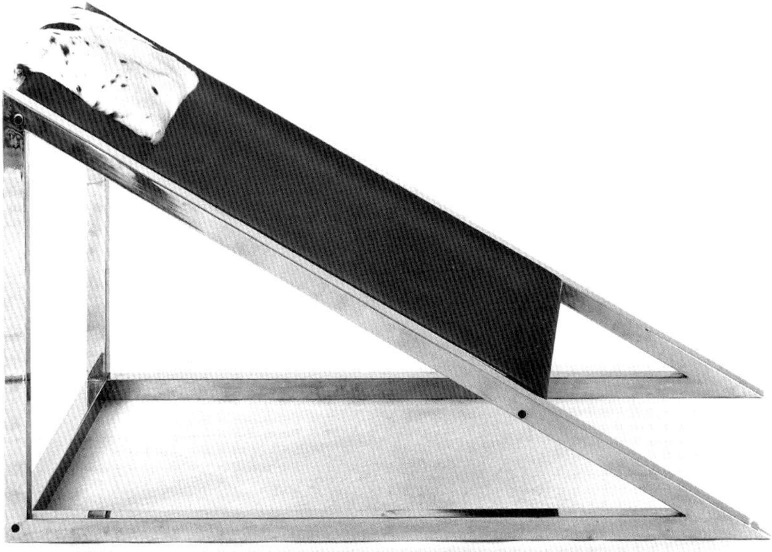

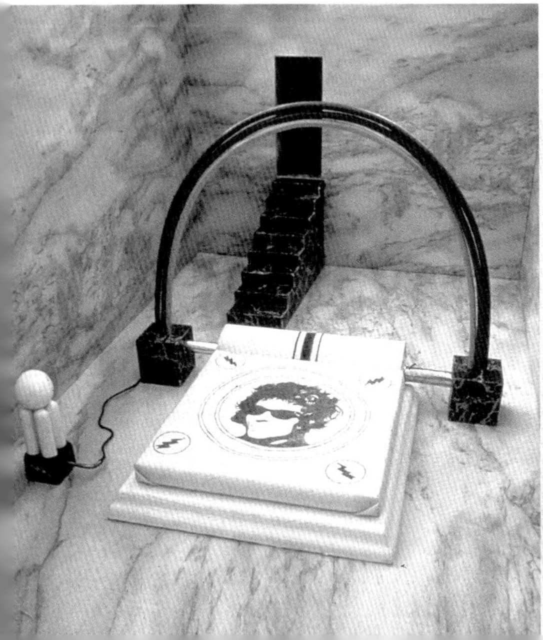

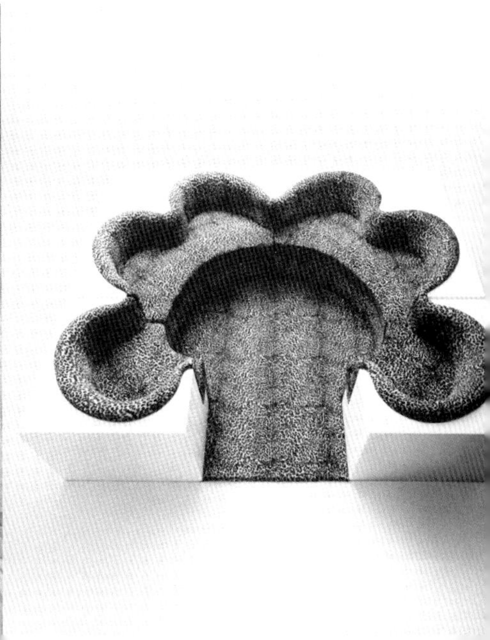

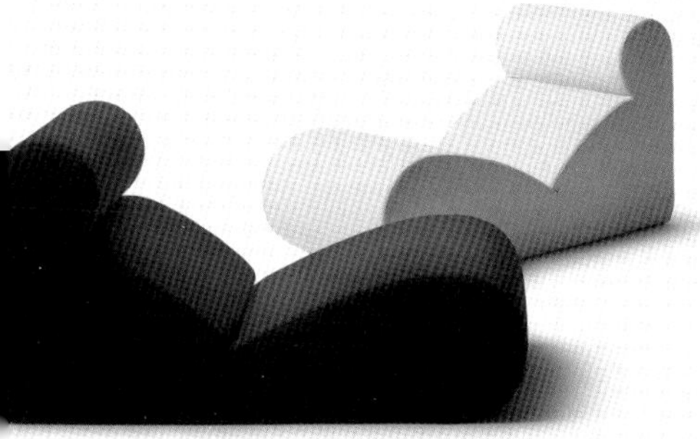

Giorgio ARMANI

Modedesigner

1934 geboren in Piacenza
1957 Einkäufer für **La Rinascente** (bis 1964)
1964 Modedesigner in Nino Cerrutis Firma Hitman (bis 1970)
1970 freier Modedesigner
1975 Gründung eigene Firma
1979 *Neiman Marcus-Preis*
1996 Aufführung *G. A. Story* (Regie: Bob Wilson) in Florenz

Produkte
1974 erste Männerkollektion
1975 erste Damenkollektion
1981 *Emporio Armani* und *Armani Jeans*
1982 Parfum *Armani*
1984 Telefon *Notturno* für **Italtel**
1987 *Giorgio Armani Occhiali*; *Giorgio Armani Calze*
1991 Uniformen für Alitalia
1992 Parfum *Giò*
1995 *Acqua di Giò*; neue Linien *Giorgio Armani Neve*, *Giorgio Armani Golf*

Seite 107
l. Kollektion Frühjahr/Sommer 1999
r. Kollektion Herbst/Winter 1994/1995

Als Richard Gere 1980 in *American Gigolo* seine Sakkos, Hemden und Krawatten auf dem Bett ausbreitete, meinten manche Kritiker, diese hätten eine eigenständige Rolle in dem Film übernommen. Kein Wunder: Die Arbeitskleidung dieses First-Class-Gigolos hatte Giorgio Armani geschaffen, der Mailänder Großmeister lässigen Understatements.

Mit einem abgebrochenen Medizinstudium und Lehrjahren als Einkäufer für das Kaufhaus **La Rinascente** war die steile Karriere des 1934 in Piacenza geborenen Armani keineswegs vorauszusehen gewesen. Zunächst Designer bei Cerruti und danach freier Modedesigner, machte er 1974 erstmals mit unter seinem Namen produzierter Herrenbekleidung, ein Jahr später mit einer Damenlinie von sich reden. Mit seinen Herrensakkos lehnte Armani sich gegen die vorherrschenden Formen auf, die er als »maoistisch« empfand. Er verzichtete rigoros auf die damals beliebten Schulterpolster, und seine edlen Stoffe umspielten den männlichen Körper locker, anstatt ihn einzuzwängen: Dressed for success, aber entspannt. Bald begannen auch Frauen, diese neuartigen Sakkos zu tragen – Armanis Schwester war eine der ersten. Das war der Impuls für Armani, die Frauen vom steifen Kostümzwang zu befreien: Er »erfand« den lockeren Damenblazer, der, vielfach kombinierbar, zu den verschiedensten Anlässen getragen werden konnte. Heute ist dieses Kleidungsstück aus der weiblichen Garderobe nicht mehr wegzudenken.

Armani hat die Modewelt damit revolutioniert, aber auf sanfte Weise. Alles Vulgäre liegt ihm fern. Seine Haute Couture-Modelle lassen Körperformen erahnen, entblößen aber nichts. Seine Mode ist bequem, sein Farbspektrum gedeckt, die Linienführung fein und die Qualität seiner Stoffe stets vorzüglich. Damit steht Armani für kühle, subtile Eleganz, nicht aber für Schockeffekte und Skandale.

ARTELUCE

Leuchtenhersteller und Produktlinie bei Flos

Arteluce by Flos
Flos spa, Bovezzo

1939 gegründet von **Gino Sarfatti** in Como

1954 *Compasso d'oro* für Gino Sarfattis Tischleuchte *559*

1974 mit **Flos** fusioniert

Wenn die feine Gesellschaft der 50er Jahre abends auf den Decks der Luxusliner *Michelangelo* und *Raffaello* flanierte, wurde sie vom Licht Arteluces beschienen. Auch profane Gebäude wie Schulen und Büros, die Flughäfen von Rom und Mailand, die **Olivetti**-Niederlassung in Barcelona, der Ballsaal des Castello Sforzesco und der Palazzo Bianco in Genua wurden von Arteluce ins rechte Licht gerückt. Skulpturale Mobiles wie die Modelle *2072* und *2097*, phantasievolle Wandleuchten, kleine Tischleuchten im typischen Fifties-Look, aber auch funktionale Stehleuchten zierten private Haushalte.

Gino Sarfatti hatte das Unternehmen 1939 in der Nähe von Como gegründet und entwarf nahezu die gesamte frühe Arteluce-Kollektion selbst – ein manischer Lichtpionier, der für die neuen, modernen Architekturen im Nachkriegsitalien die passende Beleuchtung schuf. Vom Licht und seinen Möglichkeiten besessen, konzentrierte der ehemalige Luftfahrtingenieur seine ganze Energie auf seine Firma, in der er vom Design über Marke-

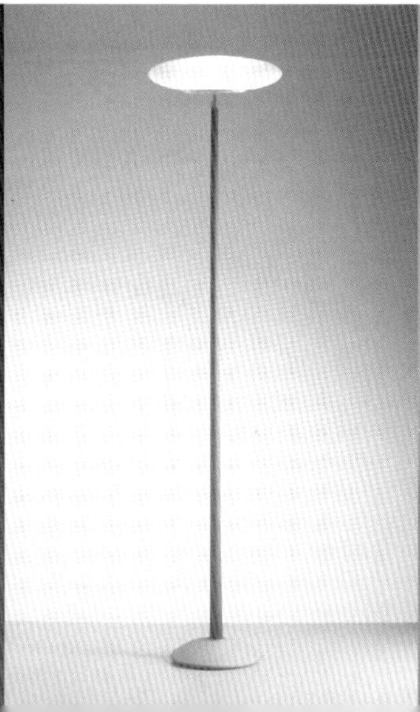

ting und Vertrieb alles selbst organisierte. Die vielen Preisverleihungen für seine Leuchten interessierten ihn nicht, und mit dem kulturellen Establishment Mailands hatte er nichts zu tun. Dafür knüpfte er in seinem Mailänder Geschäft am Corso Matteotti Kontakte zu jungen Designern wie **Marco Zanuso**, **Franco Albini**, **Vittoriano Viganó** oder **Gianfranco Frattini**, die seine Euphorie für das moderne Industriedesign teilten.

Als Gino Sarfatti Anfang der 70er Jahre bewußt wurde, daß eine Neustrukturierung seines Unternehmens aufgrund wirtschaftlicher Zwänge unumgänglich geworden war, verkaufte er es an Flos, da er sich mit einer untergeordneten Rolle nie hätte zufriedengeben können. Seit 1974 besteht Arteluce als eigenständige Produktlinie bei Flos (*Arteluce by Flos*), für die eine jüngere internationale Designergeneration Ideen entwickelt, darunter **Matteo Thun**, **King-Miranda**, **Rodolfo Dordoni** oder Stephan Copeland. Doch auch zahlreiche Leuchten Sarfattis werden immer noch produziert.

Produkte

1952 Wandleuchte *187*

1954 Stehleuchten *1063* und *1064*

1957 Modell *2097*

alle von Gino Sarfatti

1977 Leuchte *Jill* von **Perry A. King** und **Santiago Miranda**

1979 Schreibtischleuchte *Ring* von **Bruno Gecchelin**

1989 Tischleuchte *Tango* von Stephan Copeland

1991 Stehleuchte *Corolle* von Ezio Dodone; Stehleuchte *Pao* von **Matteo Thun**

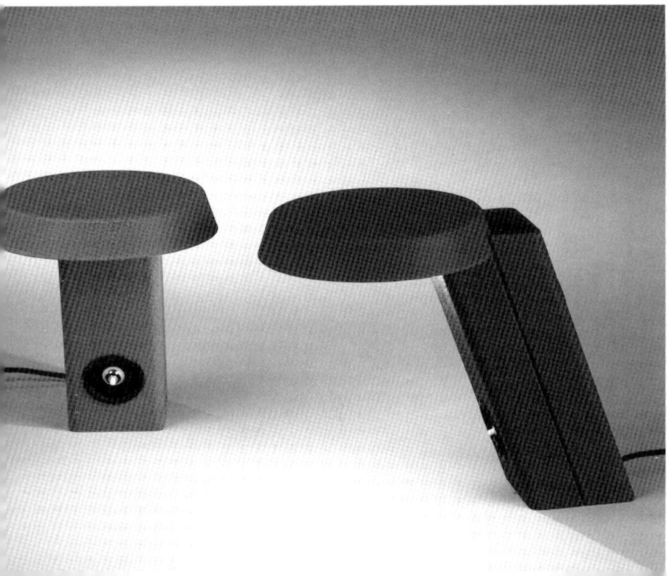

v.l.n.r.

Leuchte *2133* von Gino Sarfatti, 1976

Leuchte *Pao* von Matteo Thun, 1993

Modell *600* von Gino Sarfatti, 1966

Halogen-Niedervolt-Tischleuchte Modell 607 von Gino Sarfatti, 1969/1971

ARTEMIDE

Leuchtenhersteller

Der Katalog von Artemide liest sich wie eine Auflistung von Designklassikern. Die von **Vico Magistretti** entworfene *Eclisse*-Leuchte mit ihrem drehbaren Reflektor (1965), die perfekt ausbalancierte Schreibtischleuchte *Tizio* von **Richard Sapper** (1972), die Tischleuchte *Pausiana* von **Ettore Sottsass** (1983) und *Tolomeo,* 1987 von **Michele De Lucchi** und Giancarlo Fassina entworfen und in fast allen Architekturbüros und Werbeagenturen zu Hause, sind nur einige Beispiele für das innovative und kommerziell erfolgreiche Leuchtendesign des Unternehmens. In den 60er Jahren produzierte Artemide zunächst Möbel und Accessoires aus Kunststoff, darunter die Stühle *Selene* von Magistretti und *Toga* (Abb. S. 7) von **Sergio Mazza**. Bald aber wandte sich der umtriebige Firmengründer **Ernesto Gismondi** ausschließlich dem Licht zu. Er selbst entwarf u.a. die Leuchten *Tebe*, *Utopia* oder *Aton* und verpflichtete namhafte Designer, u.a. **Carlo Forcolini**, **Rodolfo Dordoni**, **Gianfranco Frattini**, **Angelo Mangiarotti** und Hannes Wettstein. Technisches Licht und eine verspielte Muranoglaslinie machen die Palette komplett. Gismondi, der Anfang der 80er Jahre auch als Mäzen der Gruppe **Memphis** hervortrat, hat sein Unternehmen inzwischen zu einem kleinen Designkonzern ausgebaut, in den die Firmen **Alias** und Megalit integriert sind.

Artemide spa,
Mailand

1959 gegründet von **Ernesto Gismondi**

1995 *Compasso d'oro*

1997 *European Design Prize*

Produkte

1969 Kunststoffstuhl *Selene* von **Vico Magistretti**

1972 Schreibtischleuchte *Tizio* von **Richard Sapper**

1979 Schreibtisch- und Wandleuchte *Tholos* von Ernesto Gismondi

1985 Wandleuchte *Icaro* von **Carlo Forcolini**

1992 Tischleuchte *Orione* von **Rodolfo Dordoni**

Schirmständer *Dedolo* von Emma Schweinberger-Gismondi, 1966

Seite 111

l.o. Lichtschlange *Boalum* von Livio Castiglioni und Gianfranco Frattini, 1969

r.o. Leuchte *Eclisse* von Vico Magistretti, 1965

l.u. Stehleuchte *Echos* von Jan van Lierde, 1998

r.u. Schreibtischleuchte *Tolomeo* von Michele De Lucchi und Giancarlo Fassina, 1987

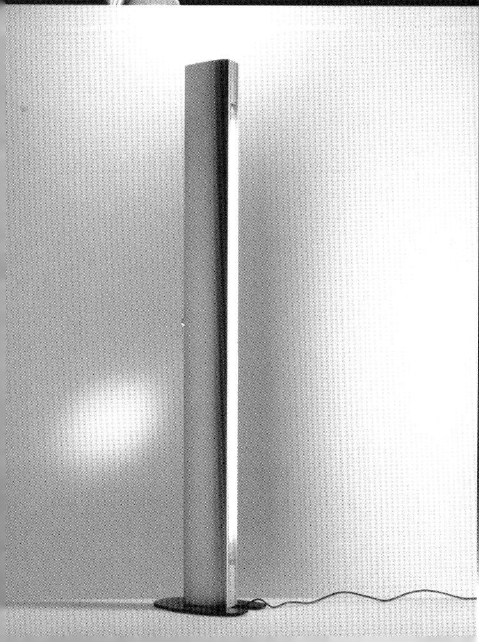
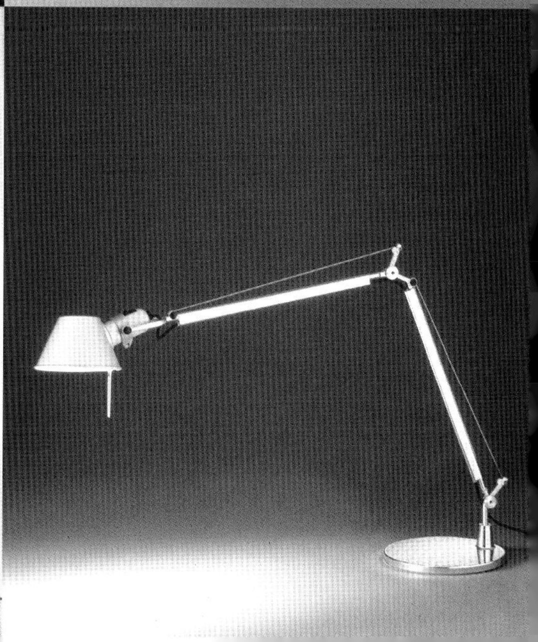

Sergio ASTI

Architekt, Möbel- und Produktdesigner

1926 geboren in Mailand
1953 Architekturstudio in Mailand
1957 Goldmedaille der IX. *Triennale*
1962 *Compasso d'oro*

Produkte
1961 Glasvase *Marco* für Salviati
1968 Leuchte *Daruma* für Candle
1969 Klappstuhl *Navy*
1972 Geschirr *Dada* für Ceramica Revelli
1991 Tisch *Alice's* für **Up&Up**

Als Sergio Asti Mitte der 50er Jahre auf den Plan der italienischen Designszene trat, waren seine Objekte perfekte Beispiele für die damals international gerühmte **Linea italiana**, bei der organische Formen mit einem funktionalen Design einhergingen. Sein glatter, kühler Sodasiphon für Saccab ist in seiner zurückhaltenden Stromlinienform italienisches **Bel Design** par excellence. Dabei flossen in Astis Design immer auch Traditionen mit ein, schon durch seine Vorliebe für »alte«, wertvolle Materialien wie Glas, Keramik oder Marmor. Als sich Ende der 50er Jahre in Norditalien die **Neoliberty**-Bewegung formierte, trug auch Asti mit seinem edel geschwungenen Holztisch *Bertoli* oder seiner skulpturalen Vase *Marco* für Salviati dazu bei, vormoderne Formen und Traditionen wieder ins Bewußtsein zu rufen. Sergio Asti entwirft Möbel und Ausstellungsarchitektur, v.a. aber edle Kleinteile wie seine bauchigen Tischleuchten *Daruma* aus mundgeblasenem Glas und *Profiterolle,* Bestecke, Vasen, Geschirr und Armaturen.

Sodasiphon für Saccab, 1956
Tischlampe *Kilimandjaro* für Raak Amsterdam, 1976

Antonia ASTORI

Möbeldesignerin und Ausstellungsarchitektin

Antonia Astori oder die Suche nach dem perfekten System: dieses Motto steht über der Karriere der Mailänder Designerin, die seit mehr als 30 Jahren ungeachtet aller stilistischen Wechselfälle immer wieder ausgeklügelte Systemlösungen vorgestellt hat. *Oikos* (1972) für ihr eigenes Unternehmen **Driade** ist mit einem einfachen Quadrat als Basiselement weniger Möbelstück als komplexes architektonisches Konzept, das Wohn-, Arbeits- und Schlafräume, Bad und Küche gleichermaßen gestaltet. Nach einem Vierteljahrhundert gehört *Oikos* durch seine klare Geometrie, hohe formale Präzison und minimalistische Eleganz zu den Klassikern seines Genres. Weitere erfolgreiche Systementwürfe Antonia Astoris sind *Kaos* aus den 80er und *Pantos* aus den 90er Jahren. Für Driade entwarf sie auch zahlreiche Einzelmöbel und trug maßgeblich zur visuellen Kommunikation des Unternehmens bei. Antonia Astori arbeitet auch für andere, internationale Unternehmen, für die sie Messepräsentationen, Geschäftsräume und Ausstellungen gestaltet.

1942 geboren in Melzo (Mailand)

1968 Mitgründerin der Firma **Driade**

1981 *Compasso d'oro* für Driade-Kommunikation

Produkte

1968 System *Driade 1*

1972 System *Oikos I*

1977 System Bric mit **Enzo Mari**

1980 System *Oikos* II

1986 System *Kaos*

1993 System *Pantos*

alle für Driade

Systemelemente *Driade I*, 1968

Gae AULENTI

Architektin, Möbel- und Leuchtendesignerin

1927 geboren in Palazzolo della Stella (Udine)

1954 Architekturstudium in Mailand abgeschlossen

1955 Redakteurin bei *Casabella*

1979 *Compasso d'oro*

1980 Innenausbau Musée d'Orsay, Paris (bis 1987)

1982 Ausbau Musée d'Art Moderne, Paris

1986 Umbau Palazzo Grassi, Venedig

Produkte

1962 Sessel *Sgarsul* für **Poltronova**

1965 Tisch *Jumbo* für Knoll

1967 Leuchte *Pipistrello* für **Martinelli Luce**

1975 Sitzgruppe *Aulenti Collection* für Knoll

1980 Leuchte *Parola* für **Fontana Arte**

1984 Tisch *San Marco* für **Zanotta**

1991 Rattansessel *Tlinkit* für **Tecno**

Als Gae Aulenti in den 60er Jahren mit der Gestaltung der **Olivetti**-Filiale in Paris beauftragt wurde, entwarf sie dafür die Leuchte *Pipistrello* in Blütenform, die später in Serie hergestellt wurde. Die meisten ihrer Möbel- und Leuchtenentwürfe sind aus konkreten architektonischen Aufgaben entstanden. In den 80er Jahren verwandelte sie nicht nur einen Pariser Bahnhof, den Gare d'Orsay, in ein Museum und gestaltete das Musée d'Art Moderne im Centre Georges Pompidou um, sondern entwarf auch Vitrinen, Leuchten und alle weiteren Objekte, um »zu einem völlig harmonischen Einklang aller Elemente« zu gelangen. Als Designerin war Gae Aulenti schon Ende der 50er Jahre im Umfeld der **Neoliberty**-Bewegung in Erscheinung getreten. Mit *Sgarsul* für **Poltronova** (1962) hatte sie den klassischen Schaukelstuhl aus gebogenem Holz als leichtfüßiges Objekt interpretiert.

Mit ihrer auf der Betonung der Struktur gründenden Eleganz ihrer Entwürfe hat Aulenti in den 60er und 70er Jahren maßgeblich zum Ruhm des italienischen **Bel Designs** beigetragen: Beispiele sind der Klappstuhl *April* (1972), der Glastisch *Gaetano* für **Zanotta** (1973), die Kristalltische für **Fontana Arte** (1980, 1982, 1993) und die Strahlerserie *3 Più* für Stilnovo. Dennoch entfaltete sie ihren größten Einfluß in der Architektur, mit der Gestaltung von Showrooms für **Fiat** und Olivetti, dem Ausbau des Palazzo Grassi in Venedig und des katalanischen Museums in Barcelona sowie Bühnenarbeiten. Mit ihren Schriften hat sie maßgeblich zur Formung einer Architekturtheorie in Italien beigetragen.

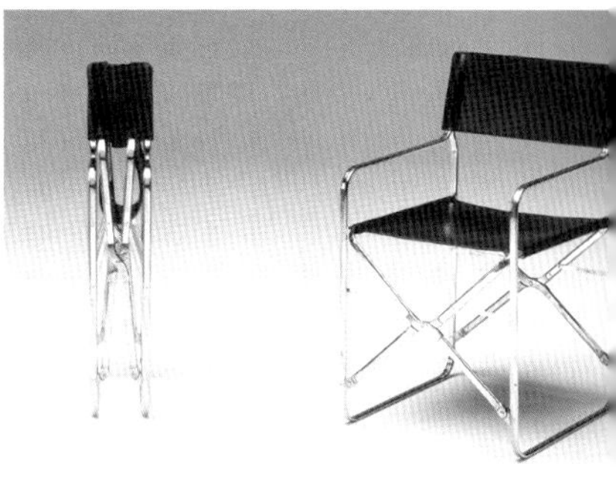

Leuchte *Geacolor* für Venini, 1995

Stuhl *April* für Zanotta, 1972

Seite 115

Tisch *Tour* für Fontana Arte, 1993

B&B ITALIA

Möbelhersteller

B&B Italia spa, Novedrate

1966 gegründet von Cesare Cassina und Piero Busnelli als C&B Italia

1968 Gründung des Forschungs- und Entwicklungszentrums

1973 Cesare **Cassina** verläßt die Firma; Umbenennung in B&B Italia

Produkte

1966 Sessel *Amanta* von **Mario Bellini**

1969 Sitzmöbel *Up* von **Gaetano Pesce**

1974 Tische *Tema*, *Quartetto*, *Sestetto*, *Coda* von **Vico Magistretti**

1980 Sofa *Sity* von **Antonio Citterio**

1985 Stuhl *Artona* von **Afra** und **Tobia Scarpa**

Ende der 60er Jahre tauchte in den Möbelgeschäften ein seltsames Objekt auf. Öffnete man die komprimierte Verpackung, entsprang ihr ein amorphes Schaumstoffmöbel, das wie von Zauberhand seine runde Form annahm. So unkonventionell das Popmöbel auch wirkte, **Gaetano Pesces** Serie *Up* war das Ergebnis intensiver Forschung im Labor von C&B Italia. 1966 von Cesare Cassina und Piero Busnelli gegründet, richtete das junge Unternehmen, das mit seinen Möbeln aus kaltgeschäumtem Polyurethanschaum schnell zum Trendsetter wurde, bereits 1968 ein großes Forschungszentrum ein (unter der Leitung von **Francesco Binfaré**), und für die wegweisend klare Corporate Identity wurden Grafikergrößen wie Enrico Trabacchi, **Bob Noorda**, Roberto Svegliado, **Pierluigi Cerri** und **Oliviero Toscani** verpflichtet. Als Cassina 1973 aus dem Unternehmen ausschied, wurde es in B&B Italia umbenannt. Das änderte aber nichts an der Produktpolitik, die bis heute durch Designexperimente und Materialinnovationen bestimmt ist, wenn diese inzwischen auch etwas leiser daherkommen. Unter den Designern finden sich u.a. **Afra** und **Tobia Scarpa**, **Antonio Citterio**, **Paolo Nava**, **Mario Bellini** und **Vico Magistretti**. B&B Italia produziert 80 % aller weltweit gehandelten Polyurethansitzmöbel, verarbeitet aber auch Rattan, Holz und Fiberglas.

Sofa *Diesis* von Antonio Citterio und Paolo Nava, 1980

Seite 117
o. Tisch *Alanda,* 1982
l.u. Stuhl *Arcadia,* 1985
beide von Paolo Piva
r.u. Sessel *Le Bambole* von Mario Bellini, 1972

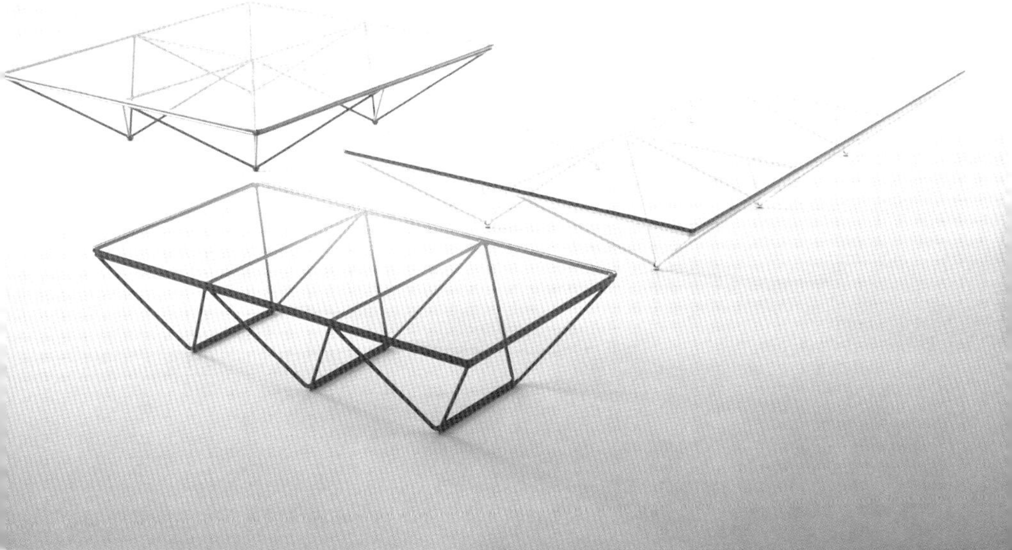

BALERI ITALIA

Möbelhersteller

Baleri Italia Spa, Lallio (Bergamo)

1984 gegründet von **Enrico Baleri** und Marilisa Baleri Decimo

1994 Enrico Baleri und Marilisa Baleri Decimo gründen die Leuchtenfirma Gloria

Produkte

1985 Stuhl *Richard III* von Philippe Starck

1986 Sofa *Bristol* von Enrico Baleri

1994 Sofa *Bill Club* von Hannes Wettstein

1996 Regal *Ypsilon* von **Angelo Mangiarotti**

1997 Sitzeier *Tato*, *Tatino* und *Tatone* von Enrico Baleri und **Denis Santachiara**

Die Gründung des Möbelunternehmens Baleri Italia durch **Enrico Baleri** und Marilisa Baleri Decimo im Jahr 1984 fand im Umfeld einer Mailänder Designszene statt, die im Aufbruch begriffen war und im Zuge des **Nuovo Design** erste Erfolge feierte. Baleri war damals bereits als Trendsetter bekannt. 1979 hatte er zu den Gründern der Avantgarde-Möbelfirma **Alias** gehört und Möbel für sie entworfen, wie auch für **Gavina**, **Flos** und Knoll. Seine Entwürfe für Baleri Italia bewegen sich zwischen Experiment – wie das von ihm gemeinsam mit **Denis Santachiara** entworfene minimalistische Sitzei *Tato* – und modernem Erbe. Das Sofa *Molly* etwa verleugnet in seinem strengen Aufbau die Vorbilder Le Corbusiers und Mies van der Rohes nicht, paßt sich aber heutigen, kleineren Raumdimensionen an.

Das Baleri-Sortiment wirkt insgesamt eher weltläufig als spezifisch italienisch, denn der Designer-Unternehmer lud bewußt internationale »Autoren« ein, zur Kollektion eigenwillige, wenngleich tendenziell puristische Entwürfe beizusteuern, darunter den Franzosen Philippe Starck, den Österreicher Hans Hollein, den Schweizer Hannes Wettstein und die Italiener **Riccardo Dalisi**, **Angelo Mangiarotti** und **Alessandro Mendini**. 1994 gründete Enrico Baleri außerdem, wiederum gemeinsam mit Marilisa Decimo, die Leuchtenfirma Gloria.

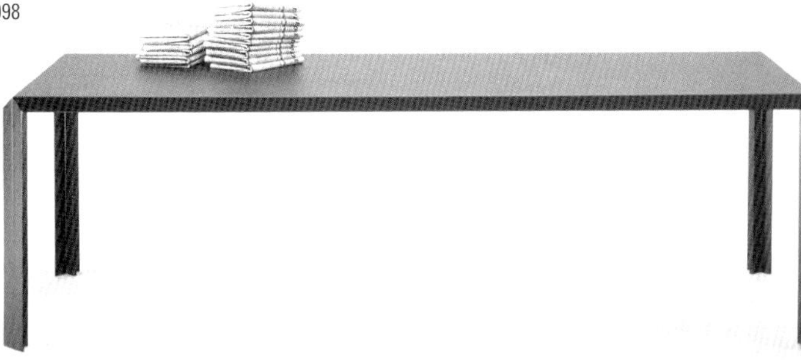

T-table von Angelo Mangiarotti, 1998

Seite 119

l. Leuchte *Ad Iovis* von Angelo Mangiarotti für Gloria, 1998

r.o. Sessel *Mama* von Denis Santachiara, 1995

r.u. Stuhl *Mimì* von Enrico Baleri, 1991

BARILLA

Pastahersteller

Barilla G. e R. F.lli spa, Holding der Barilla Group, Parma

1877 Pietro Barilla stellt Nudel- und Backwaren her

1910 Pasta-Fabrik

1952 Werbepreis *Goldene Palme* für **Erberto Carbonis** Kampagne *Con Pasta Barilla è sempre domenica* (Mit Pasta von Barilla ist immer Sonntag)

1964 *C'è una gran cuoca in voi e Barilla la rivela* (Eine große Köchin schlummert in Euch, und Barilla erweckt sie)

1987 *Goldener Löwe* für den Rom-Werbefilm beim Cannes International Advertisting Festival

1991 Kampagnen mit der Tennisspielerin Steffi Graf

Seite 121

l.o. *Farfalla, Fusillo, Penna*

r.o. Kampagne von Erberto Carboni, 1956

l.u. Messedisplay *Multicoloured Totem* von Erberto Carboni, 1957

r.u. Kampagne von Erberto Carboni, 1952

Barilla ist der Hersteller des weitverbreitetsten italienischen Serienprodukts. Ob Farfalle, Penne, Fusilli, Ravioli oder Spaghetti: über 300 verschiedene Pastasorten sind täglich ein millionenfacher Teil der Alltagskultur Italiens, und Barilla produziert etliche davon. Das Design der Nudeln folgt dabei kulinarischen Gesichtspunkten: Entscheidend ist die Haptik im Mund und natürlich das Know-how darüber, welche Pastasorte sich am besten mit welcher Sauce verbindet. Und so ist das Sortiment klassisches Werksdesign, verwurzelt in jahrhundertealter Tradition.

Wichtige Preise hat Barilla jedoch wegen seiner Leistungen auf dem Gebiet der Kommunikation erhalten. Schon in den 20er und 30er Jahren waren die Postkarten und Kalender, gestaltet u.a. von **Erberto Carboni**, begehrte grafische Trophäen – auch wenn der Futurist Tommaso F. Marinetti 1930 in der *Gazzetta del Popolo* gewettert hatte, daß Pasta den Körper belaste, anstatt ihn in die richtige Form »für die neuen heroischen Anforderungen« zu bringen. Carboni prägte auch die Nachkriegsära. Die Kampagne *Con Pasta Barilla è sempre domenica* (Mit Pasta von Barilla ist immer Sonntag) von 1952 sorgte in der Werbewelt für Furore. Er setzte auf ein simples und modernes Grafikdesign: freigestellte Nudeln, Bestecke und Töpfe auf blauem Grund für Werbekampagnen und Verpackungen (Abb. S. 37). Er schuf auch das weiß-rote Logo im flachen Oval. In den 60er und 70er Jahren verpflichtete die Pastafarbrik Prominente wie Dario Fo, die beliebte Sängerin Mina und den Beatles-Regisseur Richard Lester für ihre populären *Carosello*-Werbespots. An diese Erfolge konnte in den 80er Jahren mit Kampagnen von TBWA und Young & Rubicam sowie Spots von Filmemachern wie Ridley Scott, David Lynch oder Nikita Michalkov angeknüpft werden. Sie und ein erfolgreiches Management machten Barilla, heute eine Gruppe von etwa 30 Unternehmen, zum Marktführer in Europa.

..è sempre quella minestra..
levatevi questo chiodo dalla testa
con pasta Barilla non potete più dire
....è sempre quella minestra....
La pasta Barilla non è soltanto
l'alimento ricco e leggero, semplice
ed economico a tutti gradito e consigliato, ma anche quello che
consente ai cuochi e alle massaie
la maggiore varietà di tipi e di formati
Barilla
con pasta Barilla è sempre domenica

Barilla

la pasta del buon appetito
Barilla
casa fondata a Parma nel 1877 per la produzione delle paste alimentari

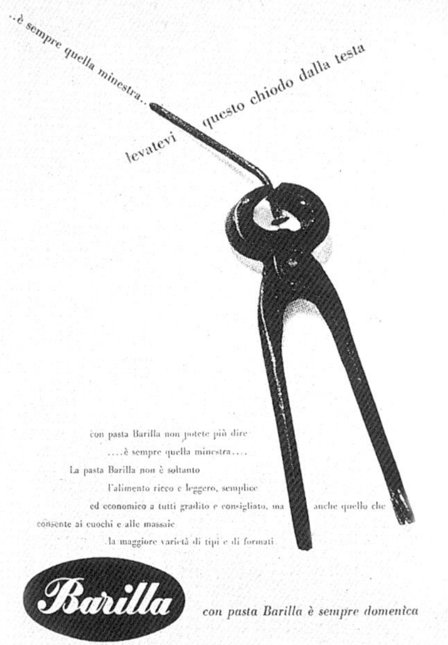

..è sempre quella minestra..
levatevi questo chiodo dalla testa
con pasta Barilla non potete più dire
....è sempre quella minestra....
La pasta Barilla non è soltanto
l'alimento ricco e leggero, semplice
ed economico a tutti gradito e consigliato, ma anche quello che
consente ai cuochi e alle massaie
la maggiore varietà di tipi e di formati
Barilla
con pasta Barilla è sempre domenica

Barilla
Barilla

la pasta del buon appetito
Barilla
casa fondata a
nel 1877 per la produzione
paste alimentari

Mario BELLINI

Architekt, Industrie- und Möbeldesigner

»Paradoxerweise könnte man sagen, daß ein größerer Unterschied zwischen einer Rechenmaschine und einem Stuhl besteht als zwischen einem Stuhl und einer Kathedrale«, meint Mario Bellini. Denn Maschinen hätten aufgrund der fortwährenden technischen Entwicklung eine kurze Lebensdauer, und ihre Form würde sich immer an den Bedingungen des Gebrauchs orientieren. Möbel hingegen seien mit semantischen Werten verbunden und wären in den Kontext einer langen kulturellen Tradition eingebunden. Beide Bereiche bilden einen Schwerpunkt in Bellinis Schaffen. Er selbst hat diese Situation oft als »schizophren« empfunden und sich immer wieder theoretisch, z.B. in seiner Eigenschaft als Herausgeber der Zeitschrift *Domus* (1986–91), damit auseinandergesetzt. Im Bereich der »Maschinen« hat er in den 60er Jahren das Stereosystem *Totem* und den Fernsehapparat *TV Triangular* für **Brionvega** entworfen, v.a. aber das **Olivetti**-Design der 60er bis 80er Jahre geprägt. Bei seiner Rechenmaschine *Divisumma 18* von 1972 (Abb. S. 16), mit der er den plumpen Vorgän-

1935 geboren in Mailand

1959 Architekturstudium in Mailand abgeschlossen; Tätigkeit im Entwurfsbüro von **La Rinascente** (bis 1961)

1962 Architektur- und Designstudio; *Compasso d'oro* (auch 1964, 1970, 1979, 1984)

1963 Berater für **Olivetti**

Stuhl *Cab* für Cassina, 1977

Fernseher *Monitor 15* für Brionvega, 1975

1978 Berater für Renault

1986 Chefredakteur von *Domus* (bis 1991)

Produkte

1965 Computer *Programma 101* für Olivetti

1970 Stereosystem *Totem* für **Brionvega**

1971 Schreibmaschine *Lettera 25* für Olivetti

1972 Rechenmaschine *Divisumma 18* für Olivetti; Sessel *Le Bambole* für **B&B Italia**

1975 Cassettenrecorder *TC 800* für Yamaha

1977 Stuhl *Cab* für **Cassina**

1986 Strahlersystem *Eclipse* für Erco

1989 Stühle *Lira* und *Liuto* für Cassina

1993 Bürosystem *Extra Dry* für Marcatre

1998 *Bellini Chair* für Heller

Seite 125

Leuchte *Area* für Artemide, 1974

Plattenspieler *GA 45 Pop* für Minerva, 1968

Tisch *Il Colonnato* für Cassina, 1977

gern dieser Gattung ein handliches Taschenobjekt gegenüberstellte, ummantelte er das empfindliche Innere vollständig mit einer dünnen orangefarbenen Gummihaut. Und so erfreut an der *Divisumma* mit ihren runden Formen vor allem das sanfte Nachgeben der weichen Tasten, was dem praktischen Nutzen gleichzeitig einen schlüpfrig-erotischen Touch zugesellt. Für Olivetti entwarf Bellini architektonische, keilförmige Produkte wie die Rechenmaschinen der *Logos*-Reihe oder die Schreibmaschine *Lettera 92*, für Yamaha 1975 den steil aufragenden Kassettenrecorder *TC 800*.

Das Prinzip der Umhüllung hat Bellini auch im Möbelbereich angewandt. Bei seinem berühmten Stuhl *Cab* für **Cassina** von 1978 wurde einfach ein Lederoverall über ein schmächtiges Metallgerüst gezogen und dann mit Reißverschlüssen zugezurrt. Für Cassina und **B & B Italia** hat Bellini viele weitere Sitzmöbel entworfen, u.a. die sich dem menschlichen Körper perfekt anpassenden Sessel *Le Bambole*, aber auch so monumentale Tische wie *Il Colonnato* und *La Basilica*.

Ob Maschine oder Möbel, eine allzu funktionalistische Doktrin kann Bellini nicht für sich akzeptieren: »Alle Entwürfe tragen die Möglichkeit anderer Entwürfe in sich.« Immer haben Bellinis Produkte neben einem klar funktionalen auch einen emotionalen Nutzen, und die kulturelle Dimension von Design und Architektur steht ihm klar vor Augen. Er selbst versteht sich ohnehin eher als Gestalter, dem es um die Neuorganisation der gesamten Umwelt geht, der nach eigener Aussage »Design als Architekt« betreibt – auch, wenn er als Industriedesigner Büromöbel für Vitra, Autos für Renault, Leuchten für **Artemide** und Erco, Füllfederhalter und Espressomaschinen entwirft. Und das mit großem Erfolg: Das Museum of Modern Art in New York widmete ihm 1987 als erstem lebenden Designer nach Charles Eames eine große Retrospektive.

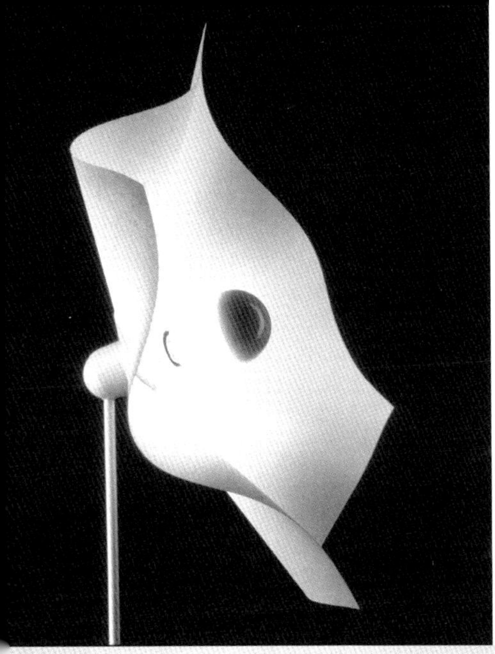

BENETTON

Kleidungs- und Sportartikelhersteller

Benetton Group spa, Ponzano (Treviso)

1966 gegründet von **Luciano Benetton** in Ponzano

1984 Kampagne *All the Colors of the World*

1990 Kampagne *United Colors of Benetton*

1992 Kampagne *HIV Positiv*

1993 Kampagne mit blutigem T-Shirt eines bosnischen Soldaten

1998 Kampagne *Feinde*

l. Magazincover *Colors*, 1997

m., r. Kampagnen, 1992

Das meistprämierte Foto Benettons zeigt ein weißes Baby an der Brust einer schwarzen Frau. 1989 veröffentlicht, steht es stellvertretend für die vielen Kampagnen **Oliviero Toscanis**, die seit 1984 immer wieder soziale Brennpunkte zum Thema haben: Rassendiskriminierung, Krieg, Hunger und AIDS. Weltweit lösten die Fotos heftigste Kontroversen aus, bescherten Benetton aber auch Werbepreise in Hülle und Fülle. Und oft folgten Taten – wenn Luciano Benetton z.B. in seinen Shops Präservative verteilte oder sich nackt auszog, um mit dem Slogan »Gebt mir meine Kleider zurück!« Kleidung für hilfsbedürftige Menschen zu sammeln. Es ist mehr als fraglich, ob die bunten Strickwaren und Sportswearartikel – ein simples Massenprodukt zu vernünftigen Preisen – sich sonst so gut verkauft hätten, daß Benetton heute als Gruppe, zu der auch Marken wie Rollerblade, Kästle oder Asolo gehören, einen Umsatz von 4,2 Billionen Lire macht und sich überdies in der Formel 1 und mit seiner 1993 gegründeten *Fabrica*-Akademie in der Kunst- und Designförderung engagieren kann.

BERNINI

Möbelhersteller

Die Firmengeschichte Berninis reicht bis ins Jahr 1904 zurück, als das Unternehmen in der Brianza – bis heute das Rückgrat der italienischen Möbelindustrie – als Kunsttischlerei gegründet wurde. Die Designszene betrat Bernini in den 60er Jahren, als es sowohl perfekt verarbeitete Massivholzmöbel als auch die neuen Kunststoffe und Metall einsetzte. **Giotto Stoppino** entwarf z.B. für Bernini den Schreibtisch *Maia* von 1969 aus edlem Holz. Dabei ließ er in die doppelbödige Tischplatte im hinteren Teil praktische Vertiefungen für Schreibgeräte ein, die durch ein Rolladenschrankelement optisch ausgeklammert werden können. Die Tischplatte selbst ruht auf einem geschwungenen Metallgestell, das auch für die freischwingenden Stühle gleichen Namens eingesetzt wurde.

Die moderne, raffinierte Form in Korrespondenz mit dem edlen Material ist exemplarisch für Berninis Designvorstellung. Als langlebige und zeitlose Entwürfe konzipiert, sind viele Tische, Stühle und Betten seit 30 Jahren unverändert im Programm. Sein

Bernini spa,
Carate Brianza

1904 als Schreinerei gegründet

1964 Möbel mit Kunststoffen

Produkte

1969 *Combicenter* von **Joe Colombo**

1971 flexible Einheit *Quattro quarti 700* von **Rodolfo Bonetto**

Tisch- und Stuhlserie *Maia* von Giotto Stoppino, 1969

1974 Regal *Zibaldone*
von **Carlo Scarpa**

1981 Regal *Practica*
von **Gianfranco Frattini**

1995 Kollektion *Gambadilegno*
von **Ugo La Pietra;**
1995 Stuhl *543 Broadway*
von **Gaetano Pesce**

Know-how als Fabrikant hochwertiger Holzmöbel konnte Bernini in den 70er Jahren auch bei der Umsetzung der feinsinnigen Entwürfe des Architekten **Carlo Scarpa** unter Beweis stellen, dessen Regal *Zibaldone* durch symmetrische Eleganz besticht. **Gianfranco Frattinis** Regal *Practica* von 1981 aus edlen Hölzern ist ein ebenso dauerhafter Entwurf. Seine vielen kleinteiligen Schubladen besitzen einen eigenständigen ästhetischen Reiz und machen es zu einem flexibel nutzbaren, höchst funktionalen Möbel. Zu den Erfolgsentwürfen der 90er Jahre gehört **Gaetano Pesces** Stuhl *543 Broadway* aus transparentem, in den Farben changierendem und an Kunstharz erinnernden Kunststoff, dessen dünne Beinchen am unteren Ende auf einer Feder stehen – so bewegt der Stuhl sich stets in etwas schlüpfriger Art, wenn man sich darauf setzt.

Für Bernini entwarfen und entwerfen auch **Achille Castiglioni**, **Rodolfo Bonetto**, **Joe Colombo**, Toshiyuki Kita, **Paolo Nava**, **Ugo La Pietra** sowie **Lella** und **Massimo Vignelli**.

Stuhl *783* von Carlo Scarpa, 1977

Tisch aus der *Serie 1934*
von Carlo Scarpa

Enzo BERTI

Künstler und Möbeldesigner

Erst bei näherem Hinsehen fällt an Enzo Bertis Tisch *Dune* die schimmernde Schicht Sand auf, die unter der Glasplatte eingearbeitet ist und die für die Qualitäten dieses »armen« Materials sensibilisiert. In die asymmetrischen Ränder des ineinandergeschachtelten Kistenregals *Zoom* können immer neue rechteckige Module eingeklinkt werden, so daß es problemlos wächst. *Passepartout*, ein simpler Holzstuhl, überrascht durch ein geometrisches Loch in der Rückenlehne, die damit unversehens zum Fenster wird: der Stuhl als minimalistische Skulptur. Bertis Möbel für La Palma und Montina und seine Küchen für **Arc Linea** sind puristisch. Dem Venezianer, der in seiner Heimatstadt eine klassische Kunstausbildung genossen hat, geht es um die »korrekte« Synthese zwischen Form und Funktion. Was seine aus natürlichen Materialien wie Holz, Leder, Metallen und Textilien gefertigten Objekte aber auszeichnet, ist immer ein ästhetisch motivierter Clou: Anstatt nur »richtig« zu sein, verblüffen sie durch irritierende Details.

1950 geboren in Venedig
Studium an der Accademia delle Belle Arti di Venezia; Industriedesignstudium in Venedig

Produkte

1993 Stuhl *Passepartout* für Montina; Chaiselongue *Nest* für Montina

1995 Erweiterbares Regal *Zoom* für La Palma; Metalltisch mit Glas und Sand *Dune* für La Palma

1996 Stapelstuhl *Cuba*

1997 Sessel *Fenj* beide für La Palma; Möbelserie *Clubhouse* für Montina

1998 Klappstuhl *Up* für La Palma

Tisch aus der Serie *Club House* für Montina, 1997

BERTONE

Karosseriedesignunternehmen

»Wenn ein Auto eine Seele hat, ist die Schlacht schon halb gewonnen.« Neben Sergio **Pininfarina** und **Giorgetto Giugiaro**, Bertones Schüler, gehörte der 1997 verstorbene Turiner Karosseriebauer **Nuccio Bertone** zu den Großen des italienischen Autodesigns. Und er wußte, daß die Schlacht auf dem hart umkämpften Markt nicht zuletzt durch die emotionalen Qualitäten eines Autos entschieden wird. Sein Ziel: die Überwindung von Mittelmäßigkeit, besonders im Bereich der Rennmodelle. Wie Pfeile schossen seine mit einem extrem spitz zulaufenden Vorder- und einem kompakteren Hinterteil ausgestatteten **Lamborghinis** *Miura*, *Espada* und *Countach*, der **Ferrari** *Dino 308 GT 4*, der **Alfa Romeo** *Carabo* und der erfolgreiche Rallye-Renner **Lancia** *Stratos* in den 60er und 70er Jahren über Pisten und Straßen.

Seit den 30er Jahren hatte Nuccio Bertone die von seinem Vater Giovanni 1912 gegründete Werkstatt für Karosserieteile systematisch zu einem modernen Unternehmen ausgebaut und so mondäne Luxuswagen wie das Fiat *2800 Cabriolet* gestylt. Die goldene Zeit brach aber erst mit dem 1954 entwickelten, bescheiden-eleganten Alfa Romeo *Giulietta Sprint* (Abb. S. 36) an, der ursprünglich für eine Serie von 500 vorgesehen war und dann 13 Jahre lang unverändert gebaut wurde. Weitere begehrte Kultautos aus dem Haus Bertone sind der **Fiat** *Spider 850* von 1964 und der flache, sportliche Fiat *X 1/9* von 1972. In jüngerer Zeit gestaltete Bertones Unternehmen u.a. das Opel *Kadett Cabrio* (1987), das Opel *Astra Cabrio* (1993) und das Fiat *Punto Cabrio* (1994).

Carozzeria Bertone spa, Grugliasco (TO)

1912 Giovanni Bertone eröffnet Werkstatt für Karosserieteile

1934 Sohn **Nuccio Bertone** (1914–1997) tritt in die Firma ein

Produkte

1921 Rennwagen **Fiat** *501*

1954 **Alfa Romeo** *Giulietta Sprint*

1958 NSU *Prinz Coupé*

1961 Alfa Romeo *2600 Sprint*

1962 BMW *3200 CS*

1964 Fiat *850 Spider*

1966 **Lamborghini** *Miura*

1972 Fiat *X 1/9*; Lamborghini *Countach*

1975 VW *Polo*

1982 Citroen *BX*

1985 Volvo *780 Coupé*

1994 Fiat *Punto Cabrio*

1999 Motorrad BMW *C1*

Lamborghini *Miura*, 1966

Seite 131

o. Cabriolet auf Basis des Fiat *2800*, 1939

u. Fiat *X 1/9*, 1972

Cini BOERI

Architektin, Möbel- und Leuchtendesignerin

1924 geboren in Mailand
1951 Architekturstudium in Mailand abgeschlossen
1952 Mitarbeit im Studio **Marco Zanuso** (bis 1963)
1963 Studio mit Laura Griziotti in Mailand
1979 *Compasso d'oro*
1997 Bürogebäude für EDS, Rom

Von ihrem Mentor **Marco Zanuso** hat Cini Boeri nach eigener Aussage mehr gelernt als an der Architekturfakultät. Nicht zufällig hat sie ein Buch mit dem Titel *Le dimensioni umane dell'abitazione* geschrieben – frei übersetzt »Die menschlichen Dimensionen des Wohnens«. Seit über vier Jahrzehnten geht es ihr in Theorie und Praxis darum, den Menschen und seine Bedürfnisse in den Mittelpunkt zu stellen. Im Bereich der Architektur gestaltete sie außer privaten und öffentlichen Domizilen auch einladende Showrooms, u.a. für Knoll International in Mailand (1984), für **Arflex** in Tokio (1981) und für **Venini** in Frankfurt (1988).

Ihr Produktuniversum besteht aus zahlreichen Bausteinen, denen vor allem eine Eigenschaft gemeinsam ist: sie erleichtern auf entspannte Art das Leben. Oft modular aufgebaut oder in mehreren Varianten erhältlich, passen sie sich wechselnden Anfordernissen optimal an. Ihr rollbarer bequemer Ruhesessel *Borgogna* für Arflex war bereits Anfang der 60er Jahre eine visionäre Form des Home Office. In den Armlehnen ließen sich

Schreibutensilien und Telefon unterbringen und an ihnen Vorrichtungen für Licht und Lesehilfe befestigen. Als hilfreicher Geist im Haushalt entpuppte sich ein simples variables Chromgestell auf Rollen, 1967 entworfen: Als Servierwagen, Wäschekorb oder Anrichte war es stets unaufdringlich zu Diensten. Berühmt wurde Anfang der 70er Jahre ihre Sitzschlange *Serpentone* für Arflex. Auf einem einfachen Gummimodul (Abb. S. 30) basierend, nahm sie jede beliebige Form und Länge an und wurde zur Spielwiese für die Sit-in-Generation. Für Arflex entwarf Cini Boeri außerdem den gestellosen Sessel *Bobo* aus Polyurethan, der in unterschiedlichen »Weichheitsstufen« hergestellt werden konnte, und die praktischen Sitzmöbel *Strips*, deren Bezüge in einfacher Reißverschlußtechnik abziehbar waren. Boeri entwirft außerdem u.a. Leuchten für **Artemide**, **Arteluce** und Stilnovo, Türklinken für Fusital, Möbel für **Fiam** und Fertighäuser. Das alles mit großem Erfolg: die Mailänderin gehört zu den wenigen Frauen, die in Design und Architektur Italiens einen wichtigen Platz einnehmen.

Produkte

1964 Sessel *Borgogna*
1967 Monoblocksessel *Bobo*
1971 Sitzschlange *Serpentone;* alle für **Arflex**
1973 Tischleuchte *Lucetta* für Stilnovo
1976 Tische *Talete*
1979 Polstermöbel *Strips*; beide für Arflex
1982 Türklinke *Tre B* für Fusital; Tischleuchte *Ditto* für Tronconi
1983 Tisch *Malibu* für Arflex; Fertighaus für Misawa Homes, Tokio; Tischserie *Shadows* für ICF
1986 Tischleuchte *Brontes* für **Artemide**
1987 Glasparavant *Voyeur* für **Fiam**
1988 Tisch *Palo Alto*
1989 Hängeleuchte *Feltro* für **Venini**

v.l.n.r.
Element *Cubotto-Bar*, 1967
Sitzschlange *Serpentone,* 1971
Sessel *Strips,* 1979
alle für Arflex

Studio BOGGERI

Grafikdesignstudio

1933 Antonio Boggeri (1900–1989) gründet Studio in Mailand

1951 *Großer Preis* der Mailänder *Triennale*

1957 *Goldmedaille* der Mailänder *Triennale*

1970 A. Boggeri wird Ehrenmitglied im Art Directors Club, Mailand

Arbeiten

1933 Broschüre *L'Uovo di Colombo* von Antonio Boggeri

Die Geburt des modernen italienischen Grafikdesigns geht auf einen Musiker zurück: Antonio Boggeri, Gründer des Studios Boggeri, war ausgebildeter Violinist. Statt mit Noten komponierte der in Pavia geborene Boggeri allerdings bald mit Fotografie und Typographie. 1924 konnte er seine Passion in der Mailänder Druk-kerei Alfieri & Lacroix, in die er eher zufällig geriet, vertiefen und seine Kenntnisse in den Bereichen der Litho- sowie Typographie erweitern. Boggeri setzte sich intensiv mit der Anwendung der Fotomontage auseinander und beschloß, dieses Know-how in einem eigenen Studio umzusetzen. Das Studio Boggeri war seit seiner Gründung 1933 ein wichtiger Anlaufpunkt für eine Reihe von Grafikdesignern, die später internationale Bedeutung erlangen sollten: **Max Huber**, **Bob Noorda**, **Xanti Schawinsky**, **Bruno Monguzzi**, **Bruno Munari** und **Erberto Carboni** trugen alle zu der Anerkennung bei, die das Studio v.a. in den späten 50er und frühen 60er Jahren fand. Am Titel der **Olivetti**-Broschüre zur Schreibmaschine *M 42* läßt sich die spezifische Gestaltungsweise des Stu-

dios ablesen. Max Huber ließ hier Aufrißpläne und typographische Elemente sich überlagern, die er um fotografische – eine freigestellte, nachkolorierte Schreibmaschine und die Bürosituation, in der sie ihren Platz finden soll – ergänzte. Das Ergebnis war eine vielschichtige Gestaltung, die das zu bewerbende Produkt in einen sinnvollen Kontext stellte.

Boggeri sagte einmal, daß grafische Kunst Theater sei, die denselben Effekt von Überraschung und Faszination bereithalten müßte wie der sich hebende Vorhang. Er selbst nahm in seinem Studio die Rolle des Intendanten ein, der seinen Regisseuren alle künstlerischen Freiheiten ließ. Vermittelt durch Huber und Schawinsky übten die Schweizer Schule des Grafikdesigns sowie die späte Bauhaus-Typographie einen indirekten Einfluß auf die Arbeiten des Studios aus, die für Firmen wie Olivetti, Roche, Glaxo, Dalmine und **Pirelli** entstanden. In den 60er bis 80er Jahren trat v.a. der Schweizer Bruno Monguzzi mit interessanten Arbeiten hervor.

1934 Broschüre Schreibmaschine *M40* für **Olivetti** von **Xanti Schawinsky**

1936 Poster *Bantam* für Cervo von **Erberto Carboni**

1945 Umschlag Broschüre Studio Boggeri von **Max Huber**

1956 Logo für Olivetti (und 1970)

1962 Anzeige *Guanti Satinati* für **Pirelli** von **Bruno Monguzzi**

1972 Werbung für Pirelli-Tennisbälle von Bruno Monguzzi und **Roberto Sambonet**

1979 Signet für die IGA 83 von Bruno Monguzzi

v.l.n.r.

Coverentwurf für die Olivetti-Schreibmaschine *M 42*, 1942, von Max Huber

Plakat für die Società Nazionale Gasometri von Fortunato Depero, 1934

Ausstellungsplakat für das Kulturamt der Stadt Mailand, 1975, von Bruno Monguzzi

Plakat für eine Ausstellung über Oskar Schlemmer und Igor Strawinsky im Museo Cantonale d'Arte. Lugano, 1988, von Bruno Monguzzi

Pierantonio BONACINA

Möbelhersteller

Pierantonio Bonacina snc, Lurago d'Erba

1898 gegründet

Produkte

1957 Hängesessel *Egg* von Nanna Ditzel

1960 Sessel *Martingala* von **Marco Zanuso**

1963 Sessel *Continuum* von **Gio Ponti**

1964 Sessel *Nastro* von **Joe Colombo**

1988 Sofa *Atlantic* von Franco Bizzozzero

1991 Korbleuchte *Flûte* von Marco Agnoli

1993 Sessel *Cosy Ton* von Giuseppe Viganò

»Alte« Materialien wie Rattan, Binsen, Peddigrohr, Bambus und Leder mit moderner Gestaltung und Werkstoffen wie Holz, leichtem Stahlrohr oder Textilien zu verbinden ist der erklärte Anspruch von Pierantonio Bonacina. Die Traditionsfirma kann auf über 100 Jahre Erfahrung in der Verarbeitung von natürlichen Werkstoffen zurückblicken. Anfang der 60er Jahre suchte das Unternehmen aus der Region Como gezielt die Kooperation mit den Großen des modernen italienischen Möbeldesigns. Zur zentralen Figur wurde der Architekt und Designer **Tito Agnoli**. Nachdem er 1959 und 1961 Goldmedaillen bei den Korbmöbelausstellungen in Lurago d'Erba, dem Sitz Bonacinas, gewonnen hatte, wurde Inhaber Pierantonio Bonacina auf ihn aufmerksam. Gemeinsam vollzogen sie den Übergang vom Handwerksbetrieb zu einem zeitgemäßen Industrieunternehmen und befreiten die Möbel von ihrer muffigen Ästhetik. Agnoli entwarf u.a. den filigranen Stuhl *S.21* mit Sitz- und Rückenlehne aus feinem Flechtwerk und den kubischen Sessel *S.23*.

Zu den Designern, die Anfang der 60er Jahre für Bonacina arbeiteten, zählten auch **De Pas / D'Urbino / Lomazzi**, der technologiebegeisterte **Joe Colombo**, der mit dem kühn geschwungenen *Nastro* einen Sessel schuf, der überhaupt nichts mehr mit heimeliger Wohnkultur zu tun hatte, sowie **Marco Zanuso,** dessen gemütlicher, mit Polstern und geschwungenen Armlehnen ausgestatteter Sessel *Continuum* fast den Charakter eines Schaukelstuhls hat. **Gio Ponti** zeichnet in der Kollektion für den berühmten Korbsessel *Martingala* verantwortlich. Heute läßt das Unternehmen seine klare Designvorstellung von jüngeren Designern weiterentwickeln, darunter Franco Bizzozzero, Joey Mancini, Marco Agnoli und Giuseppe Viganò, die elegante und leichte Möbel und Leuchten entwickeln. Zwar werden auch Tische und Leuchten produziert, der Schwerpunkt liegt aber weiterhin auf Sitzmöbeln.

Seite 137

l.o. Sessel *Continuum* von Gio Ponti, 1963

r.o. Sessel *Martingala* von Marco Zanuso, 1960

u. Sessel *Nastro* von Joe Colombo, 1964

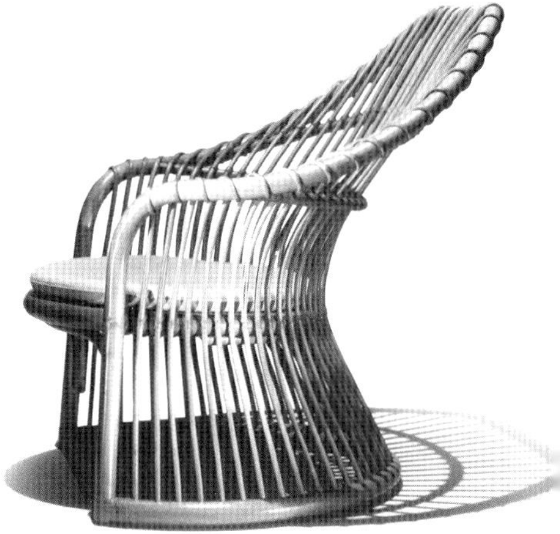
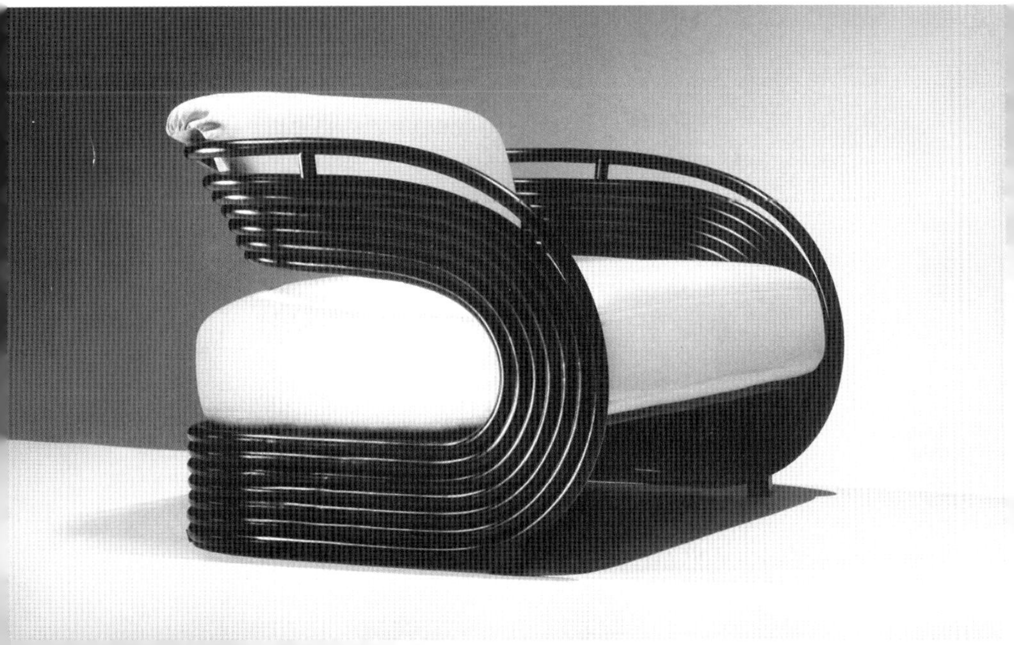

Rodolfo BONETTO

Industriedesigner

1929 geboren in Mailand

1958 Designbüro

1961 Dozent für Produktdesign an der Hochschule für Gestaltung in Ulm (bis 1965)

1964 *Compasso d'oro* (auch 1967, 1970, 1979, 1981, 1984, 1991)

1971 Präsident des **ADI** (bis 1973, auch 1979–1982)

1981 Präsident von ICSID (bis 1983)

1991 gestorben in Mailand

Produkte

1969 Radio *Magic Drum* für Autovox

1976 Fernsehgerät *Oyster*

1979 Autoradio *Tanga* beide für Voxson

1980 Kaffeemaschine *Casa Cimbalina* für **La Cimbali**

1985 Registriermaschine für Sweda

Seite 139

Wecker *Sfericlock* für Borletti Veglia, 1963

Meßgerät *Inspector Midi* für Olivetti, 1975/76

Fiberglassessel *Melaina* für Driade, 1972

Im Gegensatz zu den zahlreichen italienischen »Architekten-Designern« ist Rodolfo Bonetto einer der wenigen ausschließlichen Designer. Er absolvierte kein Architekturstudium, allerdings auch keine Designausbildung. Zum Design kam er autodidaktisch, nachdem er bereits eine international erfolgreiche Karriere als Jazzschlagzeuger hinter sich hatte. Kaum ein anderer kämpfte so leidenschaftlich für seine Vision einer Designkultur. Immer ging es ihm um den Prozeß, den er fest in dem der industriellen Serienfertigung verankert sah. In Kooperation mit dem Auftraggeber das optimale Ergebnis zu erzielen und dabei dem Produkt eine kulturelle Würde zu verleihen – nichts weniger als solch ein hohes Ziel verfolgte Rodolfo Bonetto, ob als Designer oder als Repräsentant namhafter Designinstitutionen. So ist plausibel, daß er gerade **Marco Zanuso** und **Marcello Nizzoli** als seine geistigen Lehrer betrachtete. Auch sie entwickelten ihre Vorstellung von Industriekultur in enger Zusammenarbeit mit den Unternehmen, für die sie arbeiteten. Nie hatte Bonetto Berührungsängste und entwarf auch scheinbar schnöde Produkte wie Meßsysteme, sanitäre Anlagen und technische Geräte. Für **Olivetti** war er seit den 60er Jahren ein unentbehrlicher Berater für den Bereich der Gebrauchsmaschinen; im Centro Stile **Fiat** entwarf er den Motor *Fire* für den *Uno* und für **Borletti Veglia** Meßgeräte für Autos und seinen ersten großen Erfolg, den unprätentiösen Wecker *Sfericlock,* bei dem jedem konstruktiven Element mehrere Funktionen zugeteilt waren. Kaum etwas, das nicht von Bonetto gestaltet wurde: vom Phonogerät über Musikinstrumente bis hin zu Möbeln. Dem Auto aber gehörte seine besondere Liebe. In der Werkstatt **Pininfarinas** hatte er Mitte der 50er Jahre seine Laufbahn als Designer gestartet, auf Anregung seines Onkels Felice Bonetto, der – Ironie des Schicksals – als Rennfahrer bei der »Carrera Messicana« mit einem *Lancia 3300* ums Leben kam.

VEGLIA
VEGLIA

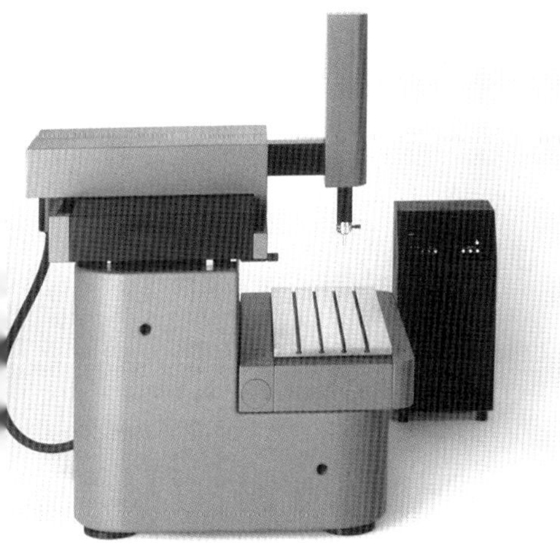

Renata BONFANTI

Textildesignerin

1929 geboren in Bassano del Grappa

in den 50er Jahren Ausbildung am Kvinnelige Industriskole in Oslo

1954 Beginn ihrer Tätigkeit als Textildesignerin

1962 *Compasso d'oro*

1966 Kulturpreis der Stadt Bassano

Produkte

1961 erste Teppiche der Serie *Algeria*

1962 Stoff *JL*

1963 Teppiche *Tancredi*, *Brianza*, *Siena*

1968 Teppich *Normandia 1*

1974 Textilserie *Bengale*

1989 Teppichserie *Fiandra*

1991 Wandteppich *Cannete*

Seite 141

o. Bettdecke *Cipro*, 1985

u. Stoff *Algeria 25*, 1997

»Ich bin nicht der Ansicht, daß die Handwebstühle nur für eine Art individuelle Herstellung eingesetzt werden können, die allein auf den kunsthandwerklichen Markt abzielt und völlig von der industriellen Produktion losgelöst ist. Ich habe immer versucht, meine Arbeit so zu organisieren, daß beide Techniken austauschbar sind, und mein Atelier ist deshalb konsequenterweise mit verschiedenen Arten von Webstühlen ausgestattet.« Dieses Statement, 1975 geäußert, weist die in der Provinz Vicenza ansässige Textildesignerin Renata Bonfanti als Vermittlerin zwischen industrieller Fertigung und Kunsthandwerk aus. Als Künstlerin und Designerin bewegt sie sich ohnehin zwischen den Welten. Einerseits in internationalen Kunstausstellungen wie *Zeitgenössische Italienische Kunst* vertreten, die 1961 in Oslo, Stockholm und Kopenhagen gezeigt wurde, ist sie andererseits mit den Weihen der Industriedesignerin bedacht worden. 1962 erhielt sie für ihren duftigen Stoff *JL* den *Compasso d'oro*.

Viele Textilien Bonfantis wirken in ihrer Strenge eher skandinavisch als mediterran. Tatsächlich hatte sich ihre Designvorstellung Anfang der 50er Jahre in Norwegen gefestigt, wo sie nach einem Kunststudium in Venedig am Kvinnelige Industriskole in Oslo in Berührung mit den Techniken und Formvorstellungen des Nordens kam, bevor sie nach Italien zurückkehrte. Feine Fäden aus Seide hat sie genauso verwoben wie robustere aus Wolle und Baumwolle. 1961 erregte sie mit ihrer Teppichserie *Algeria* Aufmerksamkeit, bei der die amorphen Farbfelder wie pudrige Schlieren im textilen Gewebe verteilt waren, und ihre Textilserie *Bengale*, 1974 vorgestellt, war – wie andere ihrer Teppiche auch – gleichermaßen für Wände und Böden geeignet. Mit ihrer stetigen Bereitschaft zum Experiment hat Renata Bonfanti dem italienischen Textildesign immer wieder neue Impulse gegeben.

Osvaldo BORSANI

Architekt und Möbeldesigner

1911 geboren in Mailand
1937 Architekturstudium in Mailand abgeschlossen
1953 gründet Firma **Tecno**
1966 gründet Zeitschrift *Ottagono*
1985 gestorben in Mailand

Produkte
1954 Klappsofa *D 70;* Sessel *P 40*
1956 Drehstuhl *P 32*
1961 Kleiderständer *AT 16*
1968 Bürosystem *Graphis*; alle für Tecno

1954 stellte Osvaldo Borsani auf der X. Mailänder **Triennale** seinen Ruhesessel *P 40* vor. In 486 verschiedene Positionen ließ sich diese Sitzmaschine dank einer inneren modularen Trägerstruktur und eines patentierten Mechanismus verstellen. Sitzfläche und Rückenlehne bewegten sich dabei in minimalen Schritten aufeinander zu. Das perfekte Zusammenspiel von Technik und Design faszinierte Borsani, und sein Leitsatz lautete, daß gutes Design weniger genialer Wurf als das Ergebnis langer Forschung sei. Jedes seiner Möbel war gleichzeitig die Lösung eines konkreten Problems. Sein Sofa *D 70* etwa, für ein Haus am Lago Maggiore konzipiert, ließ sich zu zwei Seiten klappen, so daß man entweder den Kamin oder die gegenüberliegende schöne Aussicht genießen konnte. Borsani gestaltete ausschließlich für das von ihm gegründete Unternehmen **Tecno**, und die meisten seiner technikbetonten Möbel werden heute noch produziert. Er entwarf auch das Fabrikgebäude und die Zweigstelle Tecnos in Mailand und gehörte zu den Gründern der Zeitschrift *Ottagono*.

Sessel *P40* für Tecno, 1954

Fabio BORTOLANI

Möbel- und Industriedesigner

Für die Themen Aufbewahrung und Befestigung hat Fabio Bortolani ein Faible. Ohne Scheu entwirft er so bescheidene kleine Dinge wie den Aschenbecher *Semplice*, die niedrigen Tische *Opus* mit integrierten, an Geheimfächer erinnernde Kistchen für Stifte und Papier und die bunten Skizzenbücher *Quaderno* für Authentics. Seine hilfreichen Geister für Haushalt, Bad und Wohnraum sind simpelste Konstruktionen, im Falle des Toilettenpapierhalters *Multiplos* fast schon ein Nicht-Design: Hier sind einfach ein paar Holzstäbe zusammengezimmert. In ihrer Materialästhetik – rohes Holz, transluzider Kunststoff oder schimmerndes Metall – treffen sie jedoch das Purismusbedürfnis der 90er Jahre. Überzeugend werden Fabio Bortolanis Produkte durch kluge, sinnfällige Ideen. So, wenn z.B. das Badezimmersystem *Bucatini* für **Agape** aus einfachen Schlaufen gebildet ist, die gleich mehrere Probleme auf einmal lösen. Ad libitum dienen sie der Befestigung von Zahnputzbechern, Vasen oder anderen nützlichen, unterschiedlich großen Dingen.

1957 geboren in Spilambert
Studium in Florenz
1997 Austellung *Segreta* im Victoria and Albert Museum, London
1998 Ausstellung *Intorno Alla Fotografia*

Produkte
1991 Bank *Terranea* f. **Crassevig**
1996 Aschenbecher *Semplice*
1997 Tischchen, Servierwagen *Clips* für Hoffmann
1998 Skizzenbuch *Quaderno* für Authentics; Tischchen *Opus* für La Palma

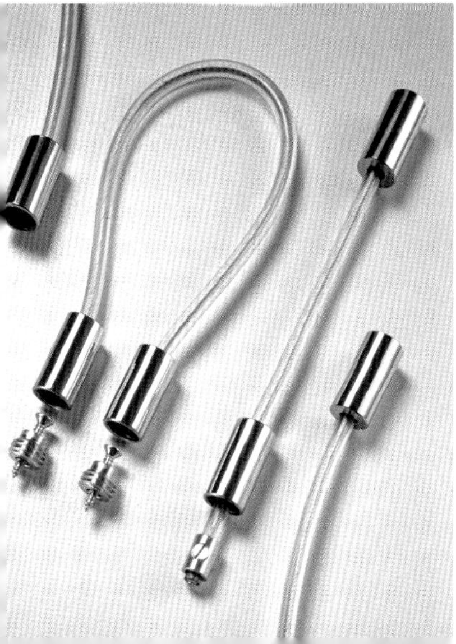

Wandhalterungen *Bucatini* für Agape, mit Ermanno Righi, 1997

Andrea BRANZI

Architekt, Designer und Publizist

Andrea Branzi hat in einer seiner zahlreichen Publikationen das Design als zugleich praktische und philosophische Aufgabe beschrieben. Als Querdenker, Anreger, Kritiker und Ausstellungsmacher ist er seit drei Jahrzehnten einer der führenden Köpfe in der Designdiskussion Italiens. In den 60er Jahren gehörte er zu den wichtigsten Vordenkern des **Radical Design**. Diese Bewegung hatte er 1966 als Mitglied der Gruppe **Archizoom**, die u.a. mit ihren monumentalen Traumbetten und dem wellenförmigen Knautschlacksofa *Superonda* für **Poltronova** humorvoll Funktionalismuskritik betrieb, selbst mitbegründet. Keine wichtige Strömung folgte, die Branzi als Theoretiker und Designer nicht mit prägte (wobei es ihm immer um die Sprache der Objekte und nicht um Fragen des rechten Stils zu tun war): das didaktisch orientierte Ausbildungsprojekt **Global Tools** Mitte der 70er Jahre, danach die Gruppen **Alchimia** und **Memphis**. Für Rossi & Arcandi entwarf er die bekannte Sauciere *Labrador*. Außerdem arbeitete Branzi u.a. für **Cassina**, **Alessi** und **Zanotta**.

1938 geboren in Florenz

1966 Architekturstudium in Florenz abgeschlossen; Mitbegründer von **Archizoom**

1971 Redakteur bei *Casabella* (bis 1974)

1973 Zusammenarbeit mit **Massimo Morozzi** und **C.T. Castelli** (CDM) (bis 1981); Primärdesign und Farbkonzepte

1979 *Compasso d'oro* (auch 1987)

1983 Direktor der Domus Academy (bis 1987); Chefredakteur von *Modo* (bis 1987)

1984 Buch *La casa calda*

1987 *Compasso d'oro*

Produkte

1980 Stuhl *Ginger* für **Alchimia**

1982 Sauciere *Labrador*

1986 Sessel und Sofa *Berlino* für **Zanotta**

1992 Wasserkessel *Mamma-ò* für **Alessi**

Ablage *Muzio* für Alchimia, 1979

Möbelskulptur aus der Serie *Archi, fusi, e forcelle*, 1988 (Prototyp für Cassina)

BRIONVEGA

Hifigerätehersteller

Der Vergleich zwischen Brionvega in Italien und Braun in Deutschland liegt nahe. Beide Hersteller profilierten sich in den 60er Jahren unverwechselbar durch das Design ihrer Produkte, und die Bewunderer beider Marken verehren ihre Hifigeräte bis heute weltweit wie Fetische. »Technik in ihrer schönsten Form« – Brionvegas Werbeslogan – hätte auch von Braun stammen können. Allerdings fallen auch schnell die Unterschiede ins Auge. Brionvegas Produkte laden bei aller guten Form zum Spiel ein und besitzen neben einer heute nostalgischen 60er-Jahre-Hightechästhetik eine fast poetische Qualität in der Sichtbarmachung von Technik und Funktion. Dafür waren seit Anfang der 60er Jahre einige der besten Designer Italiens zuständig, v.a. das Team **Marco Zanuso** und **Richard Sapper**, aber auch die **Castiglioni**-Brüder und **Mario Bellini**. Das Unternehmen war bereits 1945 gegründet worden, doch erst Anfang der 60er Jahre kam dank einer systematischen und risikofreudigen Designpolitik sowie technischer Experimente der Erfolg. Brionvega wagte es, rigoros mit bekann-

1945 als Radiohersteller gegründet

1952 Produktion von Fernsehgeräten

1970 *Compasso d'oro*

1992 Brionvega aufgelöst

Fernsehgerät *Black ST 201* von Marco Zanuso und Richard Sapper, 1969

Produkte

1962 Fernseher *Doney*

1964 Radio *TS 502*; Fernsehgerät *Algol*; alle von **Marco Zanuso** und **Richard Sapper**

1966 Stereogerät *RR 126* von **Achille** und **Pier Giacomo Castiglioni**

1969 Fernsehgerät *Black ST 201* von Marco Zanuso und Richard Sapper; Fernsehgerät *Volans*

1970 Fernsehgerät *Astor 20*

1979 Hifi-System *TVC 26*; alle von **Mario Bellini**

Seite 147
Fernsehgerät *Algol* von Marco Zanuso und Richard Sapper, 1964

Radio *TS 502* von Marco Zanuso und Richard Sapper, 1964

ten und scheinbar normativen Formen zu brechen, und ermutigte seine Designer, Fernsehgeräte und Radio quasi neu zu erfinden. Das kleine Radio *TS 502* von Marco Zanuso und Richard Sapper etwa, das in einem rechteckigen Kästchen versteckt ist, gibt wie ein »Jack in the Box« seine Funktion erst beim Aufklappen preis. Mit dem 1962 vorgestellten kompakten Fernseher *Doney* präsentierte das Team das erste mit Transistoren ausgerüstete Fernsehgerät Italiens, mit *Algol* (Abb. S. 4) die Pop-Version für die 60er und 70er Jahre. 1969 entwickelten Zanuso und Sapper den Fernseher *Black*, einen mystischen schwarzen Kubus, der erst dann zum Leben erwachte, wenn sich der Bildschirm langsam erhellte. Indem sich beim Einschalten der Rahmen sichtbar vom Bild trennte, wurde der Zauber der Technik zugleich anschaulich. Ein Erfolgsmodell wurde auch Achille und Pier Giacomo Castiglionis Plattenspieler und Radiogerät *RR 126*. Der rechteckige Kasten, auf dem die Bedienungselemente wie ein freundliches Comic-Gesicht mit hochgezogenen Augenbrauen aussahen, war auf einem Ständer montiert, rollbar und platzsparend, da die Lautsprecherboxen sowohl eingehängt als auch weiter entfernt aufgestellt werden konnten. Den Branchenvorsprung verlor Brionvega nach und nach, und Anfang der 90er Jahre mußte das Unternehmen aufgelöst werden. Erfolg durch Design war im Zeitalter von immer komplizierterer Technik auf immer kleinerem Raum nicht mehr gewährleistet.

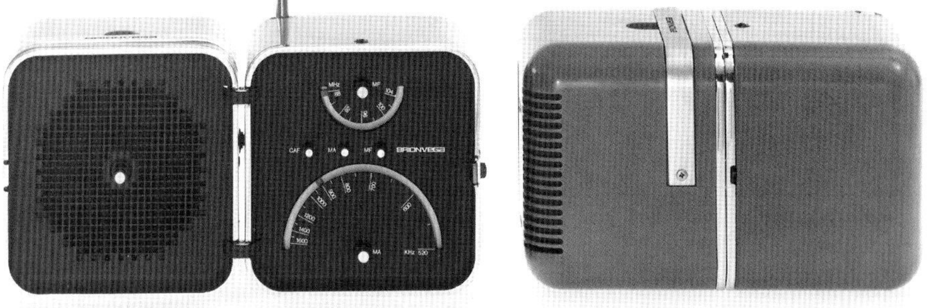

Carlo BUGATTI

Kunstschreiner

Zu wirklicher Berühmtheit sind eigentlich erst Carlo Bugattis Sohn Ettore und sein Enkel Jean gelangt, die im 20. Jahrhundert als Automobilkonstrukteure und Rennfahrer Furore machten. Senior Bugatti tischlerte zwischen 1880 und 1904, zunächst reich verzierte Kunststückchen, die anfangs oft als »maurisch« und »originell« beschrieben wurden, um die Jahrhundertwende dann vom Jugendstil beeinflußte Möbel. Höhepunkt seiner Karriere wurde die *Internationale Kunstgewerbe-Ausstellung* 1902 in Turin, auf der er den Ehrenpreis erhielt. Seine Einrichtungen, darunter der »Schneckenraum« mit gold- und rotbemalten, pergamentbezogenen Möbeln, fanden großes Echo bei der Fachpresse. Bugatti sicherte sich mit seinen kunstvollen Intarsienarbeiten im Reigen seiner Kollegen Henry van de Velde, Antonio Gaudí, Charles Rennie Mackintosh und Peter Behrens einen besonderen Platz. Sein Stil war so gefragt, daß in der Nachfolge unzählige Möbel im »genre Bugatti« entstanden. 1904 gab er das Tischlerhandwerk auf und widmete sich Fertigung von Silberwaren und der Malerei.

1856 geboren in Mailand

1888 eigenes Atelier; Teilnahme Kunstindustrie-Ausstellung, Mailand (ebenso Internationale Ausstellungen Antwerpen, Amsterdam und Turin, 1894, 1895 und 1902)

1900 *Silbermedaille* auf der Weltausstellung, Paris

1902 Teilnahme an der *Internationalen Kunstgewerbe-Ausstellung*, Turin

1904 Umzug nach Paris

1910 wendet sich der Malerei zu

1940 gestorben in Dorlisheim (Bas-Rhin)

Produkte

1900 Möbel für den Palast des Khediven in Istanbul

1902 Schneckenraum, Turin

1904 Tafelsilber

Sitzbank aus Holz, Metall, Pergament, um 1900

Luigi CACCIA DOMINIONI

Architekt, Möbel-, Leuchten- und Produktdesigner

Der bedeutende Mailänder Architekt Luigi Caccia Dominioni war auch einer der Pioniere eines modernen italienischen Industriedesigns. Sein Besteck *Caccia*, das er 1938 in Zusammenarbeit mit **Livio** und **Pier Giacomo Castiglioni** entwarf, war in seiner schlichten Funktionalität seiner Zeit so weit voraus, daß **Alessi** es später in seine Produktion aufnahm. Niemand würde heute vermuten, daß der Entwurf aus den 30er Jahren stammt. Auch mit ihrem zeitgemäßen Bakelitradio für Phonola, das erstmals nicht länger an einen Möbelschrank erinnerte, betraten Caccia Dominioni und die Castiglionis 1940 auf der VII. Mailänder *Triennale* Neuland. Nach dem Krieg entwarf Caccia Dominioni harmonisch-ausgewogene Möbel für **Azucena** wie seinen berühmten Sessel *Catilina* von 1949, bei dem ein edles braunes Lederkissen in einem filigranen halbrunden Metallgestell ruht, außerdem die schlichten Steh- und Tischleuchten *Sasso* und *Base Ghisa*. Aus den 70er Jahren datiert sein symmetrisches Sofa *Toro*, aus den 80ern die anmutig geschwungene Türklinke *Cristallo*.

1913 geboren in Mailand

1936 Architekturstudium in Mailand abgeschlossen

1948 gründet **Azucena**-Laden in Mailand mit **I. Gardella** und C. Corradi Dell'Acqua

1960 *Compasso d'oro*

1970 Chase Manhattan Bank, Mailand

Produkte

1938 Silberbesteck *Caccia*

1959 Schulmobiliar für Palini

beide mit **Livio** und **Pier Giacomo Castiglioni**

Radio für Phonola mit Livio und Pier Giacomo Castiglioni, 1939

Sessel *Catilina* für Azucena, 1949

CAPPELLINI

Möbelhersteller

Cappellini spa, Arosio (CO)

1946 gegründet in Arosio, handwerkliche Fertigung von Möbeln

1960 Hinwendung zu modernem Design

1987 Gründung der Tochterfirma **Mondo**; Re-Designs klassischer Möbel

Produkte

1970 Kommoden *PC/3 Side 1* und *PC/6 Side 2* von Shiro Kuramata

1975 Tisch *Cenacolo Marmo* von **Giulio Cappellini**

1977 Objekt *PC/8 Solaris* von Shiro Kuramata

1986 Regalsystem *Passepartout* von Giulio Cappellini und **Rodolfo Dordoni**

1988 *Thinking Man's Chair* von Jasper Morrison

Seite 151

l. *S-Chair* von Tom Dixon, 1992

r.o. *Embryo Chair* von Marc Newson, 1998

r.u. *Satellite Table* von Konstantin Grcic, 1992

Kaum ein anderer Möbelhersteller betreibt die Inszenierung von Design so spektakulär wie Cappellini. Die Präsentationen anläßlich von Möbelmessen sind Insider-Tips, Kataloge und Prospekte gleichen Lifestyle-Magazinen, und effiziente Public Relations haben entscheidend zur Popularität der Objekte beigetragen. Shiro Kuramatas »tanzende« Kommode *Side 1/Side 2*, Tom Dixons manieriert geschwungener *S-Chair* und Jasper Morrisons reduziertes, elegantes *Three Sofa System* haben Kultstatus. Ein Cappellini-Möbel zu besitzen heißt teilzuhaben an der besonderen Art der Exklusivität, die es verkörpert. Immer kostspielig ist jedes Objekt gleichzeitig eine individuelle Skulptur. Damit hat Cappellini das Lebensgefühl einer jungen kultivierten und solventen Generation getroffen, die in den 80er und 90er Jahren herangewachsen ist, denen der Designer als Star gilt und das Designobjekt als Fetisch.

Mit einzigartigem Gespür für Talente hat Giulio Cappellini überall in Europa junge Gestalter aufgespürt, für die seine Firma das Sprungbrett zum großen Erfolg wurde. Außer den bereits genannten gehören auch Marc Newson, James Irvine, und Werner Aisslinger dazu. Zwar entwerfen auch italienische Designer wie **Michele De Lucchi**, **Rodolfo Dordoni**, **Alberto Meda**, **Anna Gili** und **Piero Lissoni** für Cappellini, aber als Gleiche unter Gleichen – Internationalität ist Konzept. Jeder Designer, der für das Unternehmen aus Arosio entwirft, scheint hier ein besonders anregendes Klima vorzufinden, in dem er seinen persönlichen Vorstellungen konsequenter als gemeinhin möglich Gestalt verleihen kann. Deshalb wirken viele Cappellini-Möbel wie bis zum Ende gedachte Ideen oder auch wie formale Essenzen.

Dies birgt für den Unternehmer durchaus Risiken, denn nicht immer ist der Markt jedem Experiment gegenüber aufgeschlossen. Giulio Cappellini jedoch ließ sich nie in seiner Politik beirren.

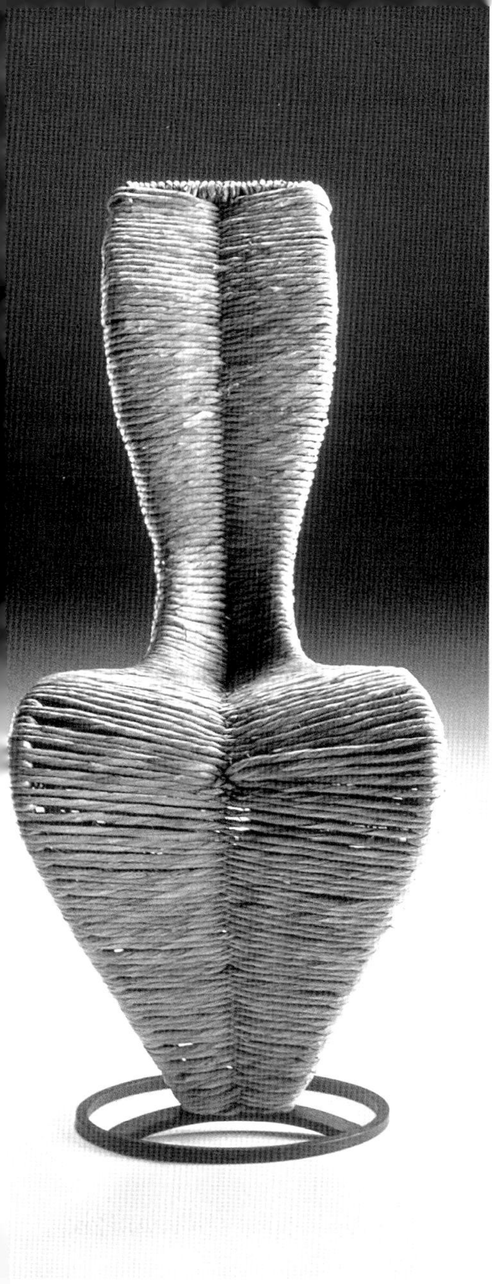

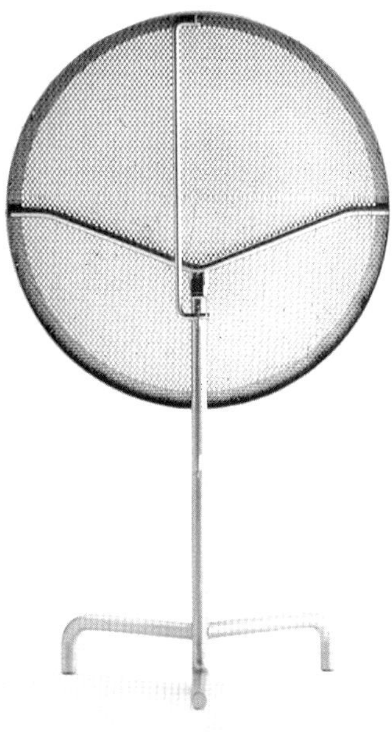

1991 Sessel *Tonda* von **Anna Gili**

1992 *S-Chair* von Tom Dixon

1993 *Three Sofa System* von Jasper Morrison

1994 Aluminiumregal *ABC* von **Alberto Meda**; *Eight Chair* von Ross Lovegrove

1995 *Alfabeto System* von Jasper Morrison und James Irvine; Sofas *Jaipur* und *Jodhpur* von Jasper Morrison; Kunststoffsessel *Statuette* von Lloyd Schwan

1996 Stuhl *Juli* von Werner Aisslinger

1998 *Embryo Chair* von Marc Newson

Seite 153

l.o. Sessel *Juli* von Werner Aisslinger, 1996

l.u. *Thinking Man's Chair* von Jasper Morrison, 1988

r. Schrank *Pyramid* von Shiro Kuramata, 1998

In den 70er Jahren hat er das 1946 gegründete Unternehmen systematisch in eine hochkarätige Designwerkstatt umgewandelt. Als »Verleger«, der die Produktion in verschiedenen Werkstätten organisiert und von der Produktentwicklung über Marketing und Vertrieb alle wesentlichen Belange koordiniert, verfügt er über ein solides Netzwerk an technologischer Kompetenz, um seine herstellungstechnisch oft anspruchsvollen Möbel produzieren zu können.

So vielfältig die Kollektion auch ist, eine Tendenz zum Minimalismus ist allgegenwärtig, wie z.B. bei Cappellinis Holz- oder Marmortisch *Cenacolo,* dessen Reiz im Kontrast zwischen den kräftigen Beinen und der dünnen Tischplatte liegt, oder bei Jasper Morrisons und James Irvines *Alfabeto*-Regalsystem aus quadratischen Elementen. Aber Cappellini geht es auch um eine Sammlung unterschiedlicher Statements, und so ist der Einsatz von klaren Farben keineswegs ausgeschlossen und Mut zur geschwungenen Linie durchaus erwünscht, wie Ross Lovegroves *Eight Chair* oder Christophe Pillets *Y's Chair* mit ihren gebogenen Kunststoffschalen zeigen. Am besten verkörpert vielleicht Jasper Morrisons *Thinking Man's Chair* die Cappellini-Idee. Der englische Designer hat den klassischen Ruhesessel neu definiert, indem nicht Polster, sondern hartes Stahlrohr zum Nachdenken einladen, wobei eine extrem lange Sitzfläche den nötigen Komfort bietet. Bescheiden im Materialeinsatz, ist der Sessel nichts weniger als anämisch oder auch nur sachlich, sondern durch seine Eleganz und seine selbstverständliche Präsenz ein Blickfang in jedem Umfeld.

Die von Giulio Cappellini, **Paola Navone** und Roldolfo Dordoni 1987 gegründete Tochterfirma **Mondo** konzentriert sich auf die Reedition klassischer Wohnmöbel und die Erneuerung traditioneller Möbelbautechniken wie der Drahtflechterei.

CASSINA

Möbelhersteller

Cassina spa, Meda

1927 gegründet in Meda von Cesare und Umberto Cassina

1947 Großauftrag für die italienische Marine (bis 1952)

1965 Klassiker-Editionen

1989 Steelcase Gruppe über nimmt 50 % der Firma

1991 *Compasso d'oro*

Produkte

1953 Sessel *Distex* von **Gio Ponti**

1957 Stuhl *Superleggera* von Gio Ponti

1970 Sessel und Hocker *Sit Down* von **Gaetano Pesce**; Sitzmöbel *Soriana* von **Afra** und **Tobia Scarpa**

1973 Sofa *Maralunga* von **Vico Magistretti**

1957 produzierte Cassina den eleganten *Superleggera*, der damals als leichtester Stuhl der Möbelgeschichte gefeiert wurde. **Gio Ponti** hatte ihn entworfen und sich dabei an den Stühlen, die er aus dem italienischen Fischerdorf Chiavari kannte, orientiert. Er behielt die traditionellen Materialien, Rohrgeflecht und Holz, bei, reduzierte die einzelnen Konstruktionselemente aber so drastisch, daß der Stuhl sich ideal für eine industrielle Serienfertigung eignete. Er wurde ein Welterfolg und galt als leuchtendes Beispiel des neuen, modernen italienischen Möbeldesigns. Tradition und Modernität haben sich im Fall von *Superleggera* auf eine vielschichtige Weise miteinander verbunden. Diese spezielle Allianz zieht sich durch die gesamte Geschichte des Unternehmens, das seit 1945 immer wieder Designgeschichte geschrieben hat. Ein Eckpfeiler ist die perfekte handwerkliche Qualität, die schon 1927 bei der Gründung von Cassina – damals noch ein traditioneller Polsterfabrikant – einen hohen Stellenwert besaß. Sie gilt dem Unternehmen aus Meda auch im Zeitalter einer hochtechnologischen Möbelproduktion immer noch viel. Bewußtsein für Tradition bewies Cassina jedoch ebenso mit den Klassikerkollektionen *I Maestri*. Die Reeditionen von Möbeln Le Corbusiers, Frank Lloyd Wrights, Charles Rennie Macintoshs, Gerrit Thomas

Sessel von Angelo Mangiarotti, 1963

Seite 155
Sessel *AEO* von Paolo Deganello, 1973

1973 *AEO* von **Paolo Deganello**

1977 Stuhl *Cab* von **Mario Bellini**

1980 Sofa *New York Sunrise* von Gaetano Pesce; Stuhlserie *Dalila 1, 2, 3* von Gaetano Pesce; Sessel *Wink* von Toshiyuki Kita

1981 Sessel *Sindbad* von Vico Magistretti

1987 *I Feltri* von Gaetano Pesce

1996 Sofa *Met* von **Piero Lissoni** und S. Sook Kim

1998 Sofa *L.W.S.* von Philippe Starck

Seite 157

Sofa *Torso* von Paolo Deganello, 1982

Tisch *La Rotonda* von Mario Bellini, 1977

Regal *Nuvola Rossa* von Vico Magistretti, 1977

Sessel *LC 2 Grand Confort* von Le Corbusier und Carlotte Perriand, 1928 (abgewandelte Version; 1965 in der Serie *I Maestri* reediert)

Rietvelds und Gunnar Asplunds, die Cassina seit Mitte der 60er Jahre produziert, machen heute ein Drittel der Produktion aus und festigten Cassinas Ruf als Hüter des modernen Erbes. In der eigenen Kollektion beweist das Unternehmen Modernität, seit es Anfang der 50er Jahre entschlossen die Zusammenarbeit mit wichtigen zeitgenössischen Designern wie **Franco Albini** und Gio Ponti suchte. Erst jetzt entwickelte es ein unverwechselbares Profil. Als Katalysator für die Umorganisation wirkte ein Großauftrag der italienischen Schiffahrtsindustrie. Zwischen 1947 und 1952 stattete Cassina u.a. die Luxusliner *Andrea Doria*, *Raffaello* und *Michelangelo* aus. Durch die riesigen Volumina, die nun bewältigt werden mußten, wurde der Weg für die Massenproduktion bereitet. Namhafte Designer arbeiten bis heute mit Cassina zusammen, darunter **Mario Bellini**, **Vico Magistretti**, **Afra** und **Tobia Scarpa** und Philippe Starck. Cesare Cassina, der umtriebige Firmeninhaber, spürte aber seit Ende der 60er Jahre auch junge Rebellen wie **Gaetano Pesce** und **Paolo Deganello** auf und wagte es, selbst Entwürfe, die sich mit kritischen Aspekten der Möbelproduktion auseinandersetzten, auf den Markt zu entlassen. Deganellos Sessel *AEO* von 1973 etwa ließ sich in Sockel, Polster, zwei Gestelle für Rückenlehne und Sitzfläche und einen zeltartigen Überwurf zerlegen und machte damit sein Design transparent. Mit einem traditionellen Polstersessel hatte er wenig gemeinsam. Form und Optik von Gaetano Pesces Sessel *Dalila* aus Polyurethan mit Polyesterbezug fielen bei jeder Produktion anders aus, und bei *I Feltri* (Abb. S. 25) kann der Besitzer, je nach Abschirmungsbedürfnis, die »Flügel« weiter oder enger spreizen. Pesce kritisierte mit solchen Projekten die Uniformität des Möbeldesigns. Nach wie vor ist Cassina ein international erfolgreiches Unternehmen. Unter der Leitung von Franco Cassina gehen heute 80 % der Polster- und Sitzmöbel, Tische und Regale in den Export.

Anna CASTELLI FERRIERI

Architektin und Designerin

1920 geboren in Mailand
1943 Architekturstudium in Mailand abgeschlossen
1946 eigenes Studio; Chefredakteurin *Casabella-Costruzioni* (bis 1947)
1959 Zusammenarbeit mit **Ignazio Gardella** (bis 1973)
1966 **Kartell**-Gebäude in Binasco; Sitz der Banca d'Italia in Varese
1969 Vorsitzende des **ADI** (bis 1972)
1970 Technische Büros für **Alfa Romeo** (bis 1972)
1976 Art Director bei Kartell (bis 1987)
1977 Erweiterung der Kartell-Gebäude und Uffici **Centrokappa** in Noviglio
1984 Dozentin am Mailänder Polytechnikum (bis 1986)
1987 Dozentin an der Domus Academy (bis 1992); *Compasso d'oro* (auch 1995)
1988 Ende der offiziellen Tätigkeit für Kartell
1990 Gründung der Gruppe ACF Officina

Seite 159
Hocker *4810* für Kartell, 1987

In ihrem 1991 erschienenen Buch *Interfacce della materia* (Die Schnittstellen des Materials) mahnt Anna Castelli Ferrieri die Designer zur Verantwortung. Sie, die der Welt zahllose neue Produkte bescheren, müßten immer auch die Konsequenzen ihrer Arbeit bedenken. Sonst nämlich könne das Design leicht zur Umweltverschmutzung geraten. Verantwortungsvolles Handeln fordert sie aber nicht nur im Design. Sie engagiert sich außerdem in der Menschenrechtsbewegung (und hier besonders für die Rechte der Frauen) und fördert in ihrer 1990 gegründeten ACF Officina den Austausch mit der jüngeren Designergeneration.

Als Designerin – eine der ganz wenigen erfolgreichen in Italien – ist sie als Meisterin eines besonders technologieorientierten Materials, des Kunststoffs, bekannt geworden. Funktionierende Serienprodukte zu entwerfen macht sie stolz, kommen doch der Erfolg am Markt und damit die Kommunikation mit dem Benutzer durch die Gebrauchsfähigkeit und ein vernünftiges Preis-Leistungs-Verhältnis zustande. In ihrem Streben nach einer »Demokratisierung« von Design, das möglichst vielen zugute kommen sollte, wurde Anna Castelli Ferrieri durch den strengen Minimalisten **Franco Albini** geprägt. In seinem Architekturstudio machte sie in den 40er Jahren ihre ersten praktischen Erfahrungen, und mit Albini kämpfte sie nach 1945 dafür, durch moderne Architektur und Design ein demokratisches Italien aufzubauen, u.a. in der Redaktion von *Casabella-Costruzioni.*

Von 1959 bis 1973 beschäftigte sie sich zusammen mit ihrem Partner **Ignazio Gardella** mit der Inneneinrichtung für private Häuser und der Ausstattung von Büros. Auch als sie längst eine gefeierte Designerin war, entwarf sie noch als Architektin das **Kartell**-Gebäude in Binasco, die technischen Büros von **Alfa Romeo** in Arese, Wohn- und Krankenhäuser, Kirchen und Industriegebäude. 1966 wurde sie Designberaterin bei Kartell, und seitdem

Produkte

1966 runde Kunststofftische *4993/94* für Kartell mit Ignazio Gardella

1967 rechteckige Containerelemente aus ABS-Kunststoff *4970/84*

1976 Kunststoff-Salatbesteck

1979 Hocker *4822/44*

1981 Kunststoffsessel *4855*

1982 Quadrat. Kunststofftisch *4300*

1985 Kunststoffstuhl *4870*

1986 Kunststoffstuhl *4873*

alle für Kartell

1990 Sofa *Segnale* für **Arflex**

1993 Besteck *Hannah* für **Sambonet**

1994 Tisch *Contralto* für Ycami

1996 Besteck *Segnale* für Sambonet

1997 Glas *Goto* für Barovier & Toso

Seite 161
Tisch *Contralto* für Ycami, 1994
Stapelstuhl *4870* für Kartell, 1985
Stuhl *4873* für Kartell, 1986

ist die Geschichte des Unternehmens, das 1949 von ihrem Mann Giulio Castelli gegründet wurde, untrennbar mit ihrer eigenen verbunden. Für jede neue Technologie fand sie eine angemessene neue Form, die immer aus den Materialgesetzen selbst abgeleitet war. Gemeinsam mit Ignazio Gardella entwarf sie 1966 die symmetrischen Tische *4993/94*. Ein typologisch ganz neues Produkt war ihr Containersystem aus ABS-Kunststoff *4970/84* von 1967. Es bestand aus mehreren Elementen, die ohne Schrauben oder Befestigungen aufeinandergestapelt werden konnten – eine kleine Architektur. Ein Bestseller gelang ihr auch mit dem Kunststoffhocker *4822/44* aus Technopolymer in Verbindung mit Metall und Polyurethan. Er markierte Ende der 70er Jahre einen Durchbruch in der Kunststofftechnologie: die Hocker bekamen erstmals »lange Beine«. Dies war bis dahin nicht möglich gewesen, da kein Kunststoff die erforderliche Stabilität bot. Ein glasfaserverstärkter Polypropylenschaumstoff ermöglichte nun, in ihn Metallstücke einzulassen. Das Material wurde dadurch fest wie Zement. In den 80er Jahren entwarf Castelli Ferrieri den Stapelstuhl *4870* aus Polypropylen. Kein geringeres Ziel als die Kombination von Eleganz, Stapelbarkeit, geringem Gewicht, Ergonomie, Elastizität, Widerstandsfähigkeit und einer preiswerten Herstellung sollte erreicht werden. Das Experiment gelang – Anna Castelli Ferrieri erhielt dafür den *Compasso d'oro*.

Fast alle ihre Produkte werden heute noch produziert, was zeigt, daß Anna Castelli Ferrieri eines ihrer wichtigsten Ziele erreicht hat: erfolgreiche Serienprodukte zu entwerfen. Außer für Kartell hat sie, insbesondere in den 90er Jahren, auch für andere Hersteller gestaltet, u.a. Bestecke für **Sambonet**, Polstermöbel für **Arflex** und den Tisch *Contralto* für Ycami, dessen Beine sich selbstbewußt nach unten verbreitern statt verjüngen, eine optische Irritation, die den besonderen Reiz des Produkts ausmacht.

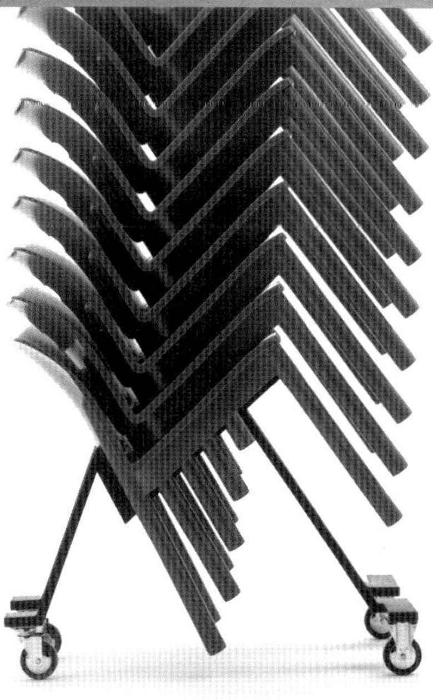

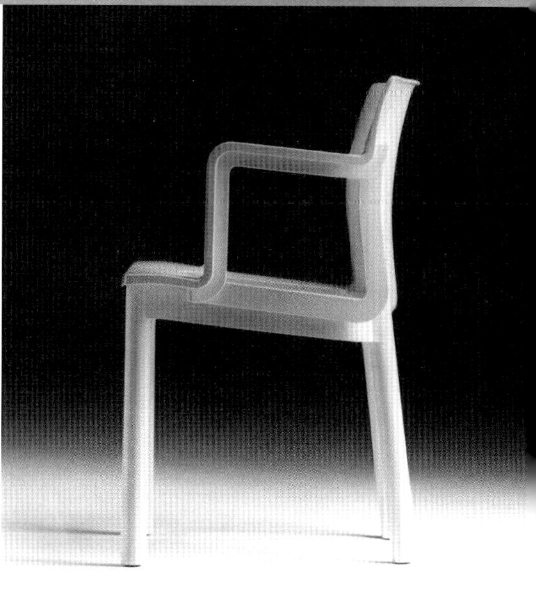

Achille & Pier Giacomo CASTIGLIONI

Architekten, Möbel-, Leuchten- und Industriedesigner

Achille Castiglioni
1918 geboren in Mailand
1944 Architekturstudium in Mailand abgeschlossen

Pier Giacomo Castiglioni
1913 geboren in Mailand
1937 Architekturstudium in Mailand abgeschlossen
1968 gestorben in Mailand

1945 Zusammenarbeit
1947 Ausstattung der *Mostre Nazionali della Radio e Televisione* in Mailand
1953 Ausstattung der *Nationalen Haushaltsgeräteausstellungen Italien* (bis 1972)
1955 *Compasso d'oro* (auch 1962, 1964, 1967, Achille Castiglioni allein 1979, 1984, 1989)

Seite 163
Traktorsessel *Mezzadro*, 1957/1970
Tische *Cumano* für Zanotta, 1979

Es war ein seltsames Szenario, das sich 1957 in der Villa Olmo in Como bot: Eisenschalen aus dem 19. Jahrhundert, ein schaukelnder Fahrradsitz (Abb. S. 15), ein stilisierter Traktorsessel, von der Decke herabhängende Fernsehapparate, abstrakte Wanddekorationen und tragbare Radiotelefone waren ungezwungen nebeneinander arrangiert und bildeten ein surreal anmutendes Potpourri aus Vergangenheit und Gegenwart. Achille und Pier Giacomo Castiglioni hatten ihre Ausstellung mit eigenen und anonym gestalteten Produkten *Forme e colori nella casa di oggi* (Formen und Farben in der Wohnung von heute) genannt. Die Botschaft: Eine Einrichtung wird von der Qualität jedes einzelnen Objekts bestimmt, nicht von vermeintlicher Harmonie oder Gleichförmigkeit des Stils. Diesem Designkonzept sind die Castiglioni-Brüder immer verpflichtet geblieben. (Der Fahrradsattel und der Traktorsessel werden seit den 70er bzw. 80er Jahren als *Sella* und *Mezzadro* von **Zanotta** in Serie produziert.)

Der erste große öffentliche Auftritt war die Gestaltung der Rundfunktabteilung der VII. *Triennale* 1940 in Mailand, zu der Pier Giacomo mit seinem älteren Bruder **Livio Castiglioni** sowie **Luigi Caccia Dominioni** ein neuartiges und modernes Produkt in Form eines kleinen Bakelitradios beisteuerte, dessen äußere Form und technische Konstruktion direkt aufeinander bezogen waren. Nach dem Zweiten Weltkrieg traten die Brüder, nun verstärkt durch Achille, mit spektakulären Ausstellungsszenarien hervor. Berühmt wurden ihre perfekt choreographierten Shows für die

Gemeinsame Produkte
1949 Tischleuchte *Tubino*
1955 Stehleuchte *Luminator*
1956 Staubsauger *Spalter*
1957 Hocker *Sella* prod. ab 1983 von **Zanotta**; Hocker *Mezzadro* prod. ab 1970 von Zanotta
1960 Sessel *San Luca* für **Gavina**
1961 Leuchte *Splügenbräu*
1962 Tischleuchte *Taccia;* Bogenleuchte *Arco*; Stehleuchte *Toio;* alle für **Flos**
1966 Stereo-Radioempfänger *RR 126* für **Brionvega**

Produkte A. Castiglioni
1970 Sessel *Primate* für Zanotta
1971 Leuchte *Parentesi* mit Pio Manzú
1972 Leuchte *Noce*
1975 Schreibtischleuchte *Ipotenusa*

italienische Radiogesellschaft RAI, bei denen Livio, der dann in den frühen 50er Jahren eigene Wege ging, sich als Licht- und Tonspezialist um die audiovisuellen Effekte kümmerte. Ganz Mailand strömte herbei, um an den abenteuerlichen Shows teilzuhaben. Ausstellungsdesign ist bis heute ein wichtiges Arbeitsfeld für Achille Castiglioni, der seit dem frühen Tod von Pier Giacomo im Jahr 1968 allein arbeitet. Beide hatten sich seit Anfang der 50er Jahre verstärkt dem Produktdesign zugewandt. Sie entwarfen Haushaltsgeräte, wie den bescheidenen Staubsauger *Spalter,* und erste Leuchten, darunter 1955 die simple Stehleuchte *Luminator.* Immer wieder haben die Castiglionis das Prinzip, bereits existierende Objekte zu überarbeiten und/oder in neue Zusammenhänge zu stellen, angewandt, wie bei der Stehlampe *Toio* für Flos, dessen Reflektor aus einem profanen Autoscheinwerfer besteht. Sie haben das Ready-made-Konzept ins Design übertragen und damit mehr als einmal einen ironischen Kommentar zum italienischen **Bel Design** und zu einem allzu ideologischen Funktionalismus-Konzept abgegeben. Achille Castiglioni nämlich ist sicher, »daß es Design schon immer gegeben hat, daß man beim Betrachten vieler Gegenstände die Idee für ihre Erneuerung findet«. Das Modell für den kleinen Tisch *Cumano* für Zanotta hat er zum Beispiel in französischen Bistrotischen gefunden. Er »verbesserte« ihn, indem er ein kleines Loch am Rand der Tischplatte stanzte, so daß der Tisch auch an die Wand gehängt werden kann. In der Reihe sehen die Tische wie sezierte Käfer aus und

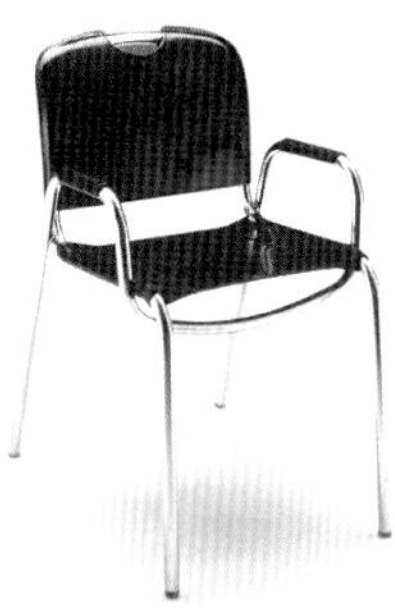

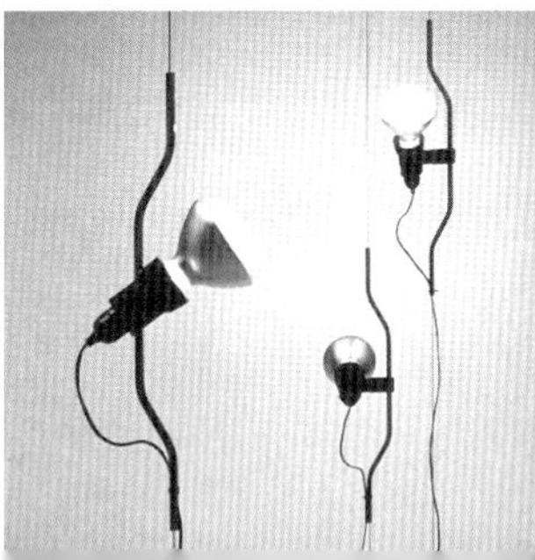

entfalten dadurch einen augenzwinkernden, eigenen visuellen Reiz. Das Licht, der Strom und seine Diffusionstechniken haben immer eine besonders große Anziehungskraft auf die Castiglionis ausgeübt. Die Revue ihrer Leuchtenentwürfe, von denen die meisten für Flos entstanden, ist gleichzeitig ein Gang durch das moderne Lichtdesign. 1962 entwarfen sie die Bogenleuchte *Arco,* deren Vorbild herkömmliche gebogene Straßenlaternen waren, und die monumentale Tischleuchte *Taccia* (Abb. S. 2), bei der der Reflektor aus einer überdimensionalen Birne besteht. Anfang der 70er Jahre folgten u.a. das rundliche, unprätentiöse Lämpchen *Noce,* das einfachen Kellerleuchten abgeschaut ist, die erste an Seilen bewegliche Halogenleuchte *Parentesi* und die Hängeleuchte *Frisbi* mit ihren zwei Reflektoren, die diffuses Licht nach oben und gebündeltes nach unten abgibt. Achille Castiglioni entwarf außerdem die Schreibtischleuchten *Tubo* und *Ipotenusa,* die an einen Vogel erinnernde Stehlampe *Gibigiano* und in den 90er Jahren die edlen Hängeleuchten *Brera* und *Fucsia.* Schaut man sich die Castiglioni-Produktwelt an – in ihr finden sich außerdem das in den 60er Jahren entworfene, typologisch völlig neuartige Phonogerät *RR 126* für **Brionvega**, Uhren, Haushaltswaren für **Alessi** und viele Möbelentwürfe für **De Padova**, **Gavina** oder Zanotta –, so ist kaum ein Personalstil auszumachen, wohl aber eine Form, die immer der inneren Logik der Objekte folgt, und viel gestalterischer Witz, der den Castiglionis siebenmal den begehrten Designpreis *Compasso d'oro* beschert hat.

1978 Hängeleuchte *Frisbi*
alle für Flos
1979 Klapptisch *Cumano* für Zanotta
1982 Besteck *Dry* für **Alessi**
1983 Blumenständer *Albero* für Zanotta
1991 Büromöbelprogramm *Sangirolamo* für **Olivetti** mit **Michele de Lucchi**
1992 Leuchte *Brera*
1996 Hängeleuchte *Fucsia*
beide für Flos

v.l.n.r.
Stuhl *Castiglietta* für Zanotta, 1967
Leuchte *Parentesi* für Flos, 1971, mit Pio Manzú
Leuchte *Frisbi* für Flos, 1978
Wanduhr, 1965 (prod. 1996 v. Alessi)
Sanitärprogramm *Linda*
Trio für Interflex, 1991 mit G. Pozzi

Seite 166/167
Leuchte *Arco* für Flos, 1962

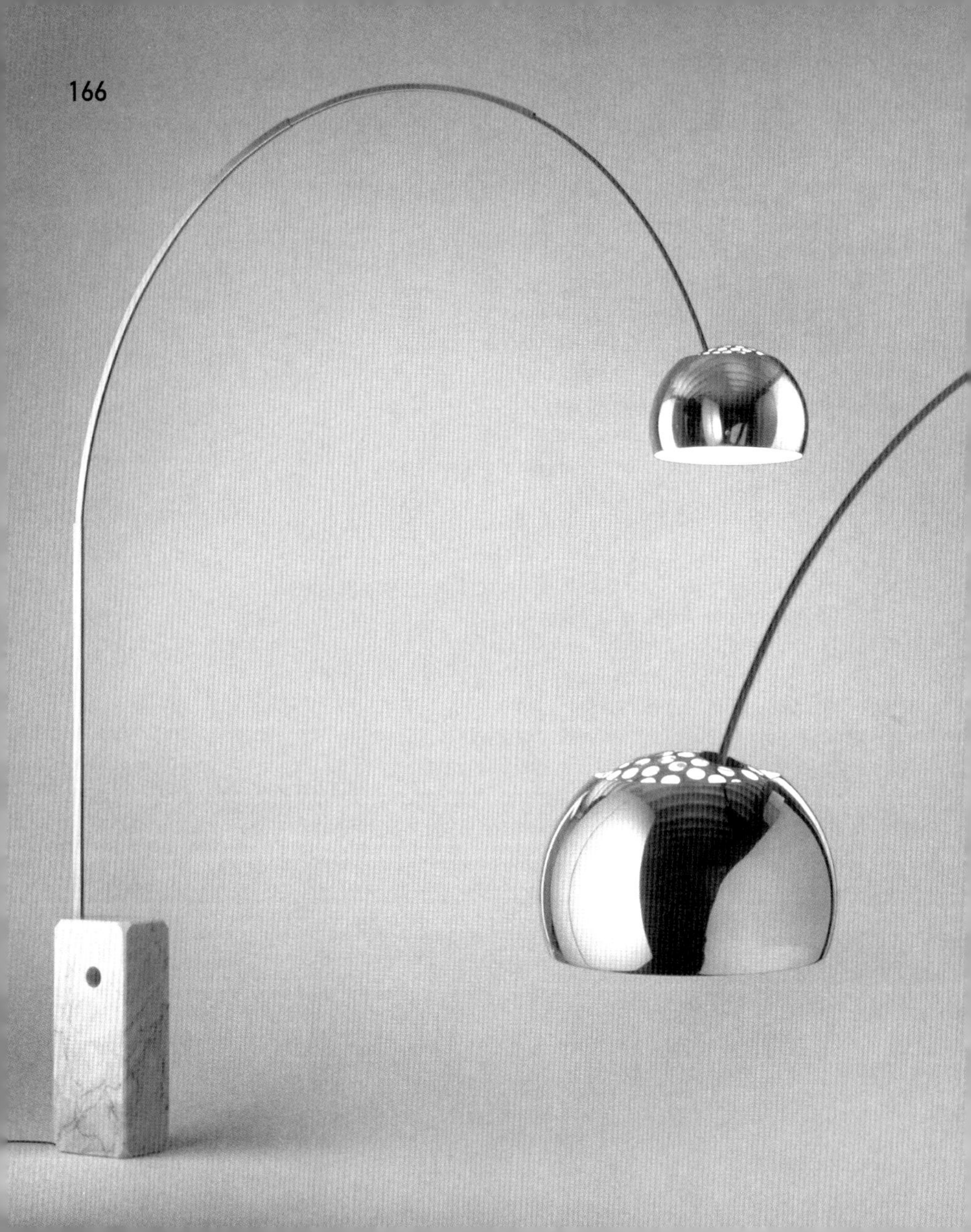

Antonio CITTERIO

Architekt, Möbel- und Leuchtendesigner

1950 geboren in Meda
1973 Studio mit **Paolo Nava** (bis 1981)
1975 Architekturstudium abgeschlossen
1987 *Compasso d'oro* (auch 1995)

Produkte
1978 Sofas *Aria* und *Pasodouble* für **Flexform**
1980 Küchensystem *Factory* für **Boffi**
1982 Showroom für **B&B Italia**
1985 Esprit-Filialen in Mailand und Amsterdam
1986 Sofa *Sity* für B&B Italia
1992 Büromöbelsystem *Ephesos* für Olivetti Synthesis
1996 Fausto Santini-Showroom in Düsseldorf
1997 Küchensystem *Artusi* für **Arc Linea**

Seite 169
Containersystem *Mobil* für Kartell, 1994
Lichtsystem *Elettra* für Ansorg, 1993, mit Glen Oliver Loew
Klappstuhl *Dolly* für Kartell, 1997

Aus den Chancen, die ihm neue Technologien und Materialien bieten, versucht Antonio Citterio immer, das Optimale zu machen. Weniger wichtig ist ihm, Produkte mit seiner persönlichen Handschrift zu versehen. Bestes Beispiel dafür ist sein 1994 für **Kartell** entworfenes Containersystem *Mobil.* Die aus transluzentem Kunststoff – damals eine aufsehenerregende Neuheit – gefertigten Schubladenelemente auf Rollen sind von strengem, einfachem Zuschnitt und konzentrieren sich ganz auf die neuartige Materialästhetik. Citterio entwarf Wohnleuchten und technisches Licht, Krankenhausbetten, Küchen und, besonders erfolgreich, Büromöbel. Sein mit Glen Oliver Loew entwickeltes System *Ad hoc* für Vitra besteht aus flexiblen Elementen, die sich einer starken Wandlungen unterworfenen Bürowelt perfekt anpassen.

Große Erfolge erzielte er außerdem mit Polstermöbeln, wie 1986 mit dem Sofa *Sity* für **B & B Italia**, das durch die Kombination von traditioneller Sofa- und Chaiselongueform sowie zusätzlichen Kissenelementen die Sehnsucht nach Vertrautheit und Gemütlichkeit »bediente«, dennoch aber ganz auf klare Linien setzte. Innerhalb der italienischen Designer seiner Generation ist Antonio Citterio einer der erfolgreichsten Protagonisten. Von den Auswirkungen des **Nuovo Design** in den 80er Jahren ließ er sich nicht wesentlich beeinflussen. Sein Stil ist eher zeitlos als Zeitgeist, wenn er letzterem auch, wie seine Gestaltung zahlreicher europäischer Esprit-Filialen zeigt, zu einer treffenden Aussage verhelfen kann.

Bürostuhlsystem *AC Program* für Vitra, 1989, mit Glen Oliver Loew

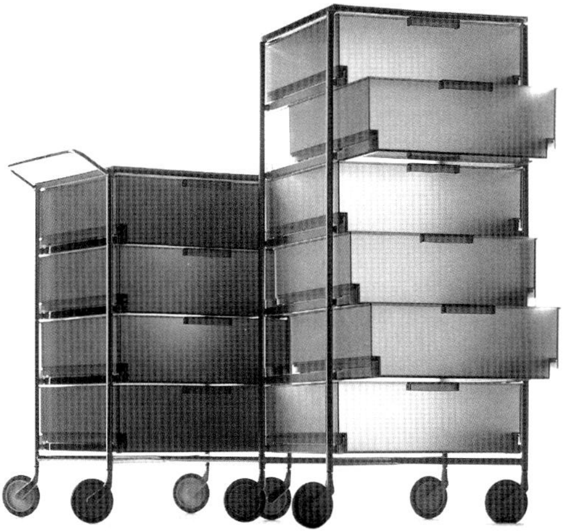

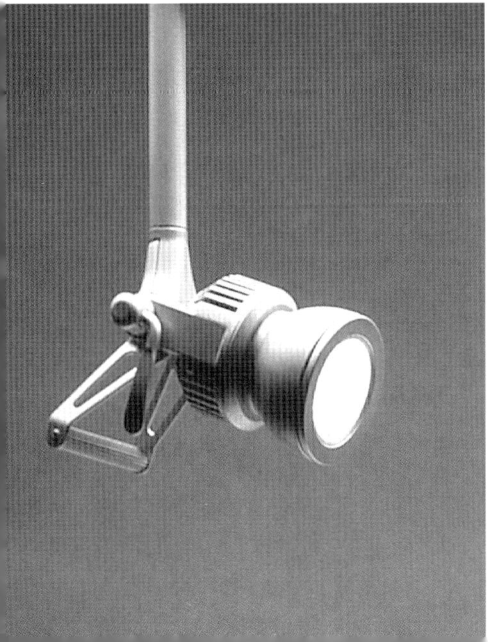

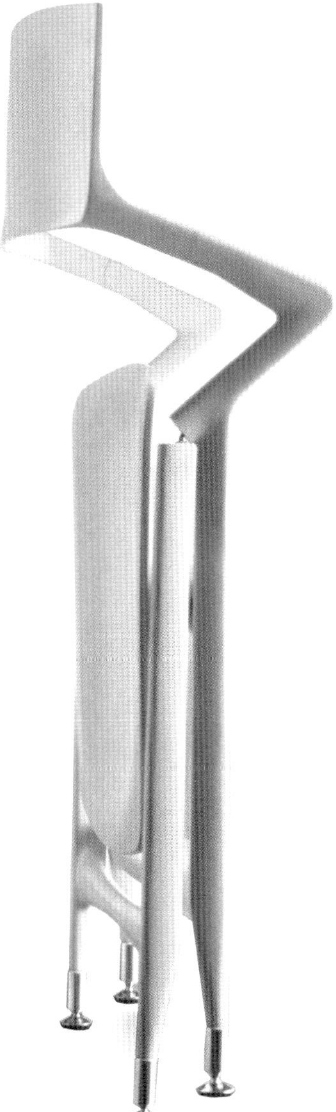

Joe COLOMBO

Möbel- und Leuchtendesigner, Maler und Bildhauer

1930 geboren in Mailand

1951 Tätigkeit als freier Maler und Bildhauer (bis 1955)

1955 Studium an der Kunstakademie Brera (Mailand) abgeschlossen, danach Architekturstudium in Mailand

1962 Designstudio

1967 *Compasso d'oro*

1971 gestorben in Mailand

Für Joe Colombo war der Designer der »creatore dell' ambiente futuro«, der »Schöpfer des Environments der Zukunft«. Jene, die lediglich von Einrichtung, Dekoration oder Möbeln sprachen, schienen ihm rückständig, und die meisten zeitgenössischen Domizile kritisierte er polemisch als »Tempel der Selbstdarstellung«. Dem setzte Colombo seine Visionen und praktischen Arbeiten entgegen, mit denen er die italienische Designentwicklung nur ein Jahrzehnt mitgestaltete, dies aber so nachhaltig, daß er nach seinem frühen Tod im Jahr 1971 zur Legende wurde. Voller Optimismus glaubte er an die verändernde Kraft des Designs und an eine Zivilisation, deren Probleme durch analytische Prozesse und durch Technologie gelöst werden könnten. Der wirtschaftliche Boom der 60er Jahre unterstützte seinen sprühenden Enthusiasmus. Die Ernüchterung allerdings, die durch Ölkrise, Rezession und soziale Probleme in den 70er Jahren folgte, blieb Colombo erspart. Im Lauf der 60er Jahre entwickelte er seine Vorstellung von einer »integralen Ausstattung«, und jeder einzelne

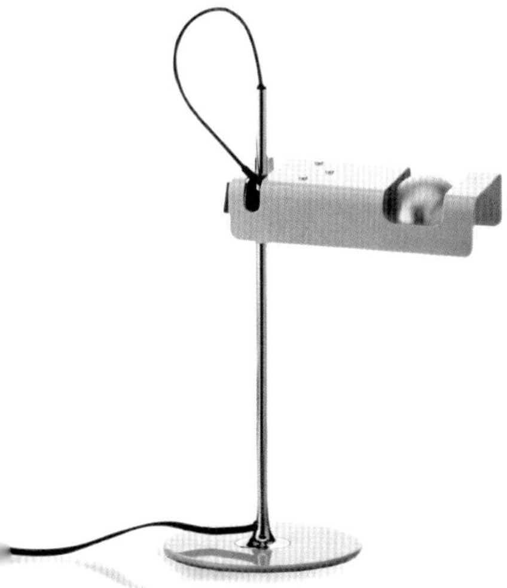

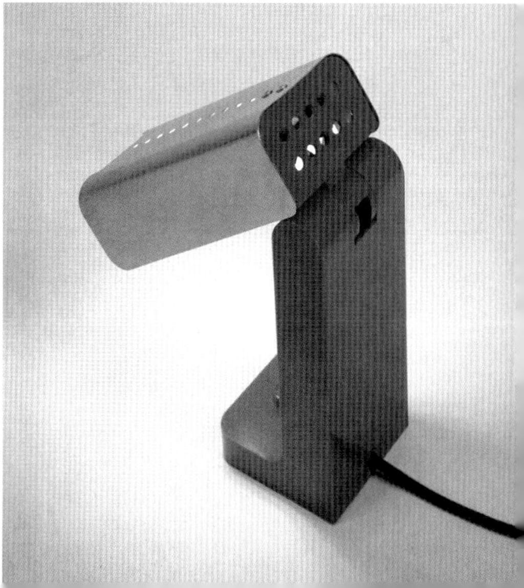

Baustein in seinem Produktuniversum gab ihr Gestalt. Die Neuinterpretation des klassischen Wohnzimmers manifestierte sich bei Colombo in komplexen Lösungen wie in dem 1970 für Rosenthal entwickeltem *Living Center*, bestehend aus Liegen auf Rollen und einem an die Schaltzentrale eines Raumschiffs erinnerndes Ablageelement aus Kunststoff, das gleichzeitig als Tisch, Aufbewahrungsbehälter, Phonomöbel und Bar diente. Das 1964 von **Arflex** produzierte Containerelement *Uomo-Donna* versammelte alle zum Wohnen nötigen Accessoires auf kleinstem Raum: Aschenbecher, Feuerzeug, Pfeifenhalter, Lampe, Bibliothek, Plattenspieler und Regal. Mit seinem rollbaren Monoblock *Carrellone Mini-Kitchen* für **Boffi** von 1963/64, in dem alle notwendigen Geräte bei ökonomischster Platzausnutzung untergebracht werden konnten, erfand er die mobile Küche, und seine Plastikwohnlandschaft, die er 1969 für Bayer entwickelte, war eine science-fiction-inspirierte Designutopie, die das Lebensgefühl einer von Pop Art und Jugendkultur geprägten Generation auf den Punkt brachte. Colom-

Produkte

1963 Monoblockküche *Carellone Mini-Kitchen* für **Boffi**

1963 Sessel *Elda* für Comfort

1964 Modulare Container *Uomo-Donna* für **Arflex**

1965 Leuchte *Spider* für **O Luce**

1966 Kunststoffsessel *4801/5* für **Kartell**

v.l.n.r.

Leuchte *Spider* für O Luce , 1965
Leuchte *Vademecum* für Kartell, 1968
Hocker *580 Birillo* für Zanotta, 1970
Kartentisch *Poker* für Zanotta, 1968

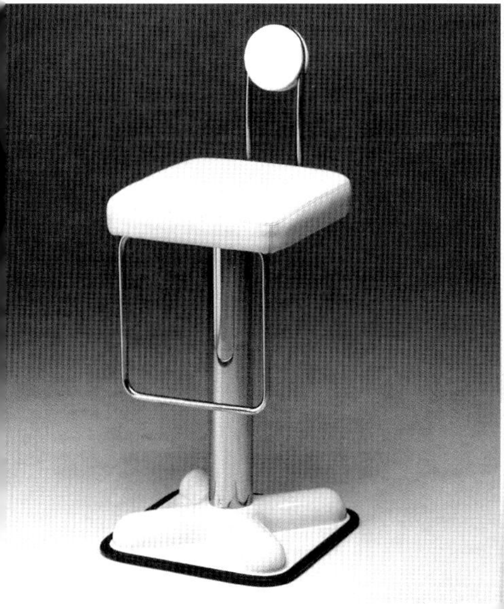

1966 Leuchte *Colombo 281* für O Luce

1967 Polstermöbel *Additional System* für **Sormani**

1968 Kunststoffstuhl *4867* für Kartell; Leuchte *Flash* für O Luce; Kartentisch *Poker* für **Zanotta**

1969 Environment *Visiona 1* für Bayer Leverkusen (Interzum-Messe, Köln)

1970 Wecker *Optic* für Ritz-Italora, später **Alessi**; Wohnraum-Ensemble *Living Center* für Rosenthal Kunststoffcontainer *Boby* für **Bieffeplast**

1971 Environment *Total Furnishing Unit* (Prototyp)

bos Begeisterung für Technologie zeigte sich aber auch im Design von einzelnen industriellen Produkten. 1968 kam **Kartells** stapelbarer Plastikstuhl *4867* auf den Markt. In einem der ersten Vollkunststoffstühle überhaupt lenkte Colombo den Blick auf dessen technischen Herstellungsprozeß. Das Loch in der Rückenlehne kam durch das Herausziehen des Stuhls aus der Form zustande. Seine Hängeleuchte *Onda*, deren Reflektor das Licht gleichzeitig nach unten und oben abstrahlt, hüllt das Objekt in einen mysteriösen Lichtkranz, der ätherisch im Raum schwebt, und seine Tischleuchte *Spider* erinnert an einen kleinen Roboter. Auch Colombos Polstermöbel brachen rigoros mit der Idee von gepflegter, klassischer Wohnkultur. Seine Vorschläge: der lederausgekleidete Sessel *Elda* für Comfort, eine Sitzmaschine auf einem massiven Sockel, und das für Sormani entwickelte *Additional System* (Abb. S. 18), dessen einzelne Module variabel zu Sitzgruppen in verschiedenen Ausdehnungen und Höhen zusammengestellt werden konnten.

Dabei hatte sich der technologiebegeisterte Colombo dem Design vollkommen autodidaktisch angenähert. In den 50er Jahren prägte er als Maler und Bildhauer die Nuclear-Painting-Bewegung mit, bevor er sich 1961 dem Design zuwandte. Geblieben ist seine Liebe zur Zeichnung. Alle dreidimensionalen Designprojekte skizzierte er später minutiös auf dem Papier vor. Er empfand sich dabei weder als Künstler noch als Techniker, sondern als »Epistemologe«.

Wenn auch der ungebrochene Glaube an die Technologie schon seit vielen Jahren vorbei ist: die meisten von Colombos Produkten werden immer noch produziert. Es spricht für sich selbst, daß die Themen, die ihn besonders interessierten – wie Flexibilität und Multifunktionalität – heute weite Teile der Möbelproduktion bestimmen.

Seite 173

l.o. Stapelstuhl *4867* für Kartell, 1968

r.o. Sessel *Elda 1005* für Comfort, 1963

u. Sessel *Tubo* für Flexform prima, 1969

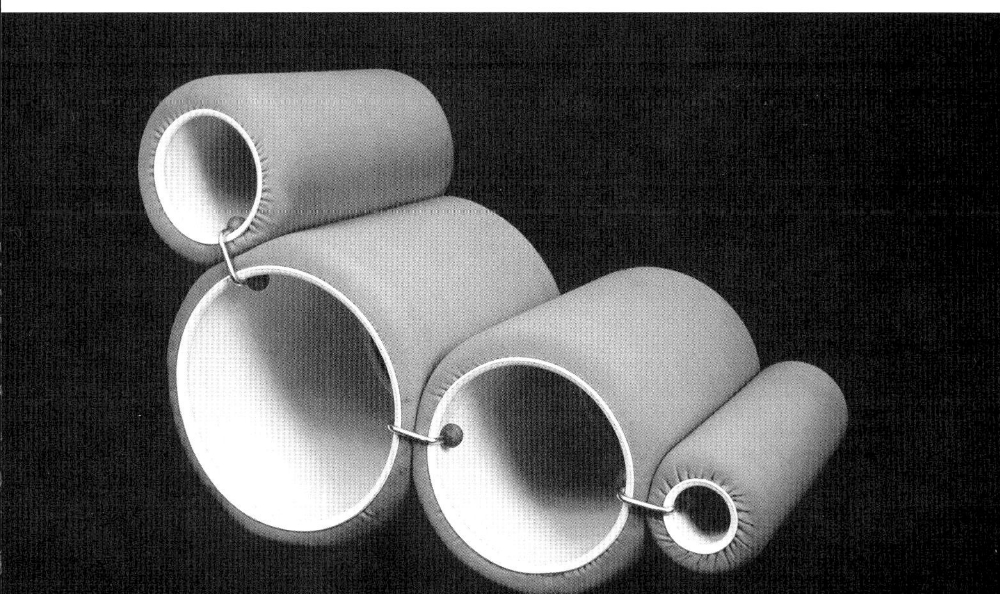

DANESE

Haushaltswarenhersteller

Danese, Divisione di Alias, Grumello del Monte

1957 von Bruno Danese und Jacqueline Vodoz Danese in Mailand gegründet

1994 von **Alias** übernommen

Produkte

1957 Aschenbecher *Cubo*

1958 Stehaschenbecher *Ponza*

1961 Kerzenhalter *Stromboli*
alle von **Bruno Munari**

1964 Aschenbecher *Barbados* von **Angelo Mangiarotti**

1969 Vase *Bambú*

1970 Papierkorb *In attesa*
beide von **Enzo Mari**

1978 Leuchte *Dattilo* von Bruno Munari

1983 Kelchglas *Paro* von **Achille Castiglioni**

1996 Schalen *Antipodi* von **Marco Ferreri**

Als Bruno Danese und Jacqueline Vodoz ihre Firma 1957 gründeten, wollten sie »perfekte« Objekte produzieren. Perfekt ist **Bruno Munaris** Aschenbecher *Cubo,* weil in ihm die Zigaretten vollständig verschwinden und keinen unangenehmen Geruch entfalten. Perfekt auch **Enzo Maris** Papierkorb *In attesa*, den man selten verfehlt, weil er sich dem Benutzer entgegenlehnt. In Munari und Mari fanden die Daneses kongeniale Gestalter. Sie und später auch **Achille Castiglioni,** Kuno Prey und **Angelo Mangiarotti** entwickelten eine jedem Material gegenüber aufgeschlossene »Industriekunst«, der heute zeitlose Gültigkeit zugesprochen wird. Maris Tischkalender, Vasen (Abb. S. 47), sein Brieföffner *Giglio* (eine einfache Metallschlaufe), Munaris Strumpfgewebeleuchte *Falkland* oder auch Kuno Preys Betontischuhr *Tino* sind derart einfache Erfindungen, daß man sich unwillkürlich fragt, warum vorher noch niemand darauf gekommen ist, sie gerade so zu entwerfen. Außer Objekten produzierte Danese, bevor **Alias** das Unternehmen 1994 übernahm, auch Kunsteditionen, darunter Munaris 1959 entworfene *Reiseskulptur* und seine *Luftmaschine,* sowie seine animativen Kinderspiele.

Heute denken junge Designer wie **Marco Ferreri** (Abb. S. 28), Alfredo Häberli und Christophe Marchand die Danese-Philosophie mit neuen Formen und Materialien weiter.

Betonuhr *Milo Tino* von Kuno Prey, 1986

Seite 175

Leuchte *Falkland* von Bruno Munari, 1964

Kalender *Formosa* von Enzo Mari, 1962

Vase *Marmo H* von Enzo Mari, 1964

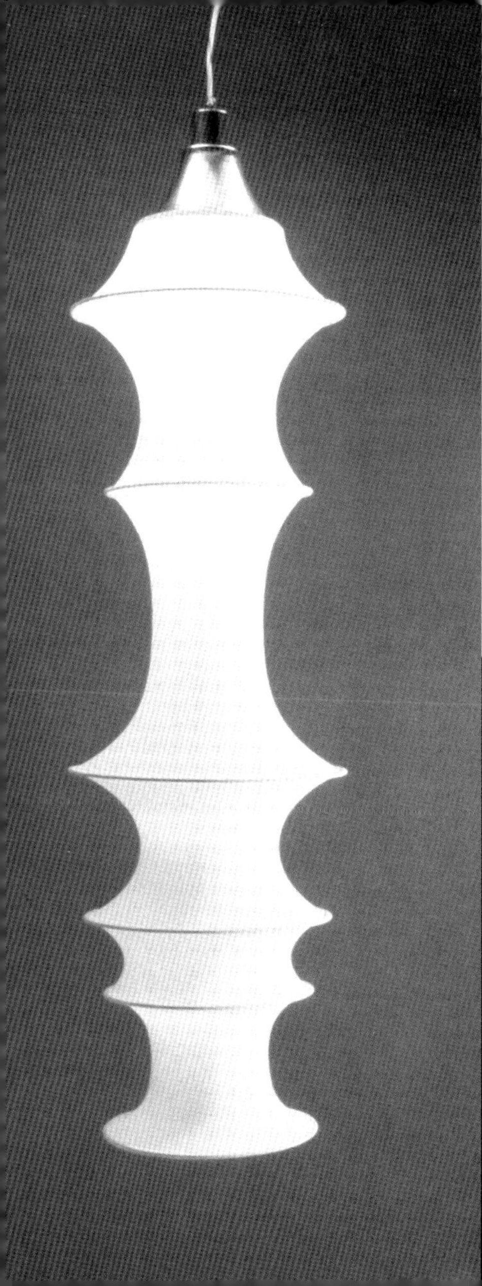

18
IX
SET
TEM
BRE
DOM

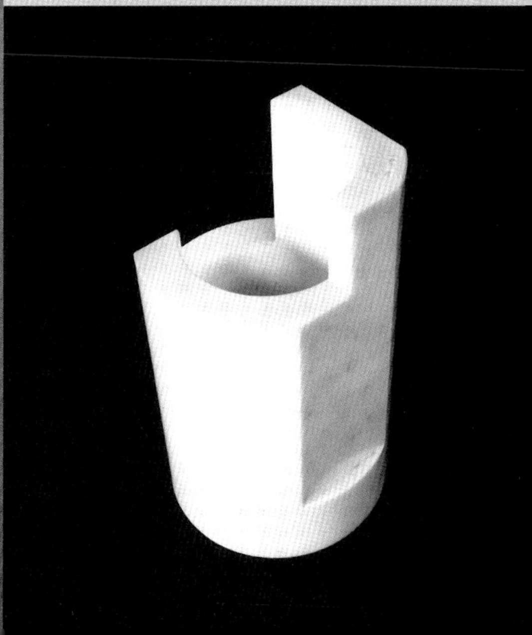

Michele DE LUCCHI

Architekt, Industrie- und Möbeldesigner

1951 geboren in Ferrara
1973 Gründung der Gruppe *Cavart* (bis 1976); experimentelle Architekturprojekte
1975 Architekturstudium in Florenz abgeschlossen
1978 Mitglied bei **Alchimia**
1979 Designberater bei **Olivetti**
1981 Gründungsmitglied von **Memphis**
1988 Gründung Studio De Lucchi
1992 Chefdesigner bei Olivetti
1998 Gründung Studio aDML mit Angelo Micheli

Vom **Anti-Designer** zum modernen Designunternehmer: Als napoleonischer General verkleidet, hielt der junge Student Michele De Lucchi 1973 mit einem Plastiksack voller Produkte Wache vor der Mailänder **Triennale** und protestierte damit gegen das Designestablishment. Bald darauf entwarf er für **Alchimia** und **Memphis** Möbel, Wohnaccessoires und Laminate, die rigoros mit dem Funktionalismuskonzept brachen. Bei seinem Stuhl *First* von 1983 etwa sind Arm- und Rückenlehne in Form von Kugeln und einer leuchtend blauen Scheibe in einem gebogenen Reif lediglich angedeutet – Details, die klassische Konstruktionselemente eines Stuhls neu hinterfragten. Memphis löste sich 1988 auf, doch geblieben ist, so De Lucchi, eine »neue Vorstellung vom Wertvollen«, die »im Bewußtsein aller heute tätigen Designer verankert ist«. Die Vorstellung vom Wertvollen setzte er selbst fortan in der Entwicklung von industriellen Produkten um. Seine Schreibtischleuchte *Tolomeo* von 1987 für **Artemide,** ein Bestseller, kehrte mit ihrer matten Aluminiumkonstruktion zu einer funk-

tionalen, eleganten Form zurück. Bereits 1979 hatte **Olivetti** den jungen Rebellen als Designberater engagiert; seit 1992 ist er dort Chef der Designabteilung und entwirft Computer und andere elektronische Geräte. Mit der Eröffnung des Studios De Lucchi 1988, das er gemeinsam mit Angelo Micheli und Nicholas Bewick gründete, kamen neue Schwerpunkte und große, internationale Dienstleistungsunternehmen als Kunden hinzu. Es entwickelte u.a. ein neues Shopsystem für **Mandarina Duck**, Filialen für die Deutsche Bank, bei denen die Piazza als sozialer Kommunikationsraum Pate stand, und das wegweisende, servicebetonte Reisezentrum für die Deutsche Bahn in Frankfurt. Daneben realisierte De Lucchi seit 1987 mehrere Architekturprojekte in Japan und Europa.

Seiner eigenen Philosophie zufolge legt er den Schwerpunkt auf Teamwork, Einfachheit, Funktionalität und Verbraucherbedürfnisse. Mit diesen Maximen wurde sein Studio zu einem der erfolgreichsten und modernsten Designbüros in Europa.

Produkte

1981 Leuchte *Oceanic*; Sofa *Lido* beide für Memphis

1987 Schreibtischleuchte *Tolomeo* für **Artemide** mit Giancarlo Fassina

1988 Schreibtischsetserie aus Kunststoff für **Kartell**

1993 Filialen der Deutschen Bank

1995 Fax *OFX 1000*, Laptop *Echos 20* beide für Olivetti; Shopsystem für **Mandarina Duck** mit Geert Koster, **Mario Trimarchi** und Paolo De Lucchi

v.l.n.r.

Reisezentrum Deutsche Bahn Frankfurt, 1997, mit N. Bewick

Stuhl *First* für Memphis, 1983

Leuchte *Tre Forchette*, 1997

Faxgerät *OFX 1000* für Olivetti, 1994

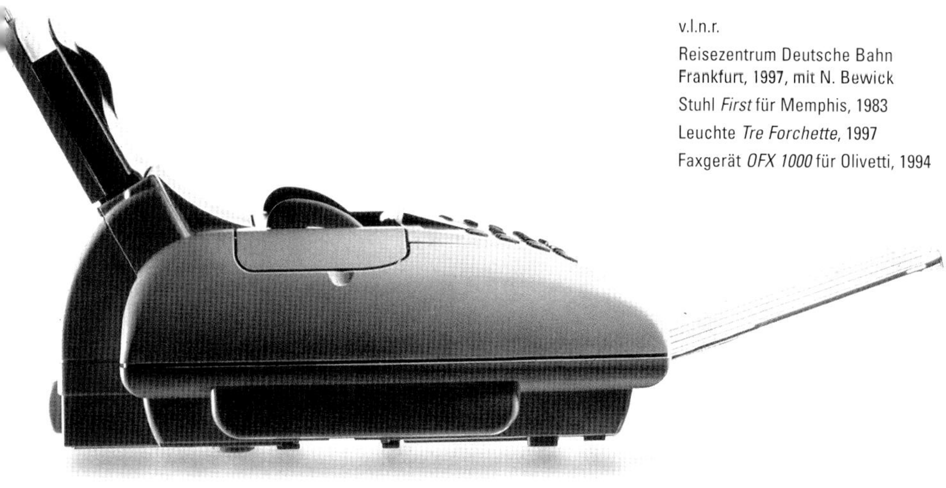

DE PADOVA

Möbelhersteller

De Padova srl, Mailand

1958 von Maddalena und Fernando De Padova für Möbelimport gegründet

Produkte

1983 Kollektion *De Padova Edizioni*

1988 Sofa *Raffles*

1993 Sessel mit Pouf *Lousiana*

1997 Sofa *Safran*

alle von **Vico Magistretti**

Tisch *Scrittarello*
von Achille Castiglioni, 1996

Stuhl *Silver*
von Vico Magistretti, 1989

Maddalena De Padova hat eine Vorliebe für Essentialität und Strenge, wie sie sie im Haus von Charles und Ray Eames in Kalifornien fand oder auch im skandinavischen Design, dessen Klarheit sie schon früh begeisterte. So war es nur folgerichtig, daß sie 1958, gemeinsam mit ihrem Mann, ein Unternehmen gründete, das sich auf den Import von Herman-Miller-Möbeln und skandinavischen Produkten konzentrierte. Mitte der 80er Jahre entstand ihre erste eigene Kollektion, die *De Padova Edizioni.* Ihr Claim »è De Padova« (»es ist De Padova«) steht für einen klassisch-zeitlosen Stil: unprätentiös im verwendeten Formenvokabular, hochwertig in der Verwendung edler Hölzer, Metalle und Textilien. Modelle wie **Vico Magistrettis** Sofas *Raffles* und *Safran,* sein opulenter Ruhesessel *Louisiana* mit Pouf, sein Aluminiumstuhl *Silver* oder **Achille Castiglionis** Schreibtisch *Scrittarello* haben diese Philosophie mit Leben erfüllt. Reeditionen amerikanischer Shaker-Möbel sowie Geschirr, Vasen und Teppiche von Maddalena De Padova ergänzen das Sortiment.

DE PAS / D'URBINO / LOMAZZI

Architekten und Designer

»Veteranen des Pop« nannte sie 1997 eine deutsche Designzeitschrift. Obwohl das Studio DDL seit 30 Jahren (De Pas starb 1991, seitdem führen D'Urbino und Lomazzi ihr Studio zu zweit weiter) die Designszene Italiens lebhaft mitgestaltet, sind es vor allem zwei Produkte, durch die die damals jungen Designer schlagartig berühmt wurden. Mit dem aufblasbaren PVC-Sessel *Blow* von 1967, produziert von **Zanotta**, zog die Popkultur in die Haushalte und das sogenannte **Anti**- oder **Radical Design** in die Wahrnehmung der Menschen ein. Die Zeitschrift *Casabella* schrieb 1974 in ihrem Rückblick auf diese Bewegung, daß *Blow* »das erste italienische aufblasbare Designobjekt, das außerhalb streng elitärer Kreise verbreitet wurde«, gewesen sei. Allein in den USA wurden Zehntausende der fröhlichen Inflatables zu einem Preis von etwa zehn Dollar abgesetzt. Das Designertrio knüpfte an den spektakulären Erfolg von *Blow* mit seinem Ledersessel *Joe* (Abb. S. 46), 1970 von **Poltronova** hergestellt, an. Er hatte die Form eines überdimensionalen Baseballhandschuhs und war

1966 Zusammenarbeit in Architektur, Stadtplanung und Design

1979 *Compasso d'oro*

Produkte

1967 Aufblasbarer Sessel *Blow* für **Zanotta** mit Carla Scolari

1970 Handschuh-Sessel *Joe* für **Poltronova**; Serie aufblasbarer häuslicher Elemente für den Italienischen Pavillon der *Expo* in Osaka

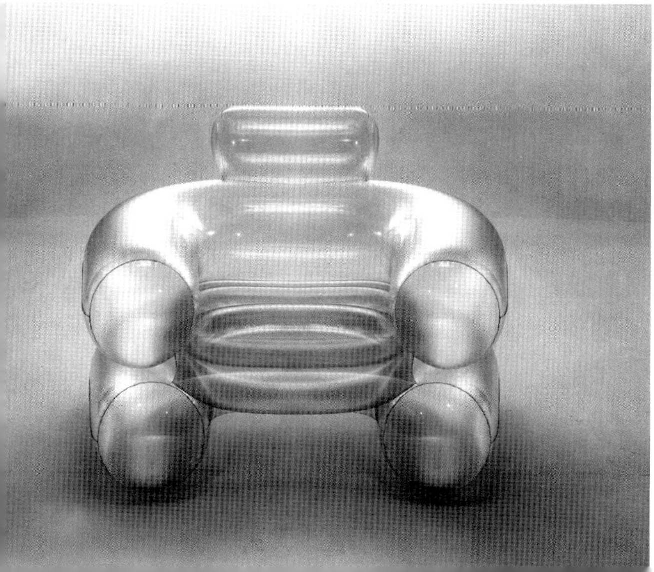

Sessel *Blow* für Zanotta 1967

als Hommage an den Baseballspieler Joe Di Maggio gedacht. Beide Sitzmöbel brachen mit konventionellen Vorstellungen von Sitzen und Wohnen und luden, ganz im Trend der Zeit, zum Sitzen allein, zu zweit oder auch zum Lümmeln ein. Ein ähnlich großer Erfolg wurde dem Kleiderständer *Sciangai* zuteil, bei dem acht Holzstäbe mittels eines Gelenks in der Mitte zusammengehalten werden und der dadurch wie ein zusammengesteller Haufen Eßstäbchen aussieht.

Bis heute lassen sich D'Urbino und Lomazzi von den vermeintlich verbindlichen Gesetzen des Marktes nicht sonderlich irritieren. Mit dem drehbaren Hocker *Giotto* von 1976 schufen sie ein bescheidenes, aber wunderbar funktionierendes Produkt, mit dem Sofa *Onda* aus schwarzem Leder und Stahl Mitte der 80er Jahre eine humorvolle Abwandlung des Le-Corbusier-Vorbilds, und ihre Garderoben, Sessel und Tische für Zerodisegno aus den 90er Jahren sind verschmitzte und durchdachte Entwürfe, die das Leben erleichtern.

1973 Sesselbett *Flap* für **B&B Italia**; Kleiderständer *Sciangai*
1975 Hocker *Giotto* beide für Zanotta
1985 Kerzenleuchter für das Jerusalem Museum
1990 Regal *Abracadabra*
1997 Kunststoffstuhl *Bikini* für Zerodisegno; Schranksystem *Silverghost* beide für Zerodisegno

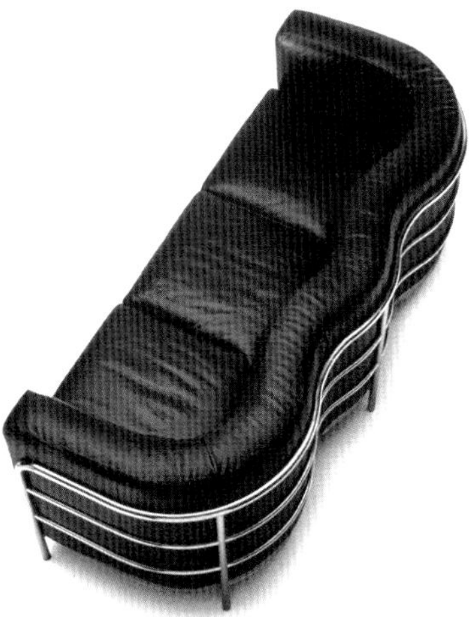

Sofa *Onda* für Zanotta, 1985

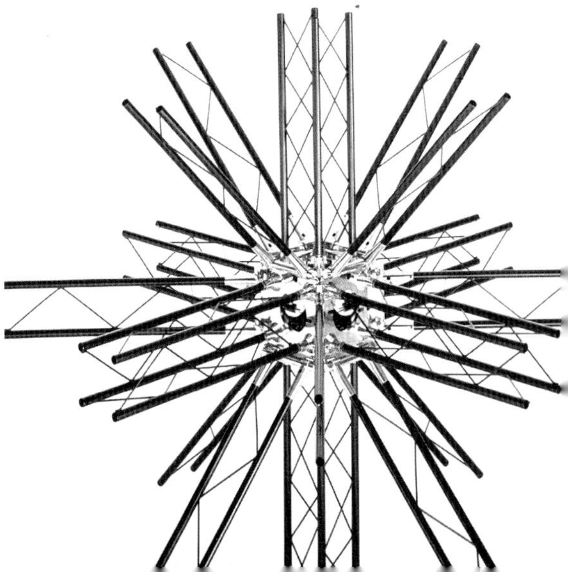

Trägersystem *Zerone* für Quattrocchio, 1988

Paolo DEGANELLO

Architekt, Möbeldesigner und Publizist

In einer 1997 in Barcelona gehaltenen Rede hat Paolo Deganello davon abgeraten, sich dem alles diktierenden Markt unterzuordnen. Er plädierte für langlebige Kleinserienprodukte, geeignet für Nischenmärkte. Als Mitbegründer der Gruppe **Archizoom** hat Deganello seine Wurzeln im **Radical Design** der 60er Jahre. Bis heute verbindet er seine gesamte praktische Arbeit mit theoretischen Stellungnahmen zu Fragen des aktuellen Designs und dessen sozialer Funktion. Als er 1973 sein bekanntestes Möbel, den Sessel *AEO* für **Cassina**, entwarf, kombinierte er Metall, bescheidenen Baumwollstoff und Plastik. Die ungewöhnliche Form bot eine unprätentiöse Alternative zum »schönen« Polstermöbel, aber auch zum rohen **Anti-Design**. Für Cassina entwarf er später auch das bewußt nicht-repräsentative Sofa *Torso.* Außerdem arbeitete er mit **Driade** und **Zanotta** zusammen. Für letzteren Hersteller gestaltete er den Leder- und Korbstuhl *Regina* mit eigentümlich organisch geformter Rückenlehne – sicher nichts für den breiten Markt, aber ein eigenwilliges Objekt für Liebhaber.

1940 geboren in Este

1966 Architekturstudium in Florenz abgeschlossen; Mitgründer von **Archizoom**

1991 Dozent am Isia (Istituto Superiore Statale di Disegno Industriale), Florenz

Produkte

1973 Sessel *AEO* für **Cassina**

1981 Sofa *Squash* für **Driade**

1982 Sofa *Torso* für Cassina

1987 *Documenta Chair* für Vitra Edition

1991 Leder- und Korbstuhl *Regina* für **Zanotta**

Stuhl *Regina* für Zanotta, 1991

Documenta Chair für Vitra Edition, 1987

DESIGN GROUP ITALIA

Industriedesignstudio

1968 gegründet in Mailand, geführt von Marco Del Corno, Edgardo Angelini, Ross De Salvo, Sigurdur Thorsteinsson

1979 *Compasso d'oro* (auch 1991)

Produkte

1976 *Tratto Pen* für Fila

1989 Corporate Identity für ABB Schaltanlagentechnik

1991 Kindersturzhelm *Freak* für Uvex

1997 Zahnbürste *Tecnic Advance* für Elida Gibbs / Unilever

Design Group Italia ist eines der aktivsten großen Studios für Industriedesign in Italien. Seine internationalen Kunden kommen in den Genuß von präzise organisiertem Full Service: von Produkt- über Grafik- bis zu Interfacedesign und Trendanalysen. Das Studio entwickelte profane Stromschalttafeln für ABB, die ihre Funktionsweise »selbst« erklären, bedienerfreundliche pharmazeutische Geräte wie den Asthmainhalator *Jet* und einen Antibabypillenbehälter, funktionale Schreibgeräte (die preisgekrönten Stifte *Tratto Clip* und *Tratto Pen* für Fila), Haushaltswaren, darunter das Bügelbrett *Amleto,* das zusammengeklappt zum zurückhaltenden Möbelstück wird, außerdem futuristische Rennsättel, Sturzhelme und Sonnenbrillen. Formale Vielseitigkeit ist dabei Konzept. Setzen die Designer bei der Sitzfläche des Barhockers *Lyra* für Magis durch ein auffälliges Detail, einen ausgefrästen Halbkreis, auf einen kalkulierten ornamentalen Effekt, glänzt das funktionale Standardtelefon für **Italtel** gerade durch die Vermeidung eines jeglichen dekorativen Elements.

Barhocker *Lyra* für Magis, 1994
Standardtelefon für Italtel, 1979

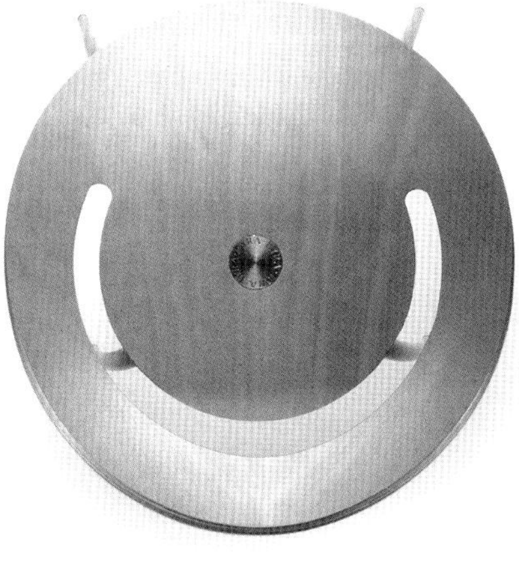

Rodolfo DORDONI

Architekt, Möbel- und Leuchtendesigner

Nach Rodolfo Dordoni ist das Design in der Lage, unseren Gemütszustand zu beeinflussen. Und das tut er mit seinen sanften, klaren Entwürfen, bei denen stets eine ausgeprägte Liebe zum Detail sichtbar wird und die im wahrsten Sinne des Wortes »freundlich« in ihrer Handhabung sind. Wie z.B. das praktische Tischsystem Fermo für **Driade** (*Atlantide*), für das er preiswerte Standardbeine und beliebig formatierbare Tischplatten aus MDF eingesetzt hat. Seine Tischleuchte *Paco* für **Arteluce**, bei der die Lichtquelle von einem plastisch strukturierten, farbigen Polycarbonatschirm umgeben ist, bietet als Clou einen fluoreszierenden Zugschalter, der auch im Dunkeln leicht gefunden wird. Mit seiner Tischleuchte *Milo* für **Artemide** legte er einen ähnlich funktionierenden Entwurf vor. Für Dordoni ist die Frage »Für wen und warum?« die entscheidende. Er gehört zu einer mittleren bis jüngeren Designergeneration, die paßgenaue Lösungen u.a. für **Cappellini**, **Fontana Arte**, Minotti und **Moroso** entwirft, aber auch Showrooms wie den für **Dolce & Gabbana** in Mailand.

1954 geboren in Mailand

1979 Architekturstudium in Mailand abgeschlossen

Produkte

1986 Sofasystem *Cuba* für **Cappellini**

1992 Sessel *Arianna* für **Driade**; Sofa *Hall* für Driade

1995 Tisch *Fermo* für *Atlantide*

1998 Sitzsystem *Braque*, *Delaunay*, *Leger*, *Villon*, *Duchamp* und *Gris* für Minotti

Tischleuchte *Orione* für Artemide, 1992

Sessel *Delaunay* für Minotti, 1998

DRIADE

Möbelhersteller

Driade s.p.a, Fossadello di Caorso (Piacenza)

1968 in Piacenza gegründet

1981 *Compasso d'oro*

1996 erste Ausgabe der Zeitschrift *Driade Edizioni*

Produkte

1968 System *Driade* von **Antonia Astori**

1970 Sessel *Melaina* von **Rodolfo Bonetto;** Sessel *Febo* von **Giotto Stoppino**

1972 System *Oikos I*

1980 System *Oikos II*
beide von Antonia Astori

1982 Sessel *Sancarlo* von **Achille Castiglioni**

1985 Serie *Ubik* von Philippe Starck

1993 System *Pantos* von Antonia Astori

Seite 185

Stuhl *Delfina* von Enzo Mari, 1974

Tische *Fermo* von Rodolfo Dordoni (*Atlantide*),1995

System *Oikos* von Antonia Astori, 1972/1980

Am Anfang war das Image: Als das junge Möbelunternehmen Driade 1968 erstmals auf der Mailänder Möbelmesse auftrat, war es vor allem das von Adelaide Acerbi entwickelte seltsame, von der Op-Art-Bewegung inspirierte Firmenzeichen, das die Aufmerksamkeit der Besucher erregte. Bis heute ist der Name Driade ein Synonym für eine aufsehenerregende Werbepolitik, die jede neue Produktlinie sorgfältig begleitet und sogar die Herausgabe einer eigenen Zeitschrift (*Driade Edizioni*) einschließt. Von Anfang an schien das Inhaberteam Enrico und **Antonia Astori** und Adelaide Acerbi mit einem besonderen Spürsinn für kommende Trends ausgestattet zu sein. Zuerst trat Driade mit den bahnbrechenden modularen Systemlösungen Antonia Astoris, insbesondere mit dem System *Oikos,* in Erscheinung und konzentrierte sich außerdem auf die Produktion von futuristischen Kunststoffmöbeln wie **Rodolfo Bonettos** rundlichem Monoblocksessel *Melaine* und **Enzo Maris** filigranem Stuhl *Delfino.* In den 80er Jahren entstand unter dem Einfluß von **Memphis** die designgeschichtlich legendär gewordene Kollektion *Aleph* (1984), für die u.a. Philippe Starck seinen dreibeinigen Caféhausstuhl *Costes* entwarf. Die Accessoireserie *Follies* prägte Borek Sipek durch seine neobarocken, schwülstigen Gefäße. Den Trend zur neuen Bescheidenheit der 90er Jahre beantwortete Driade mit der Kollektion *Atlantide* (1995), die sich an ein junges, preisbewußtes Publikum richtet und für die jüngere Designer wie **Marco Romanelli**, **Rodolfo Dordoni** oder Konstantin Grcic schlichte Produkte entwerfen.

Stuhl *Lord Yo*, Philippe Starck, 1994

Sessel *Duecavalli* von De Pas/D'Urbino/Lomazzi, 1969/1995

EDRA MAZZEI

Möbelhersteller

Angeblich war Madonna von dem leuchtend roten, spiralförmigen Sofa *Tatlin* so angetan, daß sie es gleich gekauft hat. Entworfen haben es Mario Cananzi und **Roberto Semprini**, produziert wird es von Edra Mazzei. Formale Bescheidenheit ist deren Sache nicht, wohl aber Humor und optische Irritation. Nicht umsonst treten Edras Möbel als selbständige Akteure in Filmen wie *Wittgenstein*, *Star Trek* und *Così fan tutte* auf. Die meisten Sitzmöbel und Schränke des toskanischen Herstellers sind legitime Nachfahren der frühen Popmöbel: Eyecatcher, die jeden Raum, in dem sie stehen, beherrschen. Wie die Blumenmöbel Masanori Umedas, dessen *Rose Chair* fast schöner als die Blüte selbst ist, oder wie **Massimo Morozzis** Schranksystem *Paesaggi italiani*, das durch seine endlose Erweiterbarkeit eines einzigen quadratischen Moduls zum unbefangenen Kombinieren à la Lego einlädt.

Die Namen der Möbel sind ironisch – wie bei **Francesco Binfarés** variablem Polstermöbel *L'homme et la femme* –, die Titel der Präsentationen seltsam – wie *Sex for Angels* 1996 in Köln – und die von Art Director Massimo Morozzi veranwortete Kommunikation schrill. Das alles, weil Edra glaubt, »daß das Publikum nicht nur nach einem passend und würdig eingerichteten Haus verlangt, sondern einen dynamischen, lebendigen, sinnlichen und glücklichen Wohnraum will«.

Edra spa, Perignano (PI)

1987 gegründet in Perignano

Produkte

1988 Polstermöbel *Wawy* von Zaha Hadid

1989 Sofa *Tatlin* von Mario Cananzi, Roberto Semprini

1990 Sesselserie *Fiori*, u.a. *Rose Chair* von Masanori Umeda

1991 Sofa *Topolone* von **Massimo Morozzi**

1993 Sofa *L'homme et la femme* von **Francesco Binfaré**

1994 Polstermöbel *Island* von **Alessandro Mendini**

1996 Schranksystem *Paesaggi italiani*; Möbel und Bücherregal *Kasimir* beide von Massimo Morozzi

Sofa *Nuovo Domino* von Massimo Morozzi, 1985/1998

Seite 187
l.o. Sessel *Rose Chair*, 1990
r.o. Sessel *Getsuen*, 1990
beide von Masanori Umeda
u. Stuhl *Vermelha* von Fernando und Humberto Campagna, 1993/1998

Salvatore FERRAGAMO

Taschen- und Accessoiredesigner; heute Modeunternehmen

1889 Salvatore Ferragamo geboren in Bonito (bei Neapel)
1914 in die USA ausgewandert (1927 zurückgekehrt)
1937 Ankauf des Palazzo Spini Feroni in Florenz
1960 Salvatore Ferragamo stirbt; Kinder führen die Firma weiter
1995 Eröffnung des Ferragamo-Museums in Florenz
1996 Salvatore Ferragamo kauft die Firma Emanuel Ungaro
1997 Joint-Venture mit Bulgari (Kosmetik- und Parfümprodukte)

Die Geschichte Salvatore Ferragamos ist die italienische Version des amerikanischen Traums. Als elftes von 14 Kindern in einem kleinen, armen Dorf in der Nähe Neapels geboren, verließ der kleine Salvatore schon mit neun Jahren die Schule. Er wußte nur, daß er Schuhmacher werden wollte. Nach ersten Lehrjahren in Süditalien versuchte er 1914 sein Glück in Amerika. Dort erlebte das Kino seine erste Blüte und fragte bei Ferragamo Cowboystiefel, ägyptische Sandalen und elegante Pumps für Diven wie Gloria Swanson und Joan Crawford an, die seine Schuhe bald auch außerhalb des Sets trugen. Kurz vor großen Weltwirtschaftskrise kehrte Ferragamo nach Italien zurück und etablierte sich in Florenz. Daß Not erfinderisch macht, konnte er unter Beweis stellen, als der Völkerbund 1936 Sanktionen gegen das Mussolini-Regime verhängte und die Rohstoffe knapp wurden. Statt Leder verwandte Ferragamo nun dünne Metallfäden, Holz, transparente Kunststoffe, Filz und den typisch florentinischen Raffiabast. Die sorgsame Handarbeit und die ungewöhnlichen Materialien, z.B. seine mit Metall verstärkten hohen Absätze, wurden Ferragamos Markenzeichen. Extravagante Modelle wie die unsichtbare Sandalette von 1947 machten ihn zum Mythos in der Schuhwelt. In den 50er Jahren stapelten sich in seinem Atelier die Holzmodelle der Füße von Greta Garbo, Sophia Loren, Audrey Hepburn und der ganzen prominenten Welt. Heute führen Ferragamos Kinder das Unternehmen und haben die Kollektion um Taschen, Lederaccessoires, Krawatten und Foulards erweitert.

Seite 189
o. Pumps, 1962
u. Sandale *Calipso*, 1956, und Pumps, 1934

Schuh, 1941
Oberleder aus Zellophanschnüren

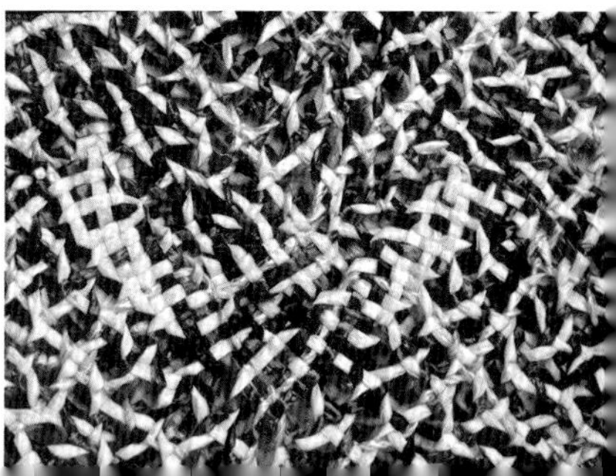

FERRARI

Automobilhersteller

Ferrari (heute Fiat spa), Turin

1947 von Enzo Ferrari in Modena gegründet

1969 50% der Firmenanteile gehen an **Fiat**

1988 auf 90% erhöht

Modelle

1947 Typ *125*

1953 *212 Inter*

1958 *250 GT Coupé*

1959 *Testarossa 250*

1960 *250 GT SWB*

1962 *250 GTO*

1967 *Dino 206 GT*

1968 *365 GTB/4 Daytona*

1975 *308 GTB*

1984 *Testarossa*

1987 *F 40 Berlinetta*

Zwei Merkmale haben sich unauslöschlich mit dem Unternehmen aus Maranello verbunden: das klassische Ferrari-Rot und der charakteristische Kühlergrill mit dem sich aufbäumenden Pferd. Vater der Marke, die nach dem Zweiten Weltkrieg hervortrat und bis heute über 5.000 Rennsiege errang, war Firmengründer Enzo Ferrari, selbst ein ehemaliger Rennfahrer. Gleich das erste Modell, der elegante Zwölfzylinder-Ferrari *125* von 1946, wurde zum Maßstab für den weiteren Sportwagenbau. Er verfügte schon über die »eingebaute Erotik«, mit der sich später Serienhelden wie Tom Selleck alias Magnum schmückten (der einen *308 GTB* fuhr, das erfolgreichste Ferrari-Modell aller Zeiten). Ferrari profilierte sich in erster Linie über seine Motoren und seinen Rennstall. Eingekleidet wurden fast alle der technischen Wunderwerke von **Pininfarina**, der Tempo, Sportlichkeit und Exklusivität in fließende Linien und scharf konturierte Details übersetzte. Waren die Formen in den 50er und 60er Jahren rund und organisch – so beim *250 GT SWB* (Abb. S. 42/43) und dem *250 GTO*, auch als »Phallus auf Rädern« bezeichnet, und beim *365 GTB/4 »Daytona«*, wurden sie in den 70er Jahren, wie beim *308 GTB*, eckiger. Der protzige *Testarossa* gilt als einzige geschmackliche Entgleisung – er steht heute als Sinnbild für die überladenen 80er Jahre.

Ferrari *250 GT*, 1963

Seite 191
o. Ferrari *Mythos*, 1989
u. Ferrari *328 GTB*, 1985
alle von Pininfarina

Gianfranco FERRÉ

Modedesigner

Ein Italiener im französischen Modeheiligtum – die Berufung Ferrés zum künstlerischen Leiter des Hauses Dior im Jahr 1989 sorgte in der Modeszene für Aufregung. Aller Kritik zum Trotz konnte er aber beweisen, daß seine Ideen mit der Tradition Diors eine stimmige Synthese bildeten, wofür er auf Anhieb mit dem *Goldenen Fingerhut*, dem französischen Mode-Oscar, belohnt wurde. Seine erotisch-eleganten Roben sind durch die ferré-typische Mischung aus Nüchternheit und mediterranem Lebensgefühl gekennzeichnet. Mit einem abgeschlossenen Architekturstudium am Mailänder Polytechnikum enthält Ferrés Lebenslauf einen für italienische Möbeldesigner typischen, für Modedesigner jedoch seltenen Eintrag. Anfang der 70er Jahre hatte er sich zunächst dem Entwurf von Accessoires gewidmet, bevor er ab 1974 Kollektionen für Baila schuf. 1978 führte er sein eigenes Label ein, acht Jahre später gelang es ihm mit der *Ferré-Couture-Kollektion*, die er später zugunsten seiner Tätigkeit bei Dior aufgab, einen Sitz im Oberhaus der Modewelt zu erringen.

1944 geboren in Legnano bei Mailand

1969 Architekturstudium in Mailand abgeschlossen

1978 Gründung der Firma Gianfranco Ferré mit Franco Mattiolo

1985 *Cutty Sark Men's Fashion Award*

1989 künstlerischer Leiter von Christian Dior, Paris (bis 1996); *Goldener Fingerhut*

Produkte

1984 Parfum *Gianfranco Ferré*

1986 Herrenduft *Gianfranco Ferré*; Haute Couture für Damen

1987 *Studio 000.1 by Ferré*

1993 *Pitti Immagine Uomo*

1990 Europäische Auszeichnung *Lorenzo il Magnifico*, Florenz

1991 *Ferré by Ferré*, zweites Damenparfum

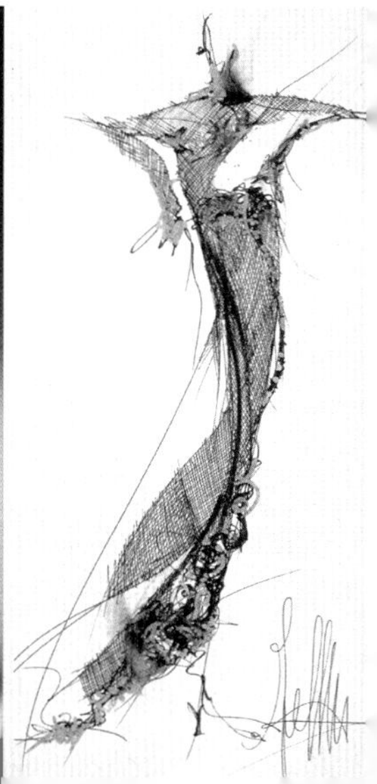

Modell aus der Kollektion 1992/1993

Zeichnung aus der Kollektion 1998/1999

Marco FERRERI

Architekt, Möbel-, Accessoire- und Leuchtendesigner

Preisbewußtsein und die Erforschung neuer Technologien und Werkstoffe nehmen einen wichtigen Stellenwert in Marco Ferreris Designansatz ein. »Material interessiert mich, seine extremen Grenzen«, und immer gehe es darum, »etwas hervorzubringen, das dem Material und/oder dem Konstruktionsprozeß bereits innewohnt«. Wie bei den Kunststoffschüsseln *Antipodi* für **Danese** (Abb. S. 28) aus transluzentem Kunststoff, deren Ausbuchtungen vollkommen natürlich, wie gewachsen wirken, oder beim Stuhl *Less* für Nemo aus der bezeichnenderweise *Less Is More* betitelten Möbelreihe. Hier experimentierte er mit Softwood, einem Verbundmaterial aus Sperrholz und Gewebe. Setzt man sich auf den hart aussehenden Holzstuhl, wird man angenehm von dessen Weichheit überrascht. Dünnes Holz ist wie ein Bezugsstoff über eine federnde Schicht gezogen, die den Effekt eines Kissens hat. Als einer der vielseitigsten jungen Designer Italiens entwirft Ferreri außerdem Badezimmereinrichtungen, Armaturen oder auch Behälter wie die *Roll-Box* zum Abtransport von Gartenmüll.

1958 geboren in Imperia

1981 Architekturstudium in Mailand abgeschlossen

1984 Studio

Produkte

1990 Leuchte *Zan-Zo* für **Fontana Arte**

1993 Stapelstuhl *Less*, Hocker *Is*, Tisch *More* für Nemo/BPA International

1994 Kissen *Libro letto* für Interflex mit **Bruno Munari**; Schlüsselbund *O'Key* für Robots; Badarmaturen *O* für **Agape**

1996 Schalen *Antipodi* für **Danese**

1997 Sofa *Flirt* für Adele C.

Schüsseln *Antipodi* für Danese, 1996

Stuhl *Less* für Nemo/ BPA International, 1993

FIAM

Möbelhersteller

Fiam Italia spa, Tavullia
1973 gegründet von Vittorio Livi

Produkte
1984 Glastisch *Ragno* von **Vittorio Livi**
1987 Glasstuhl *Ghost* von **Cini Boeri** und Tomu Katayanagi
1988 Tisch *Hydra* von **Massimo Morozzi**; Tische *Shell* und *Atlas* von Danny Lane
1992 Tisch *Illusion* von Philippe Starck
1996 Glasvitrine *Cler* von Ron Arad

1984 hatte Fiam das Unmögliche möglich gemacht. Mit dem von Firmengründer Vittorio Livi entworfenen monolithischen Glastisch *Ragno* war es erstmals gelungen, einen Tisch zu produzieren, der aus einer einzigen gebogenen Glasplatte bestand. Daß ein Hersteller sich auf lediglich ein Material konzentriert, ist nicht unbedingt ungewöhnlich. Glas aber folgt eigenen Gesetzen, und allein den technischen Fähigkeiten Fiams ist es zu verdanken, daß ein so raumgreifender Thron wie *Ghost* von **Cini Boeri** und Tomu Katayanagi, Danny Lanes skulpturale Tische *Shell* und *Atlas* oder **Massimo Morozzis** Tisch *Hydra*, der einem überdimensionalen Insekt gleicht, aus dem zerbrechlichen Werkstoff realisiert werden konnten. Fiam hat das Glas aus seiner Rolle als Ornament und »Zutat« befreit und es zu einem eigenständigen Protagonisten im Möbeldesign gemacht. Das Unternehmen ist außerdem der marktführende Glaszulieferer für die Möbelindustrie, der vom Laserzuschnitt bis zur Glasbläserei sämtliche Techniken der Glasverarbeitung beherrscht.

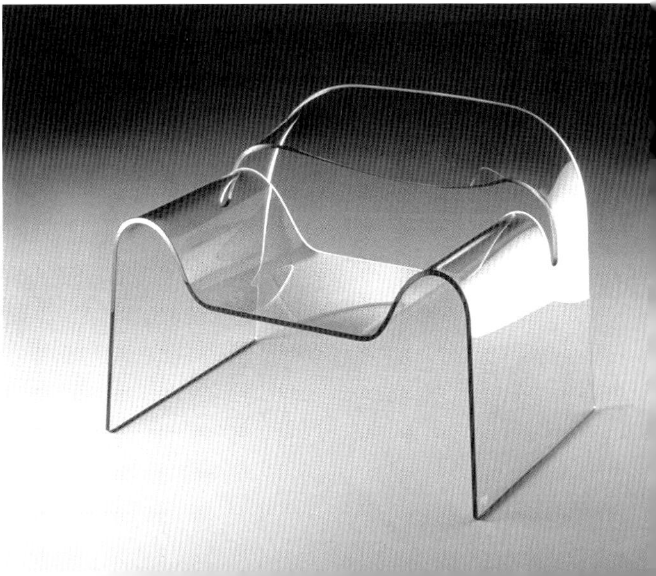

Glassessel *Ghost* von Cini Boeri und Tomu Katayanagi, 1987

FIAT

Automobilhersteller

So wie **Alfa Romeo** oder **Ferrari** für Exklusivität und Luxus stehen, repräsentiert Fiat das sympathische Massenauto. Der Turiner Autogigant hat mit dem von **Dante Giacosa** entwickelten Fiat *500* (Abb. S. 48) erheblich zur Motorisierung Italiens beigetragen. Als der *Topolino*, das »Mäuschen«, 1936 mit seinen 13 PS auf den Markt kam, wurde er als kleinstes Auto der Welt gefeiert. Nur 535 Kilogramm leicht, wurden bis 1954 von der Lombardei bis Kalabrien eine halbe Million Exemplare zum Preis von 8.900 Lire verkauft. Zwei Relaunches sollte der Volkswagen Italiens erleben: in den 50er Jahren als *Nuova 500* und in den 90ern als *Cinquecento*.

Als das Unternehmen als Fabbrica Italiana Automobili Torino 1899 gegründet wurde, hatte es sich zunächst, wie alle Automobilhersteller, auf die Produktion teurer Luxuswagen und Rennmodelle konzentriert. Giovanni Agnelli, einer der Gründer, erkannte aber schnell, welches Potential in dem neuen Transportmittel lag. Als erstes italienisches Serienmodell ging 1912 der Fiat *Zero* – die italienische Antwort auf Fords *Model T* – in Produktion. Seit Ende

Fiat Auto spa, Turin

1899 von Giovanni Agnelli u.a. in Turin gegründet

1919 Lingotto-Werk (bis 1921)

1939 Mirafiori-Werk

1945 Senator Giovanni Agnelli gestorben

1958 Designzentrum Centro Stile eingerichtet

1963 Giovanni Agnelli, Enkel Giovannis, wird Geschäftsführer; 1966 Vorstandsvorsitzender

1968 City Taxi von **Pio Manzú** im Centro Stile

Fiat *Nuova 500* von Dante Giacosa, 1957 (Mahagonimodell)

1969 Übernahme von **Lancia** und **Ferrari**
1982 Lingotto-Werk geschlossen (heute Kongreßzentrum)
1984 Ankauf des Palazzo Grassi in Venedig, Umbau zum Museum
1987 Fiat kauft **Alfa Romeo**

Modelle
1912 Kleinwagen *Zero*
1932 Limousine *Balilla*
1935 Sportwagen *1500*
1936 Kleinwagen *500 Topolino*
1952 Rennwagen *8 V*
1955 Kleinwagen *600*
1957 Kleinwagen *Nuova 500*
1959 Limousine *1800/1900*
1964 Kleinwagen *850*
1972 Cabrio *X 1/9*
1980 Kleinwagen *Panda*
1988 Kompaktlimousine *Tipo*
1993 Kleinwagen *Cinquecento;* Kleinwagen *Seicento*

der 20er Jahre entwickelte Fiat sich zum führenden Hersteller Italiens und steuerte bald gezielt den Massenmarkt an: mit dem *Balilla* von 1932 z.B., der als elegantes Auto für die ganze Familie gedacht war. Aber auch dem Luxus blieb Fiat treu. Der Fiat *1500* von 1935 war ein Musterbeispiel für mondänes Styling in Stromlinienform; und Karosseriebauer wie **Bertone** und **Pinin Farina** entwarfen für zahlreiche Modelle ein schnittiges Outfit.

Die goldenen Jahre setzten für Fiat Mitte der 50er Jahre zeitgleich mit dem Wirtschaftswunder ein. 1961 verkaufte Fiat 90 % aller Autos in Italien, zwischen 1969 und 1973 konnte die Produktion mehr als verdoppelt werden. Die 80er Jahre bescherten Fiat zwei weitere Verkaufsschlager: Der preiswerte Fiat *Uno* aus dem Jahr 1983, gestaltet von **Giorgetto Giugiaros** Firma **Italdesign,** geriet zum Kultauto einer ganzen Generation. Bereits 1980 hatte die Einführung des Fiat *Panda* Aufsehen erregt. Giugiaro hatte den praktischen Gebrauchswert extrem betont und traf damit den Nerv der Zeit. Seit der Ölkrise von 1974 war der Benzinverbrauch auf einmal so wichtig wie das Design.

Der Fiatkonzern, zu dem mittlerweile auch die vormals eigenständigen Marken **Lancia**, Alfa Romeo und, in etwas anderer Konstellation, Ferrari gehören, stellt außerdem Lastwagen, Busse und Nutzfahrzeuge her. Darüber hinaus baut das Unternehmen Staudämme, Tunnel, Satelliten und Raketentriebwerke, und es erforscht Herzschrittmacher, Lichtsysteme, Robotertechnik und den Einatz von Computern im Gesundheitswesen.

Fiat *124 Sport Spyder* von Pininfarina, 1966

Seite 187
o. Fiat *Uno*, 1983
u. Fiat *Punto*, 1993
beide von Giorgetto Giugiaro

Fiat Uno

Punto

FIORUCCI

Mode-, Schuh- und Accessoirehersteller

Fiorucci srl, Mailand/ Edwin International Inc., Tokio

1935 Elio Fiorucci in Mailand geboren

1967 erster Fiorucci-Laden in Mailand

1974 Eröffnung des legendären Fiorucci-Ladens in der Via Torino, Mailand

1976 Fiorucci-Shop in New York

1990 Marke Fiorucci von Edwin International Inc., Japan, gekauft, Elio Fiorucci bleibt kreativer Kopf und PR-Manager

Als Elio Fiorucci 1967 in der Mailänder Galleria Passarella seinen ersten Laden eröffnete, bekamen die Teens dort einen furiosen Eindruck des »Swinging London«. Dort nämlich hatte im Gegensatz zum braven Mailand die Straßenkultur längst Einzug ins Modedesign gehalten. Fiorucci brachte die schrillen Sachen von Ossi Clark und Zandra Rodhes in die lombardische Metropole und machte bald selbst als Designer Karriere. Er erfand einen unverwechselbaren Stil für Jeans, T-Shirts und Accessoires zu niedrigen Preisen: sexy, romantisch, provozierend, vor allem aber bunt. Das alles wurde von dem charakteristischen Engel-Label (frei nach Raffael) und Prospekten begleitet, die Statements zur Jugendkultur all'italiana wurden (Abb. S. 26). Die in den 70er Jahren weltweit eingerichteten Läden waren grandiose Inszenierungen von Mode und Schnickschnack, Essen, Musik und Kunst – der Shop als gigantischer Spielplatz. Fiorucci wurde zum Trendsetter im Sportswearbereich und ist heute mit vielen Lizenzen im internationalen Geschäft vertreten. Immer noch ist Elio Fiorucci der kreative Kopf der Entwicklungs- und PR-Abteilung seiner Multi-Brand-Stores. Vor allem aber wurde er zum Exporteur italienischen Dolce Vitas der Generation, die mit Pop und *Easy Rider* statt mit Neorealismus und Wirtschaftswunder aufgewachsen war.

Schuh aus der Kollektion 1998

Seite 199
l.o. Fioruccis Engel-Logo
r.o., r.u. Kollektion 1997/1998
l.u. Plateauschuh, 70er Jahre

BAGS

FLOS

Leuchtenhersteller

Flos spa, Bovezzo

1962 gegründet von Dino **Gavina** und **Cesare Cassina**

1995 *Compasso d'oro*

Produkte

1961 Deckenleuchte *Splügenbräu*

1962 Tischleuchte *Taccia;* Bogenleuchte *Arco*; Stehleuchte *Toio;*

alle von **Achille** und **Pier Giacomo Castiglioni**

1968 Tischleuchte *Biagio* von **Tobia Scarpa**

1970 Leuchte *Parentesi*

1972 Boden- und Tischleuchte *Noce T*

1976 Tischleuchte *Ipotenusa;*

alle von Achille Castiglioni

Die raumüberspannende *Arco*, die gleichzeitig die Vorteile einer Steh- und Hängeleuchte miteinander vereint, der Deckenfluter *Toio*, ein Ready-made, bei dem ein Autoscheinwerfer auf eine dürre Stange montiert ist, die Deckenleuchte *Frisbi*, die gebündeltes Licht auf den Tisch und diffuses in den Raum abgibt, die monumentale *Taccia* (Abb. S. 2): allein die Chronologie der Lampen **Achille** und **Pier Giacomo Castiglionis** für Flos ist ein Gang durch das moderne Leuchtendesign. Die Brüder haben das Profil der 1962 von **Dino Gavina** und Cesare **Cassina** gegründeten Leuchtenfirma unverwechselbar geprägt, in jüngster Zeit durch Achille Castiglionis elegante Hängeleuchten *Brera* und *Fucsia*.

Außer ihnen sind vor allem **Tobia Scarpa**, z. T. in Zusammenarbeit mit seiner Frau **Afra**, und in jüngster Zeit Philippe Starck zu nennen. Während Scarpas oft überaus einfach konstruierte Leuchten als duftige, bescheidene Konstruktionen überzeugen – wie die Deckenleuchte *Ariette 1-2-3*, bei der der Reflektor aus einem semitransparenten Stück Stoff besteht, das die dahinter-

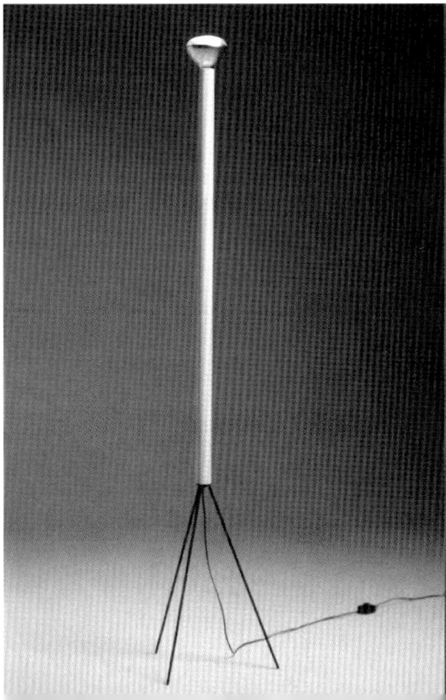

Stehleuchte *Luminator* von Achille und Pier Giacomo Castiglioni für Gilardi und Bazarghi, 1954, heute von Flos produziert

Leuchte *Taraxacum 88 C-W* von Achille Castiglioni, 1988

liegende Kabelführung beim Einschalten sichtbar werden läßt, oder die Stehlampe *Butterfly*, deren Glasreflektor an eine gefaltete Papierziehharmonika erinnert –, bringt Starck seit den 80er Jahren humorige Neuinterpretationen klassischer Leuchtenmodelle, so seine Stehleuchte *Rosy Angelis*, deren Leuchtquelle durch ein gekonnt unprätentiös darübergeworfenes Tuch vermummt ist, oder das preiswerte, in unifarbenem Kunststoff produzierte Tischlämpchen *Miss Sissi*, das aus der traditionellen Barlampe ein Spaßobjekt macht.

1974 kaufte Flos das von **Gino Sarfatti** gegründete Unternehmen **Arteluce**. *Arteluce by Flos* besteht heute als eigenständige Linie für die Designs einer jüngeren Generation, darunter **Marc Sadler**, **Rodolfo Dordoni** und **Matteo Thun**. Außerdem werden immer noch die legendären Modelle Gino Sarfattis aus den 50er und 60er Jahren vertrieben. Weitere Linien sind *Flos Murano*, ein Joint-venture mit **Venini**, *Flight* für technisches Licht und öffentliche Lichtsysteme und *Arteluce Bagno*.

1988 Tischleuchte *Arà*
1989 Wandleuchte *Luci Fair*
beide von Philippe Starck
1990 Schreibtischleuchte *Pierrot* von Afra und Tobia Scarpa
1991 Tischlämpchen *Miss Sissi* von Philippe Starck
1992 Leuchte *Brera* von Achille Castiglioni
1994 Stehleuchte *Rosy Angelis* von Philippe Starck
1996 Hängeleuchte *Fucsia* von Achille Castiglioni; Hängeleuchte *Romeo Moon* und *Romeo Babe* von Philippe Starck

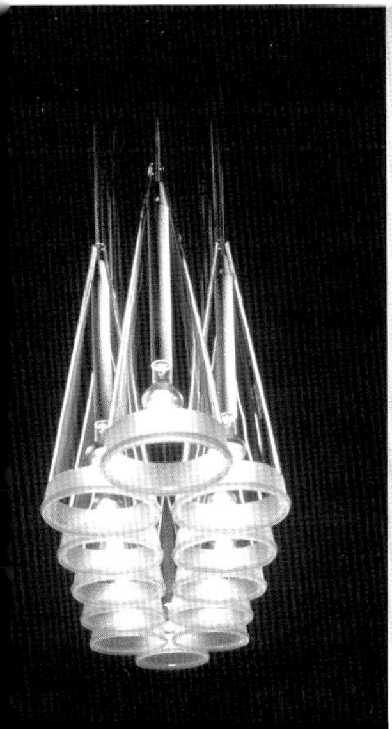

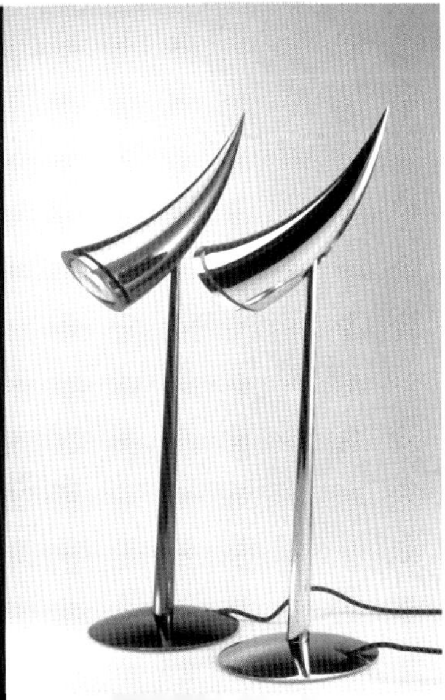

Hängeleuchte *Fucsia* von Achille Castiglioni, 1996

Tischleuchte *Arà* von Philippe Starck, 1988

FONTANA ARTE

Leuchten- und Möbelhersteller

Eigentlich hat das Design bei Fontana Arte Tradition. Der berühmte Architekt und Designer **Gio Ponti** gründete die Firma 1932 als künstlerische Abteilung der Glasfabrik Luigi Fontanas und steuerte, wie auch **Pietro Chiesa**, hochwertige Möbel und Leuchten aus Glas zum Sortiment bei. Dieses klare Profil verlor das Unternehmen, nachdem es nach dem Krieg von dem französischen Konzern St. Gobain übernommen worden war. Erst 1979, als Carlo Guglielmi Fontana Arte kaufte, wurde wieder auf die Zusammenarbeit mit namhaften Designern vertraut. **Daniela Puppa** und **Franco Raggi** kümmerten sich um die Messeauftritte, **Pierluigi Cerri** um die Kommunikation, und **Gae Aulenti** wurde Art Director. In den 80er und 90er Jahren kam so ein profiliertes Programm an Möbeln und Leuchten zustande, das Fontana Arte an die Spitze des italienischen Designs zurückführte. Die Kollektion *Schopenhauer* steht für die Produktion von hochwertigen Tischen und Sitzmöbeln – darunter Aulentis berühmter Glastisch auf Fahrrädern *Tour* –, *Candle* und *Naskaloris* für weitere Leuchtenlinien.

Fontana Arte spa, Corsico

1932 gegründet von **Gio Ponti**

1998 *Compasso d'oro*

Produkte

1931 Hängeleuchte *0024* von Gio Ponti (reediert)

1967 Tisch- und Bodenleuchte *Pirellina* von Gio Ponti

1971 Tischleuchte *Daruma* von **Sergio Asti** (Candle)

1985 Hängeleuchte *Tea* von **Pierluigi Cerri**

1989 Tisch- und Hängeleuchte *Franceschina* von **Umberto Riva**

1991 Tischleuchten *2892 Small, 3064 Medium, 2850 XL* von **Daniela Puppa**

1992 Tischleuchte *Piccola San* von Daniela Puppa

1993 Tisch *Tour* von **Gae Aulenti**

1996 Hängeleuchte *3094 Alzaia* von **Vico Magistretti**

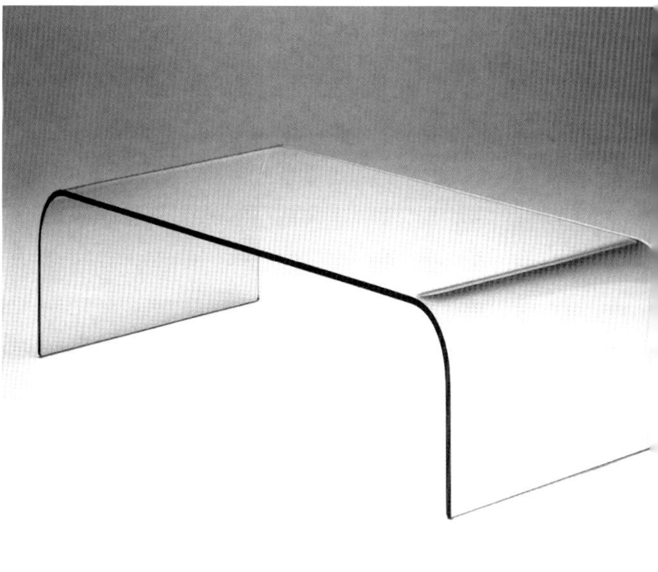

Glastisch von Pietro Chiesa, 1932

Seite 203

l. Stehleuchte *Luminator 0556* von Pietro Chiesa, 1933 (reediert)

r.o. Container *Congo* von Rodolfo Dordoni, 1998

r.u. Leuchte *Bilia* von Gio Ponti, 1931 (reediert)

Piero FORNASETTI

Designer, Künstler, Grafiker und Illustrator

1913 geboren in Mailand

1930 Kunststudium an der Accademia di Brera, Mailand (1932 Exmatrikulation)

1950 Interieur des Casinos in San Remo mit **Gio Ponti**

1951 Ausstattung der Bäckerei Dulciora, Mailand

1970 eigenes Geschäft in Mailand

1988 gestorben in Mailand

Produkte

1940 Titelgestaltungen für die Zeitschrift *Domus*

1951 Serie *Architettura*

1952 Mitarbeit am Interieur des Atlantikkreuzers *Andrea Doria*

1954 12 Teller mit Adam- und Eva-Motiven

1955 *Stanza Metafisica* (bis 1958)

Seite 205

l. Möbel *Dedicato a Piero e Gio* von Barnaba Fornasetti, 1990

r.o. Dekorierte Platte, ca. 1950-55

r.u. Stuhl *Quattro stagioni*, ca. 1955

Sonnen, Fische, Blumen und Architekturmotive bevölkern die gestalterische Welt Piero Fornasettis, der fast jedes denkbare, meistens von anderen entworfene Alltagsprodukt mit seinen Dekorationen im Trompe-l'œil-Stil überzog: Teller, Tassen, Vasen, Textilien, Tapeten und Knöpfe. Insgesamt hat Fornasetti, dem seine mit surrealistischen Effekten und Illusionen spielenden Arbeiten den Ruf eines »Magiers« eingetragen haben, über 11.000 Dekorationen entworfen. Als Universalgenie und Autodidakt, der aus der Mailänder Kunstakademie Brera exmatrikuliert wurde, weil er sich dem herrschenden Lehrmodell nicht anpassen wollte, arbeitete er zeit seines Lebens als Maler, Bildhauer, Kunsthandwerker, Dekorateur, Bühnen- und Kostümbildner, Ausstellungsmacher, Grafiker und Produktdesigner.

Berühmt wurde er paradoxerweise in den 50er Jahren, als das neue funktionale italienische Design seine ersten großen Erfolge feierte. Besonders fruchtbar wurde für ihn die Zusammenarbeit mit **Gio Ponti**, den er 1940 auf der VII. *Triennale* kennengelernt hatte und der in der Zeitschrift *Domus* seine Werke veröffentlichte. Viele Möbel und Innenausstattungen Pontis dekorierte er mit seinen Motiven (Abb. S. 39). Gemeinsam richteten sie 1950 das Casino von San Remo ein. In den 80er Jahren erlangten Fornasettis Entwürfe dank des wiedererwachten Interesses an Oberflächen neue Popularität. Seine Arbeit wird von seinem Sohn Barnaba weitergeführt. Die für Fornasetti typischen Entwürfe sind in seinem eleganten Mailänder Stammhaus in der Via Manzoni zu besichtigen.

Kaffeeservice *Architettura*, 60er Jahre

Gianfranco FRATTINI

Architekt, Möbel- und Leuchtendesigner

1926 geboren in Padua

1952 Zusammenarbeit mit **Gio Ponti** (bis 1954)

1953 Architekturstudium in Mailand abgeschlossen

1956 Mitbegründer des **ADI**

Produkte

1961 Sekretär *804* für **Bernini**

1966 Tischset *780* für **Cassina**; Sekretär-Schreibtisch für Bernini; Sofa und Sessel *Damecuta* für **C&B Italia**

1970 Lichtschlange *Boalum* für **Artemide** mit **Livio Castiglioni**

1974 Tisch *Kioto* für Ghianda

1978 Stehleuchte *Megaron* für Artemide

1980 Bürostuhl für **Fantoni**

1981 Regal *Practica* für Bernini

1988 Bürosystem für Knoll

Gianfranco Frattinis Designauffassung kristallisierte sich in den 50er Jahren unter dem Eindruck der von ihm hochgeschätzten skandinavischen Schule heraus. Mit seinen nordischen Kollegen verbanden ihn der Blick fürs Detail und besonders die Liebe zum Tischlerhandwerk – wie seine eleganten Holzmöbel für **Cassina** und **Bernini** zeigen, darunter der Sekretär *804* von 1961 und sein funktionales Holzregal *Practica* von 1981.

Sein Design ist weniger »unspektakulär«, wie manchmal behauptet wird, als ernsthaft. Frattini ist konstant seiner Auffassung treu geblieben, daß der Designprozeß nicht dann abgeschlossen sei, wenn ein Produkt auf dem Zeichenbrett skizziert wäre, sondern erst, wenn es in Produktion gehe. Mit seiner besonnenen Arbeitsweise hat er einen wichtigen Beitrag zum Industrialisierungsprozeß des italienischen Designs geleistet, z.B. durch sein bekanntes Kunststoffrundtischset für Cassina oder auch durch ein spektakuläres Objekt wie das mit Livio Castiglioni entwickelte Leuchtschlauchknäuel *Boalum* für **Artemide.**

Tisch *Kioto* für Ghianda, 1974

Seite 207
Stehleuchte *Megaron Terra* für Artemide, 1979

Sekretär *804* für Bernini, 1961

Tisch *Maestro* für Acerbis, 1996

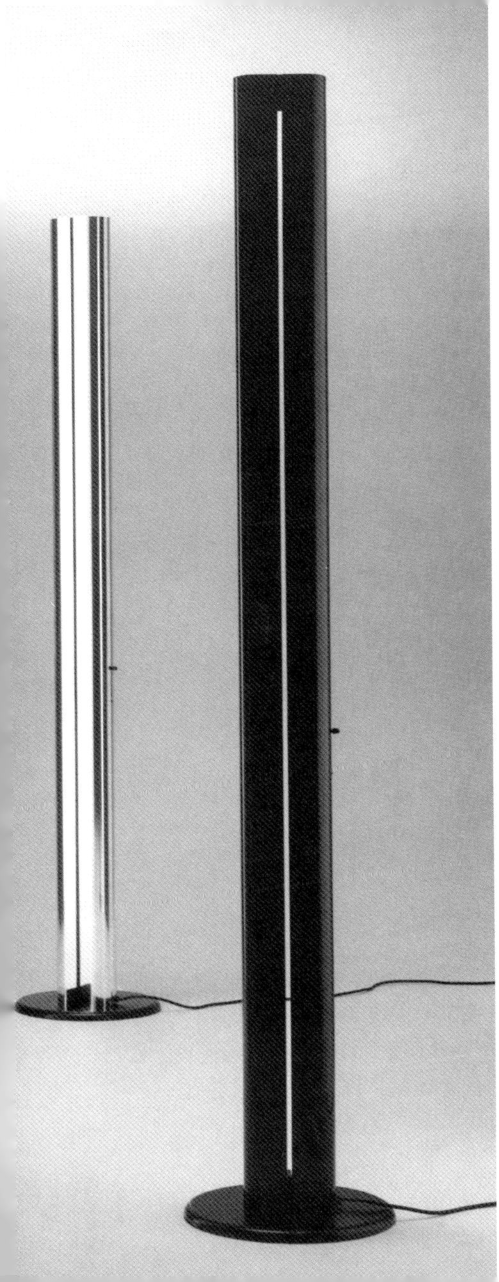

FUTURISMUS

1909 Gründungsmanifest des Futurismus von Filippo Tommaso Marinetti

1914 Architekturskizzen *Die Neue Stadt* von **Antonio Sant'Elia**; Entwürfe für futuristische Kleidung von **Giacomo Balla**

1915 Italien im 1. Weltkrieg

1916 Antonio Sant'Elia stirbt

1918 Rustikaler Hocker *Sgabello* von Giacomo Balla

1920 Möbelentwürfe von **Fortunato Depero**

1925 Teilnahme der Futuristen an der *Exposition des Arts Décoratifs et Industriels*, Paris

1926 futuristische Plakate von **Marcello Nizzoli** für **Campari**

1927 Bühnenbild von Fortunato Depero für *Il Mercante di Cuori*

1931 Vase *Vaso formichiere* von Farfa und Tullio D'Albisola

Der Futurismus, der im wesentlichen eine rein italienische Angelegenheit blieb, war die radikalste Bewegung innerhalb der europäischen Avantgarde. Im 1909 von ihrem Wortführer Filippo Tommaso Marinetti veröffentlichten Gründungsmanifest hieß es: »Wir erklären, daß sich die Herrlichkeit der Welt um eine neue Schönheit bereichert hat: die Schönheit der Geschwindigkeit. Ein Rennwagen, dessen Karosserie große Rohre schmücken, die Schlangen mit explosivem Atem gleichen ... ein aufheulendes Auto, das auf Kartätschen zu laufen scheint, ist schöner als die Nike von Samothrake.« Rigoros lehnten die Futuristen den »passatismo«, das Festhalten am Vergangenen und an der erstarrten musealen Bildungs- und Kunstästhetik des 19. Jahrhunderts ab und propagierten statt dessen die freie und ungezügelte Inspiration. Sie begrüßten euphorisch das schnelle Maschinenzeitalter (inklusive der Kriegsmaschinerie, was sie zu geistigen Vätern des Faschismus machte) – und das in einem Land, in dem überwiegend landwirtschaftliche Strukturen vorherrschten.

Obwohl die Großstadt mit ihren Menschenmassen und dem Verkehr das zentrale Thema bildete, zeitigte der Futurismus aber nur wenig Auswirkung auf die reale Architektur. Als Architekt trat vor allem **Antonio Sant'Elia** hervor. Er entwarf 1914 *La nuova città* (Die Neue Stadt): Seine Zeichnungen zeigen hoch aufragende Hochhäuser, Unterführungen, transparente Glas-Stahl-Konstruktionen und sind vom fließenden Verkehr beherrscht. Der Futurismus war keine Designbewegung, zumal Italien noch weit von in-

dustrieller Formgebung entfernt war. Allerdings nahmen sich die Futuristen auch der Gestaltung von Gebrauchsgegenständen an. **Fortunato Depero** z.B. vefaßte 1914 ein futuristisches Manifest, in dem es hieß: »Wir müssen die traditionelle Kleidung zerstören (...). Wir müssen die futuristische Kleidung erfinden (...).« Diese sollte »dynamisch«, »aggressiv«, »gewaltsam« und »erstaunlich« sein. Der Maler **Giacomo Balla** legte 1914 dann Entwürfe für Kleidung vor, die mit ihren spitz zulaufenden Schnitten und scharfkantigen Mustern vom Kubismus inspiriert waren.

Mit dem Ersten Weltkrieg war der Höhepunkt des Futurismus überschritten. Futuristisches Gedankengut und stilistische Aspekte wie die Darstellung dynamischer Abläufe aber wirkten in den 20er und 30er Jahren fort. Insbesondere Gebrauchsgrafik und Werbung, aber auch die angewandte Kunst nahmen diese Einflüsse auf. Neben Plakaten für **Campari**, Spielzeug und Tapeten entwarf Depero seit 1919 auch Lampen, Teppiche und eher rustikal anmutende Holzmöbel. Für Campari arbeiteten in dieser Zeit auch **Marcello Nizzoli** und **Bruno Munari**. Nach dem Zweiten Weltkrieg war vom Futurismus keine Rede mehr – zu sehr wurde er mit faschistischem Gedankengut assoziiert. Allerdings machte die in den späten 80er Jahren von dem Designer **Massimo Iosa Ghini** und einer Bologneser Architektengruppe ausgerufene **Bolidismus**-Bewegung wieder Anleihen beim Futurismus – wenn auch, bei Sofas und Küchen, lediglich auf der formalen Ebene in Gestalt dynamischer Linien.

»Vom Futurismus hat das italienische Design die Fähigkeit übernommen, Objekte ständig in Bezug zur Metropole zu setzen, wobei die ›Metropole‹ als eine Bühne verstanden wird, die dem modernen Zeichen Bedeutung verleiht.«

Andrea Branzi

v.l.n.r.

Plakat von Fortunato Depero für Campari, 20er Jahre

Weste von Fortunato Depero, 1924

Plakat *Wenn der Regen bitter wäre* für Campari, 1926

Teeservice von Giacomo Balla, 1928

GAVINA

Möbelhersteller

Auf der Visitenkarte, die Dino Gavina seinen Geschäftspartnern überreichte, war lediglich zu lesen: »Dino Gavina – Umstürzler«. Missionarisch und polemisch kämpfte der Kunstbesessene, nachdem er 1949 in Bologna eine kleine Möbelmanufaktur gegründet hatte, für ein modernes, gleichwohl aber poetisches Design abseits eines allzu **rationalistischen** Korsetts. Gavina war offen für Experimente und dementsprechend begeistert, als er in der Aufbruchstimmung der 50er Jahre in Mailand die Bekanntschaft von **Carlo Mollino**, **Carlo De Carli**, **Carlo Scarpa**, **Franco Albini** und anderen Architekten machte. Zwischen 1955 und 1960 produzierte er u.a. **Achille** und **Pier Giacomo Castiglionis** Sessel *San Luca* im **Neoliberty**-Stil und **Marco Zanusos** Sessel *Milord.* Mitstreiter im Geiste gefunden zu haben blieb ihm immer wichtiger als der kommerzielle Erfolg. Dieser ließ sich jedoch in den 60er Jahren nicht mehr aufhalten, als Gavina als erster Marcel Breuers Stahlrohrmöbel reedierte und damit internationale Anerkennung erntete. Er produzierte außerdem Carlo Scarpas Möbel, darunter den drei Meter langen Tisch *Doge* aus Flachstahl und Kristall. 1968 verkaufte Gavina seine Firma an Knoll und gründete Simon International. Bereits Anfang der 60er Jahre hatte er mit **Flos** ein weiteres Designunternehmen aus der Taufe gehoben.

1949 Dino Gavina beginnt mit Möbelproduktion in Bologna

1960 Gründung von Gavina spa

1968 Verkauf an Knoll International

Produkte

1959 Tisch *Nibai* von **Tobia Scarpa**

1960 Sessel *Sanluca* von **Achille** und **Pier Giacomo Castiglioni**

1962 Produktion von Marcel Breuers Sessel *Wassily* (Entwurf: 1925) und seinem Tisch *Laccio* (Entwurf: 1924)

1963 Stuhl *Lambda* von **Marco Zanuso**

1967 Stuhl *Bebela* von Achille und Pier Giacomo Castiglioni

1969 Tisch *Doge* von **Carlo Scarpa** (prod. von Simon International)

Sessel *Sanluca* von Achille und Pier Giacomo Castiglioni, 1960

Romeo GIGLI

Modedesigner

Vom Weltenbummler zum Modekünstler: Romeo Gigli hat es immer in die Ferne getrieben. Seine poetischen und mitunter intellektuell anmutenden Entwürfe zeugen von Neugier und großer Sensibilität für andere Kulturen, die sich u.a. in der Wahl von Stoffen mit ethnischen Motiven ausdrückt. Nach einem abgebrochenen Architekturstudium hatte Gigli sich nach Asien, Nordafrika und Südamerika aufgemacht, um schließlich 1979 eine Schneiderlehre im New Yorker Studio Dimitri zu beginnen. Nach Italien zurückgekehrt, begann er für Callaghan zu entwerfen, bevor er 1984 seine erste eigene Kollektion herausbrachte. Ende der 80er Jahre präsentierte er, inspiriert von der byzantinischen Kaiserin Theodora, luxuriös gearbeitete Mäntel mit Goldstickereien. 1989 begeisterte Gigli in Paris sein Publikum, als er auf die hoch im Kurs stehenden Schulterpolster verzichtete und mit raffinierten Kragenlösungen und hochgezogener Taille eine zarte, feminine Silhouette favorisierte. Inzwischen ist Gigli zu schlichteren Formen und Schnitten zurückgekehrt.

1950 geboren in Faenza

1979 arbeitet im Atelier Dimitri, New York

1985 Zusammenarbeit mit Zamasport

1986 internationaler Durchbruch

1988 Eröffnung Spazio Romeo Gigli in Mailand

1989 Zusammenarbeit mit Ermenegildo Zegna; Präsentation in Paris

1990 *Woolmark Award*

1997 japanische Geldgeber unterstützen Giglis Unternehmen

Produkte

1984 Kollektion unter eigenem Namen

1986 erste Herren-Kollektion

1989 Parfum *Romeo di Romeo Gigli; Teodora*-Kollektion

1990 Kollektion *G Gigli*

Kollektion Donna 1989/90 (*Teodora*)

Stefano GIOVANNONI

Architekt, Möbel- und Produktdesigner

1954 geboren in La Spezia

1978 Architekturstudium in Florenz abgeschlossen

1985 Zusammenarbeit mit **Guido Venturini** als Studio **King-Kong** (bis 1989)

Produkte

1986 *Iguana Jeans* für Levi's

1987 *Girotondo*-Reihe mit Guido Venturini

1993 Obstschale *Fruit Mama;* Klobürste *Merdolino;* Salz- und Pfefferstreuer *Lilliput* und Nußknacker *Nutty the cracker*

alle für **Alessi**

1996 Armbanduhr *Roller Ball* für Seiko

Schon am Strand und auf den Märkten seiner Heimatstadt La Spezia war der junge Stefano von allerlei Meeresgetier so fasziniert, daß er aus ihnen kleine Bildergeschichten bastelte. Seit Ende der 80er Jahre bevölkern seine durch Comics, Science-fiction und Kino inspirierten Phantasien die Alltagswelt vieler Menschen – wie seine Eichhörnchen, die sich als Nußknacker *Nutty the Cracker* verdingen, die eiförmigen Salz- und Pfefferstreuermännchen *Lilliput* und die eingetopfte Toilettenbürste *Merdolino* (alle für **Alessi**) oder der hulahoopbereifte Barhocker für Magis. Sie sind alle fröhlich-bunt, regen den Spieltrieb an und sind frei nach dem Motto »Form follows fun« gestaltet. Giovannoni ist aber nicht nur an Kunststoffen interessiert. Die in den 80er Jahren mit seinem damaligen Partner **Guido Venturini** unter dem Namen Studio **King-Kong** entworfene *Girotondo*-Reihe von Tisch- und Küchengerät, bei der die Perforation eine sich an den Händen haltende Figurenreihe ergibt – »Wir hatten nie Angst davor, kitschig zu sein« –, wurde über eine millionmal verkauft.

Girotondo-Reihe für Alessi, 1987, mit Guido Venturini

Hocker *Bombo* für Magis, 1996

Giorgetto GIUGIARO

Automobil- und Industriedesigner

Eines der erfolgreichsten deutschen Autos wurde von einem Italiener entworfen. Als 1974 der VW *Golf* (Abb. S. 29) Europas Straßen eroberte, war dies das Werk Giorgetto Giugiaros. Er hatte als Automobildesigner bereits im Centro Stile **Fiat**, bei **Bertone** und **Ghia** langjährige Erfahrungen mit Luxuswagen gesammelt, bevor er mit Aldo Mantovani 1968 seine eigene Automobilfirma **Italdesign** gründete. Ein großes Angebot an Pre-Production-Services läutete eine neue Ära im Autodesign ein, denn außer Entwurf und Gestaltung werden von Italdesign auch Modelle, Prototypen, Karosserie und Mechanik, die Kalkulation von Produktionszeiten und -methoden, Automatisierungen und Ausführungspläne geliefert. Besonders erfolgreich wurden der *Alfasud*, der Fiat *Panda*, der Fiat *Uno,* der *Passat* und der *Scirocco* für VW. BMW, Hyundai, Renault und Audi – kaum ein Hersteller, für den Italdesign nicht gearbeitet hat. Als jüngster der drei großen Karosseriebauer Italiens – im Kreis mit Bertone und **Pininfarina** – hatte Giugiaro die Zeichen der Zeit erkannt, indem er berücksichtigte, daß

1938 geboren in Garessio (Cuneo)

1955 Eintritt ins Centro Stile **Fiat** nach dem Studium an der Kunstakademie und Techn. Hochschule, Turin

1959 Eintritt bei **Bertone**

1965 Direktor von **Ghia**

1968 Gründung **Italdesign**

1981 Gründung **Giugiaro Design** *Compasso d'oro* (auch 1984, 1991, 1995)

1987 Gründung Giugiaro spa: Accessoires, Bekleidung

Bugatti *EB 112*, 1993

der Markt Anfang der 70er Jahre – durch Ölkrise und allgemeine Rezession – für preiswerte Klein- und Mittelklassewagen reif war. Giugiaro hat immer betont, daß gerade im Autosektor, wo ein sehr teurer Gegenstand als Serienprodukt in einem hart umkämpften Markt funktionieren muß, ein ständiger Kreislauf von Entwurf und Überprüfung gegeben sein müsse. Sein Ethos ist das eines passionierten Industriedesigners: »Der Designer ist jemand, der in der Entscheidungsstruktur einer Firma den Mut aufbringen muß zu fragen, ob es richtig ist, ein neues Produkt herauszubringen, ob es logisch ist, ob es dem Konsumenten gefallen wird. Das mag nach Marketingtheorie klingen, aber ohne gutes Design ist Marketing meistens kaum erfolgreich.« Folgerichtig ist die von ihm 1981 gegründete Firma **Giugiaro Design** ganz dem funktionalen, nutzerorientierten Industriedesign verpflichtet: Kameras, Uhren, Spülmaschinen, Möbel, Rennboote, Züge, Nähmaschinen, sogar eine Nudel wurden hier entwickelt. Technischer Innovation kommt dabei ein wesentlicher Stellenwert zu. Seine 1988 entwickelte Nikon *F4* war als erste Kamera mit Autofokus ausgerüstet. Von der Namensfindung über Packaging bis zu Public Relations kümmert sich Giugiaro Design um alle Schritte der Produktentwicklung. Inzwischen wurden die Aktivitäten ausgeweitet: 1987 wurde Giugiaro für die Produktion von Accessoires und Bekleidung gegründet. In jüngster Zeit macht seine Tochter Laura von sich reden, die als Mode- und Schmuckdesignerin erste erfolgreiche Kollektionen entwickelt hat.

Produkte

1961 BMW *3200 CS*
1963 Alfa Romeo *Giulia GT*
1965 Fiat *850 Spider*
alle für Bertone
1967 Fiat *Dino Coupé* für Ghia; Maserati *Ghibli*
1971 *Alfasud*
1974 *Golf* für Volkswagen
1982 Uhr *Speedmaster Sport* für Seiko; Nähmaschine *Logica* für Necchi
1983 *Uno* für Fiat; Büromöbel *Pr55* für **Tecno**
1988 Kamera *F4* für Nikon
1995 Lamborghini *Calà*
1998 Maserati Coupé *3200 GT*

Seite 215
Alfasud, 1971
Kamera *F5* für Nikon, 1996

Leuchte *Medusa* für Bilumen, 1997
Fiat *Panda*, 1980

Alfasud

Nikon
MODE
AF NIKKOR
F5

GRUPPO (Cinelli/Columbus/Tecno Tubo Torino)

Fahrrad- und Fahrradzubehörhersteller

Die Rockstars Gianna Nannini und Bruce Springsteen schätzen die Räder von **Cinelli** genauso wie Fidel Castro; Simon Lessing bediente sich eines Lenkers dieser Marke bei seinem Sieg beim World Triathlon 1995/96 wie auch Sprinter Chris Boardman bei seinem Stundenweltrekord von 56,375 Kilometern. Cinelli ist in Italien ein Synonym für den »ciclismo«, den Radsport. Seit Anfang der 40er Jahre produziert das Unternehmen Räder samt Zubehör und machte immer wieder Furore mit technischen Innovationen – jüngst mit dem Rahmen *Aliante*, der nur 1,41 Kilogramm wiegt. Bereits 1985 hatte Cinelli das Mountainbiking nach Italien geholt und mit dem spritzigen *Rampichino* auch gleich das passende Modell entworfen. Bei dem Mailänder Hightechunternehmen, für das Designer wie **Matteo Thun** oder Studio **Alchimia** arbeiten, gingen die Liebe zum Radsport und die Begeisterung für Design schon immer Hand in Hand. Für das Rennrad *Laser Evoluzione*, ein wahres Technologiewunder, gab es 1991 den *Compasso d'oro*, und die Lenkerverlängerung *Spinaci* – ein Zusatzmodul, das Radfahrern optimale ergonomische Entlastung bietet – besticht durch den in Farbe und wilde Muster übersetzten Fun-Faktor. 1996 fusionierte Cinelli mit dem führenden Lenkradhersteller **3 T** (**Tecno Tubo Torino**) und dem Spezialisten für Rahmenkonstruktionen **Columbus** zu Gruppo. Gruppo produziert alles, was das Herz von Radsportbegeisterten höher schlagen läßt: von Rennrädern über Mountain- bis zu Citybikes. Der Großteil des Umsatzes wird aber mit dem vielfältigen, farbenfrohen Zubehör gemacht.

Gruppo spa, Caleppio di Settala (MI)

1930 Gründung von Columbus

Gründung von Cinelli in den 40er Jahren

1961 Gründung von Tecno Tubo Torino

1996 Zusammenschluß zu Gruppo

Produkte

1991 Fahrrad *Laser Evoluzione* (*Compasso d'oro*)

1995 Mountainbike *Rampichino*

1996 Lenkerverlängerung *Spinaci,* alle von Cinelli

Seite 217

Fahrrad *Laser Evoluzione*, 1991

Lenkerverlängerung *Spinaci*, 1996

Fahrrad *Soft Machine*, 1998 (Cinelli)

Material *Altec² Megatubes*, 1998 (Columbus)

CARBON FIBER
CARBON FIBER

GRUPPO IND. BUSNELLI

Möbelhersteller

Mit »200.000 Quadratmeter Sitzfläche« beschreibt die Chronistin Anty Pansera Gruppo Industriale Busnelli. Mit seiner Produktion von Sitzmöbeln im großen Stil ist das Unternehmen, das seine Fertigungsprozesse der Autoindustrie abgeschaut hat, ein Ausnahmefall in der italienischen Möbelindustrie, deren Struktur eher kleinteilig ist. Bei Gruppo Industriale Busnelli sind insgesamt 240 kleine Firmen unter einem Dach versammelt, darunter Textil- und Metallverarbeitung sowie Informatiklabors. Das Unternehmen, 1953 gegründet, hat nach seinem Umzug nach Misinto im Jahr 1972 die Infrastruktur einer ganzen Region geprägt. Technologische Wagnisse gehörten immer dazu. Bereits in den 50er Jahren wurde hier mit **Pirellis** neuem Schaumstoff in Verbindung mit Stahl, in den 60er Jahren mit Kunststoff experimentiert. Die amorphe Skulptur *Argin,* 1974 vom Studio Libidarch entwickelt, war ein außergewöhnliches Ergebnis dieser Recherchen. Namhafte Designer, u.a. **Bruno Gecchelin**, **Ugo La Pietra** und **Giotto Stoppino**, garantieren heute formale Vielfalt im Programm.

Gruppo Industriale Busnelli spa, Misinto

1953 gegründet in Meda

1969 Gründung des Centro Studi e Ricerche; Einsatz von Kunststoffen

1972 Umzug nach Misinto

Produkte

1955 Schlafcouch *Bilux* von Augusto Managhi und Alessandro Terzaghi

1966 Sessel *Miranda* von **Bruno Gecchelin**

1984 Sofa und Sessel *Flessuosa* von **Ugo La Pietra**

1992 Sessel *Rock bergère* von **Giotto Stoppino**

Sessel *Libro* von Gruppo DAM, 1970

Sessel *Fiocco* von G 14, 1970 (reediert 1987)

GUFRAM

Möbelhersteller und -verleger

Als die Möbelhändler um 1970 die *Multipli*-Objekte des bei Turin ansässigen Herstellers Gufram ins Sortiment nahmen, staunte das Publikum über das leuchtend rote »Lippensofa« *Bocca* (Mund), den grünen Polyurethanrasen *Pratone* (Abb. S. 20), die aufblasbare Garderobe *Cactus*, die dem Wüstengewächs überaus naturalistisch nachgeformt war, und das Sitzmöbel *Capitello*, das wie das abgeschlagene Kopfteil einer griechischen Säule aussah, aber statt aus hartem Stein aus weichem Kunststoff bestand. Die Möbel, allesamt in limitierten Auflagen produziert, waren Popdesign in Reinkultur, inspiriert von der Bewegung des **Radical Design** der 60er Jahre. Sie versuchten nicht, angemessen, diskret und elegant zu sein, sondern entliehen ihre meist konkreten Formen unbefangen designfremden Zusammenhängen. Verantwortlich für die obskuren Entwürfe war eine Reihe jüngerer Turiner Gestalter und Künstler, darunter Studio 65, **Gruppo Strum**, das Duo **Guido Drocco / Franco Mello** und Piero Gilardi. Seit 1978 richtet Gufram auch Kinos, Theater, Hotels und Universitäten ein.

Gufram srl, Balangero (TO)

1966 gegründet

1968 Beginn der Produktion von Designobjekten im Rahmen der Kollektion *Multipli* in limitierter Auflage

Produkte

1971 Kunstrasen *Pratone* von Ceretti, Derossi, Rossi; Sofa *Bocca* von Studio 65

1972 Garderobe *Cactus* von **Guido Drocco/Franco Mello**; Sitzmöbel *Capitello* von Studio 65

1974 Möbel *Massolo* von Piero Gilardi

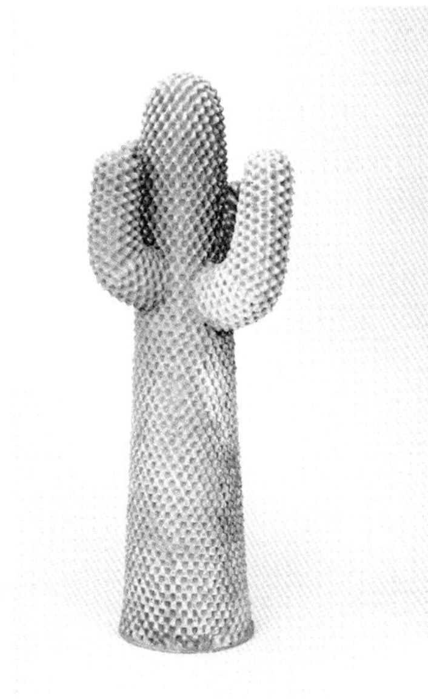

Garderobe *Cactus* von Guido Drocco/Franco Mello, 1972

Sofa *Bocca* von Studio 65, 1971

Isao HOSOE

Möbel- und Industriedesigner

1942 geboren in Tokio
1967 Studium der Raumfahrttechnologie in Tokio
1970 *Compasso d'oro* (auch 1979, 1998)

Produkte
1971 Aschenbecher aus Melamin für **Kartell**
1977 Bus *Spazio* für Iveco Carozzeria Orlandi mit Antonio Barrese, Pietro Salmoiraghi, Angelo Torricelli, Antonio Locatelli
1996 Drehleuchte *Gyra* für **Luxo Italia**
1997 Bürostuhl *Cosmo* für BIF, Korea
1998 Leuchte *HOI* für Luxo Italia mit Peter Salomon

Der in Tokio ausgebildete Raumfahrtingenieur Isao Hosoe vergleicht den Designprozeß mit einem Wirbelsturm: Voll ungestümer Energie, sei er doch bis zu einem gewissen Grad kalkulierbar, und die Energie fließe letztlich in einem einzigen Punkt zusammen. Und diesen Punkt, das optimale Ergebnis, sucht Hosoe als begeisterter Teamworker in der Zusammenarbeit mit Mitarbeitern, Kunden und Studenten. Deshalb gibt es keinen Hosoe-Stil, sondern immer bedarfsgerechte Lösungen, die allerdings oft über eine zusätzliche, unerwartete Qualität verfügen. Sein kleiner Kunststoffaschenbecher für **Kartell** kann nach Belieben gedreht werden und funktioniert von beiden Seiten. Die Schreibtischleuchte *Heron* ist durch und durch funktional – und sieht außerdem wie ein freundlicher Vogel aus, der bei schweißtreibenden Arbeiten Aufmunterung verspricht. Isao Hosoe gestaltet außerdem öffentliche Transportmittel wie den Bus *Spazio* für Iveco (mit Antonio Barrese, Pietro Salmoiraghi, Angelo Torricelli und Antonio Locatelli), Möbel und Bürolösungen.

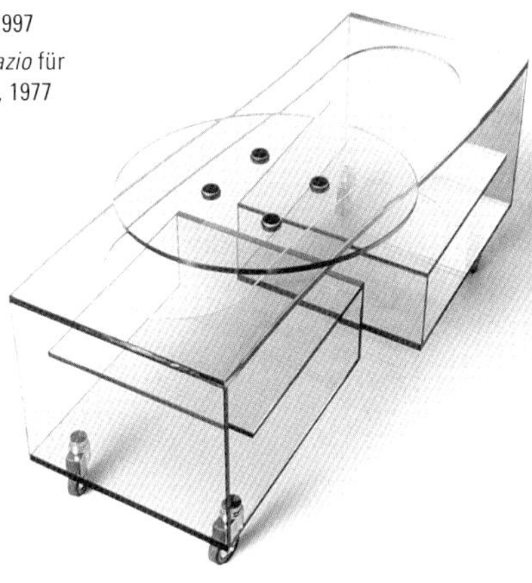

TV-Tisch *Flo* für Tonelli, 1997

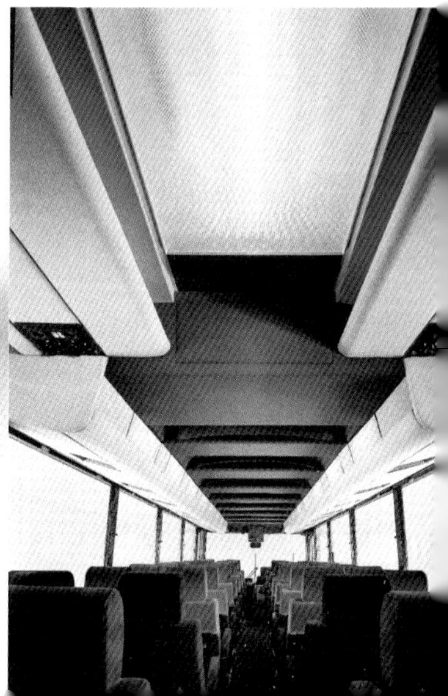

Interieur des Busses *Spazio* für Iveco Carozzeria Orlandi, 1977

Massimo IOSA GHINI

Architekt, Möbel- und Produktdesigner

In seinen Comics für die Zeitschriften *Frigidaire, Fashion News* und *Vanity* ließ Massimo Iosa Ghini Anfang der 80er Jahre den Spion Capitano Sillavengo durch utopische urbane Landschaften ziehen, bevor er bald auch erste Ideen für spätere reale Produkte skizzierte. Über das Fernsehen, für das er Studiosets und Grafikinserts entwickelte, kam Iosa Ghini zum Design. Die Begegnung mit der Gruppe **Memphis** im Jahr 1986 war die Initialzündung. Zur selben Zeit »erfand« er, gemeinsam mit anderen Bologneser Architekten, den **Bolidismus**, einen Stil, in dem Anleihen beim **Futurismus**, amerikanische Stromlinienform und 50er-Jahre-Ästhetik aufblitzen. Kurven, Ellipsen und fliehende Linien kennzeichneten auch seine erste Polstermöbelkollektion *Dinamic Collection* für **Moroso** (1986), die ihn schlagartig bekannt machte. Mit Moroso arbeitet der Bologneser bis heute zusammen, außerdem entwirft er Küchen, Sonnenbrillen und umfassende Corporate-Identity-Konzepte. Für **Fiorucci**, Renault, **Ferrari,** Maserati und Omnitel gestaltet er Showrooms.

1959 geboren in Bologna
1982 Architekturstudium in Florenz und Mailand
1985 Tätigkeit für die RAI
1986 Zusammenarbeit mit **Memphis** / 12 New; Mitbegründer des Bolidismus in Bologna

Produkte
1989 Kollektion *Newtone* für **Moroso**
1991 *Philips Design Edition*
1993 Sessel *Big Mama* für Moroso
1994 Showrooms für **Ferrari**
1998 Shopkonzepte für Omnitel

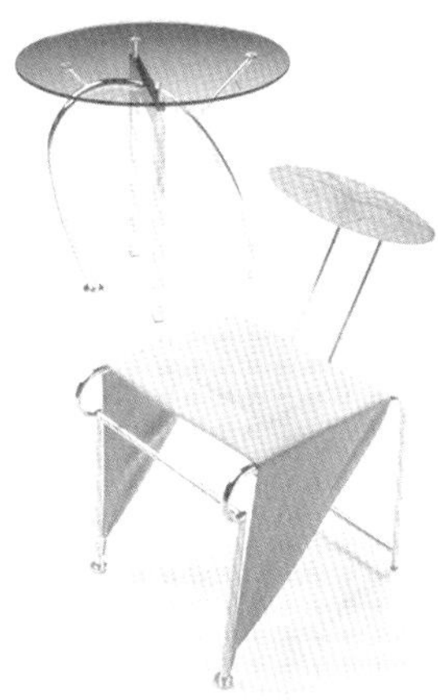

Paravent *Rodi* für Lisar, 1991

Bank, Stuhl und Tisch *Dinamic Collection* für Moroso, 1986

KARTELL

Kunststoffmöbel- und Kunststoffaccessoirehersteller

Kartell spa., Noviglio

1949 gegründet von Giulio Castelli in Mailand

1953 Produktion kleiner Haushaltswaren

1958 Gründung der Labware-Abteilung

1964 Möbelexperimente

1972 Umzug nach Noviglio bei Mailand

1979 *Compasso d'oro*

1988 Giulio Castelli scheidet aus, Claudio Luti neuer Manager

1993 Ankauf von Standard e Casa Kit

Mitte der 90er Jahre gab es plötzlich Regal am laufenden Meter zu kaufen. Seitdem schlängelt sich der *Bookworm* in leuchtenden Farben an den Wänden von trendbewußten Läden und Wohnungen, Büros und Foyers entlang. Der Designer Ron Arad war begeistert, als er sein ursprünglich in Stahl entworfenes Objekt plötzlich überall in Europa wiedersah. Erst die Version in thermoplastischem Polymer hatte diesen Erfolg möglich gemacht, ist Plastik doch auch heute noch ein vergleichsweise demokratisches, weil preiswertes Material – das allerdings lange mit dem Image des Minderwertigen, Billigen behaftet war.

Daß sich dieses Bild verändert hat, ist nicht zuletzt der unerschrockenen Pionierarbeit der Firma Kartell und den Visionen ihres Gründers, dem Chemiker und Ingenieur Giulio Castelli, zu verdanken, der die Geschicke des Unternehmens bis heute mitbestimmt. Er hat einmal gesagt: »Wenn die Menschen das Neue fürchten, laßt uns ihnen etwas noch Neueres geben.« Und so geschah es. Nach 1953 nahm das Unternehmen sich zunächst der trostlos blassen italienischen Haushaltswaren an – zuvor hatte das Unternehmen vor allem die Autoindustrie mit Zubehör beliefert. Hausdesigner **Gino Colombini** revolutionierte die Formen der kleinen preiswerten Dinge, zeigte Mut zur Farbe und erntete zahllose Preise für appetitlich aussehende Zitronenpressen, Mülleimer, Dosen und andere Küchenutensilien (Abb. S. 23).

Noch war es technisch unmöglich, Möbel aus Plastik zu produzieren. Erst Anfang der 60er Jahre gelang es, den Kunststoff mit genügend Stabilität auszustatten, um den ersten Stuhl herstellen zu können. Dem fröhlichen Kinderstuhl *K 4999* aus Polyethylen, 1961 von **Marco Zanuso** und **Richard Sapper** entworfen und 1964 produziert, sah man die rastlose Forschungsarbeit, die in den Labors von Kartell dafür geleistet worden war, nicht an. Stapelbar, wetter- und stoßbeständig leitete er das Jahrzehnt der

Seite 223

l.o. *Bookworm* von Ron Arad, 1994

l.u. Kinderstuhl *K 4999* von Marco Zanuso und Richard Sapper, 1964

r. Containerelemente *4970/84* von Anna Castelli Ferrieri, 1967

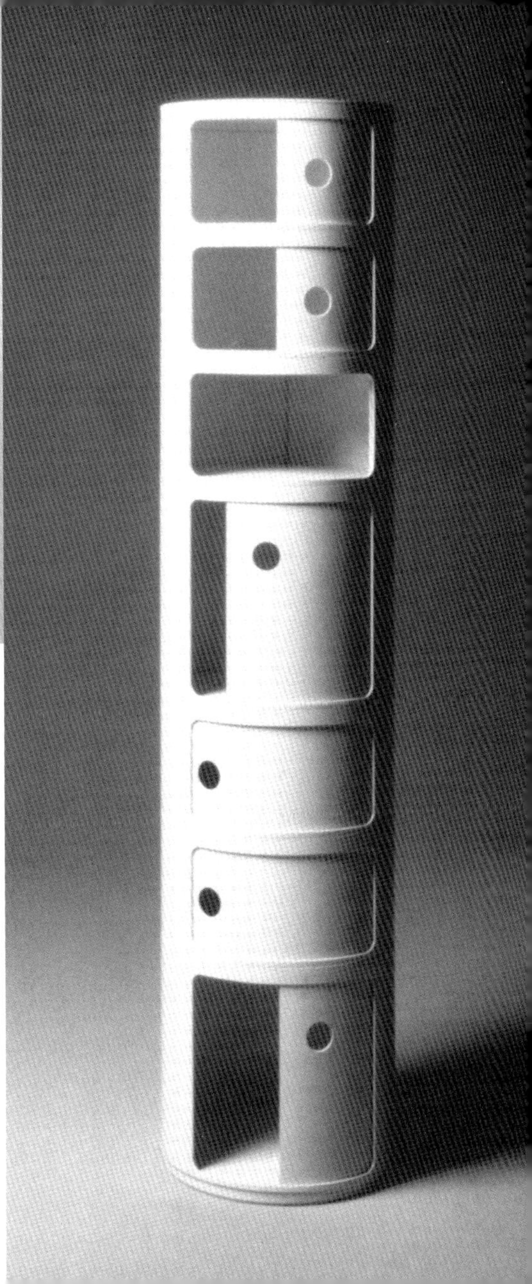

Produkte
1953 Thermosbehälter
1955 Kunststoffmülltonne
1959 Zitronenpresse
alle von **Gino Colombini**
1964 Kinderstuhl *K 4999* von **Marco Zanuso** und **Richard Sapper**
1967 Containerelemente *4970/84*
1968 Stuhl *4867*; Aschenbecher *4630*
beide von **Joe Colombo**
1976 Salatbesteck
1979 Hocker *4822/44*
1986 Kunststoffstuhl *4873*
alle von **Anna Castelli Ferrieri**

Seite 225
l.o. Hocker *4822/26*, 1979
l.u. Stuhl *4870*, 1986
r.o. und u. Tisch *4310*, 1983
alle von Anna Castelli Ferrieri

Kunststoffmöbel ein, die nun ihren Siegeszug in die guten Stuben der Italiener (und bald in die der ganzen Welt) antraten. Im Zuge von Protestbewegungen und Popkultur wurden gefestigte Vorstellungen einer klassisch-eleganten Einrichtung hinfällig oder doch zumindest neu hinterfragt. Man experimentierte opulent mit neuen Formen und neuen Farben – und das Kunststoffdesign wurde die beliebteste Spielwiese der Designer, denn es erschloß der Gestaltung von Möbeln ungeahnte Möglichkeiten. Kartell schuf die Voraussetzungen, auf der Basis immer neuer patentierter Kunststoffe, die besten zeitgenössischen Designer das Produkt, darunter **Joe Colombo**, **Gae Aulenti**, **Vico Magistretti**, **Anna Castelli Ferrieri**, **Ignazio Gardella**, **Achille Castiglioni**, **Giotto Stoppino**, **Sergio Asti**, **Centrokappa** und viele andere. Joe Colombos rundlich-knubbeliger Stapelstuhl *4867* aus ABS-Kunststoff war einer der ersten »großen« stabilen Kunststoffstühle, traf das Lebensgefühl seiner Zeit und wurde zum Bestseller.

Mit Anna Castelli Ferrieri kam Mitte der 60er Jahre eine Designerin zu Kartell, die bis weit in die 80er Jahre deren Design prägen sollte. Jedem neuen Kunststoff gab sie die passende Form. Ihre stapelbaren Elemente *4970/84* von 1967 aus ABS kamen völlig ohne Schrauben und Befestigungen aus. 1976 zeigte sie, wie formschön und edel ein Salatbesteck aus Plastik aussehen kann, einem einfachen Hocker aus Polypropylen machte sie im Jahr 1979 Beine – eine einzigartige Kombination von Kunststoff und Metall erlaubte erstmals die Produktion von Hockern in verschiedenen, auch größeren Höhen –, und mit ihren seit 1985 und 1986 produzierten Polypropylenstühlen *4870* und *4873* setzte sie den langweiligen allgegenwärtigen weißen Plastikstühlen für Terrasse und Balkon einen eleganten Entwurf entgegen.

Der Kunststoff war salonfähig geworden. Seit den 80er Jahren sind bei Kartell Entwürfe der jungen internationalen Design-

1989 Stuhl *Dr. Glob* von Philippe Starck

1994 Containersystem *Mobil* von **Antonio Citterio** und Glen Oliver Loew; Regalsystem *Bookworm* von Ron Arad

1996 Stuhl *Miss Trip* von Philippe Starck

1997 Stuhl *Maui* von **Vico Magistretti**

stars hinzugekommen, wie z.B. Philippe Starcks Stuhl *Dr. Glob* und jüngst *Miss Trip* mit ihrer respektlosen Verbindung von Holz und pastellfarbenem Kunststoff. Die einzelnen Bestandteile des preiswerten Stuhls werden in einer Schachtel angeliefert und können vom späteren Benutzer selbst zusammengesteckt werden. Ron Arads erwähnter *Bookworm* und **Antonio Citterios** edler Container *Mobil* aus transluzentem Kunststoff wurden sogar zu Ikonen der 90er Jahre. Aber auch die großen italienischen Meister versuchen sich nach wie vor an Neuem. Vico Magistrettis Schalenstuhl *Maui* mit Stahlgestell, der wie fast alle Kartellprodukte in vielen Farben erhältlich ist, hat alle Chancen, es seinem von Arne Jacobsen geschaffenen Vorgänger aus Holz an Popularität gleichzutun.

Am Anfang war nur das Material – und dann sofort das Design. Dieser spezifischen Kombination immer neue Gestalt bei erschwinglichen Preisen zu geben gelingt Kartell seit fünf Jahrzehnten ohne Unterbrechung und ist in dieser Konsequenz ein Ausnahmefall in der internationalen Möbelproduktion. Die Mitarbeiter Kartells und all die plastikbegeisterten Designer hat der heutige Geschäftsführer Claudio Luti einmal als »Kunststoffmissionare« bezeichnet. Dieses Wissen kommt übrigens nicht nur Möbeln und kleineren Haushaltswaren wie Aschenbechern oder Zeitungsständern zugute. Kartell beliefert außerdem Laboratorien und Forschungsinstitute und macht mit diesem Segment immerhin fast die Hälfte des Gesamtumsatzes.

Seite 227

o.l. Hocker *Hi-Glob 4860* von Philippe Starck, 1992

o.r. Aschenbecher von Isao Hosoe, 1971

u. Zeitungsständer von Giotto Stoppino, 1971

Stuhl *Maui* von Vico Magistretti, 1997

KING-MIRANDA

Industrie-, Möbel- und Leuchtendesigner

1975 Studio in Mailand

1990 EDEN (European Designers Network) gegründet

Produkte

1974 Manifest *Type Face Design* für **Olivetti**

1978 Ausstellungsdesign *Design Process Olivetti 1908–1979*

1980 Corporate Identity für **Arteluce**

1983 Interfaces für Olivetti-Büromaschinen

1984 Diskothek *Sogno A* in Tokio

1986 Sessel *Beato* für Disform

1990 Stuhl *Sedia N* für Atelier International

1992 Ventilator *Polo* für Elettro plastica Elettrodomestici

1995 Mobiltelefone für Ericsson

1996 Leuchte *Borealis* für Louis Poulsen; Leuchte *Tam Tam* für Sirrah

Vielleicht war es die Mischung aus englischem Understatement und spanischem Temperament des Designteams King-Miranda, die überzeugte. 1996 vertraute die renommierte dänische Leuchtenfirma Louis Poulsen erstmals Nicht-Skandinaviern das Design einer Außenleuchte an. Das Ergebnis: Eine Hightechblüte namens *Borealis,* die nun u.a. den Platz vor dem La-Defense-Bogen in Paris erhellt. Spezialität des seit Mitte der 70er Jahre in Mailand ansässigen Teams ist die Kombination von seriöser Designforschung, in Szene gesetztem Technologiecharme und Mut zu suggestiven Formen, die emotionale Bedürfnisse erfüllen – ob bei Interfaces und Fotokopierern für **Olivetti**, bei Stühlen und Sesseln oder bei Corporate-Identity-Projekten. Das Licht übt auf Perry A. King und Santiago Miranda eine besondere Faszination aus. Der bekannteste ihrer zahlreichen Entwürfe für **Arteluce** ist *Donald,* eine freundliche Hommage an die berühmte Comicente. Außer in zahlreichen Forschungsprojekten engagieren sie sich in dem von ihnen gegründeten europäischen Netzwerk EDEN.

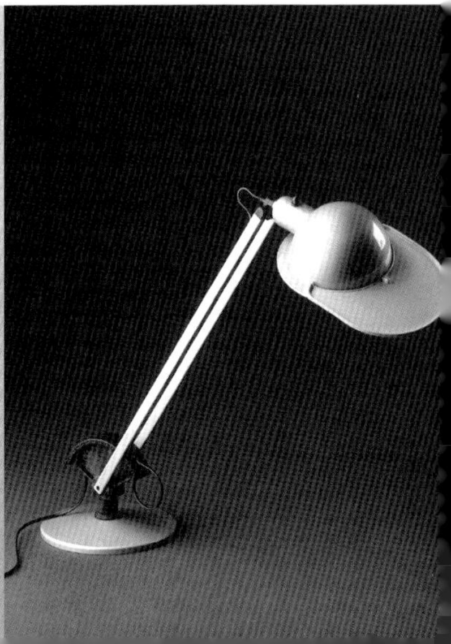

Handy *GSM* für Ericsson,1995

Leuchte *Donald* für Arteluce, 1978

KRIZIA

Modedesignerin

Ihren Künstlernamen Krizia leitet sie aus einem Dialog Platons ab, in dem die Eitelkeit der Frauen gegeißelt wird. Mariuccia Mandelli war schon als Jugendliche modebegeistert, wurde auf Wunsch der Familie allerdings erst Lehrerin. 1954 schließlich begann sie, tragbare, funktionale Mode für junge Frauen zu entwerfen. Schlagartig im Rampenlicht stand Krizia 1964, als sie den Preis *Critica della Moda* für ihre Präsentation im Palazzo Pitti in Florenz gewann. In den 60er Jahren experimentierte sie mit Op-Art-Elementen und brachte bereits 1970 Hot pants auf den Laufsteg, die im folgenden Jahr zum europäischen Modehit wurden.

Besonderes Markenzeichen ist Krizias Zoo. Seit Ende der 60er enthält jede Kollektion als Glücksbringer ein Tier, das sich auf T-Shirts, Pullovern oder Kleidern wiederfindet. Krizia versucht bewußt, ein Panorama von Modellen anzubieten, in dem jede Kundin das zu ihr passende Stück finden kann. Mit ihren Kreationen trug sie maßgeblich zum Erfolg der italienischen Prêt-à-porter-Mode bei.

1933 Mariuccia Mandelli in Bergamo geboren

1954 näht erste Oberteile und Röcke

1964 präsentiert Kollektion in Florenz und gewinnt Preis *Critica della Moda*

1970 Ihre Hotpants erregen Aufsehen

1971 erhält den *Tiberio d'oro*

1986 Auszeichnung *Commendatore della Repubblica Italiana*

1995 Ausstellung *Krizia. Una storia* in Mailand

Produkte

1964 Op-Art-Kollektion

1967 Strickwarenkollektion *Kriziamaglia*

1970 Hot Pants

1978 plissierte Regenmäntel

1991 Herrenkollektion *Krizia Uomo*

l. Modell aus der Kollektion Sommer 1997

r. Kleid, 1964, erhielt den *Premio Pitti Critica della Moda*

Ugo LA PIETRA

Künstler, Architekt, Möbel- und Leuchtendesigner

1938 geboren in Tirino (Pescara)
1964 Architekturstudium in Mailand abgeschlossen
1973 Mitbegründer von **Global Tools**
1979 *Compasso d'oro*
1981 Redakteur bei *Domus* (bis 1985)
1985 Art Director bei **Gruppo Industriale Busnelli**

Produkte

1969 Bücherregal *Uno sull'altro*
1975 Baldachinbett *Telaio*
1983 *La casa telematica* auf der Möbelmesse Mailand
1984 Sessel *Pretenziosa*; Sessel *Agevole* beide für Gruppo Ind. Busnelli
1988 Marmortisch für **Up&Up**
1997 Spiegel *A bocca aperta*

Einer Tischplatte entspringen Gewächse, und auf der planen Fläche einer vorgeblichen Vase sprießen kleine Gärten, statt daß der Behälter deren Früchte aufnähme. Mit »moralischer Skrupellosigkeit« (Pierre Restany) vertritt Ugo La Pietra die Überzeugung, daß Kunst- und Gebrauchsgegenstand sich angenähert haben (ohne dabei Kunsthandwerk zu meinen). Dabei werden zahlreiche seiner Entwürfe von **Zanotta**, **Gruppo Industriale Busnelli** oder **Poggi** in Serie produziert. Der Designer, Künstler, Filme- und Ausstellungsmacher, Kritiker und Philosoph bezeichnet sich selbst als Forscher, dem es um die Erkundung des Verhältnisses zwischen Individuum und Raum, zwischen Mensch und urbanem Umfeld geht. Mit Untersuchungen über das »sistema disequilibrante«, über das Ungleichgewicht, leistete er seinen Beitrag zum **Radical Design** der 60er und 70er Jahre. La Pietras »phantastische« Objekte und Installationen haben die heile Welt des Designs tatsächlich aus der Balance gebracht, indem sie irritieren, Fragen aufwerfen und neue Sichtweisen erzeugen.

Hausbar für *Sellaro*, 1988

Sessel *Agevole* für Gruppo Ind. Busnelli, 1984

LA RINASCENTE

Warenhausgruppe

Die Geschichte La Rinascentes, heute die größte Warenhauskette Italiens, war in den 50er Jahren eng mit der Geburt des italienischen Industriedesigns verknüpft. 1954 rief das Kaufhaus den bedeutenden Designpreis *Compasso d'oro* ins Leben, um, so La-Rinascente-Chef Aldo Borletti, »die Industriellen und Handwerker dazu zu ermuntern, ihre Produktion im technischen Bereich, aber auch im ästhetischen anzuheben«.

Im letzten Jahrhundert von Ferdinando Coccone als erstes italienisches Konfektionswarengeschäft gegründet, wurde das schnell wachsende Unternehmen 1918 an den Geschäftsmann Borletti verkauft. Das Stammhaus La Rinascente (»die Wiedergeborene«) an der Mailänder Piazza del Duomo, wie es fortan nach einer Idee des Dichters Gabriele d'Annunzio hieß, beauftragte schon in den 20er und 30er Jahren den Maler Marcello Dudovich mit der Gestaltung von Plakaten für die eleganten Bekleidungskollektionen. In den zwei Jahrzehnten nach dem Ende des Zweiten Weltkriegs wurde La Rinascente zu einem Sammelbecken für begabte junge Gestalter. Die neue Firmenkommunikation entwarfen die Grafiker **Max Huber**, **Albe Steiner** (Abb. S. 45) gemeinsam mit Dudovich, Schaufenstergestaltung und Präsentationen wurden Künstlern und Designern wie **Bruno Munari** und **Tomàs Maldonando** anvertraut, und die hauseigene Designabteilung nutzten etliche junge Industriedesigner als Sprungbrett, darunter **Mario Bellini**. Auch Modepapst **Giorgio Armani** begann übrigens seine Karriere bei La Rinascente – als Einkäufer für die Modeabteilung.

1865 Ferdinando Bocconi eröffnet erstes italienisches Geschäft für Konfektionsware in der Via Santa Radegonda in Mailand und zieht vier Jahre später an die Piazza del Duomo

1917 Verkauf des Warenhauses an Senatore Borletti; der Dichter Gabriele d'Annunzio erfindet den neuen Namen La Rinascente

1918 Zerstörung durch Brand

1921 Wiedereröffnung

1943 Zerstörung durch Bombe

1950 Wiedereröffnung

1954 Gründung des *Compasso d'oro* durch La Rinascente

1967 *Compasso d'oro*

Schaufenstergestaltung von Carlo Pagani, 1951

Plakat *Buone Vacanze* von Roberto Sambonet,1958

LANCIA

Automobilhersteller

Lancia (heute Fiat Auto spa), Turin

1906 gegründet von Vincenzo Lancia in Turin

1937 Vincenzo Lancia gestorben

1969 Übernahme durch Fiat

Modelle

1921 Limousine *Lambda*

1939 *Astura Cabriolet*

1951 *Aurelia Spider*

1959 *Flaminia Coupé*

1969 *Flavia Coupé 2000* die letzten vier von **Pininfarina**

1971 Sportwagen *Stratos* von **Bertone**

1975 *Beta Spider* mit Targadach von Pininfarina

1997 Limousine und Kombi *Lancia k*

Den rasanten **Alfa Romeos** stellte Lancia das Konzept eines mondänen Lebensstils gegenüber, in den 50er Jahren repräsentiert durch so elegante Modelle wie den Lancia *Aurelia* von 1951, den *Aurelia B24 Spider* von 1954, die Luxuslimousine *Flaminia* von 1956 mit ihrem Panoramafenster und so noble Käufer wie Fürst Rainier von Monaco, Brigitte Bardot oder Marcello Mastroianni. 1906 hatte der Rennfahrer Vincenzo Lancia das Unternehmen gegründet, das in den 30er Jahren selbst große Erfolge im Grand-Prix- und Rallyesport verzeichnen konnte und sich außerdem der Produktion von Upper-Class-Limousinen widmete. Meilensteine der Autogeschichte wurden der *Lambda* von 1921, der über die erste selbsttragende Karosserie der Welt verfügte, und der *Aprilia* von 1937 mit seiner fließenden Karosserie, in der Coupé-Version von **Pinin Farina** außerdem die italienische Variante der amerikanischen Stromlinie. Nach dem Krieg konnte Lancia sowohl an die Rennerfolge der 30er Jahre als auch an seinen Ruf im Design anknüpfen – durch die Zusammenarbeit mit **Bertone**, Pininfarina, Touring und Zagato, die viele Spezialkarosserien für die Turiner Firma anfertigten. Seit 1969 besteht Lancia, heute Garant für edle Mittelklassemodelle, als Marke innerhalb des übermächtigen **Fiat**-Konzerns.

Lancia *Lambda IV*, 1924

Seite 233
o. Lancia *Aurelia Spider*, 1954
u. Lancia *Stratos* von Bertone, 1971

Alitalia
CHAMPION
HF
Alitalia

Piero LISSONI

Architekt und Möbeldesigner

1956 geboren in Seregno
Architekturstudium in Mailand
1977 Mitarbeit im G14 Studio, Mailand (bis 1984)
1984 Studio in Mailand
1998 Showroom für **Cappellini** in Mailand

Produkte
1984 Corporate-Image für **Molteni & C.**
1989 Küche *Esprit* für **Boffi**
1993 Leuchte *Filoti* für **Artemide**
1995 Bett *Atlantic* und Sofa *Met* für **Cassina**
1996 *Bench-Sofa* für Living Divani

Piero Lissoni haßt den exzessiven Personenkult und übertriebenen Objektfetischismus im Design. Mit solchen Produkten, so meint er, lasse es sich nur schwer leben. Seine Gegenposition formuliert er über die »stille Qualität« seiner Entwürfe. Sein bequemer Sessel *Frog* und seine diskreten Sofas *Village* und *Box* für Living Divani, sein Bett *Basics* – Nomen est omen – und sein auf quadratischen Modulen basierendes Schranksystem *Modern* für Porro, die Küchen *Esprit*, *Works* und *WK 6* für **Boffi** und seine Sofas für **Cappellini** und **Cassina** gehen allesamt behutsam mit dem Formenvokabular um – sie sind schlicht und funktional. Nicht umsonst gibt er Charles Eames, Ludwig Mies van der Rohe und Eileen Gray als seine historischen Bezugspunkte an. Wie sie strebt er Ernsthaftigkeit und Stimmigkeit zwischen Entwurf, Material und Konstruktion an. Sein Designkonzept bezeichnet der gefragte Lissoni als »mittelalterlich«: Seiner Ansicht nach ist der Designer heute gefordert, alle Aspekte, die mit einem Projekt zusammenhängen, zu gestalten. Deshalb beschäftigt sich sein Studio außer mit Innenarchitektur und Möbeldesign auch mit Public Relations, wie z.B. für die Firmen Boffi, Lema, Cappellini und Units. 1998 hat er außerdem den neuen Showroom von Cappellini in Mailand gestaltet.

System *Modern* für Porro, 1996

LUCEPLAN

Leuchtenhersteller

Autopsie in einer Lichtfabrik am Stadtrand von Mailand: Wie aufgespießte Insekten sind bei Luceplan die säuberlich in ihre einzelnen Bestandteile zerlegten Hightechgebilde ausgestellt. Die Präsentation setzt auf Transparenz – gleichzeitig eines der auffälligsten Konstruktionsprinzipien aller Leuchten, die hier entwickelt werden. Alles bei Luceplan wirkt zeitgemäß: die technikbetonten Formen, die klare Corporate Identity, die wagemutigen Messepräsentationen wie 1996 auf der *Euroluce*, als man mit spektakulärem Understatement statt Leuchten zweidimensionale technische Zeichnungen und Konzepte präsentierte.

Luceplan ist eines der modernsten Lichtlabors der 90er Jahre, und seine Designer gehören zu den vielversprechendsten der jüngeren bis mittleren Generation. Zwei von ihnen, **Paolo Rizzatto** und **Alberto Meda** – ein Architekt und ein Ingenieur –, haben der Kollektion von Anfang an ein unverwechselbares Gesicht gegeben, wie mit der schillernden Hängeleuchte *Titania* (Abb. S. 38), deren Farbfilter nach eigenem Gusto austauschbar sind,

Luceplan spa, Mailand

1978 gegründet von Riccardo Sarfatti, **Paolo Rizzatto** und Sandra Severi

Produkte

1980 *D 7* von Paolo Rizzatto

1985 *Berenice* von **Alberto Meda** und Paolo Rizzatto

1986 *Costanza* von Alberto Meda und Paolo Rizzatto

1987 *Lola* von Alberto Meda und Paolo Rizzatto

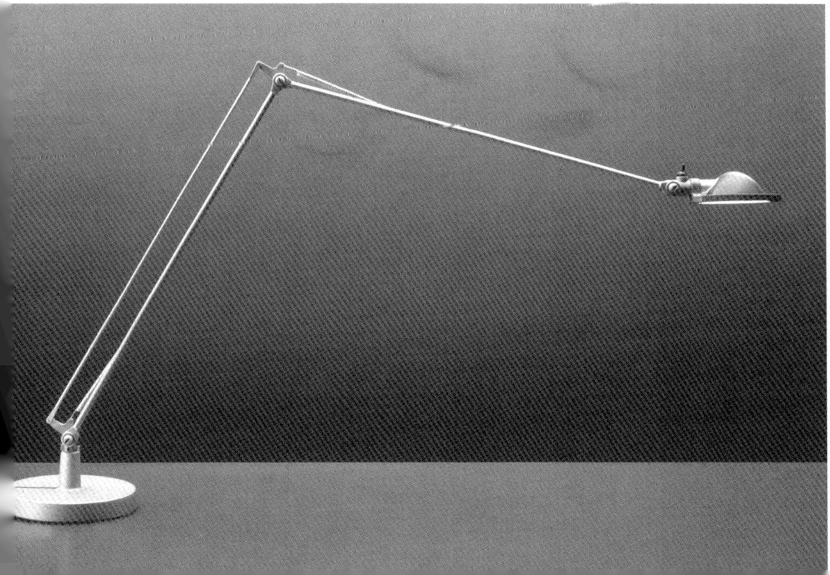

Schreibtischleuchte *Berenice* von A. Meda und P. Rizzatto, 1985

1988 *On Off* von Alberto Meda, **Franco Raggi** und **Denis Santachiara**

1989 *Titania* von Alberto Meda und Paolo Rizzatto

1992 *Metropoli* von Alberto Meda, Paolo Rizzatto und Gino Sarfatti

1994 *Lucilla* von Paolo Rizzatto; *Ottavia* von Luciano Balestrini und Paola Longhi

1995 *Orchestra* von Alberto Meda und Paolo Rizzatto

1998 *Glassglass* von Paolo Rizzatto

mit der filigranen Schreibtischleuchte *Berenice*, die mit dem Detail eines matt schimmernden grünen oder blauen Reflektors die Idee traditioneller Bibliotheksleuchten intelligent transformiert hat, oder mit der geometrischen Tischleuchte *Costanza*, die beim besten Willen nicht weiter zu vereinfachen ist. Außer Meda und Rizzatto entwerfen für Luceplan u.a. Jean Nouvel, Häberli & Marchand, Dante Donegani, **Denis Santachiara** und Ross Lovegrove. Eines der neueren Objekte ist die Hängeleuchte *Glassglass*, die Rizzatto mit einer ausgetüftelten Haltevorrichtung ausgestattet hat. Sie ist so konzipiert, daß verschiedene Schirme – farbige oder klare, runde oder spitze – in einen Ring aus Aluminium eingeklinkt werden, der wiederum an einem Bügel mit dem stromführenden Kabel hängt. Das ist praktisch, weil man die Schirme auswechseln und auch leicht separat reinigen kann, und es ist auch typisch Luceplan in der Formulierung von Angeboten, ohne normativ zu sein. Trotz aller metallener Ästhetik ist kein Entwurf spröde, und knallige Farbeffekte kommen nicht zu kurz.

Jeder Realisierung geht jahrelange Forschungsarbeit voraus; Teamwork wird großgeschrieben. Gegründet wurde Luceplan Ende der 70er Jahre von drei Architekten – Riccardo Sarfatti, dem Sohn des Lichtpioniers **Gino Sarfatti**, Paolo Rizzatto und Sandra Severi (inzwischen ist auch Alberto Meda Teilhaber). Die Architektur ist bis heute der zentrale Referenzpunkt für das Team, das sich, bevor es an eigene Entwürfe und Produktion dachte, mit Beleuchtungsprojekten für die Flughäfen Linate und Malpensa in Mailand einen Namen machte. Bis heute nehmen technisches Licht und Architekturbeleuchtung einen wichtigen Stellenwert in der Unternehmenspolitik ein – wie auch die Überzeugung, daß zu gutem Design ein vernünftiger Preis gehört.

Seite 237

l.o. Tischleuchte *On Off*, 1988

l.u. Elemente für Hängeleuchte *Titania*, 1989

r. Stehleuchte *Lola*, 1987

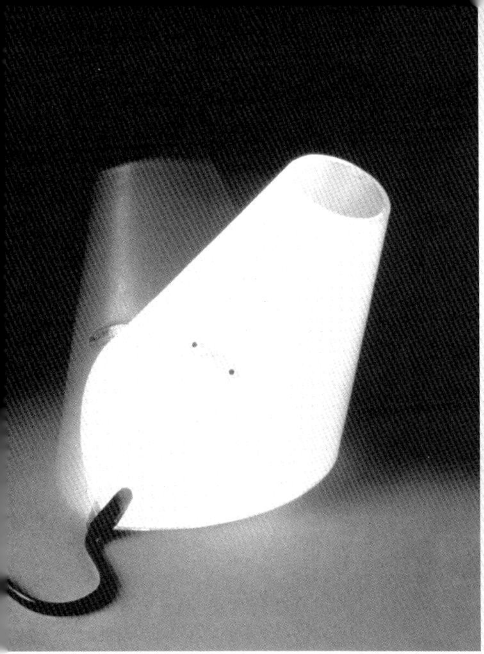

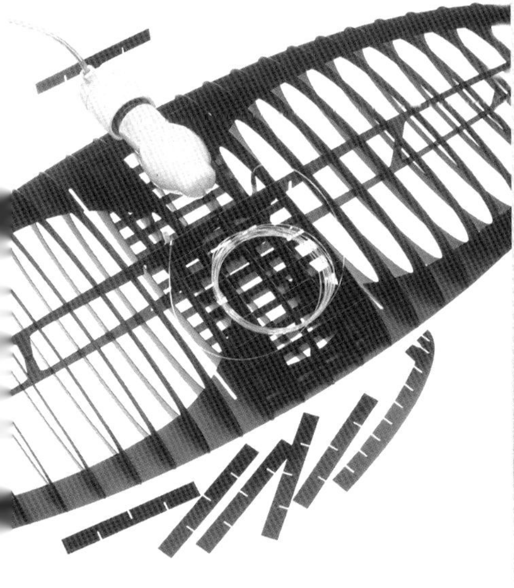

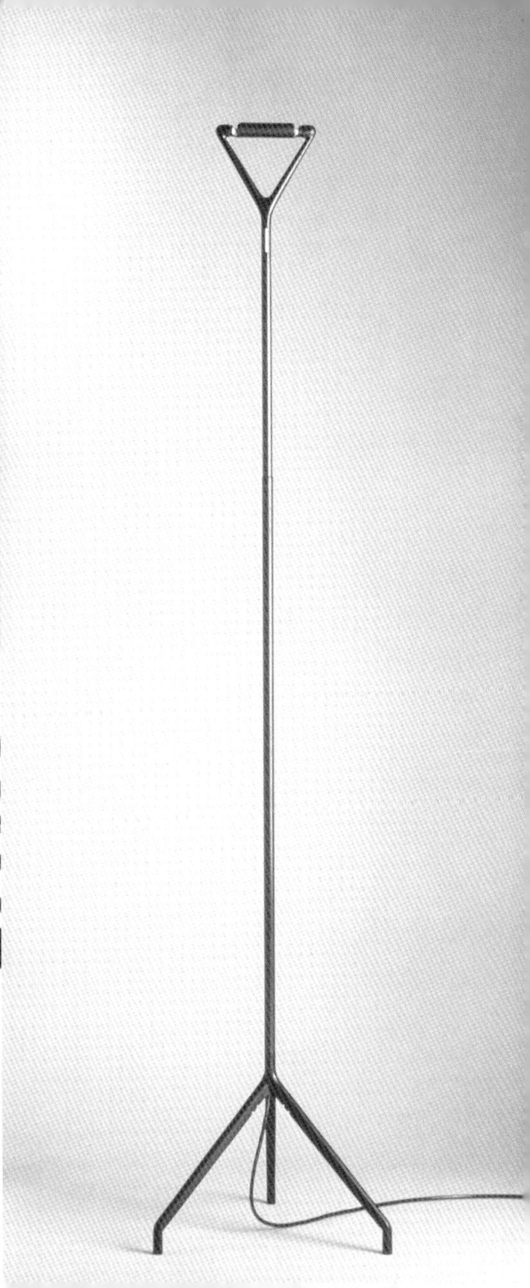

Italo LUPI

Grafikdesigner

1934 geboren in Cagliari

1960 Architekturstudium in Mailand abgeschlossen

1962 Beratung für **La Rinascente**

1966 Assistent von **Pier Giacomo Castiglioni** am Polytechnikum, Mailand

1974 Art Director von *Abitare* (bis 1984)

1978 lehrt am Istituto Superiore, Urbino (bis 1980)

1983 Art Director der *Triennale*, Mailand (bis 1989)

1984 Art Director von IBM Italia (bis 1988)

Italo Lupi wandert zwischen den Feldern Kommunikation und Kunst hin und her. Er hat das Profil des zeitgenössischen italienischen Grafikdesigns maßgeblich geprägt, ohne bei seinen Entwürfen festen Regeln zu folgen. »Man realisiert, daß einige grafische Probleme vielleicht eine dreidimensionale Lösung haben.« Außerordentlich einflußreich wurde Lupi durch seine Gestaltungen für die Vatikanischen Museen, das Beleuchtungsunternehmen **bTicino**, die RAI und vor allem als Art Director für die Zeitschriften **Domus** und **Abitare**.

Lupis Stil besteht in der konsequenten Ablehnung eines durchgehenden Gestaltungsrasters. So präsentiert er in seinen Arbeiten eine oft komplexe, jedoch immer heitere Art der Kombination typographischer, zeichnerischer und fotografischer Elemente, wie bei seinem Kalender für das Jahr 1991, der von farbigen Zahlen überschwemmt wird. Er setzt einen wachen, aktiven Benutzer voraus, dem Freude an chromatischen Feinheiten lieber ist als eine schnelle Orientierung.

Für besonderes Aufsehen sorgte die Gestaltung der Ausstellung *Latin Lover*, die er 1996 für die Modemesse *Pitti Immagine* in einem stillgelegten Bahnhof gestaltete. »Nach der Ausstellung bleibt einem nicht nur ein Katalog erhalten, sondern auch die Erinnerung an eine spektakuläre Kommunikation«, faßte Altmeister **Achille Castiglioni** seine Eindrücke zusammen. Die ironische und von Lebenslust vibrierende Präsentation dieses italienischen Mythos bewegte sich entlang einer Achse, deren Endpunkt ein Pavillon bildete, der Rodolfo Valentino, dem Inbegriff des Latin Lovers schlechthin, gewidmet war. Dabei führte der Weg an einer Ahnengalerie des »südländischen Mannes an sich« vorbei, gezeigt auf 48 Fotografien, die Lupi allerdings »gestürzt« hatte: Sie liegen auf Adriasand, ihrer »Arbeitsgrundlage«, weich gebettet auf dem Boden. Zur Zeit ist Italo Lupi Art Director und verantwortlicher Direktor der Designzeitschrift *Abitare*. 1998 hat er für die Gestaltung der **Olivetti**-Firmenzeitschrift *If* den begehrten *Compasso d'oro* erhalten.

1986 Art Director von *Domus*

1989 Art Director der *Internationalen Design Konferenz* in Aspen

1992 Herausgeber und Art Director von *Abitare*

1998 *Compasso d'oro*

Arbeiten

1988 Poster für Ausstellung *Moda Italia* in New York; Design für die *Triennale* mit **Achille Castiglioni** und Paolo Ferrari; Buchprojekt *Printed in Italy*

1990 Poster für das Museo Di Storia Contemporanea, Mailand

1996 Ausstellungsdesign für *Latin Lover – a sud della passione* in Florenz

v.l.n.r.

Cover für die Zeitschrift *Domus*, 1990

Plakat für die Foto-Firma De Pedrini: Veranschaulichung des Alphabets, 1992

Zwei Kalenderblattgestaltungen für Grafiche Mariano (1991–1996)

Vico MAGISTRETTI

Architekt und Designer

1920 geboren Mailand
1945 Architekturstudium in Mailand abgeschlossen; Studio in Mailand
1958 Apartmenthäuser in Mailand in Via San Gregorio (bis 1959)1960 Design von Serienprodukten
1967 *Compasso d'oro* (auch 1979, 1995)

Produkte

1960 Stuhl *Carimate* für **Cassina**
1963 Wandleuchte *Mania*
1965 Leuchte *Eclisse*
1969 Kunststoffstuhl *Selene*
alle für **Artemide**
1972 Tisch *Tema* für **B&B Italia**
1973 Sofa *Maralunga* für Cassina
1977 Tischleuchte *Atollo* für **O Luce**; Regal *Nuvola rossa* für Cassina
1978 Bett *Nathalie* für **Flou**

Seite 241
Stuhl *Selene* für Artemide, 1969

»Mein Anliegen war es immer, keine Merkwürdigkeiten zu begehen«, hat Vico Magistretti in einem Interview gesagt. Vieles verkörpert er nicht: formale Exzesse, modisches Formengeplapper, schnellebige Ideen. Er fordert ein Design, das über Jahre besteht und legt diesen Maßstab auch an seine Arbeit an. Deren feinsinnige Qualität erschließt sich vor allem im täglichen Gebrauch. Fast alle seiner Entwürfe sind unaufdringlich. Im Reigen der grauen Eminenzen des italienischen Nachkriegsdesigns ist er der Grandseigneur: hochgeschätzt, als Person und Designer aber diskret und zurückhaltend. Ende der 50er Jahre trat er erstmals hervor. Der am ländlichen Stil angelehnte Holzstuhl *Carimate* für **Cassina** mit seiner Sitzfläche aus geflochtenem Bast leitete eine überaus fruchtbare Zusammenarbeit mit dem Traditionshersteller ein und machte Magistretti schlagartig als Meister der schlichten, auch strengen Formen bekannt. Für Cassina sollte Magistretti noch viele Möbel entwerfen, wie Anfang der 80er Jahre das kuschelige Polstermöbel *Sindbad*. Hier war die Assoziation von Pferdedecken über einem Gestell die ausschlaggebende Idee.

In den 60er Jahren, als wildeste Experimente mit Plastik angestellt wurden, versuchte auch Vico Magistretti etwas Neues: Plastik und Eleganz, war das zu verbinden? Als Gegensatz zu **Joe Colombos** berühmtem, von **Kartell** 1968 hergestelltem Stuhl *4867*, der »wie ein Elefant erschien«, wollte Magistretti einen aus einem Guß gefertigten Stuhl mit schlanken Beinen entwerfen. Das Experiment gelang: *Selene* wird heute noch von **Artemide** produziert. Er trug nicht unmaßgeblich dazu bei, daß der Kunststoff das Stigma des Minderwertigen und Billigen verlor. Für Artemide entwarf er 1965 auch die kleinen *Eclisse*-Lämpchen, die zunächst putzig aussehen, aber perfekt durchdacht sind. Mit Hilfe eines ausgeklügelten, wenngleich simplen und sympathischen Mechanismus kann der Benutzer den Lichtstrahl selbst regulieren,

1981 Sitzgruppe *Sindbad* für Cassina; Serie *Pan* für Rosenthal

1983 Sofa *Veranda* für Cassina

1989 Aluminiumstuhl *Silver* für **De Padova**

1997 Bett *Ospite* für Campeggi; Stuhl *Maui* für **Kartell**; Stuhl *Vicodue* für Fritz Hansen

1998 Lampe *Lara* für Artemide

indem er durch Drehen des gebogenen Reflektors entweder eine Halbmond-, Vollmond- oder Neumondsituation erzeugt. Leuchten entwarf Magistretti außerdem für **O Luce**, darunter die Tischleuchte *Atollo* von 1977 (Abb. S. 34), die mit ihrem geometrischen Aufbau – eine Halbkugel schwebt scheinbar schwerelos über einem Zylinder; Fuß und Haube sind gleichermaßen illuminierbar – eine kompositorische Meisterleistung ist. Seit Mitte der 80er Jahre prägt er außerdem die Kollektion von **De Padova** durch viele Entwürfe, wobei sich das Anliegen dieses Herstellers, eine hochkarätige Kollektion klassisch-eleganter Wohnkultur zu produzieren, genau mit seinen Vorstellungen deckt, wie deutlich bei seinem Stuhl *Silver*, einem Aluminium-Kunststoff-Re-Design von Marcel Breuers Holzstuhl *811* für Thonet aus dem Jahr 1925, zu sehen ist. Einer der erfolgreichsten jüngsten Entwürfe Magistrettis ist der Stuhl *Maui* für Kartell, mit dem er dem bereits von Arne Jacobsen perfektionierten Modell des simplen Schalenstuhls auf Stahlgestell eine Kunststoffversion gegenüberstellte.

Magistrettis wahre Leidenschaft ist übrigens trotz aller Designerfolge die Architektur geblieben. Mit ihr hat er in den 50er Jahren begonnen, und losgelassen hat sie ihn nie. Warum er trotzdem immer wieder profane Dinge entwirft? Magistretti weiß: »Das Design ist (...) der einzige Weg, um mit dem Nächsten in Kontakt zu kommen.«

Sofa *Maralunga* für Cassina, 1973

Seite 243

Sessel *Lousiana* für De Padova, 1993

Stehleuchte *Mezzachimera* für Artemide, 1966

Stuhl *Golem* für Poggi, 1970

MANDARINA DUCK

Taschen- und Accessoirehersteller

Plastimoda spa, Cadriano di Granarolo Emilia (BO)

1968 gegründet in Bologna

1977 Marke Mandarina Duck eingeführt

Produkte

1977 *Utility*-Kollektion

1981 *Tank*-Kollektion

1988 *Hera*-Kollektion

1994 *Wink*-Kollektion

Die Theorie, daß antizyklisches Handeln oft der Schlüssel zum Erfolg ist, hat Mandarina Duck bewiesen: 1977, als natürliche Materialien in gedeckten Farben den Lederwarenmarkt beherrschten, brachte das Unternehmen die überschäumend bunte und synthetische Taschenlinie *Utility* heraus. Heute ist das Unternehmen in Italien Marktführer, und die Taschen und Rucksäcke der sportlichen *Tank*-, der edlen schwarzen *Hera*- oder der verspielten *Wink*-Linie sind fast schon ein Muß im Accessoirebestand einer jungen Frauengeneration. Als »mythische Objekte« wurden die Produkte des Bologneser Unternehmens in einer demoskopischen Untersuchung schon in einem Atemzug mit der Levi's Jeans, dem Fiat *500*, dem **Brionvega**-Klappradio und der Coca-Cola-Flasche genannt. Beständig forscht Mandarina Duck im Bereich neuer Materialien und meldete etwa 80 technische Patente an. Die Zusammenarbeit mit namhaften Designern gehört zum Konzept. **Alberto Meda** hat für die mit Gummirippen versehene *Tank*-Kollektion eine spezielle Aufblastechnik angewandt, die aus der Autoindustrie stammt, und damit für Stabilität gesorgt. Innerhalb des Studios **De Lucchi** entwarf **Mario Trimarchi** das grafische Konzept. Das Studio entwickelte außerdem das Shopdesign für die Filialen. Inzwischen wurde die Gepäckkollektion um Timer, Schreibgeräte und Textiles erweitert.

Koffer für die Serie *Tank* von Alberto Meda, 1989

Seite 245

o. Tasche *Linea Twice*, 1998

l.u. Rucksack *Wink*, 1994

r.u. Shopdesign von Studio De Lucchi, 1996

Angelo MANGIAROTTI

Architekt, Möbel- und Produktdesigner

1921 geboren in Mailand

1948 Architekturstudium in Mailand abgeschlossen

1955 Zusammenarbeit mit **Bruno Morassutti** (bis 1960)

1956 Mitbegründer des **ADI**

1989 Bahnhöfe Certosa und Rogoredo in Mailand

1995 *Compasso d'oro*

Produkte

1955 Möbel *Multi-use* (und 1964, 1977) mit Bruno Morassutti

1960 Tischuhr *Section* mit Bruno Morassutti

1964 Tischuhr *T 11*

1966 Lampe *Lesbo* für Artemide

1971 Marmortische *Eros* und *Fiorera* für **Skipper**

1981 Regal *Estrual* für Skipper

1998 Tisch *T-table* für **Baleri**

»Das Material ist für das Design das, was das Gehirn für das Denken ist.« Angelo Mangiarotti ist der strenge Anwalt von Holz, Plastik, Glas und Co. Jedes Designprojekt betrachtet er in erster Linie als Transformation der verschiedenen Werkstoffe. Ob bei der Tischleuchte *Lesbo* für **Artemide** aus milchig-geblasenem Glas, den Tischen *Eros* und *Fiorera* aus Marmor für **Skipper**, dem Fiberglassessel *Chicago* oder dem Besteck *Ergonomica*, dessen Gestaltung ganz den Nutzerbedürfnissen folgt: statt nach dem formalen Meisterstück zu suchen, läßt Mangiarotti immer der eigenwilligen Sprache der Materialien den Vortritt. Er hat sie so gut wie nie miteinander vermischt und in der Beschränkung fast eine Obsession entwickelt. Die Technologie spielt dabei die Rolle der Syntax, das Design die der Moderation des Verhältnisses von Thema und Variation. »Die Korrektheit des Designprozesses ist fast noch wichtiger als die Qualität des Produkts.« Die Liebe zu den Materialien hat Mangiarotti als Architekt entdeckt – der Schwerpunkt seiner gestalterischen Tätigkeit. Mit seinen Forschungen auf dem Gebiet der Vorfertigung und der Materialforschung, insbesondere der Kunststofftechnologie, hat er aber auch dem italienischen Design seit den 50er Jahren bis heute immer wieder Impulse gegeben.

Marmortisch *Eros* für Skipper, 1973

Seite 247

Fiberglasstuhl *Chicago* für Skipper, 1980

Sitzelement *Clizia* für Skipper, 1990

Steintisch *Incas* für Skipper, 1977

Karaffe *Askos* für Colle Cristalleria, 1986

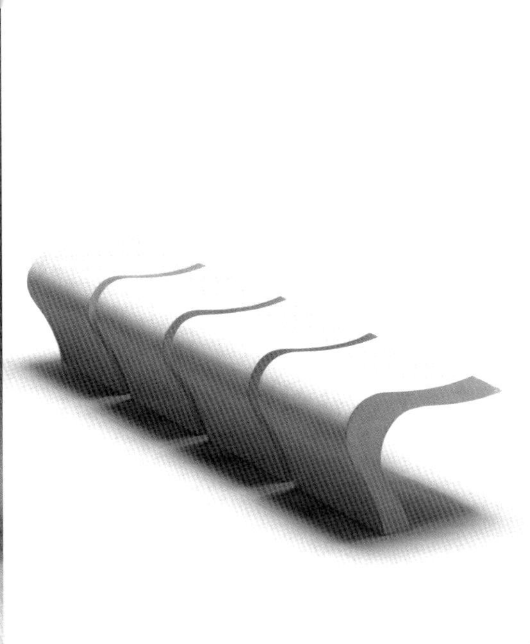

Enzo MARI

Künstler, Theoretiker, Möbel- und Produktdesigner

1932 geboren in Novara
1952 Kunststudium an der Accademia di Brera, Mailand, abgeschlossen
1963 Koordination der Künstlergruppe Nuove Tendenze
1965 Ausstellung über optische, kinetische und programmatische Kunst in Zagreb
1967 *Compasso d'oro* (auch 1979, 1987)
1972 Teilnahme an *Italy: The New Domestic Landscape*
1993 Designchef der KPM, Berlin

»Wenn ich ein Objekt gestalte und die Leute sagen: ›Oh, gut gemacht!‹, frage ich mich unwillkürlich: Was habe ich falsch gemacht? Wenn jeder es mag, bedeutet das, daß ich die bestehende Realität bestätigt habe, und das ist es genau, was ich nicht will.« Enzo Mari ist Sand im Getriebe des aktuellen Designbetriebs, der ihm ein Greuel ist, weil er zu viele sinnlose und kitschige Produkte hervorbringt. Denn Mari hat eine politische Vision von Design, die sich u.a. an Karl Marx und der Idee der »Egalité« – Gleichheit – der Französischen Revolution orientiert. Als Autodidakt über die Kunst zum Design gekommen, veröffentlichte er bereits 1952 erste theoretische Werke, z.B. über die Psychologie der visuellen Wahrnehmung sowie über Ästhetik und Entwurf. Seine über 1.400 Objekte und Möbel sind Gestalt gewordene Ideologie. Die Forderung: gutes und erschwingliches Design für alle. Seine Schale *Putrella* aus rohem Eisen, seine zerlegbaren Kinderspiele aus Holz, die Vasen und Objekte aus Plastik für **Danese** (Abb. S. 47) sind allesamt materialgerechte und anmutige Entwürfe. Das Nützliche

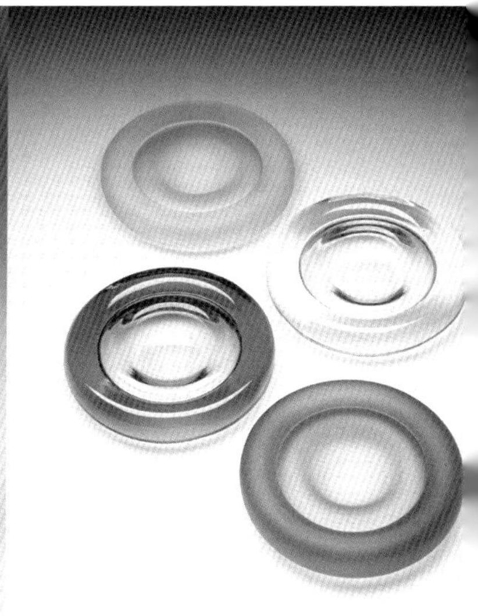

steht immer im Vordergrund, ob Mari Buchumschläge, Haushaltswaren, Wandfliesen oder Möbel gestaltet. Praktisch und funktional sind auch die Möbel, die er für **Driade** und **Zanotta** entworfen hat, wie den leichten Stapelstuhl *Delfina* oder die Schlafcouch *Day-Night*. 1993 wurde Mari Chefdesigner der traditionsreichen Königlich Preußischen Porzellanmanufaktur in Berlin. In enger Zusammenarbeit mit den Handwerkern entwickelt er hier wenige archetypische Formen, die dann in intelligenten Varianten produziert werden. Der Ideologe unter den italienischen Designern geht hart ins Gericht mit denen, die nur ihren eigenen Ruhm vor Augen haben: »Das wichtigste Problem für einen Designer ist, sein eigenes Modell einer idealen Welt zu definieren, und nicht, eine ästhetische zu kreieren. Wenn er keine eigene Ideologie hat, ist er ein Narr, der lediglich den Ideen anderer Leute Gestalt gibt.« Ob es ihm gelungen ist, seine Vorstellung zu verwirklichen, bleibt der Beurteilung des Konsumenten überlassen – Maris Produkte gehören nicht immer zu den preiswertesten, sicher aber zu den schönsten.

Produkte

1958 Schale *Putrella*
1966 Tischkalender *Timor* beide für **Danese**
1968 Fliesenserie *Elementare* für **Gabbianelli**
1970 Papierkorb *In Attesa* für Danese
1971 Stuhl *Sof-Sof*
1974 Stuhl *Delfina* beide für **Driade**
1984 Brieföffner *Giglio;* Kinderspiel *Sechzehn Fische* beide für Danese
1996 Service *Berlin* für KPM

v.l.n.r.
Stuhl *Tonietta* für Zanotta, 1985
Glasaschenbecher *Delos* für Danese, 1981
Schale *Putrella* für Danese, 1958

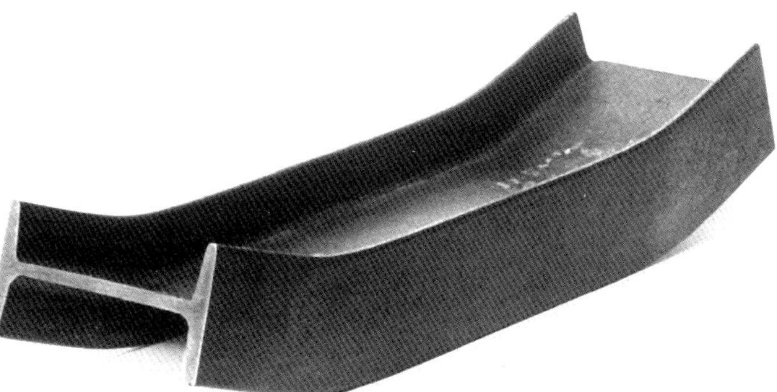

Sergio MAZZA, Giuliana GRAMIGNA

Architekten, Möbel- und Produktdesigner

1961 Sergio Mazza und Giuliana Gramigna gründen SMC Architettura

Produkte

1969 Mazza: Kunststoffsessel *Toga* für **Artemide**

1989 Gramigna: Armatur *Giuliana* für **Olivari**

1995 Leuchten *Flamen* und *Flamina* für Quattrifolio

Die Moderne steht bei den Entwürfen des Duos Mazza/Gramigna unverkennbar Pate: Sergio Mazzas bequemer Sessel *Poker* etwa besteht aus vier identischen Teilen, die als Seitenwand, Sitz- und Rückenfläche dienen – Minimalismus als Konzept. Ob Möbel, Leuchte oder Armatur: im Spannungsfeld zwischen erster Idee und industriellem Prozeß entfalten Sergio Mazzas und Giuliana Gramignas Entwürfe ihre Wirkung. Beide verstehen sich als Architekten-Designer, die alle Objekte mit Blick auf den Raum entwickeln. Dabei entstehen sowohl Gemeinschaftsprojekte, wie die zahlreichen geometrisch-klaren Leuchten für Quattrifolio oder Möbel für Cinova, Full und Frau, als auch, auf der Basis der gemeinsamen Grundüberzeugung, Soloarbeiten.

Als Pionier der Kunststofftechnologie wurde Sergio Mazza bekannt, und zwar mit seinem ausladenden Plastikthron *Toga* (Abb. S. 7), den er 1969 für **Artemide** entwarf, heute das Prunkstück vieler Designsammlungen. Giuliana Gramigna machte sich vor allem durch ihre puristischen Armaturen für **Olivari** einen Namen.

Kunststoffbehälter *Bacco* für Artemide, 1967

Leuchte *Marlia* für Quattrifolio, 1989, beide von Sergio Mazza

Alberto MEDA

Industrie- und Möbeldesigner

Von Charles Eames hat Alberto Meda gelernt, daß ein Projekt mit einer konstruktiven Idee beginnt, und nicht mit einer formalen. Wichtigste Inspirationsquelle des Designers, der im Gegensatz zu den meisten seiner italienischen Kollegen kein Architekt, sondern von Haus aus Ingenieur ist, sind die neuen Technologien. Alberto Meda betrachtet sie als »Supermarkt der kreativen Möglichkeiten«, die allerdings klug interpretiert werden müssen. Für **Mandarina Duck** z.B. schaute er sich in der Autoindustrie um – in der er selbst jahrelang als Berater für **Alfa Romeo** gearbeitet hat – und übertrug die »blowing technology«, die u.a. für die Konstruktion von Autotanks eingesetzt wird, ins Design. Das Ergebnis: die Kofferserie *Tank*, die nicht nur extrem stabil und druckbeständig, sondern auch besonders leicht ist.

Ein weiteres Thema, das Meda auch im Möbeldesign interessiert, ist Transparenz. **Gio Pontis** 1957 als leichtester Stuhl der Welt gefeiertem *Superleggera* stellte er mit *Light Light* für **Alias** seine Variante der 80er Jahre gegenüber. Nomen est omen: der filigrane

1945 geboren in Lenno Tremezzina (Como)

1969 Maschinenbaustudium in Mailand abgeschlossen, danach Assistent bei Magneti Marelli (bis 1973)

1973 technischer Direktor bei **Kartell** (bis 1979)

1979 freier Designer, Zusammenarbeit mit **Franco Raggi** und **Denis Santachiara**

1982 Design für **Alfa Romeo** (bis 1986)

1984 Zusammenabeit mit **Italtel**

1987 Zusammenarbeit mit **Alias** und **Luceplan**

1989 *Compasso d'oro* (auch 1995)

Liege *Longframe* für Alias, 1994

Produkte

1986 Schreibtischleuchte *Berenice* für **Luceplan** mit **Paolo Rizzatto**

1987 Stuhl *Light Light*; Tisch *Dry* beide für Alias

1988 Leuchte *On Off* für Luceplan mit **Franco Raggi**, **Denis Santachiara**

1989 Kofferserie *Tank* für **Mandarina Duck**; Hängeleuchte *Titania* für Luceplan mit P. Rizzatto

1992 *Metropolis* für Luceplan

1993 Kristall-Titan-Gläser für Compagnia Italiana del Cirstallo

1994 Sitzsystem *Frame* für Alias

1997 Bürostuhl *Meda Chair* für Vitra

Seite 253

Bürostuhl *Meda Chair* für Vitra, 1997

Leuchte *Metropoli* für Luceplan, 1992, mit Paolo Rizzatto und Riccardo Sarfatti

Stuhl *Light Light* für Alias, 1987

Stuhl aus Fiberglas in Verbindung mit Aluminium bringt das Fliegengewicht von knapp zwei Kilogramm auf die Waage. Meda geht es stets um die experimentelle Erarbeitung neuer Materialmöglichkeiten und um ihre angemessene Darstellung. Das Rüstzeug dafür hat er nicht zuletzt in den 70er Jahren während seiner Tätigkeit als technischer Direktor von **Kartell** mitbekommen – eines Unternehmens, das der Designgeschichte etliche wichtige Kapitel, v.a. durch Forschung und Entwicklung neuer Kunststoffe hinzugefügt hat. Auf dieser Basis baut auch Meda sein Design auf. Und das läßt sich mit Poesie vereinbaren, wie besonders deutlich seine Leuchten für **Luceplan** zeigen, darunter Berühmtheiten wie *Lola*, *Berenice* oder *Metropolis*. Sein erfolgreichster Entwurf, die Hängeleuchte *Titania* (die er gemeinsam mit **Paolo Rizzatto** realisiert hat), ist einerseits ein glasklar konstruiertes Hightechprodukt, andererseits erinnert es an ein geheimnisvolles schwebendes Ufo (Abb. S. 38).

Medas Entwürfe wirken immer einfach und unprätentiös, frei nach dem einmal von ihm formulierten Paradox: »Je komplexer eine Technologie ist, desto mehr eignet sie sich für einfache Gebrauchsgegenstände.« Am schönsten zeigt die kleine Tischlampe *On-Off* dieses Prinzip. Windschief auf dem Tisch stehend, läßt das Objekt sich durch Kippen in die eine oder andere Richtung an- bzw. ausschalten – die Idee, Licht durch eine Geste zu schaffen, ist selten sinnfälliger vermittelt worden. Hochkomplex dagegen ist der vielfach ausgezeichnete Büro- und Konferenzstuhl *Meda Chair* für Vitra, was man ihm aber, und das ist das Besondere, nicht ansieht.

Die Fähigkeit, leichte und simple Formen zur Übersetzung und Humanisierung von neuen Technologien zu finden, hat Alberto Meda zu einem der interessantesten italienischen Designer der 90er Jahre gemacht.

MEMPHIS

Designergruppe, außerdem Kollektions- und Firmenname

1981 gegründet von **Ettore Sottsass** und **Michele De Lucchi**;
erste Memphis-Ausstellung in Mailand

1982 zweite Memphis-Ausstellung in Mailand

1986 2. Memphis-Generation *Twelve New*

1988 Auflösung der Gruppe Memphis

Produkte

1981 Regal *Carlton*;
Tischleuchte *Tahiti*;
Sideboard *Beverly*;
Regal *Casablanca*,
alle von **Ettore Sottsass**;
Sofa *Dublin*
von **Marco Zanini**;
Leuchte *Super*
von Martine Bedin;
Regal *Gritti*
von **Andrea Branzi**

Nach der spektakulären ersten Ausstellung von Möbeln, kunsthandwerklichen Objekten und Leuchten der Gruppe Memphis 1981 in Mailand brachte es Nancy Adams, die Kritikerin der *Chicago Tribune*, auf den Punkt. Das, was sie gesehen habe, sei vor allem eines nicht: langweilig. Mit Memphis geriet die geordnete Designwelt in Aufruhr. Was schon mit dem **Radical Design** und der Gruppe **Alchimia** in den 60er und 70er Jahren begonnen hatte, wurde nun auf einmal populär und löste erheblichen Medienrummel aus. Die Vorstellung eines schönen, nützlichen und funktionalen Designs als einzig denkbarem Modell hatte ausgedient. Allerdings verfolgte Memphis keine so dezidiert politischen Ziele wie die frühen Designrebellen.

Memphis präsentierte in jener Ausstellung und in vielen folgenden multifunktionale, bunte und uneindeutige Objekte: Regale, die nicht mehr wie Regale aussahen, wie *Carlton* (Abb. S. 12) oder *Casablanca* von **Ettore Sottsass**, Lampen, die nicht mehr in erster Linie leuchten wollten, sondern zugleich Spielzeug waren,

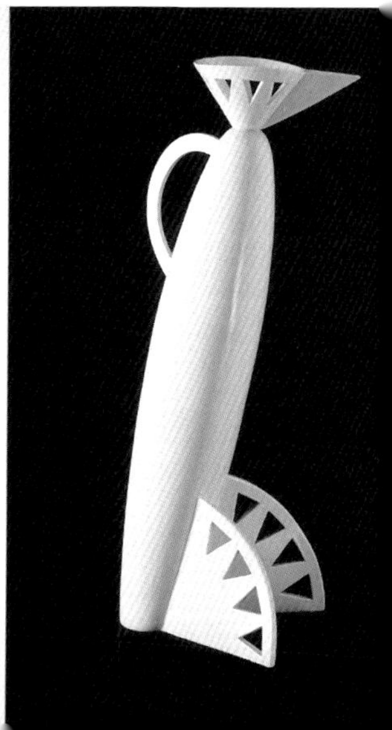

Vase *Antares*
von Michele De Lucchi, 1993

Vase *Danubio*
von Matteo Thun, 1982

Seite 255
Regal *Casablanca*
von Ettore Sottsass, 1981

1982 Sofa *Lido*
von **Michele De Lucchi**; Vase *Alaska* für Rossi & Arcandi von Ettore Sottsass; Stoffe *Kenya*, *Gabon*, *Zaire*, *Zambia* für Rainbow von Nathalie Du Pasquier

1983 Tisch *Hollywood*
von Peter Shire; Stuhl *Palace*
von **George J. Sowden**; Vase *Volga*
von **Matteo Thun**; Stuhl *First*
von Michele De Lucchi

1984 *Objekte für das elektronische Zeitalter* von George J. Sowden und Nathalie du Pasquier

wie Martine Bedins *Super*, ein kleines Objekt auf Rollen, auf das bunte Glühlampen aufgesteckt waren, sowie Vasen, Teller und anderes Gerät, die mit dem üblichen Formenkanon brachen. Mit diesem Fest der Formen, Farben und Ideen schien auf einmal alles möglich. Die Gestaltung der Oberfläche erhielt den Vorzug gegenüber dem Leitsatz, daß die Form der Funktion folgen solle. In enger Zusammenarbeit mit der Firma **Abet Laminati** entwarfen die Memphis-Designer schrille Dekors für deren Kunststofflaminate, mit denen sie ihre Objekte einkleideten. Leitfigur und Kopf der Gruppe internationaler Designer und Architekten war Ettore Sottsass; zu den Aktivisten der ersten Stunde gehörten u.a. **Michele De Lucchi**, **Andrea Branzi**, Michael Graves, **Aldo Cibic**, Nathalie du Pasquier, Hans Hollein, **George J. Sowden**, Shiro Kuramata, Javier Mariscal, **Marco Zanini** und Daniel Weil. Der Titel der Gruppe kam zufällig zustande. Man ließ sich von Bob Dylans Song *Memphis Blues* inspirieren, der bei einem der geselligen Treffen gespielt wurde. Einen euphorischen Förderer fand die Gruppe in **Artemide**-Chef **Ernesto Gismondi**. Bewußt produzierten die Designer Kleinserienobjekte und stellten Kriterien wie Produzierbarkeit, Benutzbarkeit und Rentabilität in Frage. Lange allerdings blieb Memphis nicht antiindustriell, im Gegenteil: Der »Memphis-Stil« wurde gnadenlos imitiert und vermarktet. Immer mehr Designer ließen sich von der großen Welle mitreißen, und auch die Industrie griff zu. Zahlreiche Leuchten- und Möbelfirmen traten nun mit postmodernen Kunststückchen hervor. Die Memphis-Designer der ersten Stunde zogen sich bald zurück, und Ende der 80er Jahre löste sich die Gruppe auf (die Kollektion *Memphis* besteht bis heute). Aber da hatte Memphis schon die Bahn für ein **Nuovo Design** freigemacht, das auch die Designkultur anderer Länder massiv veränderte und für immer den blinden Glauben in eine rigide, rechtwinklige Designordnung erschüttert hatte.

Seite 257
Schrank *Ginza Robot*
von Masanori Umeda, 1982
Schale *Sol*
von Ettore Sottsass, 1982
Tisch *Cairo*
von Michele De Lucchi, 1996
Laminat *Serpente*
für Abet Laminati, 1979

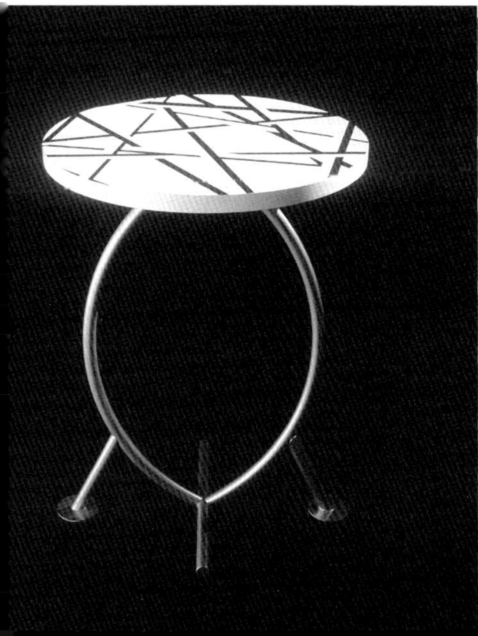

Alessandro MENDINI

Architekt, Designer, Publizist und Theoretiker

1931 geboren in Mailand

1959 Architekturstudium in Mailand abgeschlossen

1960 Partner im Studio **Nizzoli** Associati (bis 1970)

1970 Redakteur bei *Casabella* (bis 1976)

1973 Mitbegründer von **Global Tools**

1977 gründet die Zeitschrift *Modo* (Chefredakteur bis 1979)

1979 Chefredakteur der Zeitschrift *Domus* (bis 1985); Mitglied und Chefdenker von **Alchimia**, *Compasso d'oro*

1980 Ausstellung *L'oggetto banale* auf der Biennale di Venezia

1983 Berater für **Alessi**

Niemand hätte in den 60er Jahren erwartet, daß Alessandro Mendini, der in dieser Zeit bei **Nizzoli** Associati seriöse Design- und Architekturprojekte verfolgte, einmal zu einer der schillerndsten und widersprüchlichsten Figuren der alternativen Designkultur werden würde. Erst Anfang der 70er Jahre trat er in Mailand als unermüdlicher Vertreter eines von allen industriellen Zwängen befreiten Designs hervor: als umtriebiger Theoretiker bei den Zeitschriften *Casabella*, *Modo* und *Domus*, als Förderer der 1973 gegründeten Designschule **Global Tools** und als Vordenker der Gruppe **Alchimia**. Seit Ende der 70er Jahre sind mit Mendinis Namen die Konzepte von **Re-Design** und **Banal Design** – beispielhaft gezeigt an seinen ironisch verfremdeten Thonet- und Bauhaus-Stühlen, die er mit Wimpeln und Ornamenten ausstaffierte – untrennbar verbunden. Dekoration und Ornament spielen bei Mendini bis heute eine entscheidende Rolle. Sie überziehen seinen behäbigen *Poltrona di Proust* (Abb. S. 14), die kunsthandwerklichen Objekte für seine eigene *Collezione Privata* und die

für **Abet Laminati** entwickelten Oberflächen. Auch das Konzept des Schweizer Uhrenherstellers Swatch hat Mendini als Art Director mitgeprägt. Seit den 80er Jahren ist Mendini außerdem Berater Alberto **Alessis**; er strukturierte die gesamte Produktion des Herstellers aus Crusinallo um, steuerte selbst den Flaschenöffner *Anna G.* (Abb. S. 44) zum Sortiment bei und baute für Alessi die *Casa della felicità* am Lago di Orta.

Mendinis Entwürfe wirken oft fremdartig und undurchschaubar. Stilistisch vielschichtig, haben sie nie in das Raster des funktionalen Designs gepaßt, sondern laden eher zu Fragen nach Sinn und Zweck von Design ein und fördern dadurch vor allem Kommunikation. In jüngster Zeit widmet Mendini sich, gemeinsam mit seinem Bruder Francesco, wieder verstärkt der Architektur. Sein überbordendes Groninger Museum von 1993, das so gar nicht dem Konzept eines neutralen Ausstellungsraums entspricht, warf wieder viele Fragen auf – und ist damit typisch für das Schaffen des sanften Aufrührers.

1989 eröffnet mit seinem Bruder Francesco das Atelier Mendini in Mailand; Paradise Tower in Hiroshima mit Yumiko Kabayashi

1993 Museum in Groningen

Produkte

1978 Sessel *Poltrona di Proust* für **Alchimia** (1993 reediert von **Cappellini**)

1983 Tee- und Kaffeeservice für **Alessi**

1984 Sessel *Dorifora* für Zabro

1990 Armbanduhren *Cosmesis* und *Metroscape* für Swatch

1994 Straßenbahnhaltestelle für *Busstop*-Projekt, Hannover; Korkenzieher *Anna G.* für Alessi

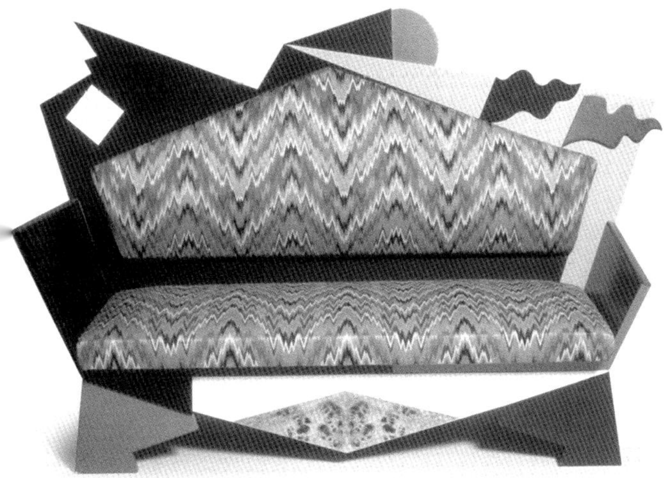

v.l.n.r.

Sessel *Scala* für Mastrangelo, 1996

Sessel *Vassilij* für Alchimia, 1978

Sofa *Kandissi* für Alchima, 1979

MISSONI

Modedesigner

»Wer hat gesagt, daß es nur Farben gibt? Es gibt auch Töne!« soll die legendäre amerikanische *Vogue*-Chefin Diana Vreeland ausgerufen haben, als Rosita Missoni ihr 1969 einen ganzen Koffer mit eigenen Kreationen präsentierte. Dieses Treffen war ein Meilenstein in einer der größten Erfolgsgeschichten des italienischen Modedesigns, denn das euphorische Urteil der Modepäpstin sollte den Missonis alle Türen öffnen.

Rosita Missoni übernahm die Geschicke einer Tuch- und Strickwarenfabrik in Gallarate, die sich bereits seit Jahrzehnten im Familienbesitz befunden hatte. Schon bevor er sie kennenlernte, teilte ihr Mann Ottavio, ein erfolgreicher Leichtathlet, das Interesse für Mode. Er hatte zusammen mit einem Freund Trainingsanzüge entworfen, die zur offiziellen Ausstattung der italienischen Mannschaft bei den Olympischen Spielen 1948 gehörten. Nach der Heirat widmeten sich beide zusammen in einem Mailänder Atelier der Herstellung von Strickwaren.

Die Missonis etablierten sich schnell als kreatives Gespann, das den Strickwaren ihr konservatives Image nahm. Zuerst für die Boutique von Biki, später für das Kaufhaus **La Rinascente** und seit 1966 mit eigenen Kollektionen bauten sie ihre Stellung in der Modewelt kontinuierlich aus.

Inspiriert von afrikanischen Kulturen oder der Op-Art entwarfen sie jugendlich-sportive Strickmode, die vor allem durch ausgefeilte Muster und eine raffinierte Kombination vielfältiger Farbtöne bis heute den Stil des Hauses Missoni ausmacht. Berühmt wurden vor allem die Zickzackmuster, die immer wieder die Kleidung aus dem Hause Missoni überziehen. Mit ihren Pullovern, die immer noch in eher kleinen Stückzahlen produziert werden, gelang es ihnen, Mode mit Kultstatus zu schaffen, in der sich Stars wie Tom Hanks oder Luciano Pavarotti gern und voller Stolz ablichten lassen.

1948 Ottavio Missoni entwirft Trainingsanzüge für die italienischen Teilnehmer der Olympiade in London
1953 heiratet Rosita Jelmini
1967 Modeschauen im Palazzo Pitti, Florenz
1969 Modell-Fabrik in Sumirago eröffnet
1970 Missoni-Boutiquen in Bloomingdale's Kaufhäusern
1973 *Neiman-Marcus-Preis*

Produkte

1966 erste Kollektion in Mailand
1975 Haushaltswäschesortiment
1980 Parfum *Missoni*
1984 Parfum *Missoni Uomo*
1985 Markteinführung *Missoni Sport*
1993 erste Kollektion Angela Missoni
1994 Retrospektive *Missonologia* in Florenz

Seite 261
l.o. Kollektion 1994
r.o. Kollektion 1989
l.u. Kollektion 1993
r.u. Kollektion 1993

Carlo MOLLINO

Architekt, Ingenieur, Fotograf, Designer

1905 geboren in Turin
1935 Fotokomposition *La Camera incantata*
1936 Beginn seiner selbständigen Tätigkeit als Architekt und Designer
1937 Reitclub Ippica in Turin
1944 Filmdekorationen zu *Femmes d'Escales* (mit C. Levi und I. Cremona)
1945 Sesselliftstation am Lago Nero (bis 1965); wird Freimaurer
1949 Casa Rivetti, Turin
1951 Buch über Skifahrtechnik; Auditorium für die RAI, Turin
1954 Sieg im Rennen von Le Mans
1960 Reitclub Ippica wird trotz großer Proteste abgerissen
1973 Fertigstellung Teatro Regio in Turin; gestorben in Turin

Seite 263
Schreibtisch, um 1950
Sessel für Apelli & Varesio, 1950
Stuhl für die Architekturfakultät in Turin, 1962

Als Carlo Mollino beschloß, Ski fahren zu lernen, war er binnen kürzester Zeit einer der besten Skiläufer Italiens, wurde Leiter der italienischen Wintersportvereinigung und veröffentlichte 1951 ein bahnbrechendes Buch über moderne Skifahrtechnik. Als international anerkannter Rennfahrer gewann er in den 50er Jahren zahlreiche Autorennen, darunter mehrfach das Rennen von Le Mans – und konstruierte nebenbei seine eigenen Rennwagen, wie z.B. den schnittigen *Bisiluro*. Als begeisterter Kunstflieger und Flugzeugkonstrukteur tat Mollino sich ebenso hervor wie als begnadeter Kunst- und Aktfotograf. Er zeichnete Damenmode und edle Schuhe und konnte als erfolgreicher Erfinder etwa 15 Patente anmelden, u.a. ein Steuerungssystem, das programmierte Kunstflugfiguren ermöglichte. Darüber hinaus betätigte Mollino sich als Bühnenbildner, Essayist und Filmausstatter. Und schließlich war er einer der ungewöhnlichsten Architekten und Möbeldesigner Italiens. Der von ihm entwickelte Personalstil wurde von der amerikanischen Zeitschrift *Interiors* Ende der 40er Jahre einmal als »Turinese Baroque« bezeichnet.

Mit dem **rationalistischen** Design seiner Mailänder Kollegen hatte der Exzentriker Mollino nichts gemeinsam. Seine Spezialität war ein von ihm selbst entwickeltes patentiertes Verfahren, um Sperrholz bei kalten Temperaturen zu biegen. Und er nutzte die Möglichkeiten redlich. Seine organischen Formen schwellen und züngeln, wuchern und wabern – nicht selten wurde ihm deshalb schlicht schlechter Geschmack bescheinigt. Vor exaltierten Formexperimenten wie dreibeinigen, seltsam geschwungenen Stühlen scheute er genausowenig zurück wie vor der hemmungslosen Nachbildung weiblicher Anatomie: Die Rückenlehnen seiner Stühle erinnern an Frauenrücken oder lüstern gereckte Zungen, zweigeteilte Sitzflächen an pralle Gesäße. Vorbild einiger seiner Tischbeine, von denen manche sogar in Stöckelschuhen steckten,

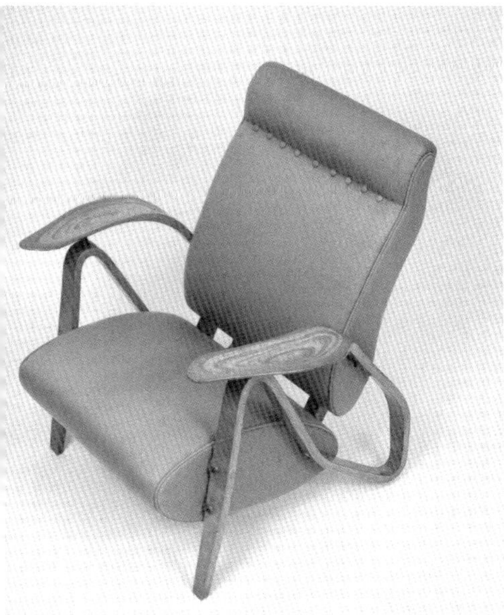

Produkte
1940 Stuhl für Lisa und **Gio Ponti**
1949 Interieurs und Möbel für die Casa Orengo, Turin
1950 Möbelserie *Arabesque*
1953 Sessel für das RAI-Auditorium in rotem Samt
1954 Rennwagen *Osca 1100*
1955 Rennwagen *Bisuluro*
1957 Möbel für die XI. *Triennale* in Mailand
1965 Damenmodekollektion

waren die der Tänzerinnen des *Crazy Horse*. Wenn es ein »erotisches« Design gibt, war Mollino sein inspiriertester Vertreter. Und auch so manche im Schnee geschwungene Kurve oder Kunstflugarabeske blitzt in seinen Möbeln auf: Leben und Werk sind bei Mollino zu einem opulenten Gesamtkunstwerk verschmolzen. Von seinem Vater Eugenio aber, selbst Architekt in Turin, hatte Mollino auch dessen Perfektionismus geerbt. Bei aller manierierten Pracht: Mollinos Möbel sind präzise Konstruktionen (Abb. S. 31), für die oft Modelle aus dem Flugzeug- oder Autobau Pate standen. Für die Serie waren seine Möbel allerdings nicht gemacht. Er entwarf sie meistens im konkreten Zusammenhang, wie im Fall der Casa Orenga oder der Casa Minola, beide in den 40er Jahren in Turin von Mollino ausgestattet.

Daß Mollino eine besondere Liebe für die barocke Tradition der Piemonteser Region und die dort praktizierten Holzverarbeitungstechniken hatte und daß er zeit seines Lebens nur in Turin lebte und arbeitete, dankte ihm seine Heimatstadt nicht. Im Gegenteil: sie ließ einige seiner wichtigsten Gebäude, wie den 1937 gebauten Reitclub *Ippica*, wieder abreißen; seine kühne, 1946 gebaute Sesselliftstation am Lago Nero wurde einfach stillgelegt.

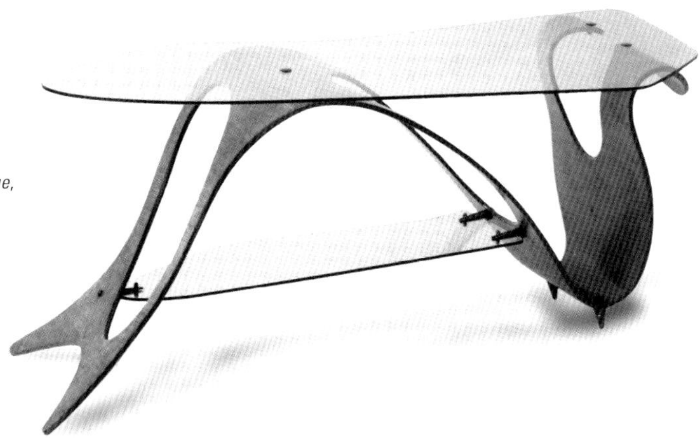

Tisch aus der Serie *Arabesque*, 1950

MOROSO

Möbelhersteller

Ron Arads amorphe, organische Brocken, Javier Mariscals fröhliche Sessel und Chaiselongues im Fifties-Stil und **Massimo Iosa Ghinis** coole Sitzmöbel: ob expressiv oder elegant, Morosos Vision ist es, dem gestreßten, aber kultivierten Menschen der 90er Jahre das passende Sitzmöbel zur Entspannung bereitzustellen. Und das auf höchstem Niveau. Das Unternehmen verfolgt in der Zusammenarbeit mit international bekannten Designern der jüngeren Generation eine klare Strategie. Dieses Profil gewann das Unternehmen allerdings erst im Lauf der 80er Jahre, nachdem es bereits 1952 als traditioneller Hersteller von Polstermöbeln gegründet worden war. Die Ansprüche an Verarbeitung und an die Qualität der Bezugsmaterialien sind geblieben; diese werden heute jedoch mit Hilfe modernster Produktionstechnologie erfüllt. Moroso beliefert sowohl den privaten Wohn- als auch den Objektbereich. In Deutschland schätzt man das Unternehmen übrigens besonders; hier hat Moroso heute seinen größten Markt.

Moroso spa,
Crespano del Grappa

1952 gegründet in Cavallico di Tavagnacco (Udine)

Produkte

1986 *Dinamic Collection* von **Massimo Iosa Ghini**

1989 *Saruyama* von Toshiyuki Kita

1990 *Waiting Collection* von **Rodolf Dordoni**

1991 *Spring Collection* von Ron Arad

1993 *Gluon* von Marc Newson

1995 *Los mueblos amorosos* von Javier Mariscal

1996 *Jules e Jim* von **Enrico Franzolini**

Sofas *Newtone* von Massimo Iosa Ghini, 1989

Sessel *The 21 Hotel* von Javier Mariscal, 1997

Massimo MOROZZI

Architekt, Möbel- und Produktdesigner

»Das Problem besteht nicht darin, nützliche Dinge zu schaffen, die auch schön sind, sondern darin, Objekte zu schaffen, die ›Schönheit‹ besitzen, auch wenn sie vielleicht häßlich sind.«

Design von ästhetischen Werturteilen zu befreien: darum ging es Massimo Morozzi schon, als er 1966 in Florenz die Gruppe **Archizoom** mitbegründete, die das Dogma des Funktionalismus brechen wollte. In den 70er Jahren betrieb Morozzi dann systematische Designforschung, bevor er sich in den 80er Jahren wieder Objekten und Möbeln zuwandte, u.a. für **Driade** und **Alessi**. So humorvoll und farbenfroh viele seiner Entwürfe, wie sein sich wurmartig durch die Wohnung schlängelndes Schranksystem Paesaggi italiani (für **Edra Mazzei**), aber sind, ihre Qualität, bescheinigt auch Kollege **Alessandro Mendini**, liegt v.a. darin, daß der Wahlmailänder Morozzi jedes Objekt völlig autonom entwirft und die spezifischen Anforderungen zuvor akribisch analysiert. In jüngster Zeit widmet er sich verstärkt dem Kommunikationsdesign, u.a. als Art Director bei Edra Mazzei.

1941 geboren in Florenz
1966 Mitbegründer von **Archizoom**
1967 Architekturstudium in Florenz abgeschlossen
1972 zieht nach Mailand; Designforschung am Centro Design, Montefiore (bis 1977)
1979 *Compasso d'oro* für Designforschung
1982 Studio Massimo Morozzi Design
1983 Gründung der Firma O.T.E. für medizinische Geräte
1987 beginnt als Art Director bei **Edra Mazzei**

Produkte

1983 Bett *Bibì Bibò* für **Driade;** Tisch *300 Tangram*
1985 Sofa *950 Domino* beide für **Cassina**; *Pasta Set* für **Alessi**
1986 Tisch *Orchidea* für **Edra**
1990 *Vapor Set* für Alessi
1991 Sofa *Topolone* für Edra

Schranksystem *Paesaggi italiani* für Edra, 1996

MOTO GUZZI

Motorradhersteller

Der Erfolg Moto Guzzis ist auf einen bewährten Cocktail zurückzuführen, gemixt aus zwei klassischen Bauformen – der große, in Fahrtrichtung liegende Einzylinder und der klassische V 2-Motor – und einem durch und durch funktionalen Aufbau der Motorräder. In den 20er Jahren machte das Unternehmen den Weg für die Serienproduktion von Motorrädern überhaupt erst frei, indem es sich völlig vom traditionellen Erscheinungsbild des »motorisierten Fahrrads« löste und damit Pionierarbeit leistete. Die Serie der Erfolgsmodelle umfaßt die *Falcone* (50er und 60er Jahre), die kräftigen *V 7*-Modelle (seit Ende der 60er Jahre), die schnittige *Le Mans*- und die erfolgreiche *California*-Reihe (seit den 70er Jahren). Moto Guzzi wird von seiner treuen Fangemeinde, den »Guzzisti«, als Garant für das gemütliche Tourenrad geschätzt – wohingegen sein Mitbewerber **Ducati** eher für Transparenz und betonte Technik steht (Abb. S. 24). Berühmt aber wurde die Marke durch seine 3329 Rennerfolge und den Sound seiner Motoren, bevor sie sich 1957 ganz aus dem Rennsport zurückzog. Übrigens vertraute auch die gesamte italienische Polizei dem »fliegenden Adler«: In den 50er und 60er Jahren mit der klassischen *Falcone*-Reihe ausgestattet, entschied sie sich auch Ende der 60er Jahre wieder für die neuen *V7*-Maschinen aus dem Hause Guzzi.

Moto Guzzi spa.,
Mandello del Lario

1921 gegründet von Carlo Guzzi und Giorgio Parodi in Mandello del Lario

1967 von der italienischen Regierung unterstützt

1997 6.300 Moto Guzzis werden produziert

Modelle

1921 *Tipo Normale*

1925 *Tipo Sport*

1936 *Airone* (bis 1957)

1939 *Alce* mit Side-Car (bis 1945)

1954 *Falcone* (bis 1967)

1967 Einführung der *V7*-Modelle

1970 *California*-Modellreihe

1991 *Daytona*

1997 *California Anniversary*

850 Le Mans, 1978

Bruno MUNARI

Künstler und Designer

1907 geboren in Mailand

1927 Teilnahme an der Ausstellung *33 pittori futuristi* in Mailand

1945 erste Kinderbücher bei Mondadori

1948 gründet mit Gillo Dorfles, Gianni Monnet und Atanasio Soldati das MAC (Movimento Arte Concreta)

1954 erste Japanreise, Zen-Erfahrungen; *Compasso d'oro* (auch 1955, 1979, 1991, 1995)

1962 Ausstellung über kinetische Kunst für **Olivetti**

1986 Retrospektive über Munaris Werk im Mailänder Palazzo Reale

1995 Ausstellung über Munari im Museum für Gestaltung Zürich

1998 gestorben in Mailand

»Gebt mir vier Steine und ein Blatt Seidenpapier, und ich mache Euch ein Wunderland daraus.« In Bruno Munaris poetischer Welt finden sich *Nutzlose Maschinen*, *Unlesbare Bücher*, einige klug konstruierte Möbel und Leuchten sowie ausführliche Studien zur visuellen Wahrnehmung. 1998 im Alter von 91 Jahren gestorben, hat der Künstler-Designer, der immer Autodidakt war, dem kulturellen Leben Italiens sieben Jahrzehnte lang stets neue Impulse gegeben: als Maler, Zeichner und Op-Art-Künstler (Munari war nach dem Krieg einer der wichtigsten Vertreter dieser Kunstrichtung, und für **Olivetti** organisierte er 1962 eine große Ausstellung über kinetische Kunst), als Poet, Designer, Grafiker, Pädagoge und Theoretiker. Einem großen Publikum wurde er nach dem Krieg als der Erfinder der ersten animativen Kinderbücher und -spiele bekannt.

Munari begann als vom **Futurismus** faszinierter Maler in den 20er Jahren. Die dritte Dimension erschloß er sich erstmals 1930 mit einem Objekt, das er *Macchina aerea*, Luftmaschine, nannte, eine Art überdimensionales Mobile aus Holz und Metall in Rot, Weiß und Schwarz, so konstruiert, daß es sich bei dem leistesten Lufthauch sachte zu bewegen begann. 1933 folgte die erste seiner *Macchine inutili* (Nutzlose Maschinen), wieder bescheidene Objekte wie ein Mobile aus bemaltem Karton (1934) oder eine Skulptur als Metalldraht mit Holzkugeln (1948). Sie standen dem Fortschrittspathos der Futuristen diametral entgegen. Für Munari bedeuteten die *Macchine inutili* den ersten Schritt in den Zweifel am traditionellen Begriff des Kunstwerks. Er löste sich in dieser Zeit endgültig vom Futurismus und bestritt in den 30er Jahren seinen Lebensunterhalt als Gebrauchsgrafiker, u.a. in Olivettis Werbeabteilung und bei **Campari** (mit Campari sollte er auch nach dem Ende des Zweiten Weltkriegs immer wieder zusammenarbeiten).

Seite 269
Aschenbecher *Cubo* für Danese, 1957

Produkte

1930 *Macchina aerea* (Luftmaschine)

1933 erste *Macchine inutili* (Nutzlose Maschinen)

1937 Werbegrafik für **Campari**

1949 erste *Libri illegibili* (Unlesbare Bücher)

1950 *Negativ-Positiv-Bilder*

1954 Wasserspielfontäne auf der Biennale di Venezia; Eisbehälter für **Zani & Zani**

1964 Leuchte *Falkland* für **Danese**

1968 Entwicklung von didaktischem Kinderspielzeug mit **Giovanni Belgrando** (bis 1976)

1971 Stahlmöbel *Abitacolo* für Robots

1991 Produktion des *Stuhls für kurze Besuche* durch **Zanotta** (Entwurf: 1945)

Seite 271

l.o. Fahrbares Regal *Vademecum* für Robots, 1974

r.o. Werbung für Campari, 1964

l.u. *Unlesbares Buch*, 1953 (innen rotes und weißes Papier)

r.u. Kinderspielzeug *Zizi* für Pigomma, 1953

Erst in der Nachkriegszeit wandte Munari sich stärker dem Design zu. Er entwarf Produkte, u.a. den glatten, formvollendeten Eiskühler *TMT* (Abb. S. 19), Ausstellungsarchitektur und Schaufenster, zum Beispiel für **La Rinascente**. Vor allem aber wurde seine 1957 beginnende Zusammenarbeit mit **Danese** überaus fruchtbar. Hier entstanden sein legendärer Aschenbecher *Cubo*, ein schwarzer Würfel, in den ein vierfach gefalteter Aluminiumstreifen integriert war, und seine Hängeleuchte *Falkland* aus Strumpfgewebe, das über verschieden große Metallringe gezogen wurde, außerdem viele andere nützliche und schöne Objekte. Danese verlegte auch Munaris Kunstmultiples, seine Spiele und Kinderbücher. Die ersten waren bereits zwischen 1943 und 1945 entstanden: In ihnen trug das Buch selbst, z.B. durch aufklappbare Seiten, seinen Teil zur erzählten Geschichte bei. Aus seinen *Positiv-Negativ-Bildern* und den *Proiezioni dirette*, die Bruno Munari nach dem Krieg aus seinen Forschungen zur sinnlichen Wahrnehmung entwickelt hatte, entstand 1959 ein Spiel, bei dem die Kinder mit verschiedenen transparenten und semitransparenten Materialien Erfahrungen über Licht und dessen Wirkung machen konnten.

Munari war kein Industriedesigner, gab der Disziplin aber immer wieder Impulse. Anfang der 50er Jahre erfand er eine optimale Anwendung für **Pirellis** neu entwickelten Schaumgummi: den kleinen, beweglichen Affen *Zizi*, ein phantasievolles Spielzeug für Kinder und Erwachsene. In den 70er Jahren entwarf Munari für **Robots** das multifunktionale Stahlmöbel *Abitacolo*: Bett, Schreibtisch oder Sitzplatz zugleich, war es ein Vorschlag zur Neudefinition des Wohnraums. Ruhig seiner eigenen Imaginationskraft vertrauend, stand Munari immer am Rande des Designgetümmels. Seine Objekte sind leise, bescheiden und kontemplativ. Sie laden zum Erkunden ein und schärfen den Blick für die Welt, die uns umgibt – anhand der kleinen Dinge.

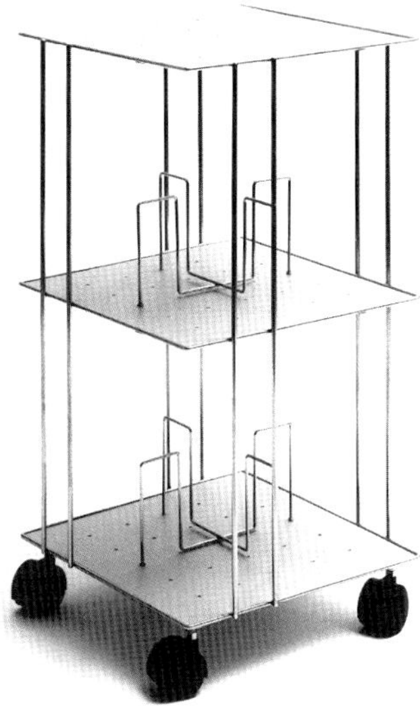

CAMPARI
CAMPARI
PARI
CAM
PARI
CAMPARI
CAM
CAMPARI
CAM
PA
RI

Marcello NIZZOLI

Maler, Architekt, Grafik- und Industriedesigner

1887 geboren in Boretto (Reggio Emilia)
1913 Architektur- und Kunststudium in Parma abgeschlossen
1924 arbeitet als Werbegrafiker und Kunstmaler
1931 Zusammenarbeit mit **Giuseppe Terragni** und **Edoardo Persico** (bis 1936)
1934 Parker-Showroom in Mailand (mit E. Persico)
1954 *Compasso d'oro* (auch 1957)
1963 Bürogebäude für **Olivetti** in Ivrea
1969 gestorben in Mailand

Produkte

1926 Plakate für Bitter und Cordial **Campari**
1940 Rechenmaschine *MC 4S Summa*
1948 Schreibmaschine *Lexikon 80*
1950 Reiseschreibmaschine *Lettera 22*
1952 Schreibmaschine *Studio 44* alle für Olivetti
1953 Nähmaschine *Supernova BU* für Necchi

1948 kam Marcello Nizzolis Schreibmaschine *Lexikon 80* für **Olivetti** auf den Markt – und löste international Begeisterungsstürme aus. Die »Schönheit« dieser Schreibmaschine überwältigte die Kuratoren des Museums of Modern Art in New York derart, daß sie sie allein deshalb sofort in ihre ständige Sammlung aufnahmen. Die Verbindung aus organisch-skulpturaler Form und funktionaler Konstruktion war – und blieb – typisch für Nizzoli. Aufsehenerregend war auch, daß die *Lexikon 80* – wie die legendäre *Vespa* aus dem gleichen Jahr – über eine »selbständige« Karosserie verfügte. Wie eine Haube konnte sie auf ein davon völlig unabhängiges technisches Innenleben gestülpt werden.

Marcello Nizzoli war ein Industriedesigner par excellence, der jedes Detail bis ins letzte akribisch plante, sich ganz an industriellen Fertigungsprozessen orientierte und dem Olivetti-Design der 50er Jahre einen markanten Stempel aufdrückte. Ihre symmetrische Vollendung offenbaren Nizzolis Maschinen – wie auch die tragbare Schreibmaschine *Lettera 22* oder die Rechenma-

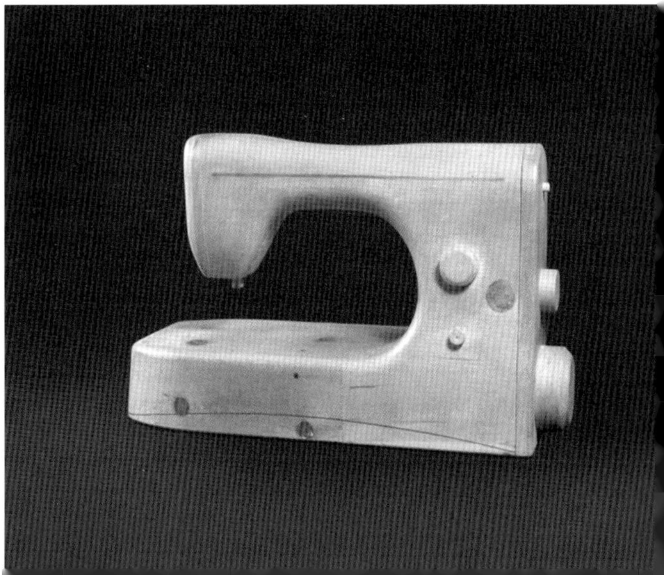

schine *Tectactrys* – aus jeder Perspektive und wurden damit stilprägend für die sogenannte **Linea italiana** jener Jahre, die durch organische Formen charakterisiert war. Erst mit der 1959 vorgestellten Schreibmaschine *Diaspron* sollte Nizzoli erstmals eckigere Formen wählen.

Nizzoli hatte als abstrakter Maler und Grafiker in den 20er Jahren im Umfeld der **Futuristen** begonnen. Für **Campari** und Bitter gestaltete er Werbeplakate, und 1938 holte ihn Adriano Olivetti in seine Werbeabteilung, der damals einige der besten internationalen Grafiker und Künstler angehörten. 1940 entwarf er sein erstes Produkt: die Rechenmaschine *MC 4S Summa* (Abb. S. 32). Als Produktdesigner profilierte er sich aber erst nach dem Krieg – nicht nur bei Olivetti, sondern auch bei dem traditionellen Nähmaschinenhersteller Necchi, für den er einige klar aufgebaute Modelle wie die *Mirella* von 1957 schuf. Nicht zu unterschätzen ist Nizzolis Bedeutung als Architekt: In den 50er Jahren baute er Arbeiterwohnungen und in den 60ern Bürogebäude für Olivetti.

1956 Rechenmaschine *Tectactrys* für Olivetti

1957 Nähmaschine *Mirella* für Necchi

1959 Feuerzeuge für Ronson; Schreibmaschine *Diaspron 82* für Olivetti

1960 Zapfsäule für **Agip**

Holzmodell der Nähmaschine *Mirella* für Necchi, 1957 (Modell von Giovanni Sacchi)

Schreibmaschine *Lexikon 80* für Olivetti, 1948

O LUCE

Leuchtenhersteller

O Luce spa.,
San Giuliano Milanese

1948 gegründet in Mailand

Produkte

1966 *Colombo 281; Spider* beide von **Joe Colombo**

1974 *Snow* von **Vico Magistretti**

1976 *Sonora* von Vico Magistretti (Metallversion)

1977 *Atollo* von Vico Magistretti; *Dogale 512* von **Bruno Gecchelin**

1990 Steh- und Wandleuchte *Sister* von **Riccardo Dalisi**

1992 Stehleuchte *Gemma* von Bruno Gecchelin

1998 Hängeleuchte *Lid* von Sebstian Bergne

O Luce hat sich in den 60er Jahren zu einem der führenden Leuchtenhersteller Italiens entwickelt – dank der prägenden Handschrift dreier sehr unterschiedlicher Designer. **Joe Colombo** repräsentiert mit seinem kühn gebogenen Plexiglasleuchtband *281*, der roboterähnlichen Lampe *Spider* und der Stehleuchte *626* von 1971 – die erste Halogenstehlampe, die in Italien produziert wurde – den experimentellen Teil des Spektrums. Ganz anders **Vico Magistretti**: er steht für Diskretes. Seine geometrische Tischleuchte *Atollo* (Abb. S. 34) ist der bekannteste Entwurf O Luces, und seine symmetrischen Hängeleuchten *Snow* und *Sonora* wurden das Vorbild unzähliger Kopien. **Bruno Gecchelin** schließlich steuerte mit seiner geschwungenen Schreibtischleuchte *Dogale 512* und seiner Stehleuchte *Gemma* zurückhaltend-elegante, technikbetonte Leuchtkörper bei.

Seit den 80er Jahren setzt O Luce verstärkt auf die Zusammenarbeit mit jüngeren Designern, darunter Hannes Wettstein, **Marco Romanelli** und **Marta Laudani**, **Riccardo Dalisi**, Sebastian Bergne und Hans Peter Weidemann.

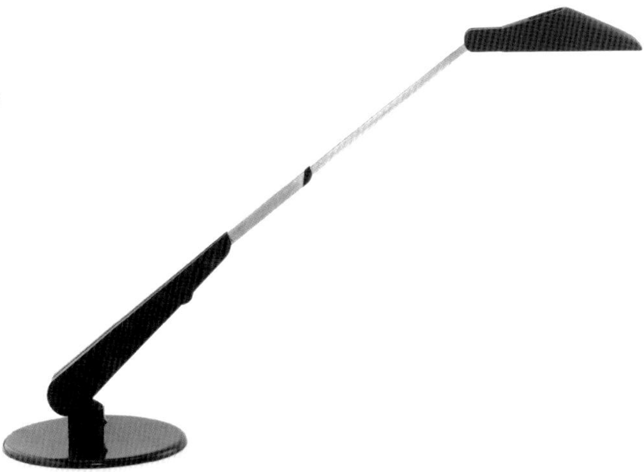

Schreibtischleuchte *Personal 230* von Bruno Gecchelin, 1988

Seite 275

l.o. Hängeleuchte *Lanterna* von Marco Romanelli und Marta Laudani, 1998

l.u. Leuchte *Colombo 281* von Joe Colombo, 1966

r. Stehleuchte *626* von Joe Colombo, 1971

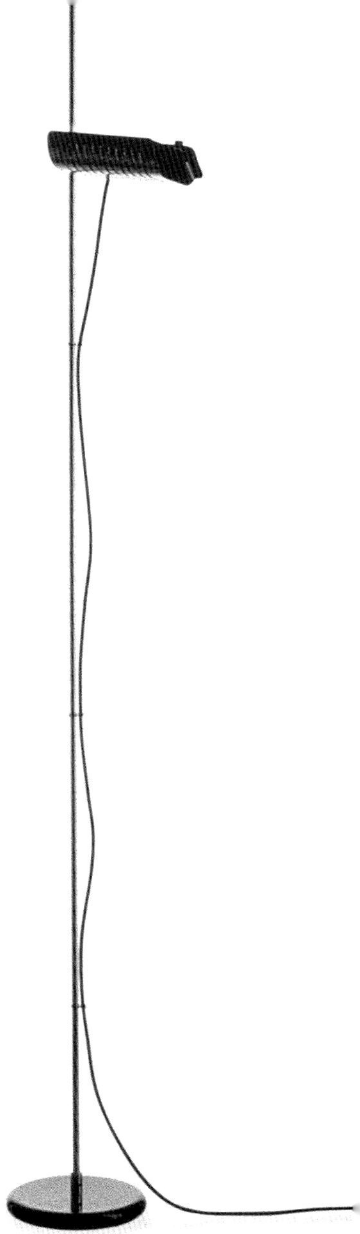

OLIVETTI

Büromaschinen-, Computer- und Büromöbelhersteller

Olivetti spa, Ivrea

1908 gegründet von Camillo Olivetti in Ivrea

1925 Adriano Olivetti bereist die USA und tritt 1926 in die Firma ein

1932 Werbe- und Entwicklungsabteilung

1933 Adriano Olivetti wird Generalmanager

1936 **Marcello Nizzoli** wird eingestellt

1937 **Giovanni Pintori**, der spätere Leiter der Werbeabteilung, wird eingestellt

1939 Wohnhäuser und Fabrikgebäude von **Luigi Figini** und **Gino Pollini**

1943 Camillo Olivetti stirbt

1952 Olivetti-Ausstellung im MoMA, New York

1954 erster Olivetti-Showroom in New York eröffnet (Design: **BBPR**)

Seite 277
o. *Lettera 22*, 1950
l.u. *Divisumma 14*, 1948
r.u. Plakat für Diaspron, 1959
alle von Marcello Nizzoli

»Eine Schreibmaschine sollte kein Nippesobjekt im Wohnzimmer mit Verzierungen von fragwürdigem Geschmack, sondern gleichzeitig ernsthaft und elegant sein.« Diese Überzeugung Camillo Olivettis, der 1908 in Ivrea eine Schreibmaschinenfabrik gründete, wurde der Grundstein für eine beispiellose Firmengeschichte. Eine konsequente Designpolitik war nicht nur für den Erfolg vieler Produktgenerationen verantwortlich, Olivetti avancierte auch zum Pionier einer systematisch installierten Unternehmenskultur.

Den Anfang machte die von Camillo Olivetti 1911 entworfene *M 1*, die erste italienische Schreibmaschine überhaupt. Nach dem Vorbild der standardisierten Produktionsverfahren in den USA verzichtete sein Modell – als frühes Beispiel des »Form follows Function« – vollkommen auf überflüssige Attribute. Aber erst unter der Leitung von Camillos Sohn Adriano erlangte Olivetti seit den 30er Jahren Weltruhm. Als früher, leidenschaftlicher Designmanager vertrat er einen umfassenden Designbegriff. Ein wichtiger Baustein darin wurde die 1932 gegründete Werbe- und Entwicklungsabteilung, der u.a. der Bauhaus-Künstler **Xanti Schawinsky**, Renato Zveteremich, **Bruno Munari**, **Marcello Nizzoli**, das **Studio Boggeri**, **Erberto Carboni**, **Franco Albini**, Giovanni Pintori und die dem **Rationalismus** verpflichteten Architekten des Studios **BBPR** sowie **Luigi Figini** und **Gino Pollini** angehörten. Sie alle wurden die Baumeister einer umfassenden Corporate Identity, zu der das charakteristisch funktionale Produktdesign genauso gehörte wie eine moderne Grafik für Plakate und Werbemittel, die eigenen Olivetti-Zeitschriften (wie die 1937 eingerichtete *Tecnica ed Organizzazione*, später folgten die Architekturzeitschriften *Urbanistica* und *Zodiac*) sowie die schnörkellosen Fabriken aus kühlem Glas und Stahl von Figini und Pollini. Außerdem richtete Adriano Olivetti eine tragfähige soziale Infrastruktur für seine Mitarbeiter

olivetti
Lettera 22

olivetti

82 DIASPRON
olivetti

1959 Olivetti kauft ein Drittel der amerikanischen Firma Underwood auf; Einstieg in Computertechnologie

1960 Adriano Olivetti gestorben

1962 Gründung Olivetti-Stiftung

1964 Verkauf der Abteilung Elektronik an General Electric

1968 erneut Produktion von elektronischen Geräten

1969 neue Firmen-CI von **Hans von Klier**

1978 Carlo De Benedetti wird Chefmanager

1983 Joint Venture mit AT&T

1994 Spitzenmanager unter Korruptionsverdacht verhaftet

1998 Eröffnung des Archivio Storico Olivetti in Ivrea

Seite 279

o. Büromöbelsystem *Spazio* von BBPR, 1960

l.u. Reiseschreibmaschine *Valentine* von Ettore Sottsass und Perry A. King, 1969 (Modell)

r.u. Schreibmaschine *Tekne 3* von Ettore Sottsass und Hans von Klier, 1963

ein, die Wohnhäuser, Bibliotheken und Kindertagesstätten einschloß. Die Basis für den wirtschaftlichen Erfolg Olivettis und die vorbildliche Unternehmenskultur aber waren die Produkte. Mit der flachen, kompakten, tragbaren Schreibmaschine *MP 1* (1932), der *Studio 42* (1935) und der 1940 von Marcello Nizzoli konzipierten Rechenmaschine *MC 4S Summa* (Abb. S. 32) entwickelte Olivetti funktionale, in rationalisierten Fertigungsprozessen hergestellte Maschinen – und wurde damit zum Vorreiter in einer Zeit, in der das Zusammengehen von Design und Industrie noch eher Ausnahme als Regel war.

Nach dem Ende des Zweiten Weltkriegs prägte Nizzoli mit seinen organisch geformten Schreib- und Rechenmaschinen mehr als eine Dekade lang das Olivetti-Design. Gleich 1948 trat er mit einem bahnbrechenden Modell hervor: Die *Lexikon 80* verfügte erstmals über eine von der inneren Struktur unabhängige Haube. 1950 folgte mit der *Lettera 22* eine leichte, kompakte und flache Maschine, die 1959 von einer Jury der 100 bekanntesten internationalen Designer zum besten industriellen Produkt der letzten 100 Jahre gewählt wurde. Kongenial beworben wurden Nizzolis Produkte von **Giovanni Pintori**, unter dessen Leitung die Werbeabteilung in den 50er Jahren zum Forum des modernen italienischen Grafikdesigns wurde.

Mit dem industriellen Boom dieser Jahre trat das Olivetti-Design seinen Siegeszug um die Welt an. Beste Visitenkarte des Unternehmens wurden – neben den Produkten – die von Studio BBPR, Franco Albini und **Franca Helg**, **Carlo Scarpa** und **Gae Aulenti** gestalteten Showrooms, außerdem die überall auf der Welt entstehenden Fabrikkomplexe und ein eigenes Kulturzentrum, das seit 1950 Kunstausstellungen organisiert.

Ende der 50er Jahre schließlich löste **Ettore Sottsass** Nizzoli ab. Mit ihm verpflichtete Adriano Olivetti noch kurz vor seinem

valentine

olivetti TEKNE 3

Tod einen umtriebigen Freigeist. Die Zusammenarbeit wurde überaus fruchtbar. Zum fulminanten Einstieg geriet 1959 der Großrechner *Elea 9003*: ein Computerraum, der als extrem bedienerfreundliches Großgerät gestaltet war. Sottsass entwarf in den 60er Jahren außerdem die eleganten Schreibmaschinen *Tekne 3* und *Praxis 48* (gemeinsam mit Hans von Klier) und die unkonventionelle rote *Valentine* (mit **Perry A. King**) sowie Büromöbel für die Linie *Olivetti Synthesis*. Hüter der CI wurde 1969 Hans von Klier, der gemeinsam mit C. Castelli und Perry A. King in den 70er Jahren die grafische Gestaltung für alle Medien, Verpackungen und Produkte in den legendären »Roten Büchern« zusammenfaßte. Mitte der 60er Jahre stieß **Mario Bellini** zum Olivetti-Team. Sein Konzept war, die technischen Eingeweide der Geräte, wie seine Rechenmaschine *Divisumma 18,* mit einer orangefarbenen dünnen »Haut« (Abb. S. 30), zu überziehen. Er entwickelte auch die erfolgreiche *Logos*-Reihe und die Schreibmaschine *ET 101*.

Trotz aller Designerfolge geriet Olivetti in den 70er Jahren in eine schwere ökonomische Krise, die erst der Manager Carlo De Benedetti nach seiner Einstellung im Jahr 1978 durch rigorose Reorganisation wieder beheben konnte. In den 80er Jahren preschte das Unternehmen erfolgreich in die neuen Bereiche der Büroautomatisation und Telekommunikation vor. V.a. **Michele De Lucchi** und sein Team entwickelten dafür technologiebetonte Faxgeräte, Laptops und Multimedia-Equipment. 1993 geriet Olivetti wiederum in eine existenzbedrohende Krise; ein Jahr später wurden Spitzenmanager von Olivetti unter Korruptionsverdacht verhaftet. Inzwischen hat das Unternehmen sich erholt. Die Gruppe Olivetti, immer noch in Ivrea angesiedelt, bildet in Form einer Holding das Dach für viele international tätige Tochterfirmen. Mit dem Partner Mannesmann agiert Olivetti als Oliman vor allem im Bereich der Telekommunikation.

Produkte

1911 Schreibmaschine *M1* von Camillo Olivetti

1935 Schreibmaschine *Studio 42* von **Xanti Schawinsky**, **L. Figini** und **G. Pollini**

1940 Rechenmaschine *MC 4S Summa*

1948 Schreibmasch. *Lexikon 80*

1959 Schreibmaschine *Diaspron* 82

alle von **Marcello Nizzoli**; Computer *Elea 9003* von **Ettore Sottsass**

1964 Schreibmaschine *Praxis 48* von Sottsass / von Klier

1969 Reiseschreibmaschine *Valentine* von Ettore Sottsass und **Perry A. King**

1973 Rechenmaschine *Divisumma 18* von **M. Bellini**

1992 Büromöbel *Ephesos* von **Antonio Citterio**

1995 *Fax 1000;* Laptop *Echos 20;* beide v. Studio **De Lucchi**

Seite 281

o. Schreibmaschine *Praxis 35* von Mario Bellini, 1980

l.u. Displayterminal *TCV 250* von Mario Bellini, 1967

r.u. Notebook *Filos 33* von Studio De Lucchi, 1993

olivetti PRAXIS 35

olivetti

Terri PECORA

Modezeichnerin, Möbel- und Produktdesignerin

1958 geboren in Idaho, USA
Ausbildung zur Modezeichnerin am Art Center College of Design in Pasadena, Kalifornien
1989 Umzug nach Italien
1991 Studio in Mailand
1996 Gründung von Plumcake Kids mit Marian de Rond

Produkte
1987 Spiegel *Gym* für **Bieffeplast**
1989 *Angel Chair* für Bieffeplast
1991 Tisch *Chameleon* für **Edra**
1993 Bett *Tati* für Interflex
1994 Kinderschlafzimmer *Mixo* für Interflex mit N. Bewick

Als Terri Pecora Ende der 80er Jahre aus Kalifornien in ihre neue Wahlheimat Mailand umzog, hatte die Modezeichnerin in den USA bereits Ausflüge ins Möbel- und Brillendesign unternommen – auch heute noch Schwerpunkte ihrer Arbeit für Hersteller wie **Edra Mazzei**, Interflex, Silhouette und L. A. Eyewear.

Ihr Selbstverständnis als Designerin hat sie einmal mit einer Hexe verglichen, die ihre Zauberkräfte einsetzt, um alltägliche Probleme durch bessere Produkte zu lösen. Sie versucht das vor allem durch ihre 1996 gemeinsam mit Marian de Rond gegründete Firma Plumcake Kids, die sich auf Kindersachen spezialisiert hat – ein Nischenmarkt zwischen Design und Mode, auf dem es viel nachzuholen gibt. »Unbequeme Stühle für Erwachsene gibt es genug im Design. Aber für kleinere Kinder exstieren jetzt endlich warme und bequeme Stühle«, so Terri Pecora. Ihre *Sleeping Bag* läßt sich leicht auffalten und zur Spieldecke umfunktionieren, und im *Baby Carrier* kann das Kind bequem am Körper des Vaters oder der Mutter getragen werden.

Brillengestell für Silhouette

Kinderdecke für Plumcake Kids, 1997

Gaetano PESCE

Künstler, Architekt, Möbel- und Produktdesigner,

»Für meinen Teil glaube ich, daß der Tod uns alle gleich macht und daß am Leben zu sein bedeutet, unterschiedlich zu sein, und weil jeder von uns das Recht dazu hat, sollten die Objekte, die uns in der kurzen Spanne unserer Existenz umgeben, uns dieses Vorrecht auch genießen lassen.« Gaetano Pesce, der Ende der 60er Jahre von der Kunst zum Design wechselte, ist daran interessiert, Produkt und Benutzer in Interaktion zu bringen, und die von ihm vorgesehenen verschiedenen Ausprägungen seriell gefertigter Produkte korrespondieren mit der Individualität der Menschen. Das sind nicht gerade die besten Voraussetzungen für einen Industriedesigner, aber so hat Pesce sich auch nie verstanden. Immer war er an der Bedeutung der Objekte mehr als an deren bloßer Funktion interessiert.

Cesare **Cassina** wurde Ende der 60er Jahre zu Pesces Mentor. Er bot dem jungen Designer Gelegenheit zu zahlreichen Experimenten. Eines der ersten machte gleich Designgeschichte: die 1969 produzierten Sitzmöbel der Serie *Up* für **C&B Italia** aus

1939 geboren in La Spezia
1959 Mitbegründer der Künstlergruppe N
1961 Kontakte zur Hochschule für Gestaltung, Ulm
1965 Architekturstudium in Venedig abgeschlossen
1971 arbeitet für **Cassina**
1993 erstes großes Architekturprojekt in Osaka, Japan
1996 große Ausstellung über Pesce im Centre Georges Pompidou, Paris

Stuhl *543 Broadway* für Bernini, 1995

Produkte

1969 Sessel *Up* für **C&B Italia**; Wandskulpturen *Fioreinbocca* und Sessel *Yeti* für das Centro Cesare Cassina

1972 Leuchte *Moloch* für Bracciodiferro

1975 Sessel *Sit down*

1980 Tisch *Sansone*; Stuhlserie *Dalila;* Kunstharztisch *Sansone;* alle für Cassina

1987 *Green Street Chair* für Vitra; Sessel *I Feltri* für Cassina

1995 *Umbrella Chair* für Zerodisegno; Stuhl *543 Broadway* für **Bernini**

Seite 284

o. Sessel *Up 5 Donna* für C&B Italia, 1969

l.u. Sessel *Dalila* für Cassina, 1980

r.u. *Vertical Loft* New York (Modell)

Polyurethanschaum nahmen erst dann ihre rundliche, dem menschlichen Körper nachempfundene Form an, wenn man sie aus der Verpackung befreite. Sie machten Pesce schlagartig als eine der schillerndsten Figuren der **Radical-Design**-Bewegung bekannt, die sich gegen ein rein funktionalistisches Design wandte. Für Cassina entwarf er 1980 auch die Stuhlserie *Dalila* aus Kunststoff, bei der sich jedes der leicht amorphen Sitzmöbel von den anderen durch kleine formale Eigenheiten unterschied; außerdem die Filzmöbelserie *I Feltri* (Abb. S. 25), die das Publikum vor die Frage »Möbel oder Mantel?« stellte, und die Kunstharztische *Sansone* (1980), bei denen die Arbeiter innerhalb eines Toleranzspektrums selbst über Farben und Formen des oberen Tischteils entscheiden konnten. Figurativer wurde Pesce mit dem spinnenbeinigen *Green Street Chair* von 1987 für die Vitra Edition, ein monsterähnliches Wesen in finsterem Grau-Schwarz. Auch in den 90er Jahren entwickelte er kleine Zauberstückchen, wie den als zusammengefalteten Regenschirm getarnten *Umbrella Chair*, der sich einfach »aufspannen« läßt, und den Stuhl *543 Broadway*, der beim Sich-Setzen leicht nachfedert – und damit seine eigenwillige Existenz immer wieder ins Bewußtsein ruft.

In jüngster Zeit widmet sich Gaetano Pesce, der heute in Paris und New York lebt, verstärkt der Architektur. 1993 baute er in Osaka ein »organisches« Gebäude, dessen blutrote Fassaden er mit überdimensionalen Vasen für Pflanzen bestückte, die Sauerstoff in die Luft abgeben. »In den letzten 30 Jahren habe ich versucht, der Architektur ihre Fähigkeit zurückzugeben, nützlich zu sein, indem ich wiedererkennbare, figurative Bilder zitiert habe, die mit dem Straßenleben zu tun haben und mit populärer Kultur, und indem ich neue Typologien erzeugt habe. (...) Ich habe versucht, Gefühle der Überraschung, Entdeckung, Optimismus, Stimulation und Originalität zu kommunizieren.«

PININFARINA

Karosseriedesignunternehmen

1930 Battista »Pinin« Farina gründet die Firma

1959 Sohn Sergio übernimmt Firmenleitung

1961 Firmenname **Pininfarina**

1966 Battista »Pinin« Farina gestorben; Institut für Designforschung gegründet

1979 *Compasso d'oro*

1995 *Compasso d'oro* für Sergio Pininfarinas Lebenswerk

Produkte

1937 **Lancia** *Aprilia Coupé*

1956 **Alfa Romeo** *Giulietta Spider*

1960 **Ferrari** *250 GT*

1966 **Fiat** *124 Spider*

1968 Ferrari *GTB4 »Daytona«*; Peugeot *504*

1975 Ferrari *308 GTB*

1984 Ferrari *Testarossa*

1986 Cadillac *Allanté*

1994 Alfa Romeo *Spider* u. *GTV*

1996 Ferrari *550 Maranello*

Seite 287

Lancia *Aurelia B 20*, 1951

Ferrari 330 GT, 1966 (Holzmodell)

Seite 288/289: *Cisitalia Coupé*, 1947

1995 erhielt Sergio Pininfarina den begehrten Design-Oscar *Compasso d'oro* für sein Lebenswerk, »weil es ihm gelungen ist, gleichzeitig Kontinuität und innnovative Ideen in das Autodesign zu übertragen (...) Außerdem, weil er durch sein Design für Ferrari einen überaus wichtigen Beitrag zum Image Italiens geleistet hat.« Tatsächlich trägt die gesamte Produktpalette der Nobelmarke aus Maranello Pininfarinas Handschrift, darunter der organisch geformte **Ferrari** *250 GT SWB* von 1960 (Abb. S. 42/43), der schnittige *GTB4 »Daytona«* von 1968, der aufgeblasene *Testarossa* von 1984 und der futuristische *Mythos* von 1989.

Das Familienunternehmen, das 1930 von Sergios Vater Battista »Pinin« Farina als Werkstatt für Luxuskarosserien gegründet worden war, wird heute in der dritten Generation mit über 2.000 Mitarbeitern von Sergios Kindern geleitet. Fast alle Entwicklungen für **Alfa Romeo**, **Lancia** und Ferrari, seit den 70er Jahren auch verstärkt für internationale Firmen wie Peugeot, Rolls Royce, Audi, Cadillac oder Jaguar wurden erfolgreich.

Das in den 30er Jahren bis ins kleinste Detail ausgefeilte stromlinienförmige Alfa Romeo *6 C 2300 »Pescara« Coupé* oder das glitschig-aerodynamische Lancia *Aprilia Coupé* gelten heute als Luxuslegenden. Nach dem Ende des Zweiten Weltkriegs setzte das *Cisitalia Coupé* Battista Farinas mit seiner rundgespülten, vollkommen kantenlosen Form Maßstäbe für das gesamte italienische Autodesign der 50er Jahre. Die Reputation Battistas wurde so groß, daß 1961 Italiens Präsident Giovanni Gronchi seinen Spitznamen offiziell anerkannte; seitdem heißt das Unternehmen Pininfarina. Battista und Sergio blieben immer die Haute Couturiers des Autodesigns, schufen aber auch erfolgreiche Großserienmodelle wie den Lancia *Aurelia B 20 Berlinetta*, den Alfa *Giulietta Spider*, der 27.000mal verkauft wurde, oder den *Peugeot 405*.

PIRELLI

Reifen- und Gummiwarenhersteller

Pirelli spa, Mailand

1872 gegründet von Giovanni Battista Pirelli

1938 Pirelli Holding S.A. gegründet

Produkte

1949 Spielzeug *Giocattolin Gommapiuma* mit interner Metallstruktur von **Bruno Munari**

1958 Benzinkanister von **Roberto Menghi**

Zur Designgeschichte hat der Pirelli-Konzern, 1872 in Mailand als Firma »zur Herstellung und zum Verkauf elastischer Gummiwaren« gegründet, weniger durch seine Telefonkabel und Reifen als durch seine moderne Werbung beigetragen. Zu den Grafikern, die in den 50er und 60er Jahren Werbemittel gestalteten, gehörten u.a. **Albe Steiner**, **Bob Noorda** und **Massimo Vignelli**. Das martialische Elefantenplakat **Armando Testas** oder die subtilen geometrischen Gestaltungen **Bruno Munaris** haben bis heute nichts von ihrer visuellen Kraft eingebüßt. Ein weiterer Impuls kam von Pirelli-Manager Aldo Bai und seinem Team, als sie **Marco Zanuso** den Schaumstoff *Gommapiuma* anvertrauten, der ihn für die Entwicklung seines berühmten Sessels *Lady* einsetzte; das geglückte Experiment mündete 1951 in der Gründung der Firma **Arflex**. Bruno Munari übrigens entwarf bald darauf auch Spielzeug aus dem Pirelli-Schaumstoff, und **Gio Ponti** baute mit dem Pirelli-Turm in Mailand (1954–56) eines der wichtigsten Monumente der modernen italienischen Architektur.

Motiv von Armando Testa, 1955

Plakat von Bruno Munari, 1953

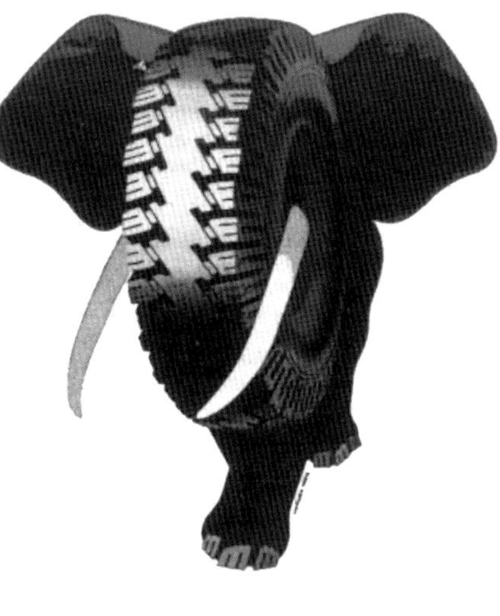

POGGI

Möbelhersteller

Vor mehr als 100 Jahren wurde Poggi als solide Tischlerwerkstatt gegründet. Bis heute ist die Arbeit mit dem Material Holz eine Konstante in der Geschichte des Unternehmens, das sich zunächst auf die Ausstattung exklusiver Interieurs im Auftrag von Architekten spezialisierte. Erst Ende der 40er Jahre änderte Poggi seine Politik und stellte durch die Zusammenarbeit mit einem der bedeutendsten Vertreter des modernen Möbeldesigns, **Franco Albini**, eine entscheidende Weiche für seine Zukunft. Albinis Stuhl *Luisa* von 1950 mit seinem geometrischen Aufbau steht symbolisch für das minimalistische Produktprofil jener Jahre. Bis 1968 fertigte Poggi ausschließlich Stühle, Tische und Regale nach Entwürfen von Albini, später kamen **Achille Castiglioni**, **Vico Magistretti**, **Afra** und **Tobia Scarpa** hinzu. Eine wirkliche Massenproduktion erreichte Poggi aufgrund der beschränkten produktionstechnischen Mittel allerdings nie – und wollte es auch nicht. Der Stolz auf seine langjährige Erfahrung im Umgang mit Holz ließ den Hersteller seine hohen Ansprüche an Verarbeitung und Qualität seiner Produkte immer bewahren. Damit ist das Unternehmen aus Pavia ein lebendiges Beispiel für die inspirative Rolle des traditionellen Tischlerhandwerks für das italienische Möbeldesign.

Poggi snc, Pavia

1890 gegründet

Produkte

1950 Stuhl *Luisa*

1951 Klapptisch Cavalletto

1952 Klappstuhl

1956 Liege *PS 16*; zwischen Fußboden und Decke spannbares Regal

alle von **Franco Albini**

1970 Stuhl *Golem* von **Vico Magistretti**

Sessel *PL 19* von Franco Albini und Franca Helg, 1957

POLTRONOVA

Möbelhersteller

Es war **Ettore Sottsass**, der bei der toskanischen Firma Poltronova ein »Initialerlebnis« ausgelöst hat, weil, so **Radical-Design**-Spezialist und Unternehmensfreund Gianni Pettena, »so viele von uns von dem Licht, den Farben und von der Art, wie er die Designwelt erleuchtet hat, überzeugt waren«. Das war in den 60er Jahren, als Sottsass seine *Mobili Grigi* (Graue Möbel), darunter Bett und Spiegel, entwarf, die zwar tatsächlich aus grauem Glas gefertigt waren, durch grell leuchtende Neonrahmen jedoch farbenfroh leuchteten. Er experimentierte außerdem u.a. mit Laminatmöbeln und Keramik. Sottsass ebnete den Weg für andere »Autoren« der Radical-Design-Bewegung, die Ende der 60er und Anfang der 70er Jahre zu Poltronova stießen: Spektakulär waren der überdimensionale Baseballhandschuh *Joe* von **De Pas/D'Urbino/Lomazzi** (Abb. S. 46), **Archizooms** blütenförmig angeordnete Sitzlandschaft *Safari* mit Leoparden-Muster oder der altarähnliche Tisch *Desino* der Gruppe **Superstudio**. Andere steuerten klassischere Projekte bei: 1962 hatte **Gae Aulenti** den Schaukelstuhl *Sgarsul* aus gebogenem Holz entworfen, und 1964 kam **Massimo** und **Lella Vignellis** puristische, aus quadratischen und rechteckigen Elementen aufgebaute Möbelserie *Saratoga* auf den Markt. Heute arbeitet Poltronova u.a. mit Ron Arad, **Prospero Rasulo**, **Michele De Lucchi** und **Franco Raggi** zusammen.

Poltronova srl, Montale

1957 gegründet

Produkte

1962 Schaukelstuhl *Sgarsul* von **Gae Aulenti**

1964 Sessel, Sofas und Schränke *Saratoga* von **Massimo** und **Lella Vignelli**

1965 Tisch *Loto* von **Ettore Sottsass**; Regal *Multi-use* von **Angelo Mangiarotti**

1966 Entwürfe für Laminatmöbel von Ettore Sottsass

1967 Sitzelemente *Superonda* von **Archizoom**

1970 *Mobili Grigi* (Graue Möbel) von Ettore Sottsass

1971 Baseballhandschuhsessel *Joe*

1976 Sitzgruppe *Insieme*

beide von **De Pas/D'Urbino/Lomazzi**

1997 Tisch *Able* von Tim Power; Stuhl *Nella* von Biagio Cisotti

Möbelserie *Saratoga* von Massimo und Lella Vignelli, 1964

Gio PONTI

Architekt, Designer und Publizist

»Laßt uns zurückgehen zu Stuhl-Stühlen, Haus-Häusern, Arbeiten ohne Etikett, ohne Adjektive, zu richtigen, wahren, natürlichen, einfachen und spontanen Dingen«, schrieb Gio Ponti 1952 in seinem Artikel *Senza aggettivi* (Ohne Adjektive) für die Zeitschrift *Domus*. Der Stuhl-Stuhl, den er im selben Jahr entwarf und der 1957 auf den Markt kam, war der *Superleggera* für **Cassina**. Ausgehend von einem einfachen Modell, das Ponti aus dem Fischerdorf Chiavari kannte, verwendete er die traditionellen Materialien Holz und Rohrgeflecht, reduzierte die einzelnen Elemente aber so extrem, daß ein transparentes, elegantes Serienprodukt entstand: damals der leichteste Stuhl der Welt und heute einer der berühmtesten der Designgeschichte.

Superleggera hat eine Brücke zwischen Vergangenheit und Gegenwart geschlagen, um die es Ponti immer ging, und ist damit ein exemplarisches Beispiel für seine Designvorstellung. Denn er pflegte einerseits seine Liebe zu handwerklichen Traditionen; andererseits aber war er durch sein Interesse an neuen Technolo-

1891 geboren in Mailand

1921 Architekturstudium in Mailand abgeschlossen; Studio mit Emilio Lancia und Mino Fiocchi

1923 künstlerischer Leiter bei **Richard-Ginori** (bis 1930); Teilnahme an der *Biennale*, Monza (leitete 1933 *Triennale* Mailand)

1926 **Novecento**-Gruppe gegründet

1928 Zeitschrift *Domus* gegründet (Chefredakteur durchgängig bis 1979, außer 1941–44 und 1946–47)

Teller *Piatti in smalto del campo*, 1957

1932 gründet **Fontana Arte**
1933 Lehrtätigkeit in Architektur am Mailänder Polytechnikum (bis 1961)
1934 Mathematikfakultät, Rom
1936 Montecatini-Gebäude, Mailand
1941 Herausgeber der Zeitschrift *Stile*
1950 gründet PFR Studio mit **Alberto Rosselli** und Antonio Fornaroli
1952 Edison-Gebäude, Mailand
1953 **Lancia**-Gebäude, Turin (mit Rosani); Fakultät für Nuklearphysik, São Paulo
1954 Planchart-Villa, Caracas; **Pirelli**-Hochhaus, Mailand (bis 1956)
1956 *Compasso d'oro*
1958 Karmeliterkloster in San Remo
1970 Montedoria-Büros, Mailand
1972 Fassadengestaltung des Kunstmuseums in Denver, Colorado
1979 gestorben in Mailand

Seite 295
Superleggera für Cassina, 1957

gien und seriellen Prozessen einer der wichtigsten Förderer des italienischen Industriedesigns. Oft wird Gio Ponti als der »erste« italienische Designer überhaupt bezeichnet, der in den 20er und 30er Jahren, als man diesen Begriff in Italien noch gar nicht verwendete, längst schon im umfassenden Sinne Produktgestaltung betrieb. Er entwarf sowohl Leuchten und Möbel für **Fontana Arte** – darunter die geometrisch ausbalancierte Tischleuchte *Bilia*, bei der eine Kugel auf einem Kegel ruht, und die berühmte Hängeleuchte, bei der der zylindrische Reflektor von einem Glasscheibenkorpus eingehüllt ist –, Stoffe für Vittorio Ferrari als auch Interieurs für Eisenbahnwaggons. Bei der Keramikfirma **Richard-Ginori** war er seit den 20er Jahren bereits so etwas wie ein moderner Art Director, dem sämtliche gestalterischen Belange oblagen, der die Produktpalette komplett überarbeitete und sie für die Serie vorbereitete. Für Ponti gab es keine guten oder schlechten Materialien. Er liebte die »armen« genauso wie die »reichen«, die traditionellen wie Marmor, Holz und Glas genauso wie Plastik oder Aluminium, und alle waren für ihn gleichermaßen »bellissimo«, »meraviglioso« – wunderbar.

Das Design aber war nur eine von Pontis vielen Fähigkeiten. Internationale Reputation erlangte er in erster Linie als Architekt. **Alessandro Mendini** hat ihn als den »Vater der italienischen Architekten« bezeichnet und nennt ihn in einem Atemzug mit Le Corbusier, Aalto und Niemeyer. Das Montecatini-Gebäude aus den 30er Jahren oder der in den 50er Jahren erbaute **Pirelli**-Turm in Mailand gelten heute als Monumente der modernen Architektur. So, wie Ponti im Design zeitgemäß gestaltete, ohne die Traditionen zu mißachten, suchte er auch in der Architektur das Gleichgewicht. »Die Vergangenheit existiert nicht, alles ist gleichzeitig, in unserer Kultur existiert nur die Gegenwart, in der Vorstellung, die wir uns von der Vergangenheit machen, und in der Voraus-

Produkte

1927 Porzellanurne *Serliana* für Richard-Ginori

1930 Tische in Holz und Kristall

1931 Leuchte *Bilia*; Hängeleuchte *0024* beide für **Fontana Arte**

1949 Espressomaschine für **La Pavoni**

1951 Stuhl *Superleggera* (prod. ab 1957)

1953 Sessel *Distex* beide für **Cassina**; sanitäre Ausstattung für **Ideal Standard**

1957 *Mobile autoilluminante*

1967 farbiges Keramikservice für Ceramica Franco Pozzi

1969 Leuchte *Polsino* für **Guzzini**

1970 Möbelserie *Apta* für Walter Ponti

1978 Silberobjekte für **Sabattini**

Seite 297

l.o. Leuchte *Pirellina* für Fontana Arte, 1967

r.o. Leuchte *0024* für Fontana Arte, 1931

l.u. Tisch für Arredoluce, 1954

r.u. Sessel *Distex* für Cassina, 1953

ahnung der Zukunft.« Nicht zufällig gehörte Ponti 1926 zu den Gründern der **Novecento**-Bewegung, die, im Gegensatz zu den Anhängern des **Rationalismus**, auch klassizistische Elemente einbezog. Ob als Designer oder Architekt: nie war Ponti radikaler Modernist, immer aber ein Modernisierer traditioneller Werte. Eine von Pontis wichtigsten Tätigkeiten war die als Publizist. 1928 gründete er die Architekturzeitschrift *Domus*, die bis heute zu den wichtigsten internationalen Medien in diesem Bereich gehört, und leitete sie mit nur wenigen Unterbrechungen (1941–44 und 1946–47) bis zu seinem Tod im Jahr 1979. Er diskutierte die internationale Moderne in Design und Architektur, veröffentlichte die Werke internationaler Architekten, aber auch Produkte seiner italienischen Kollegen, wie die von **Piero Fornasetti**, mit dem er später zusammenarbeitete (Abb. S. 39), und **Carlo Mollino**. Sie wurden nicht zuletzt deshalb einem breiten Publikum bekannt. Nach dem Ende des Zweiten Weltkriegs war es Ponti, der das Werk von Charles Eames und anderen amerikanischen Designern in Italien einführte. Mit *Domus* hatte Ponti das seiner Persönlichkeit entsprechende Medium gefunden. Hier konnte er anregen, vermitteln und diskutieren.

Als Designer prägte er nach 1945 vor allem das Produktprofil Cassinas: mit dem bereits erwähnten *Superleggera*, aber auch mit dem Sessel *Distex*, dessen charakteristisches Kennzeichen seine abschüssigen Armlehnen sind, und anderen Sitzmöbeln. So umfassend, wie Ponti bereits in den 30er Jahren Produkte gestaltet hatte, tat er es auch von den 50ern bis in die 70er Jahre. Für **Ideal Standard** entwarf er sanitäre Anlagen, für **La Pavoni** chromblitzende Espressomaschinen, für Arredoluce und Reggiani Lampen und Leuchtobjekte, für Walter Ponti elegante, aber auch mondäne Sessel und Tische, außerdem Keramik, Silberbestecke, Glasobjekte für **Venini** und zahlreiche Inneneinrichtungen.

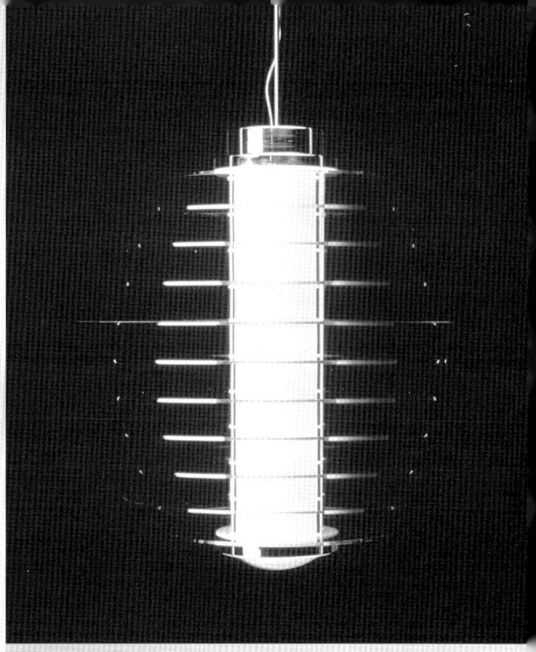
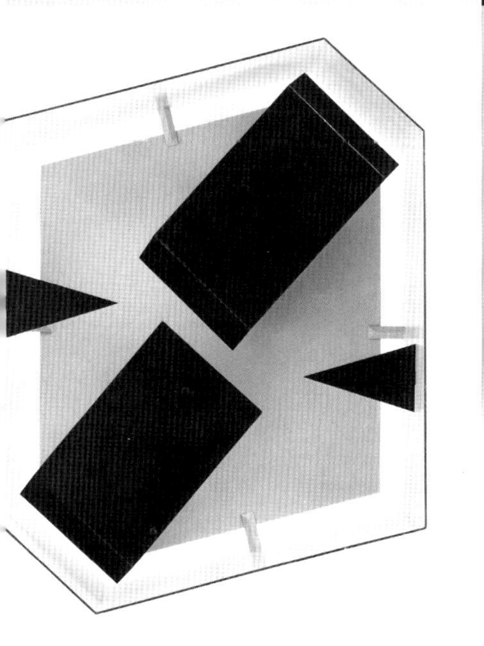

1966 **Archizoom** gegründet; **Superstudio** gegründet; Ausstellung *Superarchitettura* in Modena (1967 in Pistoia)

1967 Studentenunruhen in Italien

1968 Besetzung der Mailänder *Triennale* durch Radical Designer

1969 Woodstock-Festival; Terrorismuswelle setzt in Italien ein

1970 Projekt *No Stop City* von Archizoom; *Mobili grigi* (Graue Möbel) von **Ettore Sottsass** für **Poltronova**

1971 Generalstreik der größten Gewerkschaften

1972 Ausstellung *Italy: The New Domestic Landscape* im MoMA, New York

1974 Buch *Architettura radicale* von Paola Navone und Bruno Orlandi erschienen; **Global Tools** gegründet

»Wir wollten all das ins Haus bringen, was ausgelassen wurde: ausgeklügelte Banalität, absichtsvolle Vulgarität, städtische Elemente und beißende Hunde«, schrieben die Mitglieder der Architektengruppe **Archizoom** – u.a. **Andrea Branzi**, **Massimo Morozzi** und **Paolo Deganello** – zu ihren überladenen, »geschmacklosen« Traumbetten von 1967. Art-déco-Anklänge, purer Kitsch und pompöse Gemütlichkeit – mit dieser Mixtur wurde gegen das **Bel Design**, mit dem Italien in den 60er Jahren gerade seine größten Erfolge feierte, polemisiert. Archizoom waren, wie auch die Gruppen **Superstudio** (u.a. **Adolfo Natalini**), **UFO** (u.a. **Lapo Binazzi**), **Strum** und andere, die treibenden Kräfte der Radical-Design-Bewegung, die Ende der 60er Jahre entstand und aus der **Architettura Radicale** (Begriff von Germano Celant, 1966) hervorgegangen war. Vor dem Hintergrund der Studentenproteste in den späten 60er Jahren und einer sich ebenfalls radikal wandelnden Kunst – Stichworte Konzeptkunst und Arte Povera – stellten die jungen Rebellen im Zuge einer umfassenden gesellschaftspolitischen Kritik die Integration des Designs in eine boomende Industrie rigoros in Frage und kritisierten auf der formalen Ebene das bedingungslose Festhalten an **Rationalismus** und Funktionalismus (für diese durch Ablehnung gekennzeichnete Haltung fand man auch den Begriff **Anti-Design**). Die Gruppe Superstudio z.B. entwarf in der Ausstellung *Italy: The New Domestic Landscape* 1972 in New York ihre Vision von einem Leben ohne Objekte, dargestellt in Skizzen, Collagen und Fotomontagen. Überhaupt ent-

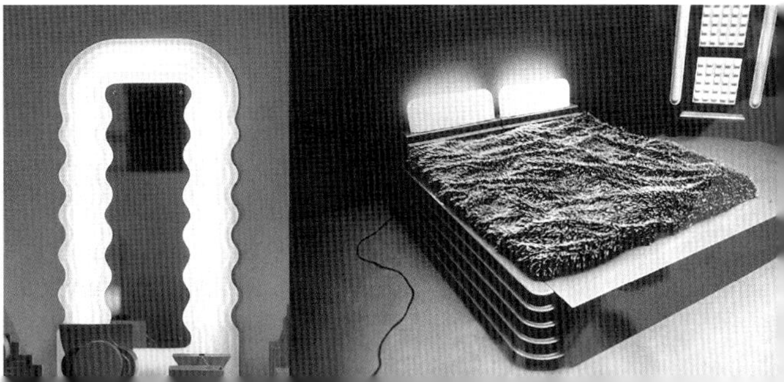

wickelte die Radical-Design-Bewegung statt neuer Produkte eher Welten, Szenarien, alternative Lebens- und Wohnraummodelle. Die Großstadt und Stadtplanung bildeten dabei die wichtigsten Bezugspunkte. Die Künstler **Ugo La Pietra** und **Gaetano Pesce** und der bereits bekannte Designer **Ettore Sottsass**, der schon seit Anfang der 60er Jahre den immergleichen Kreislauf von Produktion und Konsum industrieller Produkte kritisch hinterfragt hatte, beteiligten sich ebenfalls an der Diskussion, die bald die ganze Designszene erfaßte.

Aber es gab auch optimistischere Perspektiven, die durch die Radical-Design-Bewegung aufgetan wurden. Der neu erschlossene Vorrat an Formen führte zu einer Experimentierfreude, der der Knautsch-*Sacco* von **Gatti/Paolini/Teodoro**, der überdimensionale Baseballhandschuh *Joe* von **De Pas/D'Urbino/Lomazzi** oder auch **Guframs** *Cactus*-Garderobe und *Lippensofa* zu verdanken sind. Das Pop-Design war geboren, und Unternehmen wie **Cassina**, **C&B Italia** und **Zanotta** trauten sich, diese neuartigen Möbel herzustellen. Sie wurden zu neuen Ikonen.

Mitte der 70er Jahre ebbte die Radical-Design-Bewegung ab. Die Hoffnung, durch Design und Architektur eine Gesellschaft verändern zu können, hatte sich nicht erfüllt. Aus heutiger Sicht aber waren die frühen Aktivisten die Wegbereiter eines **Nuovo Design**, das über die Stationen Pop-Design und **Alchimia** bis zu **Memphis** in den 80er Jahren führte und schließlich in einer umfassenden Erneuerung des Designs mündete.

»Jeden Tag produziert die Industrie Kubikkilometer von Stadt in Form von Massenartikeln, und jeden Tag kommen viele dieser Molekular-Metropolen in die Zirkulation, werden konsumiert und in Abfall verwandelt innerhalb der kalten unbeweglichen Stadt aus Stein.«
Andrea Branzi

v.l.n.r.
Spiegel und Bett aus der Serie *I Mobili grigi* (Graue Möbel) von Ettore Sottsass für Poltronova, 1970
Projekt *No-Stop-City* von Archizoom, 1970

Prospero RASULO

Künstler, Möbel- und Accessoiredesigner

1953 geboren in Stigliato (MT)

1973 Kunststudium in Mailand begonnen

1979 Studio für Malerei, Bildhauerei, Innenarchitektur und Bühnenbild in Mailand eröffnet

Produkte

1988 Vase *Senso* für Bottega dei Vasai

1992 Sessel *She* für **Poltronova**

1993 Kollektion *Gallery* für Poltronova; Garderobe *Albera* für BRF

1995 Badezimmersystem *Mollys* für Antonio Luoi

1996 Tisch *Orbis* und Trolley *Obeo* für Costantino; Tisch *Texo* für **Zanotta;** Stuhl *Calea* für **Arflex**

1997 Kollektion *Charlotte* für **Fiam**

1998 Spiegel *Souvenir* für Glas

Seite 301

Stuhl *Calea* für Arflex, 1996

Milchglas *South Vietnam* für Ritzenhoff, 1998, mit Alessandro Mendini

Tisch *Orbis* für Costantino, 1996

Element aus Badkollektion *Mollys* für Antonio Lupi, 1995

Alessandro Mendini hat Prospero Rasulo in den 70er Jahren zu Studio **Alchimia**, dem Experimentallabor des neuen italienischen Designs, geholt. Diese Erfahrung ermöglichte ihm, dem Bildhauer, »die Befreiung von den Zwängen der bildenden Kunst«. Mit aller künstlerischen Freiheit entwickelte er, gemeinsam mit Mendini, alternative Designkonzepte, z.B. **Re-** und **Banal Design** sowie erste eigene Möbel und Accessoires.

Den ungezwungenen Umgang mit Formen, Farben und Materialien, wie er bei Alchimia Programm war, hat Rasulo immer beibehalten. Materialexperimente für Costantino führten 1996 zur Konstruktion des Porzellanregals *Orbis* und des *Obeo Trolleys*; den »Mangel«, daß Porzellan keinen hundertprozentig klar berechenbaren Winkel hervorbringen kann, münzte Rasulo in eine ästhetische Komponente um. »Ich habe eine künstlerische Ausbildung. Vielleicht habe ich deshalb ein besonderes Interesse für den symbolischen Wert der Farbe, für die Kraft, mit der sie auch die einfachsten Dinge erfüllt.« Auf deren sinnliche Wirkung bauen die anmutige Garderobe *Albera* für BRF, der exaltierte rote Sessel *She* für **Poltronova** und das bunte Badezimmersystem *Mollys* für Antonio Lupi. »In den letzten Jahren ist das Objekt die Starattraktion geworden, es möchte um jeden Preis zu uns sprechen.« Rasulo vertraut auf die Kraft des Objekts als Fetisch und ist damit, wie eine italienische Zeitschrift schrieb, vielleicht »der letzte Romantiker«. 1998 hat er, gemeinsam mit Mendini, in einem Zelt am Rande der Mailänder Möbelmesse die *Eco Mimetico Collection* vorgestellt, für die sie Gläser, Vasen, Spiegel, Möbel und Teppiche mit Tarnfarben überzogen. Das Statement: Aufgabe des Designers sei es, den Sinn der Camouflage zu wandeln, die Sprache des Krieges für den Frieden einzusetzen, um zur Natur, zum Alten, zum Primitiven zurückzukehren, damit die Menschen wieder im Einklang damit leben könnten. Romantisch eben.

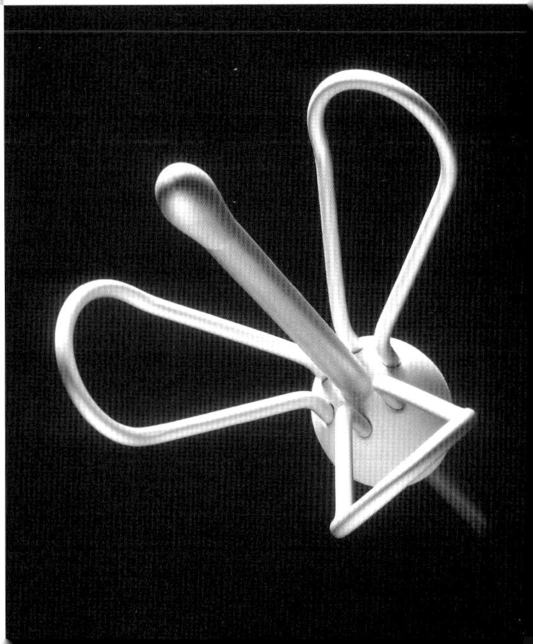

RATIONALISMUS

Der Rationalismus war die italienische (und spanische) Spielart der europäischen Moderne. Aber, so Kritiker **Andrea Branzi** rückblickend: »Von Anfang an unterschieden sich die italienischen Rationalisten in einer Hinsicht von ihren europäischen Kollegen: Sie waren Faschisten.« Zwar gehörten sie nicht unbedingt zu den treibenden Kräften, doch sympathisierten sie in den 20er Jahren und frühen 30er Jahren offen mit den Zielen Mussolinis. Dieser, 1926 an die Macht gekommen, maß Architektur und angewandter Kunst große Bedeutung bei, stellte aber keine klaren formalen oder ideologischen Direktiven für die Entwicklung eines »faschistischen« Stils auf. Dies hatte zur Folge, daß die Anhänger des klassizistisch inspirierten **Novecento** und die Rationalisten in offene Konkurrenz traten – wie z.B. auf der V. *Triennale* 1933. Mussolini wandte sich schließlich Mitte der 30er Jahre eindeutig dem Novecento zu, da er, im Gegensatz zu dem »internationalen« Ansatz der Rationalisten, das genuin »Italienische« hervorheben wollte. Parallel dazu begannen viele Rationalisten, sich vom Faschismus zu distanzieren.

Die Bewegung des Rationalismus war zunächst eine Architekturbewegung. 1926 hatten sich die ersten Protagonisten als Gruppo 7 zusammengeschlossen, darunter **Luigi Figini**, **Gino Pollini** und **Guiseppe Terragni**. Letzterer entwarf die 1934-36 gebaute Parteizentrale der Faschisten in Como. Auch das Interieur war im rationalistischen Stil gestaltet: Das Sitzteil seines Stuhls *Lariana* war ein einfacher Hocker, an dem mit Hilfe zweier der Rücken-

1922 erste Regierung unter Benito Mussolini

1926 Mussolini errichtet totalitäres Regime; Gruppo 7 von rationalistischen Architekten gegründet

1929 Lichtskulptur *Luminator* von **Luciano Baldessari**

1930 Bar Craja im rationalistischen Stil von Luciano Baldessari in Mailand

1933 Wettstreit der Stile Rationalismus und **Novecento** auf der Mailänder *Triennale*

1934 Bau der Casa del Fascio, Como, von **Giuseppe Terragni** (bis 1936); Stahlrohrstuhl *S 5* von **Gabriele Mucchi**

1936 Völkerbundsanktionen; Stuhl *Lariana* von Giuseppe Terragni

1937 Glas-Stahl-Fabrik von **Luigi Figini** und **Gino Pollini** für **Olivetti**, Ivrea

1940 Italien tritt in den 2. Weltkrieg ein

Stuhl *Lira* von Piero Bottoni, 1934 (prod. von Zanotta)

Olivetti-Fabrik in Ivrea von Luigi Figini und Gino Pollini, 1937

krümmung folgenden Stahlrohren die Lehne angebracht war (heute produziert Zanotta den Stuhl). Figini und Pollini bauten in den 30er Jahren für Olivetti u.a. neue Fabrikgebäude, deren kastige Glas-Stahl-Konstruktionen auf jegliches überflüssige Ornament verzichteten.

Wie bei Terragni entstanden im Kontext der neuen Architektur bald auch erste rationalistische Möbel- und Lampenentwürfe. **Piero Bottoni**, **Giuseppe Pagano**, Gino Levi Montalcini und **Gabriele Mucchi** verzichteten auf die gewohnte, repräsentative Ästhetik und experimentierten stattdessen – angeregt durch ihre deutschen Bauhaus-Kollegen – mit neuen industriellen Materialien wie Stahlrohr und Chrom. Außer Metallmöbeln entstanden dabei auch so eindrucksvolle Objekte wie die gewaltige Lichtsäule *Luminator* (1929) von **Luciano Baldessari**. Viele Entwürfe kamen über das Stadium des Prototyps indessen nicht hinaus, da die Rückständigkeit der Werkstätten eine technische Umsetzung nicht erlaubte.

Nach dem Zweiten Weltkrieg knüpften die linksintellektuellen Architekten an rationalistische Prinzipien an – darunter das Studio **BBPR**, **Franco Albini**, **Ignazio Gardella**, **Alberto Rosselli**, aber auch jüngere wie **Marco Zanuso**, und **Anna Castelli Ferrieri**. Das durchgängig funktionale und nützliche Nachkriegsdesign gründete in der modernen Tradition, bis diese Doktrin Ende der 60er Jahre im Zuge der Radical-Design-Bewegung von einer jungen Designergeneration rigoros hinterfragt wurde.

»Der Rationalismus bleibt (...) als eine Reflexion der internationalistischen Ambitionen Italiens in dieser Zeit des starken Nationalismus und als ein Ausdruck der komplexen Beziehung zwischen Politik und Design, die sich in Italien in diesen Jahren entwickelte, von großer Bedeutung.«

Penny Sparke

Stuhl *Lariana* von Giuseppe Terragni, 1936 (prod. von Zanotta)

Schrankelemente *MB 48* von Franco Albini und Franca Helg, 50er Jahre

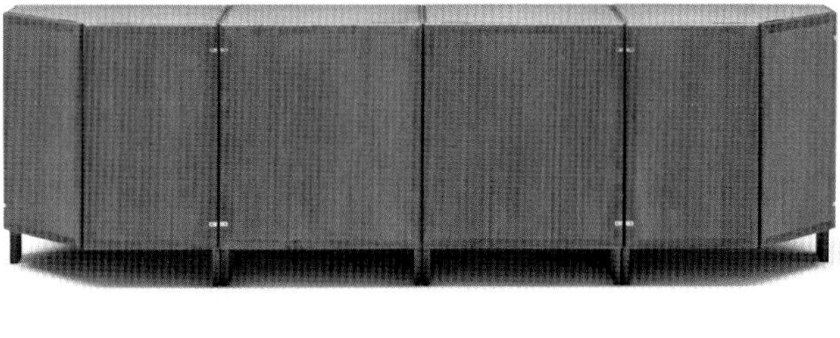

Umberto RIVA

Architekt, Möbel- und Leuchtendesigner

1928 geboren in Mailand
1953 Architekturstudium in Venedig abgeschlossen
1960 selbständiger Architekt
1969 Ferienhaus in Taino
1989 Forschungsprojekt über Park- und Fußgängerzonen in Gubbio
1991 vier Familienhäuser in Gorle, Bergamo; San Nazaro-Platz, Mailand
1993 Grünflächengestaltung in Sondrio

»Ich kann nicht designen. Ich habe nicht die mentale Struktur eines Designers. Meiner Meinung nach ist ein Designer in der Lage, ein Bedürfnis zu schaffen, ein Objekt, das nicht existiert, zu erfinden, das dann in den Produktionszyklus eintritt. In diesem Sinn sind Designer sehr selten, man muß über Intelligenz und eine gewisse Cleverness verfügen.« Umberto Riva glaubt nicht, daß er mit diesen Eigenschaften ausgestattet ist.

Er beschäftigt sich nur dann mit Design, wenn ihn seine Tätigkeit als Architekt gerade nicht auslastet, und oft entstehen diese »Nebenprodukte« in einem konkreten architektonischen Kontext. Und Riva sagt: »Ich schaffe es immer, Objekte zu entwerfen, die nicht verkauft werden.« Diese sehen nicht unbedingt teuer aus, sind es aber, weil sie sich wertvoller Materialien bedienen, wie seine Leuchte *Veronese* für Barovier & Toso, die aus farbigem Muranoglas gefertigt ist. Zeitgemäß entwerfen zu wollen ist für den Außenseiter des italienischen Designs kein Kriterium. Diese Einstellung ist in den 90er Jahren, in denen Design ein wichtiger

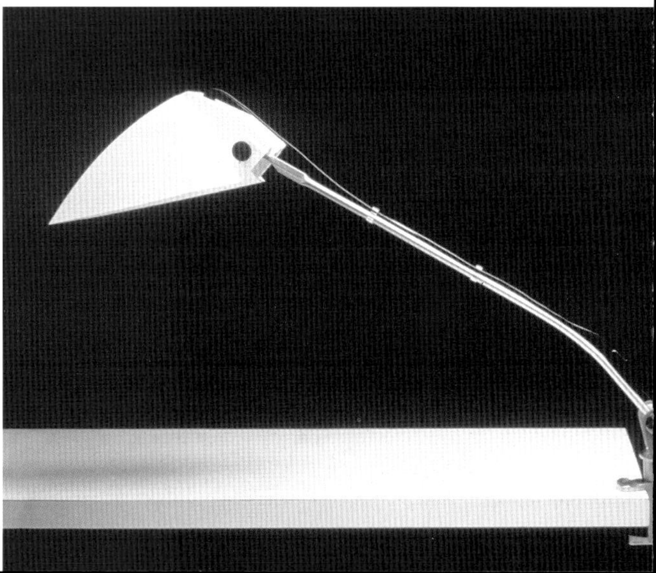

Marketingfaktor geworden ist, geradezu altmodisch. Dafür aber sind Rivas Objekte mit einer fast anachronistischen Zeitlosigkeit ausgestattet – wie die Leuchte *E 63*, die er 1963 im Rahmen eines Wettbewerbs für **Artemide** entworfen hat. Bestechend durch ihre klaren Proportionen, mußte der Entwurf eine lange Odyssee durchmachen, bevor er 1991 endlich von **Fontana Arte** produziert wurde. Für den Sekretärschrank *Victor* für Schopenhauer/Fontana Arte verwendete Riva edles Erlen- und Buchenholz. In seiner selbstbewußten Eleganz erinnert das Möbel an diejenigen des Materialästheten **Carlo Scarpa**, in seiner puristischen, aber feinsinnigen Formgebung mit Blick fürs Detail an beste skandinavische Traditionen. Letzteres gilt auch für den Sessel *Agio* für Bellato mit seiner geometrischen Struktur und den hellen, segmentierten Holzrahmen. Einen Stuhl übrigens würde Umberto Riva nie entwerfen: Er sei ein sehr schwieriges Objekt, für das Thonet und Alvar Aalto bereits perfekte Lösungen gefunden hätten.

Produkte

1985 Tischleuchten *Veronese* und *Tesa* für Barovier & Toso

1989 Tischleuchte *Franceschina*

1991 Tischleuchte *E 63* (Entwurf: 1963)

beide für **Fontana Arte**

1992 Schreibtisch *Ala* für **Driade**

1993 Sessel und Beistelltisch *Agio* für Bellato

1994 Sekretärschrank *Victor* für Fontana Arte (Schopenhauer)

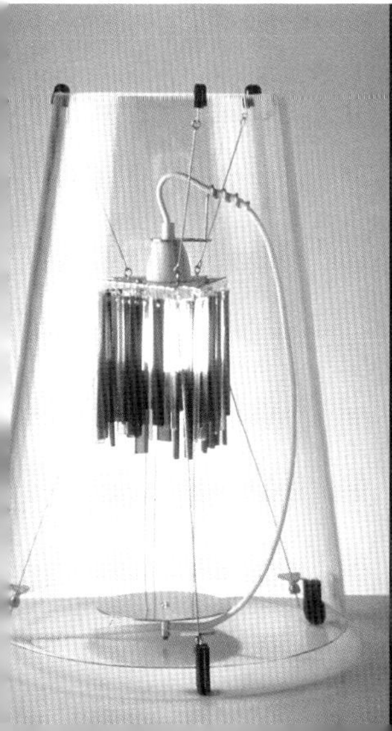

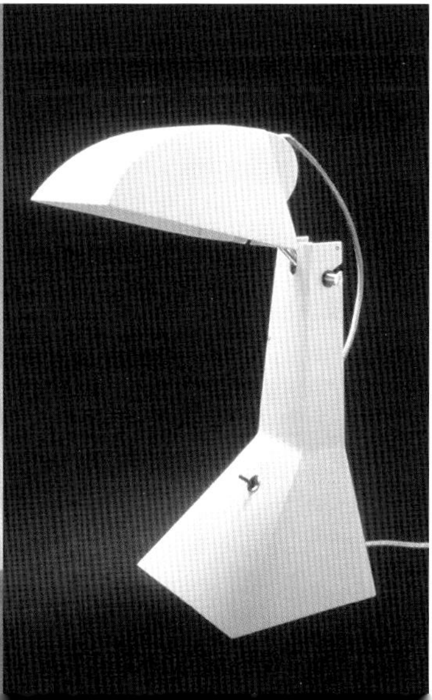

v.l.n.r.

Tischleuchte *Lem* für Ve-Art, 1973 (reediert von Fontana Arte als *Dilem*, 1991)

Leuchte *Tesa* für Barovier & Toso, 1985

Leuchte *E 63* für Ve-Art, 1963 (reediert von Fontana Arte, 1991)

Paolo RIZZATTO

Architekt, Möbel- und Leuchtendesigner

1941 geboren in Mailand
1965 Architekturstudium in Mailand abgeschlossen
1966 arbeitet für **Arteluce** (bis 1977)
1968 eigenes Studio
1972 Kindergarten in Segrate
1978 Mitbegründer von **Luceplan**
1981 *Compasso d'oro* (auch 1989 und 1995)
1986 Bürgerhaus in Torricella Peligna

Produkte

1969 Leuchte *265* für Arteluce
1985 *Berenice* mit **Alberto Meda**
1986 Leuchte *Costanza*
1989 *Titania* mit Alberto Meda
alle für Luceplan
1995 Stuhl *Dakota* für **Cassina**
1998 Hänge- und Wandleuchte *Glassglass* für Luceplan

Die von Paolo Rizzatto und **Alberto Meda** entwickelte filigrane Schreibtischleuchte *Berenice* aus Glas, Aluminium und Kunststoff für **Luceplan** (Rizzattos eigene Firma) ist typologisch an der klassischen Bibliotheksleuchte orientiert, reinterpretiert diese aber als zeitgemäße, technologiebetonte Konstruktion. Vergangenheit und Zukunft gehen Hand in Hand. Das gleiche Prinzip findet sich bei seinem Stuhl *Dakota* für **Cassina**, bei dem Rizzatto das traditionelle Bezugmaterial Leder mit Polypropylen kombinierte und beides in eine Aluminiumschale setzte. »Ich habe kein Problem damit, verschiedene Materialien, Typen oder Denkweisen zu kombinieren, und es ist mir egal, ob sie als alt oder modern eingeschätzt werden.« Deshalb wirken Rizzattos Leuchten für Luceplan, darunter *Lola*, *D 7* und *Titania* (Abb. S. 38), und seine Möbel für **Alias** und **Molteni** oft wie Verdichtungen. Komplex und minimalistisch zugleich, haben seine Entwürfe weder etwas mit lautstarken postmodernen Experimenten noch mit einer anämischen neuen Einfachheit gemeinsam.

Regal *Donald System* für Joint, 1998, mit Carlo Forcolini

Tischleuchte *Costanza* für Luceplan, 1986

Marco ROMANELLI

Architekt, Möbel- und Leuchtendesigner

Marco Romanelli ist einer der umtriebigsten Mailänder Designaktivisten, der sich seit den 80er Jahren einen Namen als Kritiker (u.a. für *Domus* und *Abitare*), Ausstellungsmacher und Gestalter gemacht hat. Für **Up & Up** entwarf er einen Waschtisch samt dazugehöriger Konsole aus hellem Marmor und luftigem Korbwerk und interpretierte damit ein oft altertümlich wirkendes Material leichtfüßig und innovativ. Für die jungen Nomaden der 90er Jahre, an die sich die **Driade**-Kollektion *Atlantide* richtet, gestaltete er rollbare Holzmöbel und einen Hängeschrank, dessen Vorderfront wahlweise als Spiegel oder Tafel ausgeführt werden kann. Und für **O Luce**, wo er Art Director ist, entwarf er die Lampe *Lanterna*, deren Leuchtkörper aus geblasenem Muranoglas Luft umgibt, die ihrerseits in einem zweiten Glas »gefangen« ist. Ganz beiläufig offenbart sich die hohe Funktionalität aller, oft gemeinsam mit Marta Laudani entwickelten Entwürfe. Romanellis Produkte sind offen für kleine Spielereien, poetisch und minimalistisch zugleich.

1958 geboren in Triest

1983 Architekturstudium in Genua abgeschlossen

1986 Redakteur bei *Domus* (bis 1994)

1995 Art Director bei **O Luce**
Redakteur bei *Abitare*

1996 Art Director bei **Montina**

Produkte

1988 Tisch *Trame* für **Arflex** mit Marta Laudani

1997 Leuchte *Saudade* für O Luce mit Marta Laudani und Massimo Noceto

1998 Leuchte *Lanterna* für O Luce mit Marta Laudani

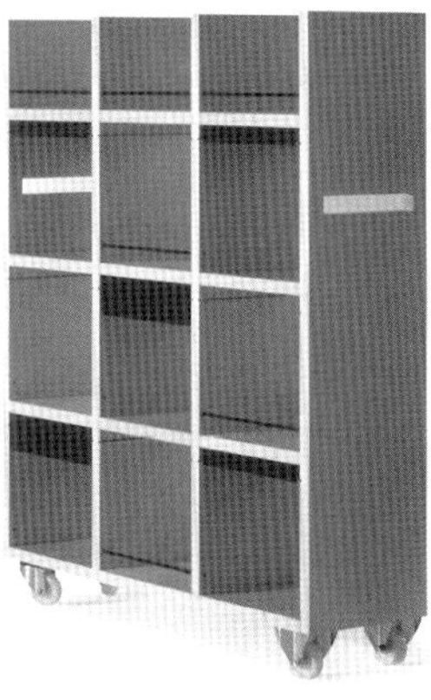

Hängeschrank *Materco* für Driade (*Atlantide*), 1996

Regal *Francescano* für Driade (*Atlantide*), 1995, mit Marta Laudani

Alberto ROSSELLI

Architekt und Industriedesigner

Als Theoretiker, Architekt und Designer verstand Rosselli seine Arbeit in der Phase der Neuorientierung als Dienst an der neuen Gesellschaft. Design sollte modern, einfach, formschön und preiswert sein. Dies demonstrierte er mit seiner 1951 entwickelten *Küche für eine Zweipersonenwohnung*. Funktional und praktisch stellte sie eine bedarfsgerechte Lösung für die beengten Wohnverhältnisse jener Jahre dar. Ein besonderes Anliegen war Rosselli die Förderung des Austauschs zwischen Industrie und Design. Der von ihm 1953 gegründeten Designzeitschrift gab er deshalb den programmatischen Titel *Stileindustria*. Das industrielle Produkt wurde hier so manches Mal zum Fetisch erhoben; bis zu seiner Einstellung im Jahr 1962 aber war *Stileindustria* eines der wichtigsten Organe der aktuellen Designdiskussion. Zwischen den 50er und 70er Jahren entwarf Rosselli außerdem Gasdurchlauferhitzer, elektrische Haartrockner, Badezimmereinrichtungen, Kaffeemaschinen, Uhren und Möbel. Gemeinsam mit **Isao Hosoe** entwickelte er 1970 den Reisebus *Meteor*.

1921 geboren in Palermo

1947 Architekturstudium in Mailand abgeschlossen

1950 gründet Studio PFR mit **Gio Ponti** und Antonio Fornaroli in Mailand

1953 gründet Zeitschrift *Stileindustria*

1954 **Pirelli**-Hochhaus, Mailand mit Gio Ponti, Antonio Fornaroli und Valtolina Dell'Orto (bis 1956)

1956 erster Präsident des **ADI**

1961 Vize-Präsident des ICSID (bis 1963)

1970 *Compasso d'oro* (auch 1987)

1976 gestorben in Mailand

Produkte

1951 *Küche für eine Zweipersonenwohnung* für Alberto Bazzani

1954 Espressomaschine für **La Pavoni**

1957 Badezimmerelemente aus Kunststoff für **Montecatini**

1970 Pullmanbus *Meteor* für Orlandi mit **Isao Hosoe**

1973 Badezimmereinheit für **ICS**

Sessel *Jumbo* für Saporiti, 1960

Aldo ROSSI

Architekt und Industriedesigner

Niemand gestaltete so konsequent wie Aldo Rossi Produkte als Miniarchitekturen. Dies gilt insbesondere für seine Kaffeekannen für Alessi. Wie seine großen Bauwerke auf geometrische Formen konzentriert, beherrscht das Modell *La Conica* als kleiner Turm, bestehend aus einem hohen Zylinder mit Kegeldach, Tisch und Tafelrunde. 1986 folgte die Kaffeekanne *9094* und 1988 *La Cupola.* Auch die Sitzmöbel *Capitolo* für **Molteni** und *Parigi* für **Unifor** konstruierte Rossi als archetypische Entwürfe, die nach zeitloser Gültigkeit streben. Die rigide Beschränkung auf ein schmales Formenvokabular fußte bei Rossi auf fundierter Theorie. In seinem 1966 veröffentlichten Buch *L'architettura della città* (Die Architektur der Stadt) stellte er sein Modell einer archaisch reduzierten Architektur einer organischen oder funktionalen gegenüber und trug damit wesentlich zur Debatte um postmoderne Architektur bei. Er selbst entwarf u.a. den Rathausplatz und den Gedächtnisbrunnen in Segrate bei Mailand, das Hotel Il Palazzo in Fukuoka, Japan, und das Maastrichter Bonnefanten-Museum.

1931 geboren in Mailand
1955 Redakteur bei *Casabella* (bis 1964)
1959 Architekturstudium in Mailand abgeschlossen
1966 Buch *L'architettura della città*
1971 Friedhof San Cataldo in Modena
1994 Bonnefanten-Museum, Maastricht
1997 gestorben in Mailand

Kaffeekanne *La conica* für Alessi, 1994

Regal *Cartesio* für Unifor, 1995/1996

Roberto SAMBONET

Maler, Grafik- und Produktdesigner

1924 geboren in Vercelli
1945 Architekturstudium in Mailand abgeschlossen
1956 Art Director der Zeitschrift *Zodiac* (bis 1960); *Compasso d'oro* (auch 1970, 1979, 1995); gründet Sambonet spa
1960 Berater bei **La Rinascente**
1995 gestorben in Mailand

Viele von Roberto Sambonets eleganten Haushaltswaren, wie sein Edelstahlküchenset *Center Line* oder seine Kristallgläser für Baccarat, sind stapelbar, ineinander verschiebbar, aufeinander aufbaubar – und wurden immer wieder »aufgeschnitten« oder mit extremer Aufsicht fotografiert, als grafische Texturen. Die Referenz seiner Arbeit als Produkt- und Grafikdesigner war nicht die Architektur – obwohl Frank Lloyd Wright und besonders sein Freund Alvar Aalto großen Einfluß auf ihn hatten. Sambonet glaubte an eine fundamentale Beziehung zwischen Kunst und Design. Als Maler und Zeichner hatte er in Europa und Brasilien mit seinen Ausstellungen bereits Erfolge gefeiert, bevor er überhaupt mit der Produktgestaltung begann. Anfang der 50er Jahre eröffnete er in Mailand ein eigenes Designstudio. 1956 gründete er die Firma Sambonet und wandelte dabei ein bestehendes Traditionsunternehmen zu einem modernen Betrieb für die Herstellung prezioser Edelstahlwaren um – zu einer Zeit, als diese Produkte vom Design noch weitgehend vernachlässigt wurden. Das bekannteste Beispiel für seinen organisch-skulpturalen Stil ist die vielfach prämierte Fischschale *Pesciera*. Später experimentierte er für andere Firmen auch mit Glas, Kristall und Porzellan. Sambonet prägte sein Unternehmen aber auch als Grafikdesigner in Zusammenarbeit mit **Bruno Monguzzi**, **Max Huber** und **Bob Noorda**. Seit den 50er Jahren nahmen auch Unternehmen wie **La Rinascente**, **Pirelli** oder **Alfa Romeo** und die Architekturzeitschrift *Zodiac* seine grafischen Künste in Anspruch.

Seite 311
l.o. Schüsseln *Center Line*, 1965 (bis 1971)
r.o. Logo für die Region Lombardei, 1974, mit Bob Noorda und Pino Tovaglia
l.u. Gläser *Empilage* für Baccarat, 1971
r.u. Verpackungen für Edelstahlbesteck für Sambonet, 1959

Fischschale *Pesciera* 1957

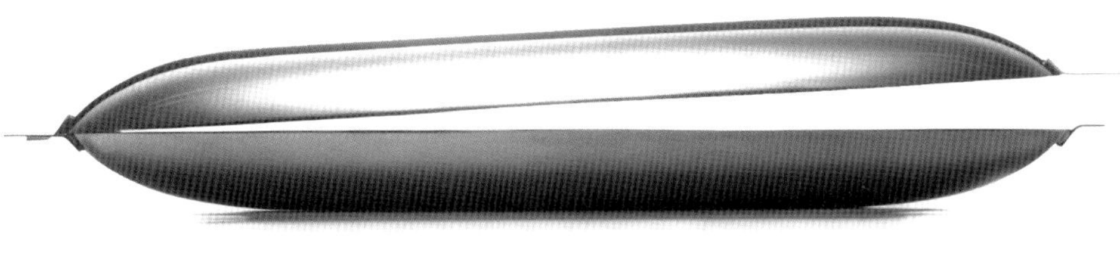

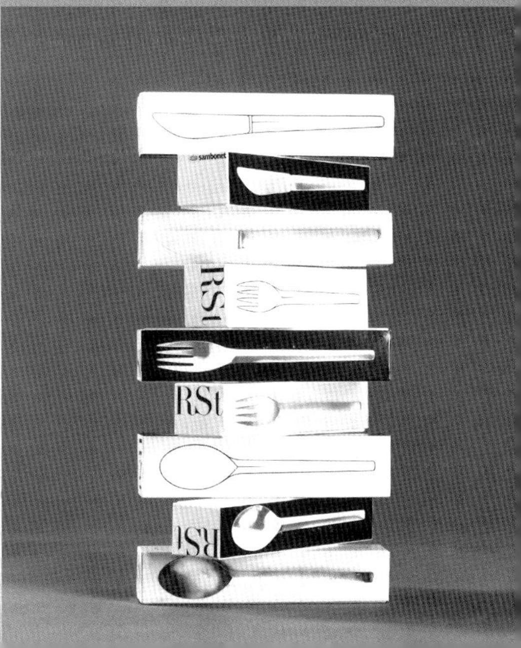
sambonet
RSt
RSt
RSt

Denis SANTACHIARA

Industrie-, Möbel- und Leuchtendesigner

1951 geboren in Campagnola, Reggio Emilia

1966 Designstudio, Automobildesigner als Autodidakt

1975 Erforschung der »soft technology«

1990 gründet die Firma Domodinamica mit Cesare Castelli

Produkte

1986 *Work Station*, Prototyp für **Italtel** Telematica mit **Franco Raggi** und **Alberto Meda**; Diskothek *Epsylon* in Reggio Emilia

1987 Raumbelüftungsgerät *Mistral* für Dilmos; Prototyp *Sister Chairs* für Vitra Edition

1988 *Thunderstorm Kit* für Dilmos

Denis Santachiaras *Sister Chairs* für die Vitra Edition (1987) sind eigensinnige Wesen. *Timida* errötet, wenn man das Wort an »sie« richtet, *Espansiva* bläht sich auf, sobald die Körpertemperatur des Sitzenden steigt, *Volubile* dagegen wechselt bei Körperkontakt die Farbe. Objekt und Benutzer treten in Interaktion miteinander – und genau das und ein unkonventioneller Umgang mit Technologien interessieren Denis Santachiara: »Je mehr Tricks ein Taschenspieler kennt, desto besser kann er Illusionen und Entzücken erzeugen.« Anders als die meisten seiner Kollegen hat er nicht am seriösen Mailänder Polytechnikum Architektur studiert, sondern Mitte der 60er Jahre 16jährig als Autodidakt im Automobildesign angefangen. Bis heute findet sich das Thema Bewegung – vielleicht aus dieser ersten Erfahrung heraus – immer wieder in seinen Entwürfen: ob er den Luftstrom eines Föns nach Wunsch steuerbar macht und ihm Duftstoffe beimischt oder ob mit der Nachttischleuchte *Notturno Italiano* Schlaflosen Rettung bietet, indem diese nach dem Ausschalten Schäfchen an die

Wand projiziert. Viele von Santachiaras Ideen sind Prototypen geblieben, kleine poetische Zaubereien, die sich nicht immer für die Serie eignen. Dennoch unterstützen ihn Unternehmen wie **Italtel**, für das er mit **Franco Raggi** und **Alberto Meda** 1986 eine multifunktionale *Workstation* entworfen hat, oder Stil Resine. Die Klingel seines *Plastic Bicycles* (1989) schmettert Melodien der fünf berühmtesten Verdi-Opern, und der Zähler listet die beim Radeln verbrauchten Kalorien auf.

Santachiaras animierte und bewegliche Objekte bereiten aber nicht nur ein fast kindliches Vergnügen, sondern machen bekannte Funktionen »anders« sichtbar und verändern dadurch die Wahrnehmung. Das macht sie so innovativ. Er sagt: »Als Designer bin ich nicht an den ›Materialwundern‹ der technologischen Front interessiert, sondern an ihren immateriellen Ausdehnungen.« Jüngster Coup Santachiaras ist *Pisolò*, ein Hocker, der sich dank eines integrierten kleinen Elektromotors binnen Sekunden in ein Bett mit Nachttisch verwandelt.

1989 Stuhl *Oxalis* für **Cidue**; Sessel *Mama* für **Baleri**; Wartemöbel *Astro* für Campeggi; Plastikfahrrad für Stil Resine

1990 Kollektion *Domodinamica oggeti animari per la casa*

1993 Leuchte *Notturno Italiano* für Domodinamica

1997 Betthocker *Pisolò* für Campeggi

v.l.n.r.
Möbel *Sciuscia*
Sessel *Trans* für Campeggi
Fahrrad für Stil Resine, 1989

Richard SAPPER

Industriedesigner

»Du hast mich gebeten, eine extrem funktionale und innovative Lampe zu entwerfen, erinnerst du dich?« So schildert **Artemide**-Chef **Ernesto Gismondi** einen Anruf Richard Sappers im Jahr 1970, als der ihm seine Lösung präsentieren wollte: den Prototyp der *Tizio*, einer der berühmtesten Leuchten der Designgeschichte. Innovativ war und ist sie vor allem durch die ausgeklügelte Verteilung ihrer Gewichte, die eine absolut präzise Austarierung zuläßt. Dadurch kann die *Tizio* jede Position im Raum einnehmen, ohne das Gleichgewicht zu verlieren. Außerdem nutzte Sapper als einer der ersten das Niedervolthalogenlicht, um das Licht punktgenau steuern zu können.

Sapper, der als Deutscher in Mailand die italienische Designlandschaft seit 40 Jahren mitgestaltet, ist Industriedesigner mit Leib und Seele, der Möbel, Uhren, Armaturen, Espressokannen und Transportmittel entwirft. Den Designprozeß betrachtet er als Problemlösung, ihm geht es darum, »der Form einen Sinn zu geben«. Mit seinem Mentor **Marco Zanuso** machte der junge Designer für **Kartell** schon 1964 Kunststoff für die Möbelproduktion nutzbar. Mit Zanuso entwarf er auch einige der kompaktesten und formal aufregendsten elektronischen Hifigeräte der 60er Jahre: die Fernseher *Black*, *Algol* (Abb. S. 4) und *Doney* sowie das Klappradio *TS 502* für **Brionvega**. Und erst in jüngster Zeit gewann er mit dem Alufahrrad *Zoombike* für Elettromontaggi, das so leicht wie ein Regenschirm zusammenzufalten ist und dadurch auch in öffentlichen Transportmitteln leicht mitgeführt werden kann, den *Compasso d'oro* – den Sapper, der Deutsche, übrigens so oft wie kaum ein italienischer Kollege einheimsen konnte. Bei aller Funktionalität sind Sappers Produkte oft mit einer zusätzlichen Qualität ausgestattet, einem »Clou«, so seine Biographin Uta Brandes, z.B. bei seinem berühmten Wasserkessel für **Alessi**, der harmonisch im Dreiklang tönt, anstatt schrill zu kreischen.

1932 geboren in München
1955 Studium in München abgeschlossen
1956 Tätigkeit in der Entwurfsabteilung bei Mercedes Benz (bis 1958)
1958 geht nach Italien, zunächst in **Gio Pontis** Studio, dann bei **La Rinascente** (1959-1961); arbeitet mit **Marco Zanuso** (bis 1977)
1960 *Compasso d'oro* (auch 1962, 1964, 1967, 1979, 1987, 1991, 1995, 1998)
1970 Berater bei **Fiat** (bis 1976)
1986 Professor an der Kunstakademie Stuttgart (bis 1998)

Produkte

1962 Fernseher *Doney 14* für **Brionvega** mit M. Zanuso
1964 Kunststoffkinderstuhl für **Kartell** mit M. Zanuso
1983 Wasserkessel *Bollitore* für **Alessi**
1995 Klapprad *Zoombike*

Seite 315
o. Schreibtischleuchte *Tizio* für Artemide, 1972
l.u. Espressomaschine *Cobán*, 1997
r.u. Espressokanne *9090*, 1979
beide für Alessi

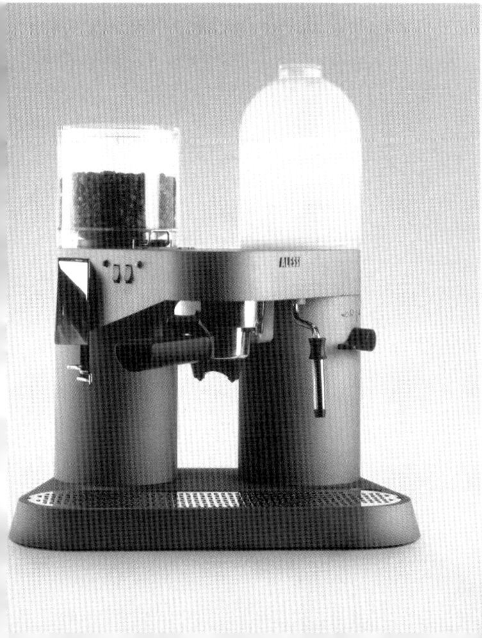

SAWAYA & MORONI

Möbel- und Accessoirehersteller

Sawaya & Moroni spa, Mailand

1984 von **William Sawaya** und **Paolo Moroni** in Mailand gegründet

Produkte

1986 Stuhl *Suspiral* von **Luigi Serafini**

1988 Sessel *Crust* von Ron Arad

1991 Sessel *Bine* von **Marcello Morandini**; Vasen *Les Fleurs du Mal*

1992 Stuhl *Wienerin;* Bar *Acqua di Fuoco* beide von William Sawaya; Bett *Sospir*

1993 Sessel *Faia* beide von **Toni Cordero**

1994 Tisch *TBL Inox* von Jean Nouvel

Pluralität als Konzept: Als der in Beirut geborene William Sawaya und der Italiener Paolo Moroni 1984 in Mailand gemeinsam ihre Firma gründeten, luden sie internationale Architekten wie Michael Graves, Charles Jencks, Oswald Matthias Ungers, Zaha Hadid und Jean Nouvel ein, sich ganz unbefangen an Möbeln und Silberwaren zu versuchen und dabei ihren extrem unterschiedlichen stilistischen Vorstellungen zu folgen.

Jean Nouvel lieferte mit seinem flachen Tisch *TBL Inox* einen puristischen Entwurf ab, **Toni Cordero** mit seinem samtbezogenen Sessel *Fai*, dessen Armlehne aus einer blauen Kordel besteht, einen opulenten und ironischen Kommentar zur Sehnsucht nach der »guten alten Zeit«, Marcello Morandini mit dem auf messerscharfe Schwarz-Weiß-Kontraste setzenden Sessel *Bine* eine augenverwirrende Skulptur (Abb. S. 21), und William Sawaya erwies mit seinem Entwurf der *Wienerin* dem klassischen Wiener Kaffeehausstuhl eine Hommage. Er entwarf auch den Barschrank *Acqua di Fuoco*, ein gefährlich aussehendes Möbel, dessen Rück-

wand aggressiv in die Luft stößt. Zum Sortiment gehören außerdem edle Silberwaren, darunter Matthew Hiltons handförmiger Aschenbecher *Mano* oder Zaha Hadids *Tea and Coffee Set*, dessen einzelne Teile an ein Ensemble roh behauener Kristalle erinnern. Eine besondere Stellung nehmen die Glasarbeiten William Sawayas im Programm ein. Die *Dialetti impossibili* aus wertvollem Muranoglas oder die *Fleurs Du Mal* sind prachtvolle, lüsterne Gebilde, in denen er die Möglichkeiten des Materials aufs äußerste strapaziert hat. Wie gierige Arme wachsen bei *Le Possedé* rote Glasschläuche aus einer bauchigen Kugel, und auf dem milchigen Korpus der *Hymne à la beauté* sitzen Glasornamente wie Bienen auf dem Honigfaß.

Schlicht ist die Kollektion Sawaya & Moronis nicht, dafür aber ein mutiges Statement zur stilistischen Vielfalt der Architekturszene am Ausgang des 20. Jahrhunderts. Und so ist das Unternehmen eher eine hochklassige Designgalerie, die Positionen vorstellt, als ein klassischer Produzent.

1995 Glasvasenserie *I Dialetti Impossibili* von William Sawaya

1997 *Tea and Coffee Set* von Zaha Hadid

1998 Kollektion *Spring*, u.a. Stuhl *MY 98* von Michael Young, Sessel *Povera* von William Sawaya und Möbel *Lintaro* von Makoto Kawamoto

v.l.n.r.

Beistelltisch *Drum* von Marco Mencacci, 1991

Stuhl *Santa* von Luigi Serafini, 1990

Kanne *Le Diable en Tête*, 1995

Regal *Ex Libris*, 1997

Stuhl *Patty Diffusa*, 1993

alle von William Sawaya

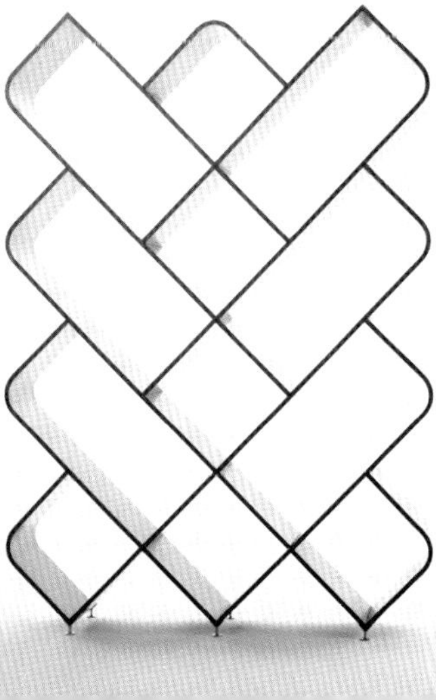

Afra und Tobia SCARPA

Architekten, Möbel- und Leuchtendesigner

1960 Design- und Architekturstudio in Montebelluna gegründet

1970 *Compasso d'oro*

Produkte

1961 Sofa *Bastiano* für **Gavina** (heute Knoll)

1962 Bett *Vanessa* für Gavina; Stehleuchte *Fantasma* für **Flos**

1963 Sessel *Modell 917* für **Cassina**

1968 Tischleuchte *Biagio* für **Artemide**

1969 Stuhl *Soriana* für Cassina

1970 Sessel *Bonanza* für **B&B Italia**

1984 Tischserie *Poligonon* für B&B Italia

1986 Regal *Marly* für **Molteni**

»Ob ein Produkt funktioniert, kann sich nur im Lauf der Zeit zeigen«, sagt Tobia Scarpa. Auf Langlebigkeit und die sensible Behandlung vorwiegend natürlicher Materialien legen Afra und Tobia Scarpa, die sich während ihres Studiums in Venedig kennenlernten, besonders viel Wert – sicherlich geprägt durch Tobias Vater **Carlo Scarpa**, der ebenfalls für seinen meisterlichen Umgang mit edlen Werkstoffen bekannt war, und seine Lehrjahre in der Glasbläserei **Venini** in den 50er Jahren. Alle Scarpa-Produkte sind von einer milden Strenge, wie die Leuchte *Biagio*, deren massiver Marmorblock in sorgsamer Handarbeit ausgeschliffen wird, und die duftige Deckenleuchte *Ariette 1-2-3*, deren Diffusor aus einem semi-transparenten Stück Stoff besteht (beide für **Flos**). Massives Holz dagegen wurde für den archaischen Stuhl *Africa* für **B&B Italia** und das frühe Sofa *Bastiano* für **Gavina** eingesetzt. Die Scarpas arbeiten außerdem u.a. für **Cassina** und **Molteni** und bauten Firmengebäude für **Benetton** (1966) und **C&B Italia** (1968).

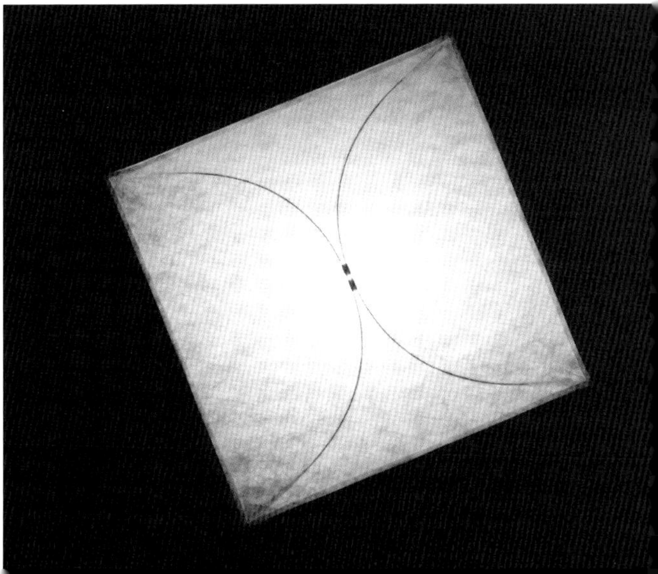

Deckenleuchte *Ariette 1-2-3* für Flos, 1973 (Tobia Scarpa)

Carlo SCARPA

Architekt und Möbeldesigner

In den 30er Jahren, als der junge venezianische Architekt Carlo Scarpa von offizieller Seite wegen seiner modernen Restaurierungen historischer Gebäude, z.B. der venezianischen Ca' Foscari, heftig angefeindet wurde, zog er sich in die Glasbläserei **Paolo Veninis** zurück. Mit dem sanften Revolutionär der Glasbläserkunst verband ihn eine innige Freundschaft. In dieser einsamen Zeit entwarf er wertvolle Vasen und Schalen (Abb. S. 27), reinterpretierte traditionelle Materialien und »erfand« ein schweres, opakes sowie ein besonders leichtes Glas, das in zwei Schichten gearbeitet werden konnte.

Die Liebe zu edlen Materialien, besondern solchen mit Geschichte, und ein ausgeprägtes kulturelles Traditionsbewußtsein sollten sich später in all seinen Projekten wiederfinden. Seine Hauptwerke realisierte Scarpa als Architekt, dessen Größe die akademische Welt allerdings auch später lange nicht anerkennen wollte. Einen Namen machte er sich mit seinen brillanten Ausstellungsarchitekturen wie 1948 für die Paul-Klee-Ausstellung auf

1906 geboren in Venedig
1926 Architekturstudium in Venedig abgeschlossen
1931 Casa Asta mit dem Maler Mario De Luigi
1942 Ausstellungsarchitekt für die *Biennale di Venezia*
1951 trifft Frank Lloyd Wright in Venedig
1956 **Olivetti**-Architekturpreis
1957 Olivetti-Showroom in Venedig
1960 Frank Lloyd Wright-Ausstellung in Mailand
1978 gestorben in Sendai (Japan)

Glasschalen *Murrine opache* für Venini, 1940

Produkte
1927 Glasobjekte für Cappellin & C. (bis 1930)
1933 Glasobjekte für **Venini** (bis 1947)
1940 Glasserie *Tessuto* für Venini
1969 Tisch *Doge*
1972 Tisch *Valmarana*
beide für Simon International
1974 Regal *Zibaldone* für **Bernini**

der *Biennale* in Venedig, mit dem in den 50er Jahren entworfenen **Olivetti**-Showroom, ebenfalls dort, dem Venezuela-Pavillon auf dem Biennale-Gelände und Anfang der 70er Jahre mit dem Familienfriedhof der Familie Brion in Treviso. Erst spät, Ende der 60er Jahre, kam Scarpa zur Serienproduktion, zu der er aber immer ein gespaltenes Verhältnis behielt. Zu sehr war er Materialästhet, zu sehr siedelte er alle Entwicklungen im konkreten Kontext an, zu sehr schätzte er die individuelle handwerkliche Perfektion.

Carlo Scarpa entwarf seine Möbel für die Ewigkeit, wie den Stahl- und Kristalltisch *Doge* für Simon, die Firma seines Freundes Dino **Gavina** (der ursprünglich als Eßtisch für das Haus der Familie Zentner in Zürich entworfen worden war), wie den Tisch *Delfi*, bei dem er wertvollen Marmor einsetzte (gemeinsam mit Marcel Breuer), oder wie den monumentalen Holztisch *Valmarana*. In den 70er Jahren gestaltete Scarpa auch für **Bernini**, darunter das Regal *Zibaldone*, bei dem die Bücher durch Kristallglas geschützt wurden.

Regal *Zibaldone* für Bernini, 1974

SIGLA

Studio für Möbel- und Textildesign

Bei Sigla vereinen sich drei Kompetenzen: Marina Bani war vor der Gründung des Studios im Jahr 1994 bei **Zanotta** zuständig für Produktentwicklung, Marco Penati ist dort Leiter des Ufficio Tecnico, und Patrizia Scarzella ist Architektin und Journalistin. Ihre Erfahrung nutzen sie, um sinnfällige, technisch brillante Lösungen zu entwickeln. Der Tisch *Wiz* für Desalto z.B. besteht aus einer Platte und zwei Metallrohren, in denen sich jeweils drei dünne Stäbe befinden. Stellt man ihn auf, werden die Rohre zum Unterbau und die Stäbe zu sechs stabilen Tischbeinen.

Sigla entwirft außerdem Polstermöbel für Zanotta, Betten für **Flou** und Leuchten für **Fontana Arte** und Barovier & Toso. Einen Schwerpunkt bildet die Forschungsarbeit im Bereich der Textilien. Die Bezugstoffkollektion *Spezie* für Zanotta ist aus natürlichen Materialien gewebt und besticht durch plastische Strukturen. Außerdem kuratiert das Studio Ausstellungen, wie 1997 *Bello Quotidiano* (Schönheit des Alltäglichen) zur Geschichte des italienischen Möbeldesigns.

1994 Studio von Marina Bani, Patrizia Scarzella und Marco Penati in Mailand gegründet

Produkte

1995 Tischserie *Ito*; Tisch *Nilo* beide für **Arflex**

1997 Sofa *Est*; Sofas *Nadir*

1998 Textilkollektion alle für **Zanotta**; Bett *Atlante* für **Flou**

Bezugstoff aus der Serie *Spezie* für Zanotta

Tisch *Wiz* für Desalto, 1997

Ettore SOTTSASS jr.

Architekt, Möbel- und Industriedesigner

1917 geboren in Innsbruck

1939 Architekturstudium in Turin abgeschlossen

1946 Organisation einer Ausstellung über abstrakte Kunst mit **Bruno Munari**

1947 Studio in Mailand

1956 arbeitet für George Nelson in New York

1958 Chefberater für Büromaschinen bei **Olivetti**

1959 *Compasso d'oro* (auch 1970, 1989, 1995)

1961 Indienreise

1973 Mitbegründer von **Global Tools**

1981 gründet **Memphis**; gründet Sottsass Associati mit **Marco Zanini** und anderen

Im Studio seines Vaters lernte der junge Architekturstudent Ettore Sottsass in den 30er Jahren die große italienische Architekturbewegung des **Rationalismus** kennen: Ettore sen. gehörte zu den wichtigsten Protagonisten dieser italienischen Moderne. Damals war noch nicht unbedingt zu vermuten, daß Ettore jr. einige Jahrzehnte später eine zentrale Figur der Strömungen werden würde, die diese Tradition rigoros hinterfragen, aufbrechen und durch ein völlig neuartiges Verständnis von Gestaltung ersetzen würden.

Anfang der 50er Jahre realisierte Ettore Sottsass jr. erste eigene Architekturprojekte in Mailand. Ins Licht der Öffentlichkeit geriet er aber erst 1959, als er für **Olivetti** den ersten italienischen Großcomputer, den *Elea 9003*, entwarf. Er ordnete die zahllosen Bedienungselemente grafisch übersichtlich an und verstärkte die Orientierung darüber hinaus durch klare Farbgebungen. Sottsass wurde bei Olivetti Chefberater für den Bereich der Büromaschinen und gestaltete später so erfolgreiche Schreibmaschinen wie die *Tekne 3*, die kleine rote *Valentine* und die *Praxis*, aber auch Büromöbel. In die hierarchischen Firmenstrukturen ließ er sich weder bei Olivetti noch bei seinen späteren Arbeitgebern einbinden. Bezeichnend, daß er parallel die durch eine Indienreise inspirierten *Keramiken der Finsternis* und *Keramiken für Shiva* entwarf, mit denen er zu ursprünglichen kulturellen Formen zurückkehren wollte. Beide Pole – Kunst und Industrie – blieben das Spannungsfeld, innerhalb dessen Sottsass sich mit großer Freiheit bewegte.

Das war Anfang der 60er Jahre, und zu diesem Zeitpunkt hatte Sottsass sich bereits vom rein funktionalistischen Design distanziert. Als die Welle des **Radical Design** Italien erfaßte, kritisierte auch Sottsass vehement den langweiligen Formalismus und die Dienstbarkeit des Designs gegenüber der Industrie. Er

Seite 323

Hängeleuchte für Arredoluce, 1957

Obstschale, 1952

Stehleuchte *Svincolo* für Alchimia, 1979

1988 Wohnhaus Bischofberger Zürich (bis 1989)

1990 Tankstellen der italienischen Mineralölgesellschaft ERG (bis 1997)

1995 Flughafen Malpensa 2000 (öffentliche Bereiche), Mailand (bis 1998)

1996 Städtebaustudien in Seoul (bis 1998)

Produkte

1963 *Keramiken der Finsternis*

1964 *Keramiken für Shiva*; Schreibmaschine *Praxis 48*; Schreibmaschine *Tekne 3* die letzten zwei für Olivetti, beide mit **Hans von Klier**

1965 Tisch *Loto* für **Poltronova**

1969 Reiseschreibmaschine *Valentine* für Olivetti mit **Perry A. King**

experimentierte mit ersten laminatbeschichteten Möbeln, der Prototypenserie *Mobili grigi* (Graue Möbel), den neongrellen Fiberglasbetten und -spiegeln für **Poltronova**. 1972 nahm er mit einem Micro-Environment – flexiblen Wohneinheiten, die variabel gruppiert werden konnten – an der Ausstellung *Italy: The New Domestic Landscape* teil. 1973 gehörte er zu den Gründern der alternativen Designschule **Global Tools**, und wenig später entwarf er **Banal** und **Anti-Design** für das Studio **Alchimia**.

Dann gründete er 1981 die Bewegung, mit der er schlagartig internationale Berühmtheit erlangte: die Gruppe **Memphis**, für die er das mit bunten Laminaten beklebte Regal *Carlton* (Abb. S. 12), und zahlreiche weitere Möbel, Leuchten und Accessoires entwarf. Die Botschaft: Die Form eines Produktes ist nicht Selbstzweck, sondern Ausgangspunkt für eine Wechselbeziehung mit ihrem Benutzer. Die erste Memphis-Ausstellung schlug in die saturierte Designwelt ein wie eine Bombe. »Design zu machen heißt für mich nicht, einem Produkt Form zu geben, einem mehr

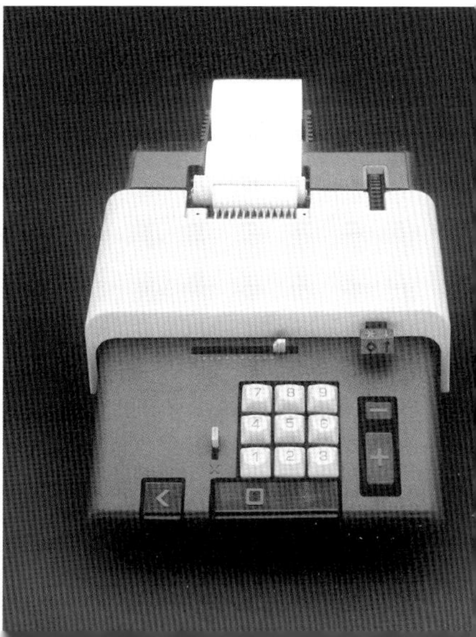

oder weniger dummen Produkt für eine mehr oder weniger abgehobene Industrie. Für mich ist Design eine Art und Weise, das Leben zu diskutieren, soziale Beziehungen, die Politik, das Essen und sogar das Design selbst«, schrieb Sottsass damals. Für die Gruppe meist jüngerer internationaler Architekten und Designer wurde Sottsass zum Mentor, Impulsgeber und Promoter. 1981 gründete er Sottsass Associati, ein professionelles Studio für Architektur, Industrie- und Grafikdesign, dem u.a. **Marco Zanini**, James Irvine und Johanna Grawunder angehören.

Nach wie vor ist Sottsass eine der vielschichtigsten Persönlichkeiten der internationalen Designszene, und nach wie vor entwirft er elektronische Geräte, Leuchten, Büromöbel, Schreibgeräte und immer wieder Keramiken. Bis heute gilt ihm die Form nicht als Selbstzweck, sondern als Ausgangspunkt für eine Wechselbeziehung mit dem Verbraucher. Zu seinen Auftraggebern und Freunden gehören u.a. **Alessi**, **Artemide**, **Abet Laminati**, Vitra, Zumtobel, Siemens, Apple und Yamagiwa.

1970 *Mobili grigi* (Graue Möbel); Fiberglasbett *Elledue* und Fiberglasspiegel *Ultrafragola*, alle für Poltronova

1979 Tisch *Le strutture tremano* für **Alchimia**

1981 Regal *Carlton* für Memphis

1985 Kölner Esprit-Shop

1988 *Mobile giallo* für Design Gallery Milano

1992 Armbanduhren für Seiko mit **Marco Zanini** und **Marco Susani**

v.l.n.r.

Schreibmaschine *Valentine* für Olivetti, 1969, mit Perry A. King

Rechenmaschine *Summa 19* für Olivetti, 1970

Stehleuchte *Callimaco* für Artemide, 1982

Vase *Sirio* für Memphis, 1982

Früchteschale *Camomilla*, 1987

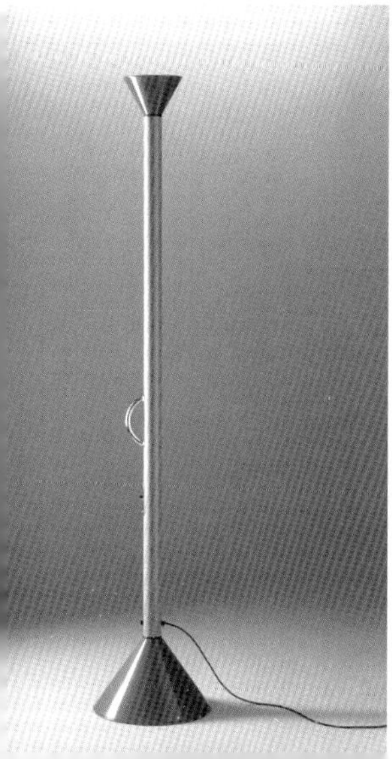

Albe STEINER

Grafikdesigner

Von 1933, als er einen Prospekt für die Motorradfirma Atala entwarf, bis zu seinem Tod im Jahr 1974 gab der Autodidakt Albe Steiner dem italienischen Grafikdesign immer wieder wichtige Impulse. Seinen Beruf verband er stets mit einem intensiven politischen Engagement. »Freiheit ist Kultur« war seine Überzeugung, und für dieses Ziel kämpfte er als Grafikdesigner und überzeugter Kommunist, der sich, gemeinsam mit seiner Frau Lica, der Partei bereits 1939 angeschlossen hatte und in den antifaschistischen Widerstand ging. Nach dem Zweiten Weltkrieg formte er als Parteisekretär das Bild der kommunistischen Partei Italiens, nicht zuletzt auch als Grafikdesigner, indem er suggestive Plakate und andere Drucksachen entwarf. Er engagierte sich außerdem als Direktor der Scuola del Libro all'Umanitaria in Mailand, als Gründer der Künstlergewerkschaft Sindacato Artisti und Mitbegründer von **ADI** und Grafikdesignerverbänden. Steiner war bei aller politischer Überzeugung undogmatisch genug, um auch für Großunternehmen zu arbeiten, wenn diese über eine starke kul-

1913 geboren in Mailand
1939 Beginn der Zusammenarbeit mit seiner Frau Lica; Eintritt in die kommunistische Partei Italiens; Partisane in den Garibaldi-Brigaden
1946 Aufenthalt in Mexiko; mit Hannes Meyer Kampagne gegen Analphabetismus
1948 Rückkehr nach Italien; politischer Kommissar der kommunistischen Partei
1952 Mitarbeit bei der Zeitschrift *Realismus*
1959 Direktor Scuola del Libro
1974 gestorben in Raffadali
1998 *Compasso d'oro* (posthum)

Arbeiten

1941 Cover-Serie für die Zeitschrift *Note Fotografiche*
1945 Plakat für die Ausstellung *Mostral della Ricostruzione* (Ausstellung über den Wiederaufbau)
1950 Entwürfe für **La Rinascente** (bis 1954), u.a. 1953 Plakat *L'estetica del prodotto*
1956 Logo für Pierrel
1959 Buchumschläge für die Serie *Le Comete* von Edizioni Feltrinelli

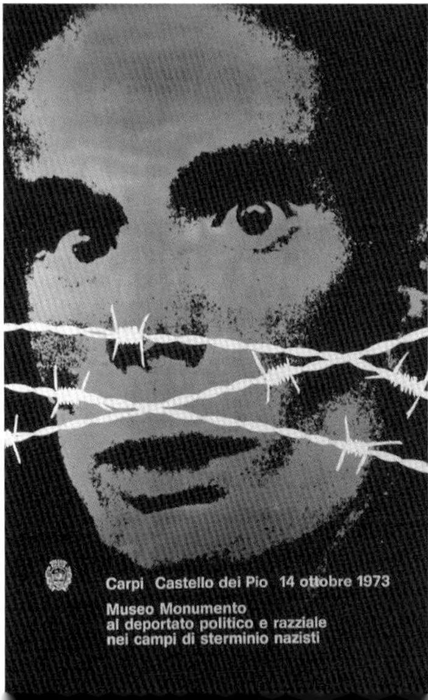

turelle Identität verfügten oder er die Chance bekam, eine solche aufzubauen. Für das Kaufhaus **La Rinascente** gestaltete er nach dem Zweiten Weltkrieg Plakate (Abb. S. 45) und die neue Unternehmenskommunikation mit, und er entwarf auch das Logo des von La Rinascente gegründeten *Compasso d'oro*. Mit einem klaren Konzept revolutionierte er das Verpackungsdesign des pharmazeutischen Unternehmens Pierrel und schuf 1962 die Ausstattung des ersten italienischen Supermarkts, des Coop-Markts in Reggio Emilia: Steiner war überzeugt, daß mit diesem neuen Verkaufskonzept die Lebensqualitität der Masse gesteigert werden könne. Auch **Pirelli**, **Olivetti**, die RAI und Arzneimittelhersteller nahmen Steiners Dienste in Anspruch. Eine Konstante blieb die grafische und redaktionelle Mitarbeit bei Zeitschriften und in Verlagen. Mit seiner expressiven, teils abstrakten und teils konkret-bildlichen Buch- und Plakatgestaltung hat Steiner die Formung einer modernen italienischen Grafik seit den 50er Jahren erheblich vorangetrieben.

1962 Ausstattung des ersten italienischen Supermarkts

1968 Plakat für die XIV. *Triennale*

1972 Plakat für die *36. Biennale di Venezia*

v.l.n.r.

Plakat für die Ausstellung *Museo Monumento al deportato politico e razziale nei campi di sterminio nazisti*, 1973

Plakat für die *Mostra della Ricostruzione* (Ausstellung des Wiederaufbaus), 1945

Plakatmotiv, Engagement gegen Tumorerkrankungen, 1959

Plakat für die XIV. *Triennale*, 1968

Giotto STOPPINO

Architekt, Möbel-, Leuchten- und Industriedesigner

1926 geboren in Vigevano
1951 Architekturstudium in Mailand abgeschlossen
1968 eröffnet Studio
1979 *Compasso d'oro* (auch 1991)

Produkte

1960 Sessel *Cavour* für S.I.M mit **Vittorio Gregotti** und **Lodovico Meneghetti** (seit 1988 Prod. **Poltrona Frau**)
1969 Tisch- und Stuhlserie *Maia* für **Bernini**
1971 Zeitungsständer aus ABS für **Kartell**
1977 Programm *Sheraton*
1984 Möbelsystem *Menhier* mit **Lodovico Acerbis**
beide für **Acerbis**
1989 Türklinke *Alessia* für **Olivari**

Eines der frühen Erfolgsmöbel Giotto Stoppinos war der vom Jugendstil inspirierte Sessel *Cavour* mit seinem Gestell aus gebogenem Holz. Gemeinsam mit seinen damaligen Partnern **Vittorio Gregotti** und **Lodovico Meneghetti** hatte er dieses für die **Neoliberty**-Bewegung programmatische Stück 1960 entworfen. Bald darauf experimentierte Stoppino mit allen verfügbaren Materialien. Egal ob er Möbel, Leuchten oder Gläser, Rasierer, Buchstützen und Zeitungsständer entwarf: sein Markenzeichen wurde bald, die forschungsintensiven Technologien, auf denen seine Produkte basieren, hinter klaren Linien, handschmeichelnden Oberflächen und klugen Details so gut zu »verstecken«, daß an ihnen vor allem ihr »Gleichgewicht« (Emilio Tadini) ins Auge fällt. Wie bei den Mitte der 60er Jahre entworfenen dreibeinigen kleinen Stapeltischen aus ABS-Kunststoff für **Kartell**, die in einem Stück gegossen werden. Den Freischwinger *Maia* für **Bernini** balancierte Stoppino so perfekt aus, daß er trotz seiner filigranen Konstruktion ein robuster Gebrauchsgegenstand ist, und die Türklinke *Alessia* für **Olivari** ist an der Stelle hohl, an der die Hand sie nicht greift. Ein Lehrstück in Sachen Symmetrie ist die Anrichte *Sheraton* für **Acerbis**, deren schlichte Platte kontemplativ über einem rechteckigen Modul zu schweben scheint.

Anrichte *Sheraton* für Acerbis, 1977, mit Lodovico Acerbis

SUPERSTUDIO

Architekten- und Designergruppe

Superstudio war eine der wichtigsten Gruppen der **Radical-Design**-Bewegung, die Funktionalismusgläubigkeit und Industriehörigkeit des Designs aufbrechen wollte. 1966 in Florenz von den jungen Architekten **Adolfo Natalini** und Cristiano Toraldo di Francia gegründet (später kamen Piero Frassinelli, Roberto und Giancarlo Magris hinzu), trat sie mit utopischen Entwürfen für eine Veränderung der Wohn- und Konsumwelt ein. In ihrem 1968 vorgestellten Projekt *Monumento continuo* (Das fortwährende Monument) legt sich ein endloses Raster über Städte und Landschaft. Es sollte vorhandene Strukturen ersetzen und die Konstruktion einer neuen Umgebung ermöglichen. Jeder sollte einen neutralen Raum bekommen, der frei von Objekten und Konsumzwang war. 1971 überzogen die jungen Rebellen kleine Tische mit einem schwarzen Karomuster auf weißem Laminat. Den Karos kam dabei die gleiche Funktion zu wie dem Muster in den Architekturentwürfen: *Quaderna* für **Zanotta** war Möbel gewordenes Konzept, wie z.B. auch der Tisch *Desino* für **Poltronova**.

1966 gegründet in Florenz
1972 Teilnahme an *Italy: The New Domestic Landscape* im MoMA in New York
1973 Mitarbeit bei **Global Tools** (bis 1975)
1978 Auflösung der Gruppe

Produkte
1967 Tisch- und Bodenleuchte *Gherpe* für **Poltronova**
1969 Projekt *Il monumento continuo* (Das permanente Denkmal)
1971 Tische *Quaderna* für **Zanotta**
1977 Tisch *Desino* für Poltronova

Tisch *Quaderna* für Zanotta, 1971

TECNO

Möbelhersteller

Tecno spa, Mailand

1953 von **Osvaldo** und **Fulgenzio Borsani** in Mailand gegründet

1984 *Compasso d'oro* (auch 1987, 1988 und 1991)

1988 Europäischer Designpreis

Produkte

1954 Sessel *P 40;* Sofa *D 70* beide von Osvaldo Borsani

1968 Büromöbelsystem *Graphis* von Osvaldo Borsani mit Eugenio Gerli

1986 Büromöbelsystem *Nomos* von Norman Foster

1991 Rattansessel *Tlinkit* von **Gae Aulenti**

Als die Brüder **Osvaldo** und Fulgenzio **Borsani** einen Namen für ihre 1953 gegründete Firma suchten, entschieden sie sich für Tecno. Der Bezug zum griechischen »techne«, was sowohl Kunst als auch Technik bedeutet, deckte sich perfekt mit ihren Intentionen – die mehrere Jahrzehnte lang allein Osvaldo Borsani als Designer umsetzte. Schon seine ersten Entwürfe, der vielfach verstellbare Sessel *P 40* und das praktische Klappsofa *D 70*, waren technisch ausgeklügelte Wunderwerke. Die Erfahrung mit dem Material Holz hatten die Brüder von ihrem Vater Gaetano übernommen, einem in der Vorkriegszeit sehr anerkannten Möbelbauer; nun kamen Glas, Kunststoff und Metall hinzu. In den 50er und 60er Jahren entwickelte Tecno bereits durchdachte Systemlösungen, wie das Büromöbelsystem *Graphis* von 1968. Die heute von Paolo und Valeria Borsani geführte Firma, inzwischen auf Büro- und Objektmöbel spezialisiert, lädt seit Mitte der 80er Jahre international renommierte Architekten wie Norman Foster oder **Gae Aulenti** ein, die Tradition Tecnos fortzuführen.

Sessel *P 40* und Sofa *D 70* von Osvaldo Borsani, 1954

Matteo THUN

Architekt, Möbel-, Accessoire- und Produktdesigner

»Weniger ist mehr« ist ein Satz, der das Gegenteil von Matteo Thuns Designvorstellung beschreibt – zumindest im Bereich der Objekte. Ob der gebürtige Südtiroler wie bei seinem Besteck *Hommage à Madonna* die Griffe mit Ringen schmückt (1986), die Kelche der Gläser *Tiffany Gin Gin* auf ornamental verzierten Säulen ruhen oder seine **Memphis**-Kannen wie kecke Tiere aussehen läßt: das offensichtlich visuell Wahrnehmbare interessiert ihn mehr als das Verborgene. Sein in den 80er Jahren bei Memphis entwickeltes antifunktionalistisches Konzept zielt primär auf Kommunikation zwischen Benutzer und Objekt. Keramische Produkte, u.a. für Rosenthal, Villeroy & Boch oder Arzberg, bilden einen Schwerpunkt seines Schaffens. Neben Haushaltswaren, Leuchten und Badezimmereinrichtungen entwirft Matteo Thun allerdings auch weitaus funktionalere Büromöbel, Fertighäuser, Filialsysteme für Firmen wie Swatch, **Missoni** oder **Fiorucci** und Fassadenarchitektur für Coca Cola, die er als integralen Teil des Corporate Designs gestaltet.

1952 geboren in Bozen
1975 Architekturstudium in Florenz abgeschlossen
1981 Mitglied bei Sottsass Associati (bis 1984)
1984 eröffnet Studio in Mailand
1990 Art Director bei Swatch (bis 1993)

Produkte
1982 Kanne *Corvus Corax* für **Memphis**
1987 Service *Le petit café* für Arzberg; *Walking Coffee Pots* für WMF
1993 Tischleuchte *Pao* für **Flos** (**Arteluce**)
1996 Sammeltassen *O Sole Mio* für Rosenthal; Modulfertighaus *Sole Mio* für Griffner Haus (bis 1997)

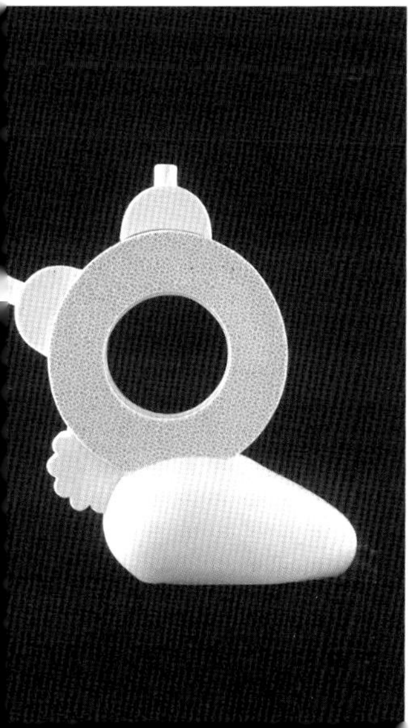

Keramik *Chad* für Memphis, 1982
Stuhl *Lola* für Martin Stoll, 1993

Mario TRIMARCHI, Marco SUSANI

Architekten und Produktdesigner

1986 Zusammenarbeit **Mario Trimarchi** und **Marco Susani**

Produkte

1993 Küchengeräte-Serie *New Tools* für Philips

1995 Roboter *Movaid* für behinderte Menschen (Domus Academy Research Center)

1996 Besteck *Elizabeth* und Tabletts *Flat* für Serafino Zani

1997 Kühlschrank *Keep-it-cool*

Das schrankähnliche Möbel mit seinen holzwollegepolsterten Außenwänden und der Glastür scheint alles andere als ein Kühlschrank zu sein, ist aber einer: *Keep-it-cool* funktioniert wie ein Thermalkabinett, ganz ohne Strom. Kein weißer Fremdkörper im Haushalt mit viel überflüssigem Materialeinsatz, sondern ein sympathisches Möbelstück, das zwei Tage lang kühlt – was für die meisten Produkte ausreicht. »Man fährt ja auch nicht mit einem Ferrari zum Einkaufen«, meint Mario Trimarchi. Er und sein Partner Marco Susani nutzen die Technologie als Möglichkeit, subtile Interfaces zu ihren späteren Benutzern zu schaffen. Wie bei *Movaid*, einem im Forschungszentrum der Domus Academy in Mailand unter der Leitung von Trimarchi und Susani erprobten Roboter für behinderte Menschen, der Hilfe im Haushalt leistet. Das gleiche Prinzip bei den *New Tools* für Philips: Die kleinen elektrischen Geräte – Orangenpresse, Eierkocher und Brotwärmer – nutzen den benötigten Strom nach Bedarf, danach wird der Akku der Geräte in einer eigens dafür konzipierten Ladestation wieder aufgetankt. Trimarchi und Susani gehören zu einer neuen Generation italienischer Industriedesigner, die vielleicht so etwas wie poetische Technologieforschung betreibt. Anstatt neue Formen zu erfinden, verändern sie mit ihren Produkten Handlungsweisen.

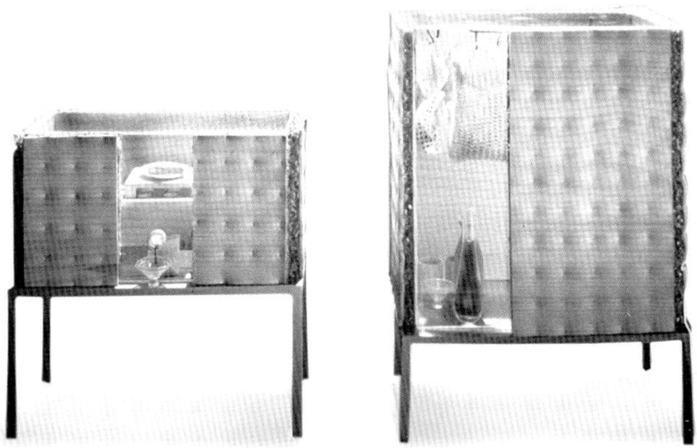

Kühlschrank *Keep-it-cool*, 1997

UNIFOR

Büromöbelhersteller

Als 1970 der Markt für Büromöbel noch von wenig aufregendem und traditionellem Einerlei bestimmt war, setzte die frisch gegründete Firma Unifor mit dem Programm *Modulo 3* von **Bob Noorda** und **Franco Mirenzi**, dem gleich ein enormer kommerzieller Erfolg beschieden war, einen klaren Akzent. Im Vordergrund stand (und steht) das technisch ausgereifte, qualitätvolle Produkt. Es folgten weitere naturgemäß komplexe, aber immer sehr reduzierte Programme wie *Master* und *Mats* von **Afra** und **Tobia Scarpa** sowie das Büroeinrichtungssystem *Mood* von Fernando Urquijo und Giorgio Macola. Die Auswahl der Designer, die Unifor getroffen hat, belegt das klare Bekenntnis des Unternehmens zu Funktionalität und Eleganz: darunter die Architekten Jean Nouvel, **Aldo Rossi** und Renzo Piano, der technologiebegeisterte **Richard Sapper**, der Materialästhet **Angelo Mangiarotti** oder der geradlinige **Luca Meda**. Unifor hat die Büros großer Konzerne und Firmen eingerichtet, u.a. die von IBM, Hewlett Packard, Rank Xerox, Deutsche Bank, Hong Kong Telecom und VW.

Unifor spa, Turate (CO)

1970 gegründet als Teil der **Molteni** Gruppe

Produkte

1989 Büromöbelsystem *Mood* von Fernando Urquijo und Giorgio Macola; Sessel *Parigi* von **Aldo Rossi**

1990 Büromöbelsystem *Progetto 25* von **Luca Meda**

1994 Schreibtisch und Schrank *Less* von Jean Nouvel

System *Naos* von Pierluigi Cerri, 1993

VALENTINO

Modedesigner

1932 Valentino Garavani in Voghera geboren
1959 Modeatelier in Rom eröffnet (nach Lehrzeit bei Jean Dessès und Guy Laroche)
1967 *Neiman Marcus-Preis*
1971 Herrenboutique in Rom; Valentino Più Boutique (Dekoration, Stoffe)
1990 gründet LIFE (Vereinigung gegen Aids) mit Giancarlo Giammetti
1996 erhält Titel eines *Cavaliere del Lavoro*

Produkte

1962 erste Kollektion in Florenz
1968 Brautkleid für Jacqueline Kennedy; Kollektion *Bianca*
1970 Prêt-à-porter-Kollektion
1984 Kleidung für italienische Olympiamannschaft
1994 Kostüme für Oper *Dream of Valentino*, New York

Seite 335
l. Haute-Couture-Kollektion 1994
r. Couture Herbst/Winter 1993

Seite 335/337 v.l.n.r.
Haute-Couture-Kollektion 1985/1986, Couture 1967, Couture 1983

Als Jacqueline Kennedy mit dem griechischen Reeder Aristoteles Onassis 1968 zum Traualtar schritt, trug sie eine Kreation Valentinos. Dem Meister der römischen Haute Couture war es gelungen, für die wichtigste Hochzeit des Jahres ein Brautkleid zu entwerfen, und er widmete der Braut gleich eine ganze Kollektion, die nur aus weißen Modellen bestand, die *Collezione Bianca*.

Der Durchbruch war Valentino bereits 1962 bei den Modeschauen im Palazzo Pitti in Florenz mit Entwürfen gelungen, die von Eleganz und luxuriöser Verarbeitung geprägt waren. Der Entschluß, sein Leben der Mode zu widmen, war schon früh gefallen: Nach seinem Schulabschluß studierte der kunst- und architekturbegeisterte Valentino in Mailand und Paris Modedesign. Es folgten Anstellungen bei Jean Dessès und Guy Laroche. Mit der Eröffnung eines eigenen Ateliers 1959 vollzog er den Schritt in die Selbständigkeit. Nach den ersten Erfolgen war es vor allem der *Neiman-Marcus-Preis*, der Valentinos Rang unter den italienischen Modeschöpfern, insbesondere innerhalb der Haute-Couture, festschrieb. Er kleidete die Damen aus der Welt der Reichen und Schönen ein, von Elizabeth Taylor über Audrey Hepburn bis hin zu Sharon Stone.

Das Markenzeichen Valentino steht seit vier Jahrzehnten für eine elegante Opulenz, die seine Haute Couture immer wieder zum Höhepunkt der *Alta Moda*-Schauen in Rom macht. Valentinos kreative Sprache besteht aus Elementen wie strengen geometrischen Schnitten in Schwarz und Weiß, Tiermustern, vor allem aber aus dem häufig wiederkehrenden, charakteristischen Rot, das inzwischen auch von Kollegen als »Valentino-Rot« bezeichnet wird. Valentino zählt zu den bekanntesten lebenden Modeschöpfern, was sich auch an dem Umstand ablesen läßt, daß eine ihm gewidmete Ausstellung in New York innerhalb von nur 14 Tagen mehr als 70.000 Besucher anzog.

Gino VALLE

Architekt und Industriedesigner

1923 geboren in Udine

1948 Architekturstudium in Venedig abgeschlossen, arbeitet im Architekturstudio des Vaters

1956 *Compasso d'oro* (auch 1962, 1995)

1987 **Olivetti**-Bürogebäude in Ivrea (bis 1990)

Produkte

1955 Schreibtischuhr *Cifra 5* für Solari

1957 Waschmaschine *202*; Gas- und Elektroherd

1958 Kühlschrank Modell *170 TS* alle für **Zanussi** Rex

1960 TV-Set für Rex-Elettronica

1962 alphanumerische Anzeigetafeln für Flughäfen

1966 Schreibtischuhr *Cifra 3* für Solari

Seite 339
Uhr *Cifra 5*, 1955, und *Cifra 3*, 1966, beide für Solari
Küchenelement *Unirex*, 1955
Kühlschrank *Rex 313*, 1956, beide für Zanussi

Gino Valle war nie ein Designstar, aber seine Produkte waren den Menschen in den 50er und 60er Jahren vertraute Begleiter. Er gestaltete Fahrplananzeigetafeln in Flughäfen und Bahnhöfen, einige der ersten digitalen Uhren und Haushaltsgeräte. Obwohl er sich eher als Architekt verstand (und zahlreiche bedeutende Architektur- und Stadtplanungsprojekte realisierte), war er auch ein überzeugter Industriedesigner. Nie stand für ihn allein das schöne Produkt im Vordergrund – er hat mehrfach kategorisch erklärt, daß er nicht vorhabe, sich »in Objekte zu verlieben« –, sondern immer der gesamte Designprozeß innerhalb der industriellen Serienproduktion. Dieses Designkonzept konnte er von Mitte der 50er bis in die 70er Jahre vor allem bei **Zanussi** verwirklichen. Er entwickelte für die bis dahin gesichtslosen Elektrogeräte ein einheitlich schlichtes, weißes Erscheinungsbild, hob wie bei der Waschmaschine *202* oder dem Kühlschrank *170 TS* die Bedienungselemente klar hervor und trug damit maßgeblich zur Profilierung der Produkte bei, was zu erheblichen Marktvorteilen für das Unternehmen führte.

Gino Valle betreibt das Design als Philantrop. Seine Entwürfe konzentrierten sich stets klar auf die Benutzerbedürfnisse. Oft haben sie prägend auf ganze Produktsparten gewirkt, wie bei den Geräten für Zanussi und bei den digitalen Uhren, die er für Solari gestaltete. Seine Schreibtischuhr *Cifra 3* von 1966 wurde ein Bestseller, den heute noch fast jeder kennt. Gino Valle, der erst während seiner Ausbildung von der Malerei zum Design gewechselt hatte, gehörte in der Nachkriegszeit zu den Pionieren, die eine Brücke zwischen den formalen Ansprüchen des Designers und den Anforderungen einer expandierenden Industrie geschlagen haben – ein früher, komplex denkender Designberater, der hinter den Kulissen nicht nur die Produkte, sondern auch die Unternehmenskultur der Firmen, für die er arbeitete, prägte.

12 58
12 58
solari

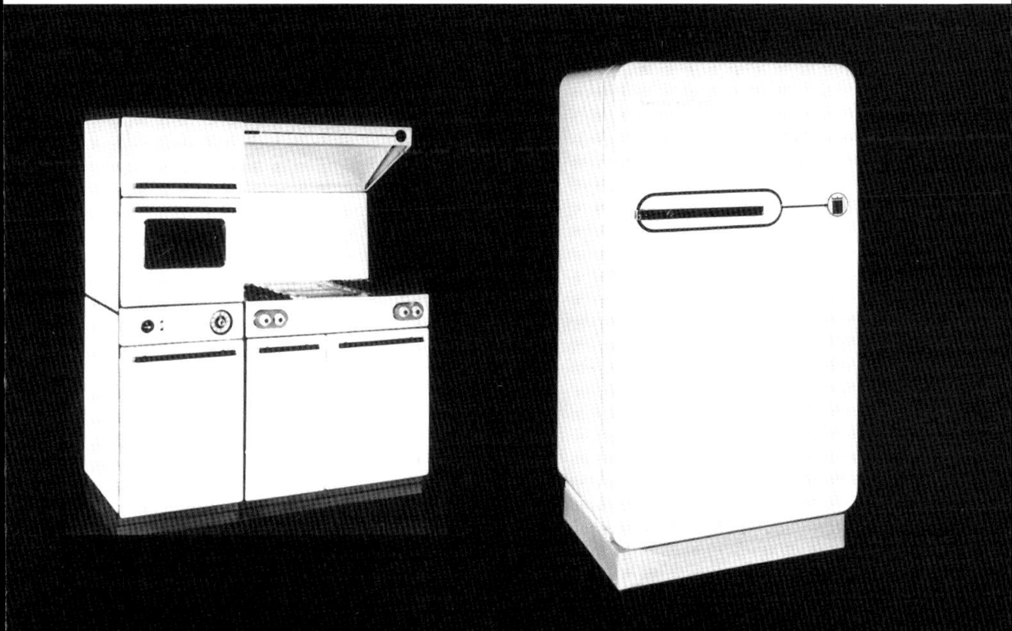

VENINI

Glasmanufaktur

Als **Paolo Venini** 1921 von der Juristerei zum Design wechselte und eine Glasbläserei in Venedig eröffnete, verhielten sich seine Vasen, Mosaiken und Leuchter zu der überbordenden Pracht der üblichen Muranoglaswaren wie noble Schmuckstücke zu glitzerndem Tand. Mit zurückhaltenden, abstrakten Formen und einem überlegten, kräftigen Einsatz von Farbe beeindruckten sie auf der *Biennale* von Monza 1923 das Publikum: Die Moderne hatte Einzug ins Glasdesign gehalten. Bis zu seinem Tod im Jahr 1959 arbeitete Venini, der außerdem neuartige Verarbeitungstechniken erforschte, immer wieder mit Gestaltern zusammen, die für ihren behutsamen Umgang mit dem Material bekannt waren. Dazu gehörten in den 20er und 30er Jahren Napoleone Martinuzzi, **Gio Ponti** und **Carlo Scarpa**, der zur Kollektion unter anderem seine *Tessuti* – Fadengläser – und kunstvolle Vasen (Abb. S. 27) beisteuerte, und nach 1945 Ken Scott, **Franco Albini** und **Massimo Vignelli**, später auch **Alessandro Mendini**, **Tobia Scarpa** und Tapio Wirkkala. Berühmt wurden **Fulvio Bianconis** *Pezzati*-Vasen von 1952, ein Patchwork aus zahllosen kleinen farbigen zusammengeschmolzenen Rechtecken, und seine *Vaso fassoletto*, die »Taschentuchvase«, bei der Glas so geschmolzen wurde, daß die Ecken wie Zipfel eines gelupften Taschentuchs nach oben ragen.

1921 gegründet in Venedig

1925 **Paolo Venini** wird alleiniger Inhaber

1959 Paolo Veninis Schwiegersohn Ludovico de Santillana und seine Witwe führen die Firma weiter

Produkte

1940 Schalen *Murrine opache* von **Carlo Scarpa**

1946 Leuchter *99.81.01.12* von **Gio Ponti**

1952 *Pezzati-Reihe* von **Fulvio Bianconi**

1955 Tischleuchte *Fungo* von **Massimo Vignelli**

1956 Flaschenserie von Gio Ponti

1995 Leuchte *Geacolor* von **Gae Aulenti**

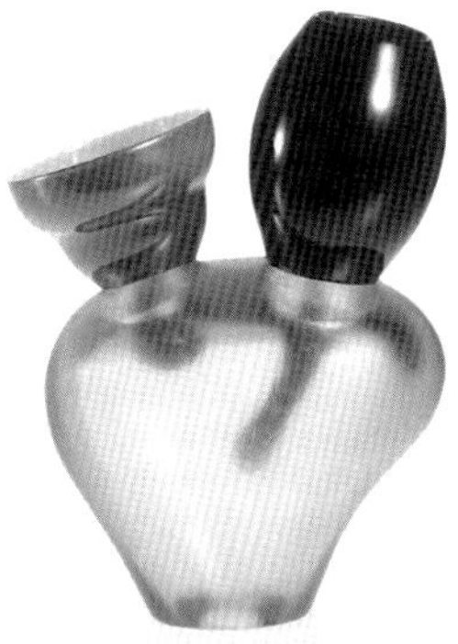

Mundgeblasene Vase *Flor Do Sul* von Marco Zanini, 1997

Mundgeblasene Flaschen Vecchia Dama, Elisir und Donna Campigliesca von Gio Ponti, 1956

Seite 341

Vase *Decoro A Fili* von Carlo Scarpa, 1942 (reediert 1993)

Gianni VERSACE

Modedesigner

Die Modewelt hielt den Atem an, als 1997 die Nachricht von seinem gewaltsamen Tod bekannt wurde. Mit Gianni Versace verlor sie den Schöpfer einer Mode, die wie keine andere Macht und Erotik thematisierte. Versace hatte sich zum modernen Renaissancefürsten stilisiert, der ein goldenes Medusenhaupt im Wappen trug. Die Üppigkeit seiner Farb-, Form- und Musterwahl, die bei den von ihm gestalteten Accessoires und Heimtextilien fast schon ans Exzessive grenzte, zeugte von einem souveränen Umgang mit Vorbildern, der in Versaces breiter historischer und kunstgeschichtlicher Bildung fundiert war.

Versace glückten die ungewöhnlichsten Materialkombinationen: das für ihn so typische Leder mit Seide oder die Spitzen mit Jeansstoff gingen in seinen Entwürfen eine aufregende Verbindung ein. Seine Buchprojekte und die zahlreichen Arbeiten für Oper und Ballett – so für Maurice Béjart und Bob Wilson – zeugen ebenfalls von einer schöpferischen Freiheit, die etwas Verschwenderisches hatte. Die extravaganten, an Farben überbordenden Modelle waren allerdings nur ein Aspekt seines Schaffens. Elegant und zeitlos gehaltene Abendroben, oft in einfachem Schwarz und mit strenger Linienführung, bildeten dazu einen Gegenpol.

Im Atelier seiner Mutter hatte Versace die Grundbegriffe der Schneiderkunst kennengelernt, die er schnell in Kollektionen für Callaghan, **Genny** oder **Complice** zur Anwendung bringen konnte. Sein 1978 gegründetes eigenes Unternehmen war enorm erfolgreich, so daß Versace in den 80er Jahren zu einer festen Größe im internationalen Modezirkus avancierte. Die bekanntesten Models und die besten Fotografen verliehen seinen Kollektionen zusätzlich Glamour. Seit Versaces Tod führen seine Geschwister das Unternehmen weiter: Donatella im kreativen und Santo im wirtschaftlichen Bereich.

1978 Gianni Versace gründet Firma für Damen- und Herrenkollektionen

1982 *Occhio d'Oro* (auch 1984, 1990)

1983 *Cutty Sark Award* (auch 1988)

1986 Auszeichnung *Commenda tore della Repubblica Italiana*

1992 Kostüme für Elton John; Retrospektive *Versace: Signatures* im Fashion Institute, New York

1997 Gianni Versace wird in Miami ermordet

Produkte

1981 Parfum *Gianni Versace Donna*

1984 Parfum *Versace l'Homme*

1989 neue Linie *Versus*

1990 Linie *V 2 by Versace*

1991 Parfum *Versus*

1993 Einrichtungskollektion *Home Signature*

Seite 343

Kollektion 1991/1992

Tischleuchte aus der *Home Collection*

Terrine aus der Kollektion *Russian Dream*, 1998/1999

Massimo & Lella VIGNELLI

Industrie-, Möbel- und Grafikdesigner

1960 Massimo und Lella Vignelli gründen Studio in Mailand

1964 *Compasso d'oro* (auch 1998)

1965 ziehen in die USA und gründen die CI-Firma Unimark

1971 Vignelli Associates in New York gegründet

Produkte

1955 Tischleuchte *Fungo* von Massimo V. für **Venini**

1964 Grafik für das Piccolo Teatro in Mailand

1966 CI für Knoll International

1967 CI für American Airlines

1978 CI für **Lancia**

1985 Tisch *Serenissimo* für **Acerbis**

1990 *Handkerchief Chairs* für Knoll

1997 CI für **Ducati**; Leitsystem des Guggenheim Museums in Bilbao

Seite 345

Tisch *Metafora 1* für Casigliani, 1979

CI für International Design Center New York, 1984

Besteck *Ciga Silverware*, 1979

U-Bahn-Plan New York, 1970

Rote oder schwarze Schrift auf weißem Grund, oft eine Komposition aus allen drei Farben, in großen Lettern gesetzt: wann immer einem dieses grafische Konzept in Firmenzeichen (wie bei Knoll International, Cinzano oder **Cosmit**, der Mailänder Messegesellschaft) oder auf allerlei Drucksachen (wie für das Piccolo Teatro (Abb. S. 22) in Mailand und auf Plakaten) begegnet, stammt es vermutlich von Vignelli Associates, New York. Der gemeinsame Nenner aller grafischen Arbeiten Massimo und Lella Vignellis ist, Struktur durch einen sorgsamen Einsatz von Typographie und Klarheit durch Reduktion der formalen Elemente zu erzielen. Daß sie die klassische Buchschrift Bodoni besonders oft einsetzen, ist plausibel. Alle Gestaltungsaufgaben lösen die Vignellis auf der Grundlage eines soliden kulturellen Geschichtsbewußtseins – wie bei **Lancia**, wo sie sofort das alte Logo wieder einsetzten, anstatt sich mit einem neuen Zeichen ein eigenes Denkmal zu setzen.

Seit Mitte der 60er Jahre leben und arbeiten die Vignellis in New York, und sie haben dort deutliche Spuren im Stadtbild hinterlassen, wie bei der Gestaltung des Wegeleitsystems der New Yorker U-Bahn, der Corporate Identity für das International Design Center und für Bloomingdale's. Europa, und besonders Italien ist für sie immer ein Bezugspunkt geblieben. Für **Poltronova** haben sie in den 60er Jahren die strenge *Saratoga*-Möbellinie, für **Acerbis** in den 80er Jahren die massiven Tische *Serenissima* und *Creso* entworfen. Für **Artemide** und **Poltrona Frau** gestalten sie Messestände und Verkaufsräume, außerdem Leuchten und Produkte. Den Leitsatz **Ernesto N. Rogers**, nach dem das Aufgabenfeld des Designers sich »vom Löffel bis zur Stadt« erstrecke, haben sie wörtlich genommen. Design als »Public Service«, soziale Verantwortung statt »Embellishment«: Das Designkonzept der Vignellis ist ganzheitlich.

IDCNY15
4 DAYS. 55 SHOWROOMS.
73 CHARTER TENANTS.
news is good news.
do you want to be where all the people are,
do you want to stay in Manh

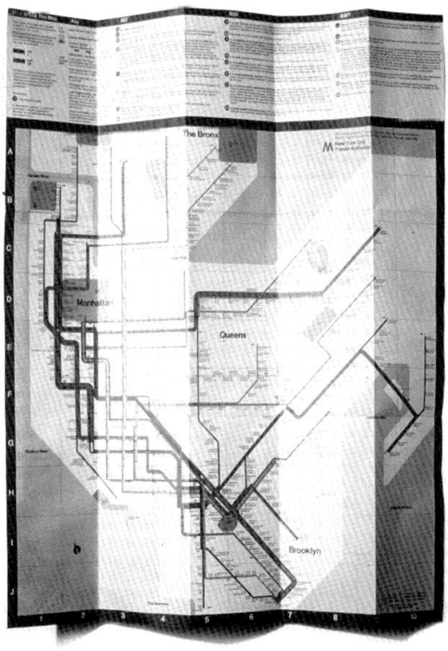
The Bronx
New York City Transit Authority
Manhattan
Queens
Brooklyn

ZANI & ZANI

Haushaltswarenhersteller

Zani industria dell'acciao spa, Toscolano

1922 gegründet; Wurzeln reichen bis ins 19. Jh.

1960 Spezialisierung auf Bestecke und Tischwaren

Produkte

1955 Eiskübel *TMT* von **Bruno Munari**

1976 Besteck *Roswita* von Carla Nencioni, Armando Moleri

1987 Küchensystem *Smith e Smith*

1990 Kochtopfset *Copernico* beide von **Enzo Mari**

1993 Espressokanne *Vesuvio* von **Gaetano Pesce**

1995 *I Vasi Morbidi* (weiche Vasen aus PVC) von Claudio La Viola

Die Wurzeln Zani & Zanis reichen bis ins 19. Jahrhundert zurück, als Serafino Zani edle Tischwaren aus Silber schmiedete. Ein Familienunternehmen der noblen Art ist Zani & Zani geblieben, inzwischen auf exklusives und funktionales Tischgerät aus Edelstahl und Aluminium abonniert. Durch das handwerkliche Know-how Franca und Luigi Zanis können auch schwierigste Formen hergestellt werden – ein Vorteil, den besonders **Enzo Mari**, ein Meister feiner kleiner Produkte und Designer eines Großteils des Sortiments, zu schätzen weiß. Er entwarf u.a. das praktische System *Smith e Smith*: Töpfe und allerlei Küchengeräte, die an einer Schiene aufgehängt werden und so für Ordnung sorgen. Sein Besteck *Piuma*, das wohlsortiert auf einem Ständer hängt, lädt zur ungezwungenen Selbstbedienung bei Tisch ein. Außerdem im Programm: **Bruno Munaris** Eiskübel *TMT* aus Aluminium und Glaswolle (Abb. S. 19), seit jüngster Zeit auch zarte Tischdecken, Küchenschürzen und Bademäntel aus Naturstoffen neben weichen PVC-Vasen, gestaltet von Claudio La Viola.

Essig- und Ölgefäß *Opasis* von Enzo Mari, 1986

Seite 347

Besteck *Piuma* von Enzo Mari, 1992/1996

Wiegemesser

Käsereibe, beide aus der Serie *Smith e Smith* von Enzo Mari, 1987

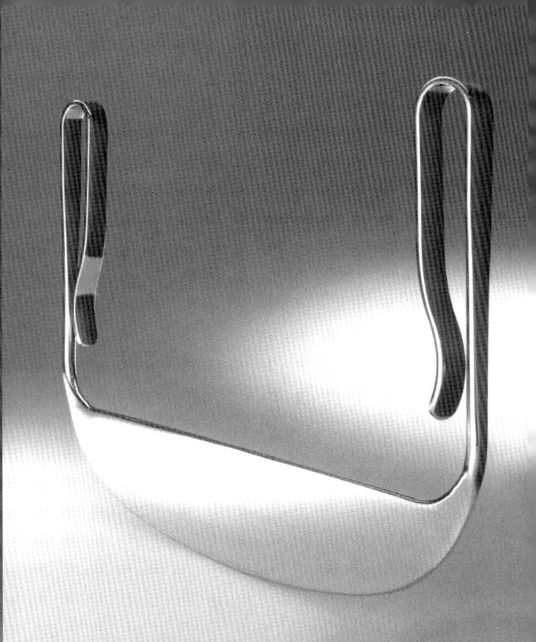
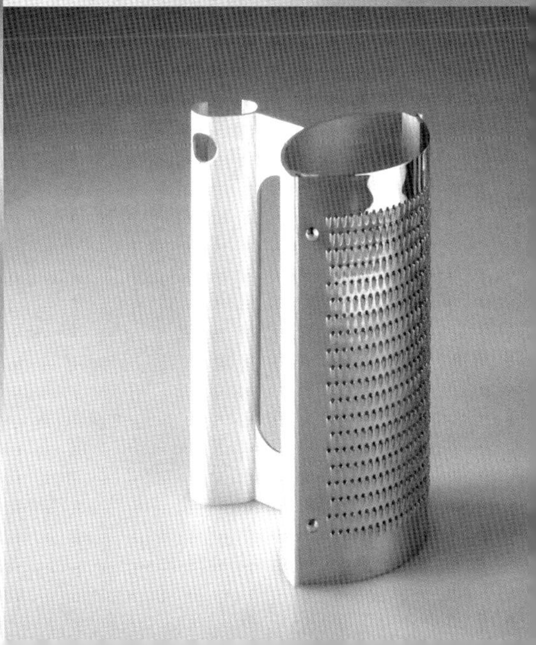

ZANOTTA

Möbelhersteller

Zanotta spa.,
Nova Milanese

1954 gegründet in Nova Milanese

Produkte

1968 Sessel *Blow* von **De Pas / D'Urbino / Lomazzi**; *Sacco* von **Gatti / Paolini / Teodoro**

1970 *Mezzadro* (Entwurf: 1957)

1983 *Sella* (Entwurf: 1957)
beide von **Achille** und **Pier Giacomo Castiglioni**

1985 Stuhl *Tonietta*

1994 Vitrine *Novecento* von
beide von **Enzo Mari**

1997 Sofa *Nadir* von **Sigla**

Seite 349

Blumenständer *Albero* von Achille Castiglioni, 1983

Stuhl *Lariana* von Giuseppe Terragni, 193, prod. seit 1982

Hocker *Giotto* von De Pas, D'Urbino, Lomazzi, 1975/76

Tisch *Servomuto* von Achille Castiglioni, 1974/1975

Seite 350/351: Garderobe *Sciangai* von De Pas/D'Urbino/Lomazzi, 1973/1974, und Paravent *Spiffero* von Bruno Munari, 1989

Als Aurelio Zanotta 1965 in London den Prototyp eines rahmenlosen Sessels, entworfen von Willie Landels, entdeckte, zündete ein Funke: Er »entdeckte« das Design. Da bestand sein Unternehmen schon gut zehn Jahre. Zanotta entschloß sich, das ungewöhnliche Sitzmöbel unter dem Namen *Throw Away* zu produzieren. Seitdem hat Zanotta sich als eine für viele Spielformen offene Plattform des Avantgardedesigns etabliert. **Emilio Ambasz**, der Macher der Ausstellung *Italy: The New Domestic Landscape*, hat einmal geschrieben, daß es »ohne auf die von Zanotta produzierten Stücke Bezug zu nehmen unmöglich wäre, eine Geschichte des italienischen Designs zu schreiben«. Allein die Designerliste liest sich wie deren Who is who, mit Namen wie **Achille** und **Pier Giacomo Castiglioni**, **Ettore Sottsass**, **Joe Colombo**, **Marco Zanuso**, **Enzo Mari**, **Alessandro Mendini** und **Gae Aulenti**. Zanotta hat das Risiko nie gescheut. Ende der 60er Jahre produzierte das Unternehmen unerschrocken den mit allen Regeln der guten Wohnkultur brechenden Sitzsack *Sacco* von **Gatti / Paolini / Teodoro** (Abb. S. 40), der zum Bestseller wurde – was nicht vorherzusehen war, genau wie der Erfolg des Popmöbels *Blow* und der des zusammengestellten Haufens überdimensionaler Mikadostäbchen, die sich als Garderobe *Sciangai* ausgaben (beide von **De Pas/D'Urbino/Lomazzi**). Zanotta produzierte außerdem die von Achille und Pier Giacomo Castiglioni schon Ende der 50er Jahre entworfenen Ready-mades, den Traktorsessel *Mezzadro* und den Fahrradsattel *Sella* (Abb. S. 15). Auch einige Klassiker, darunter **Giuseppe Terragnis**, **Gino Levi Montalcinis**, **Giuseppe Paganos** und **Gabriele Mucchis** Stahlrohrmöbel aus den 30er Jahren, Max Bills *Ulmer Hocker* und **Carlo Mollinos** organischwuchernde Sperrholzmöbel fanden Eingang in die Kollektion, die im Lauf der Jahre um seriöse Polstermöbel, Tische, Stühle und Accessoires erweitert wurde.

Marco ZANUSO

Architekt, Möbel- und Industriedesigner

1916 geboren in Mailand

1939 Architekturstudium in Mailand abgeschlossen

1946 Mitherausgeber von *Domus* (bis 1947)

1952 Mitherausgeber von *Casabella* (bis 1954)

1955 **Olivetti**-Firmengebäude in Buenos Aires (bis 1957); Olivetti-Firmengebäude in São Paulo

1956 Mitbegründer des **ADI;** *Compasso d'oro* (auch 1962, 1964, 1967, 1979, 1995)

1958 arbeitet mit **Richard Sapper** (bis 1977)

1972 Kongreßpalast in Grado (bis 1974)

1974 IBM-Gebäude in Italien (bis 1982)

1978 Wasserstation in Reggio Emilia

Gefragt nach seinem hervorstechendsten Persönlichkeitsmerkmal, hat Marco Zanuso einmal geantwortet: »Wißbegierde.« Eben jene Eigenschaft war es, die den jungen Architekten nach dem Zweiten Weltkrieg dazu trieb, mit einem neuen Werkstoff, dem Schaumgummi, im Auftrag von **Pirelli** zu experimentieren. Das Ergebnis war der 1951 vorgestellte und mit der Goldmedaille der **Triennale** in Mailand bedachte Sessel *Lady* mit seinen nierenförmigen Armlehnen. Das geglückte Experiment mündete in der Gründung der Firma **Arflex**, für die Zanuso in den 50er und 60er Jahren weitere Erfolgsmöbel entwarf: das Sofa *Sleep-o-matic* z.B., das sich blitzschnell zum Ausziehbett wandeln konnte, und den Sessel *Woodline* aus gebogenem Sperrholz und Leder.

Zanuso gehört in vielerlei Hinsicht zu den Gründungsvätern des italienischen Industriedesigns. Neben seiner praktischen Arbeit trat er als Publizist und Theoretiker der Zeitschriften *Domus* und *Casabella* hervor und bestimmte mit den Mitgliedern des Studios **BBPR**, **Alberto Rosselli**, **Marcello Nizzoli**, **Franco Albini** und

Telefon *Grillo* für Auso Siemens, 1966 mit Richard Sapper

den Brüdern **Castiglioni** die Nachkriegsdiskussionen zur Neudefinition der Moderne in Architektur und Design mit. Begeistert war er von den neuen, industriellen Technologien, für die ihn in seiner Kindheit bereits sein Onkel, ein passionierter Benutzer obskurer technischer und astrologischer Instrumente, interessiert hatte. Seine besondere Fähigkeit bestand darin, in einer Zeit, als weite Teile der italienischen Industrie noch durch eine handwerkliche Struktur geprägt waren, die ungeahnten industriellen Möglichkeiten in Serienprodukte mit einer unverwechselbar modernen Formensprache umzusetzen. Zanuso betrieb Design nicht länger als Dekorateur, sondern – obwohl von Haus aus Architekt – als »echter« Industriedesigner, der nur »kompakte, präzise, nützliche Objekte« entwarf, »Objekte, die so genau und so unangreifbar waren, daß es einen geradezu ärgern kann«, wie **Alessandro Mendini** einmal mit gutmütigem Neid bekannte. Zusammen mit seinem Partner **Richard Sapper** revolutionierte er in den 60er Jahren die Produkttypologie, indem er z.B. beim Telefon *Grillo* Hörer, Sprechmuschel und Wählscheibe zu einer Einheit zusammenfügte. Im Fall der Hifigeräte für **Brionvega** redefinierte er althergebrachte Formen, wenn er, ebenfalls gemeinsam mit Sapper, das formal außergewöhnliche Klappradio *TS 502* und den

Produkte

1951 Sessel *Lady*

1954 Sofa *Sleep-o-matic*
beide für **Arflex**

1956 Nähmaschine Modell *1100/2* für Borletti

1958 Sessel *Lambda* für **Gavina** (bis 1962)

1962 Fernseher *Doney*

1963 Entwurf für eine Autofront für **Alfa Romeo**

1964 Fernseher *Algol*
beide für **Brionvega**;
Sessel *Woodline* für Arflex;
Kinderstuhl aus Kunststoff *K 4999* für **Kartell**

1965 Radio *TS 502* für Brionvega

1966 Telefon *Grillo* für Auso Siemens
die letzten drei mit **Richard Sapper**

Fernseher *Algol* für Brionvega, 1964, mit Richard Sapper

ersten mit Transistoren ausgerüsteten Fernsehapparat *Doney* entwickelte, außerdem *Algol* (Abb. S. 4), dessen angehobener Bildschirm an eine Hundeschnauze erinnert. Später folgte noch der Fernseher *Black*, eine mystische schwarze Kiste, die erst beim Einschalten ihre Funktion preisgab. Gleich zweierlei gelang Zanuso: Zum einen befreite er eine ganze Produktsparte aus einem repräsentativ-konservativen Korsett, indem er die Geräte in der Größe rigoros reduzierte und ihre kommunikative Funktion betonte, zum anderen schuf er für Brionvega eine unverwechselbare Unternehmensidentität. Zanuso entwarf außerdem einen der ersten Stühle aus Kunststoff, den Kinderstuhl *K 4999* für **Kartell**, Nähmaschinen für **Borletti Veglia**, Kaffeemühlen, Fliesen, Flugzeugsitze und Autokarosserien – immer mit einer guten Portion Realismus beim Blick auf den Markt, auf dem sich die Produkte bewähren mußten, allerdings auch im Vertrauen darauf, daß Wagnisse sich lohnen können. Heute hat Marco Zanuso sich aus dem Design etwas zurückgezogen – »Design ist etwas für junge Leute« – und widmet sich wieder verstärkt der Architektur. Bereits in den 50er Jahren hatte er für **Olivetti** in Italien und Südamerika große Firmenkomplexe realisiert, später entwarf er Gebäude für IBM, aber auch Museen und Kongreßbauten.

1969 Fernseher *Black* für Brionvega mit Richard Sapper
1970 Tisch Marcuso für Zanotta
1970 Schreibgeräte *Hastil* für **Aurora**
1981 Programmierer für Schrittmacher für Sorin biometica
1985 Türklinke *Due Z* für Fusital
1986 Tisch *Laveno* für **Zanotta**

Sessel *Fourline* für Arflex, 1964

ZANUSSI

Haushaltsgerätehersteller

Heute wirbt Zanussi für einige seiner Produkte explizit im Rahmen seiner »Designreihe«, z.B. für *Oz*, den dickbäuchigen Kühlschrank von Hausdesigner Roberto Pezzetta, der mintgrün auf kekken Füßchen steht, oder die Waschmaschine *Zoe*, die mit ihren abgerundeten Ecken und minimalistischen Schalttafeln ebenfalls auf eine benutzerfreundliche Ästhetik setzt: die Küchenmaschine als Hausfreund. Design aber gehört bei dem Unternehmen, das 1916 von Antonio Zanussi als Reparaturwerkstatt für Küchengeräte gegründet worden war, bereits seit den 50er Jahren zur Firmenpolitik.

Die Ära begann, als Lino Zanussi 1954 **Gino Valle** beauftragte, Waschmaschinen, Kühlschränke und Herde zu entwerfen, die sich auf dem Massenmarkt der weißen »Elettrodomestici« – der eher anonymen Haushaltsgeräte – eindeutig von anderen Produkten unterscheiden sollten. Valle strukturierte das Programm rigoros neu und entwickelte eine einheitliche, klare Linie mit deutlich hervorgehobenen Bedienungselementen. Das Ergebnis

Zanussi spa.,
Pordenone

1916 von Antonio Zanussi als Reparaturwerkstatt für Haushaltsgeräte in Pordenone gegründet, bald Produktion eigener »Elettrodomestici«

1954 **Gino Valle** wird Designberater

1958 Designabteilung unter Leitung von **Gastone Zanello** (bis 1981)

1960 Produktion von Fernsehgeräten

1976 Andries van Onck wird Designberater (bis 1989)

1981 *Compasso d'oro*

1982 **Roberto Pezzetta** löst Gastone Zanello ab

1984 Fusion mit Electrolux

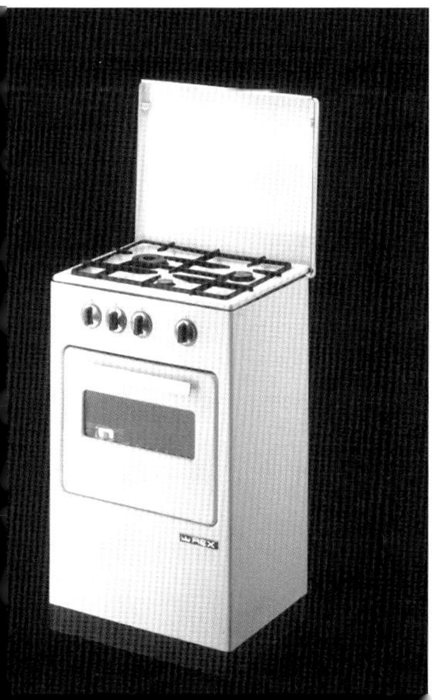

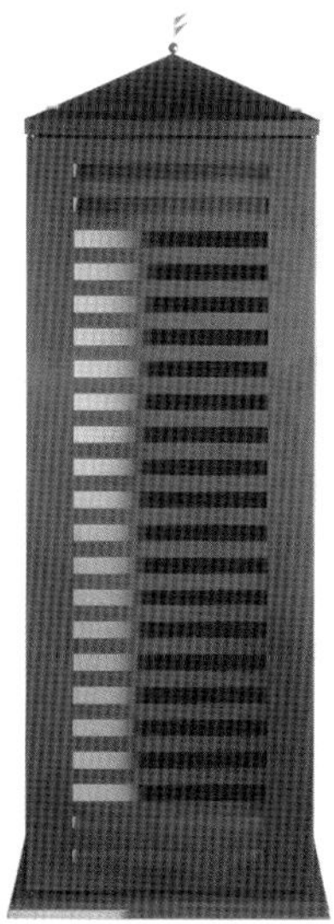

Herd aus dem Küchenprogramm *700* von Gastone Zanello, 1960

Kühlschrank *Black* aus der *Wizard*-Kollektion von Roberto Pezzetta, 1986

war so gut, daß das Unternehmen 1962 erstmals deutsche Anbieter, die in diesem Bereich Marktführer waren, überflügeln konnte. Valle zur Seite stand Gastone Zanello, der die in den 50er Jahren eigens eingerichtete hauseigene Designabteilung leitete und die ersten modularen Einbausysteme für Küchen (Abb. S. 41) entwikkelte. Mitte der 70er Jahre holte Zanussi sich noch einmal einen externen Berater: Der Holländer Andries van Onck, ein Absolvent der Ulmer Hochschule für Gestaltung, fand innerhalb der immer größeren Produktion differenzierte Gestaltungskonzepte für die einzelnen Linien, die nun *Family Lines* hießen. Die tiefe Krise, in die das Unternehmen in den 80er Jahren durch einen mißglückten Ausflug in den Hifi-Bereich geriet, führte zu einer Rückbesinnung auf seinen eigentlichen Markt und die Bedeutung des Designs für die Produktprofilierung. Der 1987 vorgestellte Kühlschrank *Wizard* von Roberto Pezzetta, der als kleine Architektur daherkam und mit einem prätentiösen Fähnchen geschmückt war, geriet allerdings zum Flop – der jedoch mit Designpreisen reich dekoriert wurde.

Produkte

1957 Waschmaschine *202;* Gas- und Elektroherd

1958 Kühlschrank *170 TS* alle von Gino Valle

1986 Kühlschrankkollektion *Wizard* von Roberto Pezzetta

1995 Prototyp Kühlschrank *Oz* von Roberto Pezzetta (seit 1998 in Produktion)

1996 Prototyp Waschmaschine *Zoe* von Roberto Pezzetta

Kühlschrank *Oz*, 1995
Waschmaschine *Zoe*, 1996

ZEUS

Designergruppe und als Zeus Noto Möbelhersteller

1984 stellte die junge Designergruppe Zeus in Mailand ihre erste, auf archetypische und klar geometrische Formen reduzierte Möbelkollektion vor. **Maurizio Peregallis** aus schwarzem Vierkantrohr spröde zusammengeschweißten Möbel, lakonisch *Sedia* (Stuhl), *Poltrona* (Sessel), *Sgabello* (Hocker) und *Savonarola* (Rippenstuhl) genannt, waren in ihrer inszenierten Bescheidenheit eine programmatische Opposition zum postmodernen Farben- und Formenfeuerwerk von **Memphis**. »Wenn das Memphis-Objekt (...) eine Bejahung des Vorübergehenden, des Mondänen, des Oberflächlichen, ein kostspieliges und amoralisches Objekt ist, (...) ist das Zeus-Objekt ein bescheidenes, moralisches, tendenziell mystisches Objekt, und als solches schlägt es wieder eine absolute Qualität vor, die das Industrieprodukt immer hatte«, schrieb **Paolo Deganello**.

Allerdings griffen auch Peregalli, der bis heute Art Director seiner Firma ist, und seine Kollegen **Davide Mercatali** und Roberto Marcatti auf ein erweitertes formales Vokabular und Materialien

Noto-Zeus srl, Mailand

1984 gegründet von Sergio Calatroni, Roberto Marcatti, Ruben Mochi und **Maurizio Peregalli**

1988 Noto wird Produktionsgesellschaft der *Zeus Collection*

1989 Zeitschr. *Sottosuolo*

v.l.n.r.: Barhocker *Golia* von Maurizio Peregalli, 1993
TV-Ständer *Hotel Zeus* von Ron Arad, 1992
Hocker *MDF* von M. Peregalli, 1993

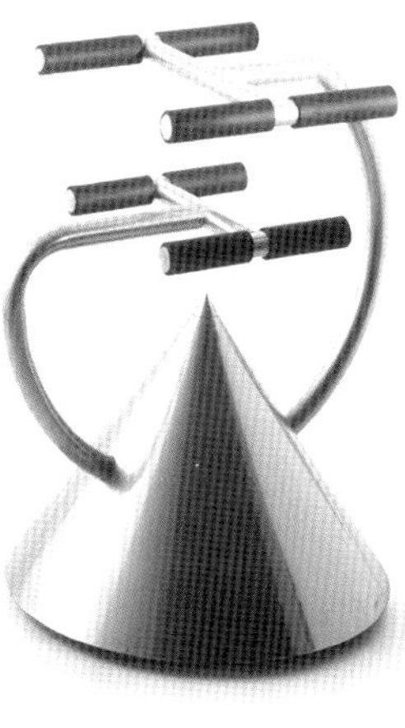

Produkte

1984 Möbelserie *Millepunte*

1986 Stehleuchte *Musa,* beide von Maurizio Peregalli

1994 Hockerserie *Orb* von Jasper Morrison; Hockerserie *Crab* von Maurizio Peregalli; Hocker- und Beistelltische *Anonimus* von Ron Arad; Sitzmöbelserie *Little Sister* von Andreas Brandolini

1995 Garderobe *Anais Porta-Abiti* von Robert Wettstein; Möbelserie *Alice* von Claudi Nardi; Tisch *Artú* von Andreas Brandolini

zurück, wie es vor Memphis nicht möglich gewesen war, z.B. auf industriell vorgefertigtes Linoleum und Gumminoppen. Ursprünglich hatte die Zeus-Gruppe außer Möbeln auch Mode, kleinere Objekte und Grafik entworfen und diese in einer kleinen Mailänder Hinterhofgalerie ausgestellt. Es ging ihnen vor allem darum, Kommunikation zu stiften. Bis heute gibt es eine eigene Zeitung, und auf den Zeus-Festen anläßlich der Mailänder Möbelmessen traf und trifft sich die alternative Designszene.

Seit Mitte der 80er Jahre wird die Möbel- und Leuchtenkollektion von Noto produziert, und Zeus entwickelte sich zum Forum für eine kleine, ausgesuchte Schar junger internationaler Designer, darunter Ron Arad, Jasper Morrison, Robert Wettstein und Andreas Brandolini. Heute ist das Schwarz-in-Schwarz und Grau-in-Grau der frühen Jahre einem breiteren Farbspektrum und sind die puren Formen einer größeren Vielfalt gewichen; dennoch ist Zeus weiterhin ein Symbol für die Einfachheit der Post-Memphis-Generation.

Stuhl und Hocker aus der Serie *Millepunte* von Maurizio Peregalli, 1984

Seite 87

l. Kollektion Donna 1989/90 (*Teodora*)

r. Kollektion Uomo 1998/99 beide von Romeo Gigli

Sehenswürdigkeiten und Kultur im Großraum Mailand

Obwohl Mailand die Designstadt schlechthin ist, findet man dort kein Designmuseum oder etwas Vergleichbares. Allerdings gibt es einige kleinere Sammlungen, in denen man sich über Teilaspekte der Produktgeschichte gut informieren kann (z.T. nach Voranmeldung) und darüber hinaus einige interessante Institutionen und Galerien.

TRIENNALE
Palazzo dell'Arte, Via Alemagna 6, Mailand; Die Triennale ist eine Institution, die Designgeschichte geschrieben hat. Seit 1933 öffnete sie ihre Pforten ca. alle drei Jahre für große Produktschauen. Heute finden dort Ausstellungen zu Architektur, Design, Stadtplanung und Kunsthandwerk statt. Immer noch werden dort regelmäßig große internationale Ausstellungen gezeigt. Das Gebäude stammt von 1933, erbaut wurde es von Giovanni Muzio. Der neue Innenausbau wurde u.a von den Architekten Umberto Riva, Cini Boeri und Gae Aulenti vorgenommen.

COLLEZIONE »GLI ANNI DI PLASTICA«
Montedison s.p.a., Foro Bonaparte 31, Mailand; Eine private Sammlung historischer Produkte aus Plastik, gegründet von der Firma Montedison, dem gigantischen italienischen Chemiekonzern. (Nur nach Voranmeldung.)

COLLEZIONE LORENZI
Via Montepoleone 9, Mailand; Die Sammlung umfaßt 1.400 Scheren, Rasierer, Tisch- und sonstige Messer vom 17. Jahrhundert bis heute.

COLLEZIONE SAMBONET
Fondazione Sambonet, Foro Bonaparte 44/a, Mailand; Mehr als 4.000 Besteckteile. Antike und zeitgenössische Stücke der Firma, wurden hier zusammengetragen.

DESIGN GALLERY MILANO
Via Manzoni 46; Mailand; In einem alten Palazzo befindet sich diese Designgalerie, die regelmäßig Verkaufsausstellungen mit Werken namhafter Designer durchführt.

ASSSOCIATION JACQUELINE VODOZ ET BRUNO DANESE
Via S. Maria Fulcorina 17; Mailand; In einem wunderschönen alten Mailänder Palazzo finden wechselnde Ausstellungen zu Kunst und Design statt.

CIVICO MUSEO D'ARTE CONTEMPORANEO
Palazzo Reale, Piazza del Duomo, Mailand; Das 1984 eröffnete Museum besitzt eine Sammlung vor allem italiensicher Kunst vom 19. Jahrhundert bis heute. Schwerpunkte sind insbesondere die Arbeiten der Futuristen, z.B. Umberto Boccionis, abstrakte Kunst, aber auch Werke u.a. von Giorgio Morandini sowie eine Auswahl internationaler Künstler.

PINOTECA DI BRERA
Via Brera 28, Mailand; Die größte Gemäldesammlung Mailands kann im Palazzo di Brera bewundert werden, der aus dem 17. Jahrhundert stammt. Neben großen Werken des Barocks sind hier auch Arbeiten bedeutender moderner italienischer Künstler, etwa Boccionis oder Carràs, ausgestellt. Die benachbarte Kunsthochschule Accademia di Brera zählt übrigens Designer wie Enzo Mari, Joe Colombo und Piero Fornasetto zu ihren ehemaligen Studenten.

MUSEO SIRM
Via Tirano 18, Palazzolo Milanese; Das kleine Industriemuseum in der Nähe von Mailand, das die weltweit umfassendste Sammlung an Zapfsäulen und anderen Tankutensilien zeigt, ist ein nach Schmieröl duftendes Mausoleum der Moderne und auch eine Hommage an Enrico Mattei, den legendären Chef von Agip während der 50er Jahre, der die anglo-amerikanischen Multis ärgerte, Agip zu einer Musterfirma machte (mit einer CI von Marcello Nizzoli) und bei einem Flugzeugabsturz ums Leben kam.

MUSEO STORICO ALFA ROMEO
Centro direzionale 1, Arese; 1976 eröffnetes Museum zur Firmengeschichte Alfa Romeos, in dem mehr als 75 historische und zeitgenössische Fahrzeuge ausgestellt sind.

COLLEZIONE CASSINA
Via Busnelli 1, Meda; Sammlung von mehr als 100 Prototypen Cassinas. (Nicht öffentlich.)

COLLEZIONE CANDY
Via Eden Fumagalli, Brugherio; Neben der Dokumentation der Candy-Produktgeschichte wird die Entwicklung im Bereich der elektronischen Haushaltsgeräte dargestellt.

MUSEO DELLE PORCELLANE DI DOCCIA
Richard-Ginori s.p.a., Via Pratese 31, Sesto Fiorentino; Präsentiert auf 1.200 qm die wichtigsten Produkte des Traditionsunternehmens, für das in den 20er Jahren Gio Ponti gearbeitet hat.

COLLEZIONE STORICA KARTELL
Viale dell'Industria 1, Noviglio; Giulio Castelli gründete dieses Museum, in dem die Produktgeschichte Kartells dokumentiert wird. (Nur nach Voranmeldung.)

FLUGHAFEN MALPENSA 2000
Von Mailand Richtung Varese / Schweiz; Der Flughafen liegt von Mailand ein wenig zu weit entfernt. Für Unpäßlichkeiten entschädigt aber das beeindruckende Wohlfühl-Ambiente. Die öffentlichen Bereiche wurden zu großen Teilen von Ettore Sottsass gestaltet.

METRO, LINIE 1
Mailand Innenstadt; Die Gestaltung der U-Bahnhöfe der Mailänder Linie 1 wurde Anfang der 60er Jahre von den Architekten Franco Albini und Franca Helg vorgenommen. Bob Noorda sorgt mit seinem Wegeleitsystem bis heute für Orientierung.

PIRELLI-HOCHHAUS
Pirelli-Gelände in der nördlichen Peripherie Mailands;
Gio Ponti wollte mit seinem 1954-1956 erbauten Turm einen »Tribut an die Arbeit« leisten. Die spektakuläre Form, die an ein aufragendes Messer erinnert, gehört zu den wichtigsten Zeugnissen moderner italienischer Nachkriegsarchitektur. Paolo Cevini bezeichnete das Bauwerk als »außergewöhnlichen Ausdruck kapitalistischer Industriekultur auf ihrem Höhepunkt«.

Showrooms in Mailand/Einrichtung

Einkaufen direkt an der Quelle. Mailand ist die Stadt des Designs mit der wohl international dichtesten Konzentration an Designstudios, Möbel- und Leuchtenproduzenten, Messen und Showrooms, also Vorzeigestammhäusern vieler ambitionierter Firmen. Sie alle liegen nah beieinander und können bequem zu Fuß erwandert werden. Eine Auswahl der attraktivsten:

ARTEMIDE; Corso Monforte

B&B ITALIA; Corso Europa 2

BALERI ITALIA; Via Cavallotti 8

CAPPELLINI; Via Statuto

CASSINA; Via Durini 18

DA DRIADE; Via Manzoni 30

DE PADOVA; Corso Venezia 14

FLOS; Corso Monforte 9

KARTELL; Via Turati/Via Carlo Porta 1

MOROSO; Via Pontaccio 8/10

SAWAYA & MORONI; Via Manzoni 11

ZANOTTA; Via Durini 3

ZEUS; Corso S. Gottardo 21/9

Showrooms in Mailand/Mode

Mailand ist die Stadt der Mode. Fast alle großen Modedesigner Italiens haben hier ihren Sitz und präsentieren ihre Kollektionen in eleganten Showrooms.
Rund um die Piazza San Babila, v.a. in den Straßen Via Montenapoleone und Via della Spiga, findet man auf engstem Raum die Marken Prada, Dolce & Gabbana, Romeo Gigli, Gucci, Escada, Armani, Ferré u.v.m.

MISSONI; Via T. Slavini 1

KRIZIA; Via Manin 19

DOLCE & GABBANA; Piazza Umanitaria 2

Läden und Geschäfte in Mailand

GALLERIA VITTORIO EMANUELE II
Haupteingänge Piazza del Duomo und Piazza della Scala;
Aus dem 19. Jahrhundert stammt diese weltberühmte Einkaufspassage nach Plänen von Giuseppe Mengoni, die von Einheimischen auch als »il salotto di Milano«, »Salon Mailands«, bezeichnet wird. Elegante Läden (u.a. das historische Stammhaus von Prada und ein nobles Borsalino-Geschäft), Restaurants und Cafés üben einen besonderen Reiz auf die Schönen und Reichen aus. Das Dach aus Glas und Stahl, das von einer riesigen Kuppel gekrönt wird, war die erste Konstruktion dieser Art in Italien. Beeindruckend auch die Fußbodengestaltung mit Mosaiken und Tierkreismotiven.

CARLA SOZZANI

Corso Como 10; Die Schwester der *Vogue*-Chefin in Mailand hat mit ihrer Mischung aus Ethno-Pop, Mode und Buchhandlung Kultstatus erlangt. Die im 2. Stock gelegene Galerie zeigt Wechselausstellungen zu Kunst und Design.

FORNASETTI IMMAGINAZIONE

Via Manzoni 45; Hier können die zahlreichen Entwürfe des Universalgenies Piero Fornasetti – Sonnen-, Tier- und Architekturmotive auf Geschirr, Möbeln und Foulards – bestaunt und erworben werden.

LA RINASCENTE

Piazza Duomo; Das Stammhaus der edlen Traditionskaufhauskette mit seiner beeindruckenden Fassade erhebt sich zu Füßen des Mailänder Doms.

MH WAY

Via Durini 2; Japanisch-italienische Mischung bei Taschen, Rucksäcken, Zeichen- und Designerbedarf. Makio Hasuike hat mit seinem Unternehmen und seinen Produkten in den letzten Jahren Furore gemacht.

Sehenswürdigkeiten und Kultur im Großraum Turin

FIAT-FABRIK

Turin-Lingotto; Das legendäre Fiatwerk wurde vor längerer Zeit geschlossen. Trotzdem lohnt ein Ausflug zu diesem aus den 20er Jahren stammenden Industriedenkmal mit seiner spiralförmigen Auffahrt rund ums Gebäude, die zur Autoteststrecke auf dem Dach führte. Heute wird das Gebäude als Kultur- und Kongreßzentrum genutzt.

MUSEO DELL'AUTOMOBILE CARLO BISCARETTI DI RUFFA

Corso Unità d'Italia 40, Turin; Eins der größten Automobilmuseen der Welt; neben zahlreichen Modellen aus allen Phasen der Automobilgeschichte beherbergt das Museum eine umfangreiche Bibliothek.

MUSEO PININFARINA

Via Nazionale 30, Cambiano; Präsentation berühmter Modelle des Karosseriebauers, u.a. für Alfa Romeo, Cisitalia, Ferrari und Lancia. (Nur nach Voranmeldung.)

ASSOCIAZIONE RCHIVIO STORICO OLIVETTI

Via delle Miniere, Ivrea; 1998 wurde das Olivetti-Archiv in Ivrea, dem Traditionssitz des Unternehmens unweit von Turin, eröffnet. Dort kann man sich anhand einer großen Produkt- und Grafikausstellung, eines Fotoarchivs, einer Cinevideo- und Audiothek und einer großen Bibliothek über die Firmengeschichte informieren. (Nur nach Voranmeldung.)

SALA DA BALLO

Via Stradelle, 10, Turin; Alter und öffentlich zugänglicher Tanzsaal in Turin, der noch mit dem Originalinterieur des berühmten Architekten Carlo Mollino ausgestattet ist.

Weitere Sehenswürdigkeiten in Italien

MUSEO ALESSI

Crusinallo (CO); Der riesige Fundus des 1921 gegründeten Haushaltswarenherstellers an Prototypen, frühen Produkten, Zeichnungen und Dokumenten hat endlich einen Platz gefunden. Alessandro Mendini hat dafür in Crusinallo, nahe dem idyllischen Lago Maggiore, ein Museum mit etwa 550 qm Ausstellungsfläche gebaut, dessen Sammlung zunächst Forschern und Journalisten vorbehalten bleibt. Im Nachbarort Omegna wird außerdem ein ebenfalls von Mendini gestaltetes Museum eröffnet, zu dem die Öffentlichkeit freien Zutritt hat.

COLLEZIONE LAGOSTINA

Via IV Novembre 45, Omegna; Historische Sammlung der Firma Lagostina.

MUSEO MOTO GUZZI

Via Parodi 57, Mandello del Lario; Sammlung zur Geschichte des großen Motorradherstellers.

COLLEZIONE GUZZINI

Località San Leopardo, Recanati; Sammlung der Produkte der Fratelli Guzzini. (Nicht öffentlich.)

Seite 363

Showroom der Firma Cassina in Mailand

Zapfsäule, Italien 1935, aus dem Museum Sirm

Galleria Ferrari, Maranello, Einfahrt von Massimo Iosa Ghini

Cassina

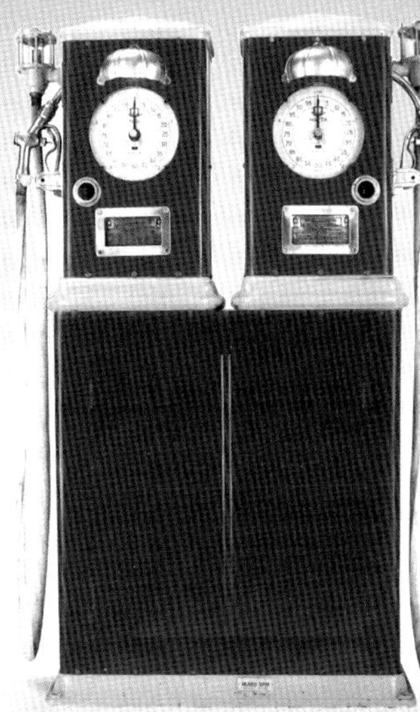

GALLERIA
FERRARI

COLLEZIONE AEREI PIAGGIO
Piaggio, Via R. Piaggio, Finale Ligure; Das Flugzeugmuseum dokumentiert die Geschichte Piaggios in diesem Bereich seit 1919. (Nur nach Voranmeldung.)

GALLERIA FERRARI
Via Dino Ferrari 1, Maranello; Das Automuseum macht anhand von verschiedenen Ferrari-Modellen, historischen Dokumenten, Trophäen und Kuriositäten die Geschichte der Edelmarke anschaulich. Teile des Gestaltungskonzepts stammen von Massimo Iosa Ghini.

MUSEO DEGLI ARGENTI CONTEMPORANEI
Piazza L. da Breme 4, Sartirana; Das 1992 gegründete Museum versammelt die Arbeiten italienischer Silberschmiede seit den 70er Jahren.

MUSEO DELL'ARREDO CONTEMPORANEO
S.S. San Vitale 253, Russi; Ausgestellt werden hier Beispiele zeitgenössischer Möbel- und Leuchtenproduktion, die von der hohen Qualität italienischen Designs Zeugnis geben sollen.

MUSEO DELLA CERAMICA
Palazzo Perabò, Laveno Mombello Cerro; 1970 eröffnetes Museum, das die Geschichte der italienischen Keramikproduktion von der Mitte des 19. Jhs. bis in die Nachkriegszeit dokumentiert.

PALAZZO GRASSI
Canale Grande, Venedig; Der Fiatkonzern hat mit dem Ankauf des venezianischen Palazzos ein Haus für hochkarätige Kunstausstellungen geschaffen. Es wurde in den 80er Jahren von Gae Aulenti ausgebaut.

LA BIENNALE DI VENEZIA
Giardini, Venedig; Renommierte, im Zweijahresrhythmus stattfindende Kunstausstellung. Ebenfalls im Zweijahrestakt findet eine große Architekturschau statt.

MUSEO SALVATORE FERRAGAMO
Via Tornabuoni 2, Florenz; In dem prächtigen Bau können die Wunderwerke des Edelschuhmachers Salvatore Ferragamo betrachtet werden. Mehr als 10.000 historische Schuhe von den 20er Jahren bis in die heutige Zeit sind dort ausgestellt.

Seite 365
System *Oikos I* von Antonia Astori für Driade, 1973

Index

ABET LAMINATI; **88**, 256, 259, 325

ABITARE; Architektur- und Designztschr.; gegr. 1962; berichtet über Architektur und Design mit Augenmerk auf die Entwurfstätigkeit der Kreativen. Richtet sich an eine professionelle Leserschaft, aber auch an interessierte Laien. 238

ACERBIS; Möbelherst.; gegr. 1870; Familienunternehmen; seit 1968 modernes Möbeldesign. *Acerbis* Kollektion (Wohnraummöbel), die preiswertere *Morphos* Kollektion für jüngere Kunden (seit 1983), *Bed Side* Kollektion (Schlafzimmer). Designer: Giotto Stoppino, Lodovico und Marco Acerbis, Mario Bellini, Michele De Lucchi und Andrea Branzi. 328, 344

ADI; (Associazione per il Disegno Industriale); Italienischer Designverband; gegr. 1956; Mitglieder sind Industrie- und Möbeldesigner, Grafiker, designorientierte Unternehmen sowie Journalisten, Publizisten und Kritiker (über 600 Mitglieder). Ziel des ADI ist die Förderung des Industrie- und Grafikdesigns; Er fördert die Kontakte zwischen Designern und Industrie; arbeitet mit Kulturinstitutionen (Ausstellungen, Kongresse, Seminare). Organisiert den *Compasso d'oro*-Wettbewerb und die dazugehörige Ausstellung. 64, 326

AGAPE; Armaturen- und Badzubehörherst., gegr. 1973; Mantua. Arbeitet mit Designern wie Giampaolo Benedini zusammen, aber auch mit jüngeren Gestaltern, darunter Fabio Bortolani, Marco Ferreri und Carlo Tinti. 143

AGIP; (Azienda Generale Italiana dei Petroli); staatl. Mineralöl- und Energiekonzern; gegr. 1926. Marcelo Nizzoli prägte das Erscheinungsbild (1950–52 elektromechanische Zapfsäule). 1952 Firmenlogo von Giuseppe Guzzi. In den 70er Jahren überarbeitete Unimark die CI.

AGNOLI, Tito; 1931 Peru; Maler, Architekt und Produktdesigner; Lampen für O Luce; Betten für Rondo; Sessel (*THF*, *Europa 80*), modul. Sitzsystem *9000* für Arflex; Sitzgruppen und Tische (*Boulevard*, *IDC*) für Poltrona Frau; Prägte Kollektion des Möbelherst. Pierantonio Bonacina. 136

ALBINI, Franco; **89**, 57, 60, 64, 104, 109, 156, 158, 210, 276, 291, 303, 340, 352

ALCHIMIA; 79, 88, **92**, 94, 102, 144, 176, 216, 254, 258, 299, 300, 324

ALESSI; 78, **94**, 96, 144, 149, 165, 212, 259, 266, 314, 325

ALFA ROMEO; 52, 54, 65, **98**, 130, 158, 195, 232,251, 286, 310

ALIAS; 78, **101**, 110, 118, 174, 251, 306

AMBASZ, Emilio; 1943 Argentinien; Architekt, Möbel- und Leuchtendesigner; 1970–77 Kurator am Mus. of Modern Art, NY (1972 Ausst. *Italy: The New Domestic Landscape*); 1977 freier Designer; 1981 Studio in New York; Arbeitete für Tecta, Castelli, Artemide und Erco. 1981, 1991 *Compasso d'oro*. 71

ANTI-DESIGN; Mitte der 60er Jahre entstandene Designbewegung, die sich gegen die Doktrinen von guter Form und Funktionalismus wandte. Produkte u.a. Sitzsack *Sacco* und Baseballsofa *Joe* von De Pas/D'Urbino/Lomazzi. Sessel *Blow* von Gatti/Paolini/Teodoro; Anti-Design und Radical Design lassen sich formal nicht sehr scharf gegeneinander abgrenzen, außer daß das eigentliche Radical Design und seine Protagonisten (u.a. Archizoom, Superstudio) politische Ziele verfolgt haben. 102, 176, 179, 181, 298, 324

ARC LINEA; Küchenherst.; gegr. 1925 von Silvio Fortuna als Handwerksbetrieb gegr.; seit 1960 Name Arc Linea, in Italien Marktführer. Erster großer Erfolg 1963 mit Küche *Claudia* (erste italienische Küche mit integrierten Elektrogeräten). Jüngste Entwürfe von Antonio Citterio. 129,

ARCHITETTURA RADICALE; 72, 298

ARCHIZOOM; **102**, 144, 181, 266, 292, 298

ARFLEX; 62, 90, **104**, 122, 132, 160, 171, 290, 352

ARMANI, Giorgio; 80, **106**, 231

AROLDI, Danilo und **Corrado**; 1925 und 1936; Möbel- und Leuchtendesigner; gemeins. Büro in Mailand. Bekannt sind die Brüder für Küchen und Leuchten für Campi e Caligari, Luci, Pabis, Zetamobili, Tonon und Delta.

ARTELUCE; 63, **108**, 133, 183, 184, 228

ARTEMIDE; 78, 101, **110**, 124, 133, 176, 183, 206, 240, 246, 250, 256, 305, 314, 325, 344

ASTI, Sergio; **112**, 224

ASTORI, Antonia; **113**, 184

ATLANTIDE; 183, 184

AULENTI, Gae; 66, **114**, 202, 224, 278, 292, 330, 348

AURORA; Herst. von Füllfederhaltern; gegr. 1919; erste italien. Füllfederhalter; Kombination aus technischer Perfektion und innovativem Design.

AZUCENA; Möbel- und Leuchtenherst.; gegr. 1947 von Luigi Caccia Dominioni, Ignazio Gardella und Corrado Corradi

Dell'Acqua; erste Möbelfirma nach dem 2. Weltkrieg für modernes, elegantes Design. Enge Kooperation mit Handwerksbetrieben. Arbeiten von Caccia Dominioni (Tischlampe *Imbuto*, 1953, Sessel *Catilina*, 1958, Türklinke *Melanzana,* 1960), Gardella / Corradi Dell'Acqua (Wand- und Stehlampe *Coppa Vetro Chiusa,* 1954). 122, 149

B & B ITALIA; 82, **116**, 124, 168, 318

BALDESSARI, Luciano; 1896–1982; Architekt, Maler, Grafiker und Bühnenbildner; beeinflußt durch Futurismus und Rationalismus. 1929 Lampe *Luminator* im rationalist. Stil. Berühmt durch dynamische Ausstellungskonzepte der 50er Jahre. Arbeitete mit Le Corbusier, Walter Gropius, Alvar Aalto, Oskar Niemeyer. 303

BALERI, Enrico; 1942; Möbel-, Leuchtendesigner und Unternehmer; gründete die Firmen Pluri (1968), Alias (1979), Baleri Italia (1984) und Gloria (um 1990); produzierte Arbeiten von Philippe Starck, Alessandro Mendini und Hans Hollein. Eigene Arbeiten für Gavina, Flos, Knoll. 118

BALERI ITALIA; 79, **118**

BALLA, Giacomo; 1871–1958; futurist. Maler und Produktdesigner; 1915 Einrichtung des Haus Löwenstein in Düsseldorf. In den 20er Jahren Keramik und Leuchten. 53, 208

BANAL DESIGN; meint banale, nicht-gestaltete Alltagsdinge. Der Begriff wurde von Alessandro Mendini in den 70er Jahren geprägt. Er war der Ansicht, daß die Formen des Banalen dem Design Anregungen geben könnten. 258, 300, 324

BARILLA; **120**

BARTOLI, Carlo; 1931; Architekt und Möbeldesigner in Mailand und Monza; 1959–81 Architekturstudio. Arbeiten für Arflex (1966 Stuhl *Gaia)*, Arc Linea, Confalonieri, UCG, Con & Con, Kartell, Oscam, Rossi di Albizzate, Tisettanta.

BBPR; **122**, 276, 352, 303

BEL DESIGN; das »schöne Design« Italiens, geprägt durch außergewöhnliche formale und technische Innovationen, ist heute ein Mythos. Seine Blüte erlebte das Bel Design vom Ende der 50er bis in die 70er Jahre, also von dem Zeitpunkt, als das Wirtschaftswunder einsetzte und die Industrie ihre Produkte über eine funktionale, formschöne Gestaltung qualifizierte, bis zu dem Jahrzehnt, als junge Designrebellen (Radical Design, Global Tools, Alchimia) diese Maßgaben in Zweifel zogen. Zahlreiche Klassiker veranschaulichen das Bel-Design-Konzept: Marco Zanusos und Richard Sappers TV- und Radiogeräte für Brionvega, ihr Telefon *Grillo* für Siemens, Mario Bellinis Schreib- und Rechenmaschinen für Olivetti und Stühle für Cassina, Vico Magistrettis Stuhl *Selene* für Artemide und seine Tischlampe *Atollo* für O Luce sind nur wenige, prägante Beispiele. 66, 92, 102, 112, 114, 164, 298

BELLINI, Mario; 116, **123**, 145, 156, 231, 280

BELOTTI, Giandomenico; 1922; Architekt, Möbeldesigner und Bildhauer; Einfamilienhäuser, industr. und öffentl. Gebäude; arbeitete seit 1979 für Alias (Stuhl *Spaghetti*, Sessel *Hommage à Man Ray*, Tisch *Four Balls*).

BENETTON; **126**, 318

BERCHICCI, Guglielmo; 1957; Architekt, Produkt-, Möbel- und Leuchtendesigner; seit 1986 Studio in Mailand; arbeitete für Kundalini (1997 Lampe *Loto*).

BERNINI; **127**, 206, 284, 320, 328

BERTI, Enzo; **129**

BERTONE; 65, 100, **130**, 196, 213, 232

BETTONICA, Franco; Produkt- und Leuchtendesigner; Mitbegründer von Cini & Nils.

DIAGIOTTI, Laura; 1943; Modedesignerin; arbeitete seit 1962 im Modeatelier der Mutter in Rom (Kollektionen für Schuberth und Capucci). Seit 1972 eig. Kollektionen.

BIALETTI; heute Bialetti Industrie spa; Hersteller von Espressomaschinen; 1933 berühmte achteckige Espressokanne *Moka Express* von Alfonso Bialetti, die Mutter aller Folgeprodukte, bei der das Wasser bei Erhitzung auf dem Herd nach oben steigt. 250 Millionen verkaufte Kannen.

BIANCHI; Fahrradherst.; gegr. 1885; seit 1901 Motorrad- und Autoherst. Im 2. Weltkrieg Auto-, 1964 Motorradproduktion aufgegeben. Seitdem Fahrräder. Gehört seit 1976 zu Piaggio.

BIANCONI, Fulvio; 1915; Grafikdesigner und Illustrator; entwarf Bücher, Umschläge, Schallplattenhüllen, Theaterprogramme und Werbematerial für Fiat und Pirelli; berühmt für seine Gläser (für Venini), Zeichnungen und Lithographien.

BIEFFEPLAST; Leuchten- und Möbelherst.; gegr. um 1980 von Anna Anselmi; gehört zu Bieffe. Verarbeitung von Metallen und Plastik. Forschungsschwerpunkt Cad/Cam-Automatisierung der Möbelproduktion. Designer: Michele de Lucchi, Rodney Kinsman und Matteo Thun. 78

BINAZZI, Lapo; 1943; Publizist und Produktdesigner; Vertreter des Radical Design; Gruppo UFO gegr.; 1975 Atelier für Objekte und Architektur in Florenz; schreibt für *Domus* und *Modo*; produzierte Videos und Filme; gestaltete Keramik für Eschenbach und Silberwaren für Pampaloni.

BINFARÉ, Francesco; 1939; Architekt und Möbeldesigner; leitete lange das 1968 gegründete Forschungszentrum von B&B Italia; heute Entwürfe für Edra Mazzei (u.a. Sofa *L'homme et la femme*). 116, 186

BOERI, Cini; 104, **132**, 194

BOFFI; Herst. von Küchen- und Badezimmereinrichtungen, gegr. 1947; in den 50er Jahren modulare Küchensysteme. Joe Colombos Kompaktküche *Carrellona* von 1966 war wegweisend für intelligente Küchenlösungen, ebenso wie 1980 die Küche *Factory* von Antonio Citterio und Paolo Nava. Weitere Designer: Marc Sadler (*Totem, Alu Kit)* Luigi Massoni, Piero Lissoni. 171, 234

BOGGERI; 134

BOLIDISMUS; Design- und Architekturbewegung, 1986 von 15 jungen Architekten in Bologna ins Leben gerufen, darunter Massimo Iosa Ghini. Der »Bolidista« strebte ein flexibles und »schnelles« Lebensmodell an. Formal orientierten sich die jungen Wilden am Futurismus, am amerikanischen Styling und am Stil der 50er Jahre. Das Ergebnis: dynamisch wirkende Produkte (u.a. Iosa Ghinis *Dinamics Collection* für Moroso, 1986, und die Diskothek Bolido in New York, 1986). Als Stilbewegung im Design der puristischen 90er Jahre kaum noch wahrnehmbar. 208, 221

BONACINA; 90, **136**

BONETTO, Rodolfo; 128, **138**, 184

BONFANTI, Renata; **140**

BORLETTI VEGLIA; Uhren- und Meßgeräteherst., gegr. 1896; zeitw. Herst. von Nähmaschinen; arbeitete mit Marco Zanuso (1956 Nähmaschine *Superautomatica 1100/2*), Rodolfo Bonetto (Wecker *Sfericlock* mit Grafik von Max Huber, Anzeigegeräte für Autos, z.B. für Fiat *131*, *Ritmo*, *Cromo*) und Giorgetto Giugiaro. Gehört zu Citizen. 138, 354

BORSANI, Osvaldo; **142**, 330

BORTOLANI, Fabio; **143**

BOTTONI, Piero; 1903–1973; Architekt und Möbeldesigner; Movimento Italiano per l'Architettura Razionale (MIAR) mitgegr.; 1934 Stahlrohrstuhl *Lira* (1986 bei Zanotta); Kurator der *Triennale* 1946. 55, 61, 303

BRANZI, Andrea; 77, 92, 102, **144**, 256, 298, 302

BREDA FERROVIE; großes italienisches Eisenbahnunternehmen; gegr. 1886; ein wichtiger Katalysator für Industrialisierungsbestrebungen im 19.Jh.; in den 30er Jahren erster elektrischer, stromlinienförmiger Zug *Etr 200 Breda* von Giuseppe Pagano; 1949 berühmter Zug *Etr 300 Settebello*.

BRIONVEGA; 123, **145**, 165, 244, 314, 353

bTICINO; Lichtschalterherst.; gegr. um 1950 als Bassani Ticino; seit den 60er Jahren stark designorientiert in Produkt- und Kommunikationsstrategie (Serien *Magic* und *Living*).

BUGATTI; Automobilherst., gegr. von dem legendären Automobilkonstrukteur Ettore Bugatti (Sohn des Kunstschreiners Carlo Bugatti). Seine Firma wurde v.a. durch ihre Rennwagen (u.a. *Typ 35*, 1924), aber auch durch elegante Tourenwagen berühmt. Langsamer Niedergang des Unternehmens nach Ettores Tod 1947; 1963 Verkauf an Hispano-Suiza.

BUGATTI, Carlo; 56, **148**

BUSNELLI; 218

BYBLOS; Bekleidungslinie bei Genny.

C&B ITALIA; 116, 283, 299, 318

CACCIA DOMINIONI, Luigi; **149**, 162

CAMPAGNOLO; Fahrradherst.; gegr. 1933 von Tullio Campagnolo. Die unternehmenseigene Designabteilung erhielt 1995den *Compasso d'oro* für Fahrradaccessoires.

CAMPARI; Getränkeherst. Mailand; seit den 20er Jahren innovative Werbung mit namhaften Grafikdesignern und Künstlern, u.a. Futurist Fortunato Depero, Marcello Nizzoli, Bruno Munari. 209, 268, 273

CAMPI, Antonia; 1921; Produkt- und Möbeldesignerin. Arbeiten für Richard-Ginori und Ermenegildo Collini; 1959 *Compasso d'oro* (für Scheren).

CANDY; Herst. von Haushaltsgeräten, z.B. Kühlschränke und Waschmaschinen; gegr. 1945. Arbeitete mit Marco Zanuso (der die Firma für die Energiethematik und Kriterien wie Langlebigkeit und angemessene Preispolitik sensibilisierte),

Rodolfo Bonetto (1972–1975), Mario Bellini (1978 Waschmaschinen *Primato 440*, *Primato 971*), Giorgetto Giugiaro (aggressive und funktionale Grafik für Serie *Domino*, 1983).

CAPPELLINI; 82, **150**, 183, 234

CAPPIELLO, Leonetto; 1875–1942; Grafiker; zahlreiche Plakate um 1900.

CAPRONI; Flugzeugherst., gegr. 1910; während der Weltkriege Produktion von Kriegsflugzeugen; 1940 erstes italien. Düsenflugzeug.

CAPUCCI, Roberto; 1930; Modedesigner; namhafter röm. Couturier, bekannt für Abendroben; 1950 Atelier in Rom; ging 1962 nach Paris; 1968 zurück nach Italien.

CARBONI, Erberto; 1899; Grafiker und Möbeldesigner. Arbeiten für Montecatini, Agip, Campari, Motta, RAI, Barilla, Olivetti und Arflex (1954 Sessel *Delfino*); Methode, Abstraktes anschaulich zu machen, v.a. bei Ausst. (Chemiemesse 1952 in Mailand). Prägte den Begriff »atomico« für Isolation von Teilen im dynamischen Gestaltungskonzept. Zahlreiche Werbepreise. 104, 120, 134, 276

CARMINATI TOSELLI & C.; Straßenbahnherst.; gegr. 1899; 1927 berühmte Straßenbahnserie 1500 von Giovanni Cuccoli, bekannt als *tipo 1928*; viele Straßenbahnen aus den Jahren 1928–31 sind heute noch in Betrieb.

CASABELLA; historisch bedeutsames Medium für die zeitgenössische Architektur- und Designdiskussion, insbesondere in den 50er bis 70er Jahren Reflexionen auf hohem theoretischem Niveau (ehemalige Redakteure u.a. Pierluigi Cerri, Anna Castelli Ferrieri, Marco Zanuso, Vittorio Gregotti, Aldo Rossi, Alessandro Mendini).

CASATI, Cesare; Möbel- und Produktdesigner; Ponti-Schüler; Studio D.A.mit Emanuele Ponzio; Einrichtungen für Hotels, Banken, Kongreßzentren. Arbeiten für Phoebus, Nai Ponteur und Autovox. Partner Enzo Hybsch.

CASSIA, Antonio Macchi; 1937; Industriedesigner; arbeitete 1968–70 für Studio Bonfanti-Macchi Cassia-Porta; 1968–71 Berater bei Olivetti und Steiner International; Entwürfe für Olivetti (Rechenmaschinen *Divisumma 18* und *28*, Kopiergerät *Copia 2000*, *M 20* Personal Computer) sowie für Arteluce, Stilnovo, Totalglas, Condor und Radiomarelli.

CASSINA; 57, 63, 78, 124, 144, **154**, 181, 206, 234, 240, 283, 293, 299, 306, 318

CASTELLI; Möbelherst.; gegr. 1877 von Cesare Castelli in Bologna; einer der führenden Büromöbelhersteller Europas; produziert Entwürfe von Giancarlo Piretti (1968 berühmter Plexiglas-Klappstuhl *Plia*), Rodolfo Bonetto und Richard Sapper. Entwicklung modularer Bürosysteme.

CASTELLI FERRIERI, Anna; 89, **158**, 224, 303

CASTIGLIONI, Achille; 61, 96, 128, 145, **162**, 174, 178, 200, 210, 224, 239, 291, 348

CASTIGLIONI, Livio; 1911–1979; Architekt und Produktdesigner; Bruder von Achille und Pier Giacomo; Amateurfunker. Arbeitete mit Pier Giacomo und Achille u.a. für die RAI (audiovisuelle Environments für Ausstellungen). 1952 selbständig; entwarf Lampen und Elektrogeräte. Arbeiten für Fiat, Olivetti und Brionvega. 54, 63, 149, 162

CASTIGLIONI, Pier Giacomo; 54, 61, 63, 64, 145, 149, **162**, 200, 210, 348

CENTROKAPPA; unabhängige Kreativabteilung von Kartell, arbeitete auch für andere Unternehmen; Ende der 80er Jahre aufgelöst. 224

CERAMICA BARDELLI; Fliesenherst.; gegr. 1962; Arbeiten von Gio Ponti (1966 Fliesenserie) und Piero Fornasetti (um 1990 Fliesen *Sole* und *Luna*).

CERRI, Pierluigi; 1939; Architekt, Grafiker, Möbel- und Leuchtendesigner; Architekturbüro Gregotti Associati; Grafik und Ausstellungsdesign. Redakteur bei den Ztschr. *Casabella* und *Rassegna und* und; seit 1982 künstl. Leiter bei B&B Italia; Lampen- und Mobel für Poltrona Frau und Fontana Arte. 1995 *Compasso d'oro*. 202

CHIESA, Pietro; 1892–1948; 1921 Eröffnung einer Glaswerkstatt; gründete 1932 mit Gio Ponti die Möbel- und Leuchtenfirma Fontana Arte als künstlerische Abteilung Luigi Fontanas; zahlreiche Möbel und Leuchten (u.a. Stehlampe *0556*, 1933). 202

CIBIC, Aldo; 1955; Innenarchitekt, Möbel- und Produktdesigner; Schüler von Ettore Sottsass. 1991 Studio eröffn.; Arbeiten für Memphis (1982 Konsole *Belvedere*); Systemmöbel (Programm *Standard*); Uhren für Tissot; Esprit-Boutiquen. 256

CIDUE; Möbelherst.; gegr. 1970; produziert Entwürfe junger Designe, wie Rodolfo Dordoni und Roberto Lazzeroni.

CIMINI, Tommaso; 1947; Leuchtendesigner; Techniker bei Artemide; 1978 eigenes Unternehmen; bekannteste Arbeit ist die Lampe *Daphine* (mit M. de André) für Lumina.

CINELLI; **216**

CINI & NILS; Leuchtenherst.; gegr. 1969 von Mario Melocchi und Franco Bettonica. Der Verpackungsdesigner Melocchi produzierte anfangs Objekte wie Tischkollektionen und Zeitungsständer; mit Bettonicas Würfelleuchte *Cuboluce* (1972) Übergang zum Beleuchtungsbereich; heute Schwerpunkt.

CITTERIO, Antonio; 88, 116, **168**, 226

COLNAGO; Fahrradherst.; gegr. 1954; ursprüngl. Werkstatt, die nur wenige Fahrräder produzierte, heute funktionale Rennräder und Mountainbikes (1983 Rahmen *Master* mit sternförmigem Profil, 1993 Fahrrad *C 35*).

COLOMBINI, Gino; 1915; brachte mit Haushaltswaren aus Kunststoff in den 50er Jahren Formvielfalt und Farbe in die italien. Haushalte. Seit 1949 techn. Direktor bei Kartell. Mehrfach *Compasso d'oro*. 51, 64, 222

COLOMBO, Joe (Cesare); 88, 128, 136, **170**, 224, 240, 274, 348

COLUMBUS; **216**

COLUMBUS MOBILI; ehemal. Möbelherst., gegr. 1919. War auf Stahlrohre für Autos, Fahrräder und Flugzeugbau spezialisiert; produzierte in den 30er Jahren auf hohem technischen Niveau Stahlrohrmöbel von Marcel Breuer und italienischen Rationalisten, wie Piero Bottoni, Lugi Figini, Gino Pollini und Giuseppe Terragni; Möbelherst. um 1970 eingestellt. Gehört zu Gruppo. **216**

COMPASSO D'ORO; prestigeträchtigster italien. Designpreis; nach einer Idee von Gio Ponti; 1954 vom Kaufhaus La Rinascente ausgelobt. Wird seit 1959 in unregelmäßigen Abständen für Produkte, Dienstleistungen und Forschungsprojekte vom ADI verliehen. Jury jeweils prominent besetzt. 51, 64

COMPLICE; Bekleidungslinie bei Genny. 342

COPPOLA, Silvio; 1920–1986; Architekt, Produkt- und Grafikdesigner; entwarf Möbel, Armaturen und Löffel, dafür zahlreiche Auszeichnungen. Berater für Bayer Italia, Monteshell, Montecatini, Cinzano und Laminati Plastici.

CORDERO, Toni; 1937; Architekt, Leuchten- und Möbeldesigner; 1985 Alpenstadion, 1987 Automuseum in Turin. Arbeiten für Artemide, Driade und Sawaya & Moroni.

COSMIT; Mailänder Messegesellschaft, die die Möbel-, Büromöbel- und Leuchtenmessen organisiert.

CRASSEVIG; Möbelherst.; seit den 60er Jahren in der Möbelproduktion aktiv. Spezialisiert auf gebogenes Massivholz. Zusammenarbeit mit Designern wie Gigi Sabadin, Rodolfo Dordoni, Enrico Franzolini, Carlo Bartoli und Fabio Bortolani.

CUNEO, Marcello; 1933; Architekt, Industrie- und Produktdesigner; entwarf Büro- und Kaufhäuser, Regierungsgebäude, Museen und Kirchen; vielseitiges Produktdesign, wie Leuchten für Gabbianelli, Möbel für Arflex und Cassina.

DALISI, Riccardo; 1931; Architekt, Produktdesigner und Theoretiker; Radical Design; lebt, lehrt und arbeitet in Neapel; war Mitglied von Global Tools, realisierte Projekte für Alchimia und gestaltete Möbel für Zanotta und Baleri sowie Kaffeemaschinen für Alessi; *Compasso d'oro* 1981. 118, 274

DANESE; 101, **174**, 193, 248, 270

D'ASCANIO, Corradino; 1891-1981; Ingenieur und Flugzeuging.; entwarf legendären *Vespa*-Motorroller für Piaggio (1946 produziert) und konstruierte Hubschrauber nach Entwürfen von Leonardo da Vinci. 59

DDN (Design Diffusion News); großformatige Möbel- und Einrichtungsztschr., die sich v.a. an Händler, Produzenten und andere Branchenkenner richtet.

DE CARLI, Carlo; 1910–1971; Architekt und Möbeldesigner; in den 50er Jahren innovative Möbelentwürfe mit neuen Materialien u.a. für Cassina. 210

DE LUCCHI, Michele; 77, 88, 92, 110, 150, **176**, 244, 256, 280, 292

DE PADOVA; **178**, 242

DE PAS / D'URBINO / LOMAZZI; **179**, 136, 292,299, 348

DE PAS, Jonathan; 1932–1991; Architekt und Möbeldesigner. 88, 136, **179**, 292, 299, 348

D'URBINO, Donato; 1935; Architekt und Möbeldesigner. 88, 136, **179**, 292, 299, 348

DE VECCHI; Silberwarenherst.; gegr. 1962; Firmengründer Gabriele De Vecchi entwarf Kerzenleuchter *T8* (Goldmedaille der *Triennale* 1947); in den 50er Jahren Arbeiten von Piero Bottoni, Guglielmo Ulrich und Gio Ponti, später von Sergio Asti, Ugo La Pietra, Enzo Mari.

DEGANELLO, Paolo; 82, 102, 156, **181**, 298, 357

DEPERO, Fortunato; 1892–1960; Maler, Grafiker, Bildhauer, Autor, Bühnenbildner und Textildesigner; 1914 Mitglied der röm. Futuristengruppe (Manifest der *Futuristischen Neukonstruktion des Universums*); entwarf Bühnenbilder, Buchillustrationen, Plakate, Inneneinrichtungen und Möbel. 208

DESIGN GROUP ITALIA; **182**

DIULGHEROFF, Nicolai; Bulgarien 1901–1982; Maler; Keramiker und Möbeldesigner; Studium am Bauhaus. Ging in den 20er Jahren nach Italien; Futurist in Turin.

DOLCE & GABBANA; Modehaus in Mailand; 1985 gegr. von Domenico Dolce und Stefano Gabbana; erfolgreicher Newcomer. Zitate ital. Mode- und Kulturgeschichte; Accessoires der Demimonde. 1990–1994 Arbeiten für Complice. 80, 183

DOMODINAMICA; 312

DOMUS; Ztschr. für Stadtplanung, Architektur, Kunst und Design; gegr. 1928 von Gio Ponti, der mit wenigen Unterbrechungen bis 1979 Chefredakteur war (weitere Chefredakteure Mario Bellini, Vittorio Magnano Lampugnani, François Burkhardt); einflußreiches Fachmagazin auf hohem Niveau. 1970 *Compasso d'oro.* 238

DOMUS ACADEMY; priv. Hochschule für Zusatzstudium; gegr. 1982 in Mailand; Kurse in Industrie- und Modedesign.

DORDONI, Rodolfo; 82, 109, 110, 150, **183**, 184, 201

DORFLES, Gillo; 1910; Hochschullehrer und einflußreicher Kunst und Designkritiker; prominenter Analytiker der ital. Designentwicklung. 1956 Mitglied des ADI; Professor für Ästhetik in Triest. Sprecher des International Congress of Industrial Designers (ICSID). Zahlreiche Kongresse. 1970 *Compasso d'oro.*

DRIADE; 78, 113, 181, 183, **184**, 249, 266, 307

DROCCO, Guido; 1942; Möbeldesigner; Radical Design; bekannt für multifunktionale Möbel (1972 Kleiderständer *Cactus* für Gufram). Arbeitete mit Franco Mello. 219

DUCATI; Motorradherst.; gegr. 1926 von der Familie Antonio Cavalieri Ducati; produzierte tragbare Radios, bevor nach dem 2. Weltkrieg Taschenrechner, elektrische Rasierapparate, Filmkameras und schließlich Motorräder hinzukamen, die den Ruf des Unternehmens begründeten; steht für transparentes High-tech-Motorraddesign. 1996 neues Logo von Massimo Vignelli. 267

EDEN (European Designers Network); 1990 gegr. von BRS Premsala Vonk (Amsterdam), MetaDesign (Berlin), Elene Design (Kopenhagen) und King-Miranda (Mailand). 228

EDRA MAZZEI; 79, **186**, 266, 282

ELAM; Polstermöbelherst., gegr. 1954; in den 50er Jahren bereits forcierte Designstrategie. Nachdem danach viele Jahrzehnte wenig von Elam zu hören war, trat die Firma Mitte der 90er Jahre wieder mit klaren, funktionalen Entwürfen hervor (u.a. von Gae Aulenti, Michele De Lucchi und Alessandro Mendini).

FANTONI; Möbelherst. in Osoppo bei Udine; gegr. 1882 als Werkstatt für Stilmöbel; seit den 50er Jahren Boom. Fantoni produzierte als erstes europäisches Unternehmen die neuartigen »Medium Density-Fiberboards« (spezielle Hartfaserplatten). Seit den 70er Jahren Schwerpunkt im Bereich Büromöbel. Designer: u.a. Gino Valle (baute auch Fantoni-Fabrik), Herbert Ohl. 1998 *Compasso d'oro.*

FERRAGAMO, Salvatore; 56, **188**

FERRARI; 65, 130, **190**, 195, 221, 286

FERRÉ, Gianfranco; **192**

FERRERI, Marco; 174, **193**

FIAM; 83, 133, **194**

FIAT; 52, 54, 65, 114, 130, 138, **195**, 213, 232

FIGINI, Luigi; 1903; Architekt und Industriedesigner; gehörte zu Gruppo Sette und Movimento Italiano l'Architettura Razionale; arbeitete mit Gino Pollini, 1935–57 bei Olivetti (Reiseschreibmaschine *Studio 42* mit Alexander Schawinsky); in Mailand Büros, Industriegebäude und eine Kirche. 53, 276, 302

FILA; (Fabbrica Italiana Lapis e Affini); Schreibgeräteherst.; gegr. 1920 in Florenz, heute Mailand. Seit den 70er Jahren Arbeit mit namhaften Designern, wie Design Group Italia (1977 und 1978 Stifte *Tratto Pen* und *Tratto Clip*).

FIORUCCI; **198**, 221, 331

FLEXFORM; Möbelherst.; gegr. 1959 von Romeo, Agostino, und Pietro Galimberti. Polstermöbel. Designer: Antonio Citterio, Paolo Nava, Cini Boeri, Joe Colombo, Sergio Asti und Gabriele Mucchi.

FLOS; 118, **200**, 210, 318

FLOU; Bettenherst.; gegr. 1978 in Meda; die Betten produziert das Unternehmen in einer Vielzahl von Größen und Bezügen, so daß es insgesamt ca. 160 verschiedene Ausführungen gibt. Designer: Vico Magistretti. 321

FONTANA ARTE; 114,183, **202**, 294, 305, 321

FORCOLINI, Carlo; 1947; Maler, Leuchten- und Möbeldesigner; 1979 Mitgründer der Firma Alias; Leuchten für Artemide und Alias (Wandleuchte Icaro, Tisch *Apokalypse Now*); Inhaber des Möbel- und Leuchtenherst. Nemo (gegr. 1993). 78, 101, 110

FORNASETTI, Piero; 62, **204,** 296

FRANCO TOSI; Maschinenherst.; gegr. 1881; zun. Dampfmaschinen, später Schiffsmotoren und elektrische Anlagen.

FRANZOLINI, Enrico; 1952, Künstler, Restaurator, Architekt und Produktdesigner; 1972 künstl. Beitrag für die *Biennale di Venezia*. Sofas und Regale für Cappellini (*Londra*, *Vienna*, *Light-Box*-Schranksystem). Arbeiten für Moroso (Sofa *Jules e Jim*), Alias, Crassevig, Montina und Knoll.

FRATTINI, Gianfranco; 109, 110, 128, **206**

FRONZONI, A. G.; 1923; Architekt, Grafik- und Möbeldesigner. 1945 Büro in Brescia, später Mailand; 1965–67 Hrsg. und Art Director bei *Casabella*; gründete 1978 Istituto di Communicazione Visiva in Mailand. In seinen Arbeiten überwiegt strenge Reduzierung auf grafische Elemente in Schwarz und Weiß. Möbel für Galli (1964 *Serie 64*).

FUTURISMUS; **208**, 268

GABBIANELLI; Keramikherst.; gegr. 1939 in Mailand; in den 50er und 60er Jahren zwischen Kunsthandwerk und Design. Objekte von Sergio Asti (1967 Vasen *Omaggio ad Alvar Aalto* und *Turbante basso*), Gio Ponti, Makio Hasuike, Marcello Cuneo, Gianfranco Frattini und Enzo Mari. Gehört seit 1996 zur Gruppe Ceramica Bardelli.

GABETTI, Roberto; Turiner Architekt; gemeinsam Aimaro Isola Team Gabetti/Isola. 67

GABETTI, Roberto / ISOLA, Aimaro; 1925 bzw. 1928; Architekten- und Möbeldesignerteam. Leben und arbeiten in Turin. Zahlreiche Architekturprojekte, aber auch Möbel auf kunsthandwerklicher Basis, u.a. berühmte tropfenförmige Hängelampe, 1956, Sessel und Stühle aus Holz mit z.T. kühn geschwungenen Formen. 67

GAGGIA; Herst. von Espressomaschinen; gegr. 1948; produzierte erstmals Maschinen für professionellen Einsatz in Bars etc., die die berühmte »Crema« erzeugten. Arbeitete ab 1968 mit Designern (Modell *Tell 70* von Giuseppe de Goetzen; 1977 *Baby Gaggia* von Makio Hasuike).

GAP CASA; Ztschr. für Innenarchitektur und Möbeldesign; gegr. 1980; zielt auf Händler, Designer und Hersteller.

GARDELLA, Ignazio; 1905; Architekt, Produktdesigner und Publizist; rationalist. Architektur; Gebäude für Olivetti, Kartell und Alfa Romeo. Designexperimente in den 50er Jahren, wie bei Möbeln für Azucena (1947 mit Luigi Caccia Dominioni in Mailand gegr.); Arbeiten mit Anna Castelli Ferrieri für Kartell und Gavina (1957 Sessel *Diagramm*). 60, 64, 224, 303

GARELLI; Motorradherst.; gegr. 1919 (1945 Modell *Mosquito*). Gehört seit 1962 zu Agrati di Monticello.

GARIBOLDI, Giuseppe; Produktdesigner. Arbeiten für Richard Ginori (Sanitäreinrichtungen und Geschirr). 1954 *Compasso d'oro.*

GATTI/PAOLINI/TEODORO; Designstudio 1965 von den Architekten Piero Gatti, Cesare Poilini und Franco Teodoro in Turin gegr.; Grafik, Industriedesign, Städtebau; bekannt durch den Sitzsack *Sacco* (1969 für Zanotta). 299, 348

GAVINA; 118, 165, 200, **210**, 318, 320

GECCHELIN, Bruno; 1939; Architekt und Produktdesigner; Lampen für O Luce, Möbel für Busnelli und Frau, Gasöfen und Kühlschränke für Indesit, Glaswaren für Venini, Schreibmaschinen und Computer für Olivetti. 1989 und 1991 *Compasso d'oro.* 218, 274

GEDY; Herst. von Badezimmeraccessoires; gegr. 1953 (1979 Klobürste *Cucciolo* von Makio Hasuike). Arbeiten von Matteo Thun.

GENNY; Modehaus; 1961 von Arnaldo Girombelli gegr.; ab 1980 von dessen Frau Donatella geführt. Kollektion *Genny*, Linien *Byblos* (1973) und *Complice* (1975). Designer: Versace, Claude Montana, Domenico Dolce und Stefano Gabbana. 342

GHIA; Karosseriebauer; gegr. 1915 von Giacinto Ghia in Turin; extravagante Einzelstücke. Bekannt durch VW *Karmann-Ghia* (1955); Karosserien für Chrysler. Luxusauto *Ghia L. 6.4* mit Osi. Gehört seit 1970 zu Ford. 213

GHIA, Giacinto; Karosseriedesigner und Unternehmer; legendäres Unternehmen für Autodesign Carozzeria Ghia; 1915 in Turin gegr.; bekannt für Luxusautos (1968 Maserati *Ghibli*). Firma wurde 1972 von Ford übernommen (1974 *Capri Ghia*, 1975 *Mark II Escort*).

GIACOSA, Dante; 1905; Ingenieur und Autodesigner; arbeitete ein halbes Jahrhundert für Fiat (1936 *500 A* bzw. *Topolino*, 1948 *500 B*, 1957 *Nuova 500* sowie Modelle *124*, *128* und *130*). 1959 *Compasso d'oro*. 66, 195

GIGLI, Romeo; 80, **211**

GILI, Anna; 1960; erprobt neue Anwendungen bekannter Materialien in ihren Unikaten und Kleinserienprodukten; entwirft Möbel und Wohnaccessoires, die oft durch eine symbolhafte, figurative Sprache gekennzeichnet sind. 150

GIO' STYLE; Herst. von Plastikhaushaltswaren mit Entwicklungsabteilung; gegr. um 1950; Jahresproduktion ca. 2,5 Milliarden Teller, Gläser und Bestecke.

GIORGETTI; Möbelherst.; gegr. 1898 in Meda. Das Familienunternehmen, ehem. Möbeltischlereien. Designer: Massimo Morozzi, Anna Castelli Ferrieri oder Gianfranco Frattini.

GIOVANNONI, Stefano; 79, **212**

GISMONDI, Ernesto; 1931; Leuchtendesigner, Raketentechniker und Unternehmer; gründete mit Sergio Mazza die Firma Artemide und war Präsident und Förderer der Gruppe Memphis; unter dem Pseudonym Örni Halloween und später unter eigenem Namen entwarf er für Artemide die bekannte Stehleuchte *Ator* und die Tischleuchte *Pilade*. 110, 256, 314

GIUGIARO, Giorgetto; 81, 100, 130, 196, **213**

GIUGIARO DESIGN; **214**

GLOBAL TOOLS; Designprojekt und Designschule (1973–75). Gründer: Ettore Sottsass, Ugo La Pietra, Alessandro Mendini und Gaetano Pesce, außerdem Archizoom, Gruppo 9999 und Superstudio. Planten Designlabors für freie Experimente. Alchimia und Memphis sind daraus enstanden. 144, 258, 324

GLORIA; Leuchtenhersteller. 118

GRAMIGNA, Giuliana; 1929; Architektin, Möbel- und Produktdesignerin. **250**

GREGOTTI, Vittorio; 1927; Architekt und Publizist; einer der bedeutendsten italien. Designtheoretiker; Redakteur zahlr. Ztschr. (1952–60 *Casabella*); 1974–1976 Direktor der Abt. Bildende Kunst und Architektur der *Biennale di Venezia*. Buchautor (1982 Standardwerk *Il Disegno del Prodotto Industriale*). 1952–67 mit Ludovico Meneghetti und Giotto Stoppino Büro Architetti Associati in Novara und Mailand (Ende der 50er Jahre Mitbegründer der Neoliberty-Bewegung), 1968–74 mit Pierluigi Carri und Hiromichi Matsui Büro Gregotti Associati. *Compasso d'oro* 1967. 328

GRUPPO; **216**

GRUPPO INDUSTRIALE BUSNELLI; **218**, 230

GRUPPO STRUM; 1971 in Turin gegr; Gruppe von Designern und Architekten (Piero Derossi, Giorgio Ceretti, Carlo Giammarco, Riccardo Rosso, Maurizio Vogliazzo) im Umfeld von Architettura Radicale und Radical Design (Popmöbel für Gufram, 1971 Plastikwiese *Pratone*). 1972 beteiligt an der Ausst. *Italy: The New Domestic Landscape*. 219, 298

GRUPPO 9999; Designgruppe, gegr. 1967 in Florenz von den Architekten Giorgio Birelli, Carlo Caldini, Fabrizio Fiumi und Paolo Galli; gehörte zum Radical Design; 1972 beteiligt an der Ausst. *Italy: The New Domestic Landscape*.

GRUPPO UFO; Gruppe von Designern und Architekten; 1967 von Lapo Binazzi, Carlo Bachi, Riccardo Foresi, Patrizia Cammeo, Vittorio Maschietto und Sandro Gioli in Florenz gegr.; gehörte zum Umkreis des Radical Design. Städtebauliche Visionen, in denen sich Architektur, Design, Literatur und Kunst überschnitten; seit 1972 bestimmte Binazzi die Gruppe maßgeblich. 298

GUCCI; Modehaus; gegr. 1904 vom Sattlermeister Guccio Gucci als exklus. Lederwarenherst. in Mailand. 1960 Erfolg mit Gucci-*Loafern*, Schuhen im Mokassin-Stil; seit 1978 auch Damen-Prêt-à-porter. Nach einer schweren finanziellen Krise konnte 1994 der Amerikaner Tom Ford verpflichtet werden, der dem Unternehmen ein neues Image gab: Neben Prada zählt Gucci heute zu den erfolgreichsten Newcomern der 90er Jahre. Rekurriert auf die Modegeschichte ebenso wie auf neue Materialien. 81

GUERRIERO, Alessandro; 1943; Architekt und Designtheoretiker; gründete mit Schwester Adriana 1976 Studio Alchimia, dem später Alessandro Mendini und Giorgio Gregori beitraten; 1982 Mitbegr. der Domus Academy; gibt seit 1983 mit Pierre Restany das Designmagazin *Decoration International* in Paris heraus; Filme, Videos, Bücher und zahlreiche Ausstellungen. 92

GUFRAM; **219**, 299

HAMEL, Maria Christina; 1958 Neu-Delhi; Produktdesignerin; lebte in Indien, Thailand und Österreich, bevor sie sich 1973 in Mailand niederließ. War in den 80er Jahren die Assistentin Alessandro Mendinis bei Alchimia; entwirft Lampen, Kleinmöbel, edle und auch suggestiv-bunte Vasen und keramische Produkte. Arbeitet u.a. für Alessi, Swatch und Rado.

HASUIKE, Makio; 1938 Tokio; seit den 60er Jahren in Italien. Entwarf u.a. keramische Objekte für Gabbianelli, Espressomaschinen für Gaggia und die Toilettenbürste *Cucciolo* für Gedy (1979, Sammlung des Museum of Modern Art, New York). Gehörte 1982 zu den Mitbegr. von MH Way, einem Taschen- und Accessoirehersteller.

HELG, Franca; 1920-1989; Architektin und Möbeldesignerin; arbeitete ab 1951 mit Franco Albini; führte nach dessen Tod mit Antonio Piva und Marco Albini sein Studio weiter. 90, 278

HOSOE, Isao; **220**, 308

HUBER, Max; 1919-1992; Schweizer Grafiker; Art Director im Studio Boggeri; 1945 nach Mailand umgezogen; 1950 CI für La Rinascente; Ausstellungskonzepte (*La forma dell'utile*, Mailänder *Triennale* 1951 mit Achille und Pier G. Castiglioni). Berühmte Poster für Autorennen mit typischer Kombination von abstrakten Farbflächen und freigestellten Fotos. 1954 *Compasso d'oro*. 134, 231, 310

ICE; (Istituto Nazionale per il Commercio Estero); italien. Außenhandelsbehörde; gegr. 1926 zur Förderung des Exports insbesond. kleiner und mittlerer Firmen. 1989 *Compasso d'oro*.

IDEAL STANDARD; Herst. von Badezimmermobiliar: gegr. 1909 in Mailand; boomte 50er bis 70er Jahre. Arbeiten von Achille Castiglioni (1971 Serie *Aquatonda*), Mario Bellini (1990 Wasserhahn *Class*), Gae Aulenti, Paolo Tilche, Enzo Mari. 296

iGUZZINI; Leuchtenherst.; gegr. 1963. Produziert technisch ausgeklügelte Lichtsysteme, für die Materialien wie Aluminium-Druckguß und Kunststoffe Verwendung finden. Entwürfe u.a. von Rodolfo Bonetto, Pier Giacomo Castiglioni, Pierluigi Molinari oder Bruno Gecchelin.

INNOCENTI LAMBRETTA; Auto- und Motorrollerherst.; gegr. 1931 von Ferdinando Innocenti in Mailand. Wurde bekannt durch die Lambretta-Motorroller; stellte auf dem Autosalon in Turin 1961 den Sportzweisitzer *Innocenti 950* vor, der von Ghia entworfen worden war. 1965 entwickelte die Firma den *Mini Minor* für den Autohersteller British Leyland, der das Unternehmen 1972 übernahm. Gehört seit 1989 zu Fiat.

INTERNI; Ztschr. für Innenarchitektur; gegr. 1954; berichtet über Designer, Produkte und Anwendungen.

IOSA GHINI, Massimo; 78, 88, 209, **221**, 265

ITALDESIGN; 100, 196, 213

ITALTEL; Telefonherst.; als Siemens S.A.. 1921 in Mailand gegr; in den 50er Jahren Entwürfe von Roberto Menghi (1966 Kompaktelefon *Grillo* von Marco Zanuso und Richard Sapper), Giorgetto Giugiaro. Achille Castilgioni, Design Group Italia. 182

ISOLA, Aimaro; Turiner Architekt; gemeinsam mit Roberto Gabetta Team Gabetti/Isola.

JOINT; Möbel- und Accessoireherst., Mailand; fröhlich-farbige Objekte wie Spiegel, Bücherschränkchen und Kleiderständer *Joker* von Carlo Forcolini. Außerdem Regale (u.a. System *Metro*), Hocker und andere Kleinmöbel.

KARTELL; 64, 158, 172, 220, **222**, 240, 252, 314, 328, 354

KING-MIRANDA; **228,** 109

KING, Perry A.; 1938 London; Produkt- und Möbeldesigner; **228**, 280

KING-KONG; Designstudio 1985-89; gegr. von Stefano Giovannoni und Guido Venturini. Arbeiten für Alessi. 212

KLIER, Hans von; 1934 Tschechoslowakei; Grafik- und Produktdesigner; Studium an der Hochschule für Gestaltung in Ulm; arbeitete 1960-68 für Ettore Sottsass; Holzspiele für Kinder. Seit 1969 CI für Olivetti. 1970 *Compasso d'oro*.

KRIZIA; **229**

LA CIMBALI; Herst. von Espressomaschinen; gegr. 1912; seit 1962 Arbeit mit Designern, darunter Achille und Pier Giacomo Castiglioni (Modell *Pitagora*), Rodolfo Bonetto (1970 Modell *M 15*, 1979 Modell *M 20*). Mit der *ET* von 1983 wurde die erste Maschine »superautomatica« eingeführt, bei der die Maschine auf Knopfdruck vom Kaffeemahlen bis zum Einlauf in die Tasse alles selbständig ausführt.

LA PAVONI; Herst. von Espressomaschinen; gegr. 1905. Erfand das Espressokochen mit Entwicklung der Espressomaschine *Ideale*; 1949 chromblitzendes Modell *La Cornuta* von Gio Ponti, 1957 *La Diamante* von Bruno Munari und Enzo Mari. Bis heute semi-handwerkliche Produktion. 296

LA PIETRA, Ugo; 128, 218, **230**, 299

LA RINASCENTE; 106, **231**, 260, 270, 310, 327

LAGOSTINA; Haushaltswarenherst.; in Omegna gegr. 1901; einer der führenden Hersteller im Bereich edler Töpfe, Pfannen und Bestecke. Entwürfe von u.a. Paolo Zani und Giugiaro Design (Topfserie *Modia* und Dampfkochtopf *Atmosphere*), aber auch aus der hauseigenen Designabteilung.

LAMBORGHINI; Autoherst.; gegr. von Ferruccio Lamborghini; urspr. Traktorenhersteller; hatte den Anspruch, Ferrari zu überflügeln. (1964 Modell *350 GTV*, 1975, Lamborghini *Miura* von 1966. 1972 *Countach* von Bertone, dessen kantige, futuristische Linienführung bis heute unverändert beibehalten wurde. Die Firma gehörte zeitw. einem indones. Geldgeber, 1998 von VW übernommen. 130

LANCIA; 52, 54, 130, 196, **232**, 286, 344

LAZZARINI, Claudio; 1953; Architekt und Möbeldesigner (*Dormusa*-Programm erstes Möbeldesignprojekt); arbeitete ab 1988 mit Carl V. Pickering. Innenausstattung von Büros und Geschäften in Rom und Mailand sowie Gestaltung von Ausstellungsräumen, Gärten und Booten.

LAZZERONI, Roberto; 1950; Architekt und Produktdesigner; gehört zum Radical Design. Arbeiten für Acerbis.

LIBERTY; in Italien die Bezeichnung für Jugendstil. Im Bereich des Kunsthandwerks war der Kunsttischler Carlo Bugatti der inspirierteste Vertreter des »Stile Liberty«. Der Name geht auf das Geschäft Liberty & Co. in London zurück, das 1875 von Arthur Lasenby Liberty gegründet wurde und zum Ende des 19. Jh. Beziehungen zu Italien unterhielt. Einen Höhepunkt erlebte der Stile Liberty auf der *Internationalen Kunstgewerbeausstellung* 1902 in Turin. 56, 68

LINEA ITALIANA; italienische Linie – damit war die spezifisch italienische Formensprache gemeint, die sich seit Ende der 40er Jahre herausbildete: organische Formen, fließende und elegante Linien in Verbindung mit funktionaler Produktgestaltung. Berühmte Beispiele: Marcello Nizzolis Schreibmaschine *Lexicon 80* für Olivetti (1948), die *Vespa* (1946) und Marco Zanusos Sessel *Lady* für Arflex (1951). 60, 83, 112, 273

LISSONI, Piero; 150, **234**

LOEW, Glen Oliver; langjähriger Partner Antonio Citterios; gemeinsam gestaltete Büromöbel u.a. für Vitra.

LOMAZZI, Paolo; 1936; Architekt und Möbeldesigner. 88, 136, **179**, 292, 299, 348

LORENZO RUBELLI s. RUBELLI

LUCEPLAN; 82, **235**, 252, 306

LUMINA; Leuchtenherst.; gegr. 1976 von Tommaso Cimini und Ermanno Prosperi. Produziert vor allem Halogenleuchten. Designer: Ricardo Blumer und Yaacov Kaufman.

LUPI, Italo; **238**

LUXOTTICA GROUP; Brillenherst.; gegr. 1961 von Leonardo del Vecchio in Agordo; produziert neben eigenen Linien, wie *Persol*, Entwürfe von Giorgio Armani, Giugiaro, Ferragamo, Genny, Byblos und Yves Saint-Laurent.

MAGISTRETTI, Vico; 61, 110, 116, 156, 178, 224, **240**, 274, 291

MALDONADO, Tomàs; 1922 Argentinien; Industriedesigner und Theoretiker; Hrsg. der argentin. Ztschr. *Nueva Vision* und *Casabella* (1976-81). Leitung der Hochschulen in Ulm (1954-66), Princeton, USA (1968-70), Bologna (1971-83) und Mailand; 1967-1969 Präsident des Intern. Council of Societies of Industrial Design. Berater bei La Rinascente. 231

MANDARINA DUCK; 177, **244**, 251

MANDELLI, Mariuccia; 229

MANGIAROTTI, Angelo; 110, 118, 174, **246**, 333

MANZÙ, Pio; 1939-1969; Auto-, Produktdesigner und Autor; arbeitete für Olivetti, seit 1968 für Fiat (City Taxi, Traktoren und Modell *127*). Lampe *Parentesi* für Flos, nach seinem Tod von Achille Castiglioni vollendet (1979 dafür *Compasso d'oro*).

MARCARTRÉ; Büromöbelherst.; gegr. 1975. Arbeitet mit Mario Bellini, Achille Castiglioni (Büromöbelserie *Solone*), Paolo Deganello und King-Miranda.

MARI, Enzo; 174, 184, **248**, 346, 348

MARTINELLI, Elio; 1922; Innenarchitekt, Leuchtendesigner und Unternehmer; arbeitete ab 1942 in der Leuchtenfirma seines Vaters (Martinelli Luce) in Lucca; in den 50er Jahren Innenräume von Büros und Hotels.

MARZANO, Stefano; 1950; Produktdesigner; arbeitete ab 1972 für das Mailänder Studio von Makio Hasuike; 1978 Philips Design Center in Eindhoven; 1989 Vice President für CI bei Whirlpool International; seit 1991 Senior Director von Philips Design, 1998 Design-Team des Jahres (Designzentrum NRW); 1998 *Compasso d'oro.* 83

MASERATI; Automobilherst.; legendäre Renn- und Sportwagen; erlebte seine Blüte in den 60er und 70er Jahren (u.a. 1966 Maserati *Ghibli*, 1966, Design von Giorgetto Giugiaro, der auch andere Modelle entwarf), bevor es still um die Luxusfirma wurde. Erst 1998 wieder Erfolg mit neuem Coupé *3200 GT* von Giorgetto Giugiaros Italdesign.

MASSONI, Luigi; 1930; Industriedesigner und Publizist; ab 1972 Präsident der Designabteilung von A&D, an die sich u.a. Boffi, Poltrona Frau und Fratelli Guzzini mit Aufträgen wandten. Ab 1962 Hrsg. der Ztschr. *Forme* und anderer Design- und Fotografieztsch.; gründete das Studio Mabilia für Möbel- und Industriedesign.

MAZZA, Sergio; 1931; Architekt, Möbel- und Produktdesigner 110, **250**

MEDA, Alberto; 101, 150, 235, 244, **251**, 306, 313

MEDA, Luca; 1936; Architekt und Möbeldesigner; ab 1961 mit Aldo Rossi Architektuprojekte und Architekturausst. (1985 *Biennale di Venezia*). Seit den 60er Jahren Möbel und Massenproduke, u.a. für Molteni und Unifor. 333

MEGALIT; 110

MELLO, Franco; Möbeldesigner; 1972 der berühmte Kleiderständer *Cactus* mit Guido Drocco für Gufram. 219

MELOCCHI, Mario; 1931; Unternehmer, Verpackungs- und Leuchtendesigner, einer der Mitbegründer von Cini & Nils.

MEMPHIS; 77, 88, 92, 94, 102, 110, 144, 176, 184, 221, **254**, 299, 324, 331

MENDINI, Alessandro; 79, 90, 92, 94, 118, 122, **258**, 266, 294, 300, 340, 348, 353

MENEGHETTI, Lodovico; 1926; Architekt und Produktdesigner; arbeitet seit 1953 mit Vittorio Gregotti und Giotto Stoppino im Studio Architetti Associati. 328

MENGHI, Roberto; 1920; Architekt und Industriedesigner; arbeitete in den 50er Jahren mit Marco Zanuso, Anna C. Ferrieri, Ignazio Gardella und Franco Albini. Als einer der ersten Designer verwandte er Plastik (Benzinkanister für Pirelli); entwarf Glaswaren und elektr. Geräte. Kunden: Arflex, Fontana, Siemens und Venini. 1956 und 1957 *Compasso d'oro.*

MERCATALI, Davide; 1948; Produktdesigner; 1974-77 Möbelsystem *Nomade* mit Maurizio Dallasta. Arbeitete 1982-87 mit Paolo Pedrizetti; intelligentes Haushaltszubehör (Dosenöffner *Giotto*). 1984 Gruppe Zeus gegr..

MH WAY; Taschen-, Rucksack- und Büroaccessoireherst.; gegr. 1982 von Makio Hasuike (1983 berühmter Koffer *Piuma* aus transluzentem Kunststoff, 1987 puristischer, druckbeständiger Rucksack *Impronta*).

MICHELOTTI, Giovanni; 1921-1980; Autodesigner; arbeitete für Pininfarina, aber auch für Triumph in England (1959 Modell *Herald*) und Datsun in Japan (1961 Modell *Prince Skyline*).

MINOLETTI, Giulio; 1910; Architekt und Industriedesigner; Stadtplanung für Mailand. Zu seinen Arbeiten gehören der berühmte Zug *Etr 300 Settebello* (1949 für Breda *Ferroviarie*) und das Badezimmerinventar *Better Living* (1949).

MIRANDA, Santiago; 1947 Sevilla. **228**

MIRENZI, Franco; 1942; Möbel- und Industriedesigner; Einrichtungen für Ausstellungs- und Büroräume der Firmen Fiat, Brionvega und Zanussi. Arbeitete haupts. für Unimark. Außer Möbeln und technischen Gegenständen auch CIs.

MISSONI; 260, **331**

MODO; Designztschr.; 1977 von Alessandro Mendini gegründet, der auch der erste Chefredakteur war. Hintergrunddarstellungen und aktuelle Berichterstattung aus der Designszene (Möbel-, Industrie-, Ausstellungsdesign).

MOLINARI, Pierluigi; 1938; Möbel- und Produktdesigner. Begann 1961 seine professionelle Tätigkeit, u.a. für Guzzini, Ampaglas und Fedegari. 1988-91 Präsident des ADI.

MOLLINO, Carlo; 62, 210, **262**, 296, 348

MOLTENI; Möbelhersteller; der Molteni Gruppe gehören verschiedene Firmen an: Molteni & C. produziert Wohn- und Objektmöbel, Unifor ist auf Büromöbel spezialisiert, Dada auf Küchen, Citterio auf Garderobensysteme. Wichtiger Designer: Luca Meda.

MONGUZZI, Bruno; 1941; Grafiker; Studium in Genf und London. Arbeitete 1961-63 im Studio Boggeri; eröffnete 1968 Studio in Mailand. Verbindet in seinen Arbeiten Einflüsse der Schweizer Grafikschule mit fotografischen Elementen (1986 Plakat für die Eröffnung des Musée d'Orsay). 134, 310

MONDO; 152

MONTECATINI; Chemieuntern.; gegr. 1888; beschäftigte in den 30er Jahren Gio Ponti und Marcello Nizzoli. 1964 Fernsehgerät *Algol* von Marco Zanuso und Richard Sapper für Brionvega mit *Montecatini*-Technologie. Um 1965 größte Fusion der italienischen Industriegeschichte zwischen Montecatini und Edison; seit 1996 Montedison.

MORASSUTTI, Bruno; 1920; Architekt und Industriedesigner. Arbeitete 1949-50 in Frank Lloyd Wrights Studio. 1955-60 Partner von Angelo Mangiarotti, 1968 von Mario Memoli, Giovanna Gussoli und Gabriella Benevento in Mailand.

MOROSO; 83, 183, 221, **265**

MOROZZI, Massimo; 102, 186, 194, **266**, 298

MOSCHINO, Franco; 1950-1994; Modedesigner; Enfant terrible der Branche. 1968-71 Kunststudium in Mailand; freier Illustrator. Werbekampagnen für Versace. 1983 Kollektion (*Couture*); ironisierte die Modewelt.

MOTO GUZZI; **267**

MUCCHI, Gabriele; 1899; Architekt, Ingenieur und Möbeldesigner; Vertreter des Rationalismus. Frühe Stahlrohrmöbel (Stuhl *S5*). Arbeitete 1934-45 für den Möbelherst. Emilio Pino. 303, 348

MUNARI, Bruno; 134, 174, 231, 209, **268**, 276, 290, 346

MURATORE, Remo; 1912-1983; Grafiker; arbeitete für das Studio Boggeri.

NATALINI, Adolfo; 1941; Architekt und Möbeldesigner; 1966 Mitgr. von Superstudio. Neben Möbel-, Objektdesign und Architektur stehen architekturtheoretische Fragen im Zentrum seines Schaffens. Gründete 1973 mit Superstudio die Gruppe Global Tools; später die künstl. Leitung von Up & Up. Möbel für Arflex, Sawaya & Moroni und Driade. 298, 329

NAVA, Paolo; 1943; Möbel- und Industriedesigner; arbeitete ab 1972 mit Antonio Citterio im eigenen Studio (Sitzmöbel *Aria* und *Pasodoble* für Flexform, Tischserie *Toscano* für Boffi). 1973 beginnt Nava die Zusammenarbeit mit B&B Italia (1975 Sofa *Baia*, 1977 Bürostuhl *345*). 104, 116, 128

NAVONE, Paola; 1950; Architektin, Designberaterin und Publizistin. Arbeitete 1974-78 im Centrokappa, der Kreativabteilung von Kartell; Redakteurin bei *Domus*; Studio Alchimia; Beratung für Abet Laminati, Fiat, Renault und Moroso; 1987 kreative Leitung von Mondo, einer Tochterfirma von Cappellini. 92, 152

NEOLIBERTY; Stilbegriff, der Ende der 50er Jahre in Italien eine Blüte von wenigen Jahre erlebte. Zur dieser heterogenen Bewegung, die sich nie breit durchsetzte, gehörten u.a. Gae Aulenti, Roberto Gabetti, Aimaro Isola, Aldo Rossi, Vittorio Gregotti, Lodovico Meneghetti und Giotto Stoppino. Anleihen beim Jugendstil, dem Stile Liberty. Die Bewegung kritisierte damit u.a. ein allzu sklavisches Festhalten an der Moderne und am Funktionalismus. Bekannte Entwürfe: Sessel *Cavour* mit üppig geschwungenen Armlehnen (von Gregotti, Stoppino und Meneghetti), und ausladender roter Sessel *San Luca* von Achille und Pier Giacomo Castiglioni für Gavina (1960). 68, 112, 114, 210, 328

NIZZOLI, Marcello; 53, 64, 138, 209, 258, **272**, 276, 352

NOORDA, Bob; 1927 Niederlande; Grafiker; Studium in Amsterdam; seit 1952 in Italien. Entwickelte Piktogramm-Systeme und CIs (1962-64 Zeichensystem der Mailänder U-Bahn). 1961 künstlerischer Leiter bei Pirelli. 1979, 1984, 1995 *Compasso d'oro*. 90, 116, 134, 290, 310, 333

NOVECENTO; 1926 gegr. Architekturbewegung, der u.a. Gio Ponti, Emilio Lancia, Giovanni Muzio, Pietro Chiesa, Guido Andloviz, Michele Marelli, Giuseppe De Finetti u.a. angehörten. Sie bevorzugten einen neoklassizistischen Stil, suchten aber entschieden nach formaler Reduzierung. Einflüsse u.a. durch die Wiener Werkstätten. Ziel: Ein »italienischer« Stil. Ihr Sprachrohr war die Ztschr. *Domus*. Einflüsse des Novecento in Architektur (monumentale Bauten), Kunsthandwerk und angewandter Kunst. 55, 57, 296, 302

NUOVO DESIGN; »Neues Design«, entstand in Italien auf der Grundlage der Ablehnung eines rein funktionalistischen Designkonzepts. Der Grundstein für die Bildung eines Nuovo Design wurde durch die Anti- und Radical-Design-Bewegung (Ende 60er und 70er Jahre) gelegt. Durchbruch des Nuovo Design in den 80er Jahren mit der Gruppe Memphis, die den Weg für ein spielerisches, offenes und antifunktionalistisches Design öffnete. 79, 92, 101, 118, 168, 256, 299

O LUCE; 242, **274**, 307

OFFREDI, Giovanni; 1927; Architekt und Produktdesigner, arbeitete für Ultravox, Bazzani, Bandi Line und Saporiti (Verkaufszentrum und Messestände).

OLIVARI; Herst. von Türgriffen; gegr. 1911 von Battista Olivari. Designer: Gio Ponti, Angelo Mangiarotti, Giotto Stoppino und Sergio Asti. 122, 250, 328

OLIVERI, Mario; 1921; Industriedesigner, Arbeitete ab 1952 mit Marcello Nizzoli, 1965-71 im Studio Nizzoli Associati in Mailand. Tankstellendesign für Ceccato, Zündkerzen für Lombardini, Titelblätter für die Ztschr. *L'Architettura.*

OLIVETTI; 51, 52, 53, 57, 59, 64, 65, 108, 114, 122, 123, 134, 138, 177, 228, 239, 268, 272, **276**, 320, 322, 327

OTTAGONO; Ztschr. für Industriedesign; gegr. 1966 von Osvaldo Borsani; beschäftigt sich insbesondere mit theoretischen und historischen Themen

PAGANO, Giuseppe; (Giuseppe Pagano Pogatschnig); 1896-1945; Architekt, Möbeldesigner, Publizist; in den 30er Jahren Möbel; Vertreter des Rationalismus; Redakteur bei *Casabella* und *Domus*; wurde aufgrund antifaschist. Aktionen in einem deutschen Lager interniert und ermordet. 303, 348

PALLUCCO; Möbelherst.; gegr. 1980 von Paolo Pallucco. Neben eigenen Arbeiten auch solche junger Designer und Reeditionen, z.B. von Gio Ponti. Die Firma wird seit 1989 unter dem Namen Palluccoitalia von Mino Bellato weitergeführt.

PAMIO, Roberto; 1937; Architekt, Möbel- und Leuchtendesigner; arbeitete mit Renato Toso; Möbel- und Lampen für Arflex, Art Linea, Cidue, Leucos und Zanussi.

PECORA, Terri; **282**

PEDRIZZETTI, Paolo; 1947; Architekt, Produktdesigner und Publizist; 1982-88 Studio mit Davide Mercatali (Materialexperimente, u.a. mit Plastik und Metall). Eröffnete 1988 Designstudio; Hrsg. der Ztschr. *Blu & rosso* und *Bagno & Bagni.*

PENATI, Marco; 321

PEREGALLI, Maurizio; 1951; Architekt, Unternehmer und Möbeldesigner. Arbeitete mit Giorgio Armani, dessen Modegeschäfte er in ganz Italien, in London und in New York einrichtete. 1984 Mitgründer der Gruppe Zeus. 357

PERSICO, Edoardo; gest. 1939; Architekt, Grafiker, Jurist und Publizist; rationalist. Architekt; publizierte über Architektur und Design. 1935-36 Mithrsg. der Ztschr. *Casabella.*

PESCE, Gaetano; 116, 128, 156, **283**, 299

PIACENTINI, Marcello; 1881-1960; Architekt und Stadtplaner; 1927 vorbildl. Planung des Stadtzentrums von Bergamo (klassische und moderne Elemente). Erhielt wichtige architekt. Auftrage von der faschist. Regierung. (1928 Gerichtsgebäude in Messina, 1931-39 in Mailand).

PIAGGIO; Motorrollerherst.; vor dem 2.Weltkrieg Produktion von Flugzeugen. 1946 wurde mit der *Vespa* des Flugzeugkonstrukteurs Corradino d'Ascanio ein neuer Fahrzeugtyp mit einer selbsttragenden Karosserie und »aeronautischem« Design vorgestellt; wurde in den 50er Jahren zum Mythos und zum Symbol des italien. Dolce Vita. Heute, neben anderen Modellen, auch Nostalgie-Editionen. 59

PIERANTONIO BONACINA 136

PININFARINA/PININ FARINA; 65, 98, 130, 138, 190, 196, 213, 232, **286**

PINTORI, Giovanni; 1912; Grafiker und Künstler. Arbeitete haupts. für Olivetti (1947 Logo). Bekannt wurden seine Plakate für *Lettera 22* und *Elettrosumma 22.* Leitete bis 1967 das Grafikstudio der Firma. 278

PIRELLI; 62, 104, 135, 218, 270, **290**, 294, 310, 327, 352

PIRETTI, Giancarlo; 1940; Möbeldesigner. Leiter der Abtlg. Forschung und Design bei Castelli; ergonom. Möbel für Massenproduktion (1969 Klappstuhl *Plia* aus Plexiglas, der häufig kopiert und variiert wurde). Arbeitete später für Open Ark, ab 1984 für Castilia. 1981 und 1991 *Compasso d'oro.*

PIVA, Paolo; 1950; Architekt, Produktdesigner und Publizist (1980 kuwait. Botschaft in Quatar). Möbel und Produkte für B&B Italia, Poliform, Stilnovo und Giovannetti.

POGGI; 90, 230, **291**

POLITECNICO DI MILANO; Architektur-Fakultät der Universität Mailand. Fast alle Größen des italienischen Designs haben hier studiert, die meisten auch gelehrt. Seit 1994 gibt es eine Abteilung für Industriedesign.

POLLINI, Gino; 1903; Architekt und Produktdesigner; 1926 Gruppo Sette mitgegr., die für rationalist. Architektur eintrat; 1930-1946 Delegierter Italiens beim Internationalen Kongress für Moderne Architektur (CIAM); arbeitete mit Luigi Figini (1934-1935 Olivetti-Gebäude in Ivrea, 1935 Schreibmaschine *Studio 42* mit Alexander Schawinsky). 53, 276, 302

POLTRONA FRAU; Möbelherst.; gegr. 1912 von Renzo Frau in Turin; spez. auf Polstermöbel; stattete in den 20er Jahren Salons und Luxusschiffe aus; nach 1945 industrielle Produktion; arbeitete mit Designern, wie Gio Ponti, Marco Zanuso, Pierluigi Cerri, Gae Aulenti und Mario Bellini. Inzwischen auch Herstellung von Flugzeugsitzen und Objektmöbeln. 344

POLTRONOVA; 114, 144, 179, **292**, 300, 324, 329, 344

PONTI, Gio; 57, 63, 88, 136, 154, 202, 204, 251, 290, **293**, 340

PORTOGHESI, Paolo; 1931; Architekt, Publizist, Dozent, Möbel- und Produktdesigner; war Mithrsg. von Fachztschr. und Autor zahlreicher Bücher über Architektur. Arbeiten für Poltrona Frau, Alessi und Ritzenhoff. 96

POZZI-GINORI; Keramikherst.; gegr. 1906 als Ceramica Pozzi spa; spezialisiert auf Badezimmereinrichtungen. Arbeiten u.a. von Gae Aulenti, Matteo Thun, Makio Hasuike. 1976 Fusion mit Richard-Ginori.

PRADA, Miuccia; 1950; Modedesignerin; Politik- und Theaterstudium. Arbeitete ab 1980 für Lederwaren-Firma ihres Onkel Mario in Mailand. Kollektion 1985 (Cityrucksack aus wasserdichtem Nylonmaterial, der Kultstatus erlangte). Minimalist. Stil mit schrägen Mustern, oft Kunstfasern. 81

PUCCI, Emilio; 1914-1992; Modedesigner. Sohn einer alten florent. Familie. 1947 Skikleidung; Pucci prägte die Mode der 60er Jahre mit bunten, frech gemusterte Seidenjersey-Kleider und Hemdblusen; Einflüsse der Pop und Op Art. Bekannt wurden auch seine wadenlangen Caprihosen und Bodysuits.

PUPPA, Daniela; 1947; Publizistin, Möbel- und Modedesignerin; arbeitete 1970-74 für Nizzoli Associati; 1972-76 Redakteurin bei *Casabella*, 1977-83 bei *Modo*. Arbeiten für Fontana Arte, Cappellini, Ligne Roset, aber auch für Alchimia und Gianfranco Ferré. 202

RADICAL DESIGN; 102, 144, 179, 181, **290**, 219, 230, 254, 284, 292, 322, **329**

RAGGI, Franco; 1945; Architekt, Möbel-, Leuchtendesigner und Kritiker. Arbeitete 1971-75 für die Ztrschr. *Casabella*, 1977-1983 Hrsg. von *Modo*. Theoretiker des radikalen Designs; Aktivitäten mit Global Tools. Entwarf mit Daniela Puppa Lampen und Sessel für Fontana Arte und Cappellini. 92, 202, 292, 313

RASULO, Prospero; 104, 292, **300**

RATIONALISMUS; 55, 276, 296, 298, **302**, 322

RE-DESIGN; der Begriff meint die Überarbeitung bestehender Produkte. Ein früher prominenter Vertreter war Raymond Loewy, der Re-Design im Sinne von Styling, z.B. bei Autos, interpretierte. Neue Aktualität erhielt der Begriff durch Alessandro Mendini, der im Studio Alchimia in den 70er Jahren Bauhaus- und Thonet-Stuhlklassiker ironisch reinterpretierte, indem er sie, wie bei Marcel Breuers *Wassily*, mit Mustern überzog, andere Möbel mit Fähnchen ausstattete. Mendini ging davon aus, daß ein Neuerfinden von Formen nicht mehr möglich sei. 258, 300

REXITE; Kleinmöbel- und Accessoireherst.; gegr. 1968. Seit 1978 ist Raul Barbieri für Design zuständig, der mit Giorgio Marianelli arbeitete (1995 gemeinsam Briefablage *Babele*, eine millionmal verkauft, Serie *Cribbio* mit Schirmständer). Arbeiten von Giotto Stoppino (um 1990 Musikcassettenbehälter *Biblio*), Julian Brown, Gabriella Montaguti.

RICHARD-GINORI; Keramikherst.; gegr. 1873 in Mailand; 1923 Gio Ponti künstl. Leiter (Vasen und Gefäße), in den 40er und 50er Jahren Giovanni Gariboldi (1954 Teeservice *Ulpia*), später Gae Aulenti. 1976 Fusion mit Ceramiche Pozzi. 56, 294

RIMA (Rinaldi Mario); Möbelherst.; gegr. 1946 von der Eisenhändlerfamilie Rinaldi in Mailand; nach dem 2. Weltkrieg früh Metallmöbelproduktion; kombinierte Eisen mit Gummi und Plastik.

RINALDI, Gastone; 1920; Architekt und Möbeldesigner. Entwarf zahlreiche filigrane, überaus elegante Metallmöbel, u.a. die Sessel *DU 10* (1951), *DU 30* und *DU 43* (1953), *DU 57* (1956), die meisten für die Firma RIMA, die 1916 von seinem Vater Mario gegründet worden war; in den 70er Jahren u.a. Sofa *Ondalunga* und Klappstuhl *Dafne*.

RIVA, Umberto; **304**

RIZZATTO, Paolo; 101, 235, 252, **306**

ROGERS, Ernesto Nathan; 1909-1969; Architekt, Möbeldesigner und Publizist; 1932 Mitbegr. von BBPR. 1946-1947 Hrsg. der Ztschr. *Domus*, 1953-1964 *Casabella- Continuità*. Ab 1962 Dozent am Mailänder Polytechnikum. Hatte großen Einfluß auf die Entwicklung des italienischen Designs der 50er Jahre. 51, 122

ROMANELLI, Marco; 82, 184, 274, **307**

ROSSELLI, Alberto; 303, 352, **308**

ROSSI, Aldo; 79, 96, **309**, 333

RUBELLI; renommiertes, traditionsreiches Textilunternehmen; gegr. 1858 in Venedig. Produziert werden die hochwertigen Dekostoffe, darunter schwere Gold- und Samtgewebe, aber auch duftige naturfarbene Stoffe aus den hauseigenen Webereien. Außerdem handgewebte Samtstoffe (*Soprarizzi*) nach Techniken des 16. Jh.

SABADIN, Gigi; 1930. Sabadin ist kein Designer oder Architekt, sondern kommt aus einer handwerklichen Tradition (spezialisiert auf Holz und Metall). Entwirft vor allem Möbel für Crassevig. Bekannter auch die Holzwiege für Stilwood.

SABATTINI, Lino; 1925; Silberschmied und Produktdesigner. Leitete 1956-1963 die Entwurfsabteilung von Christofle; gründete 1964 die Firma Argenteria Sabattini. Als renommierter Silberschmied Arbeiten für Rosenthal und Zani & Zani.

SACCHI, Giovanni; Modellbauer. Der bekannteste italienische Modellbauer arbeitete für Richard Sapper, Marcello Nizzoli, Brionvega und Olivetti. 1998 *Compasso d'oro* für sein Lebenswerk.

SACCO, Bruno; 1934; Autodesigner. Arbeitete ab 1958 bei Mercedes-Benz, leitete ab 1975 die Stilistik-Abteilung (1991 neue *S-Klasse*, später *E-* und *C-Klasse*).

SADLER, Marc; Industriedesigner; Franzose, der in Venedig lebt. Sadler hat sich auf Kunststoffe und neue Technologien spezialisiert und arbeitet u.a. für Boffi (Küche *Alukit*). 201

SALOCCHI, Claudio; 1934; Architekt, Möbel- und Industriedesigner; ab 1965 Entwürfe in Kunststoff (1965 Armsessel *Palla*). Mitglied der Gruppe Ricerche non finalizzate. Arbeiten für Skipper, Alberti Cucine, Besana und Besozzi.

SAMBONET, Roberto; 160, **310**

SAN LORENZO; Silberwarenherst.; gegr. 1970 in Mailand; designorient. Produktion von Silberwaren. Designer: Franco Albini und Franca Helg (1971 Schalen *Pannocchia*), Antonio Piva, Afra und Tobia Scarpa, (1979 Besteck, 1990 Karaffe *Moretta*), Lella und Massimo Vignelli.

SANTACHIARA, Denis; 118, 236, **312**

SANT'ELIA, Antonio; 1888-1916; Architekt und Theoretiker; Ideengeber des Futurismus; schrieb 1914 Manifest der futuristischen Architektur; Entwürfe für *La città nuova*. Einfluß in Architektur und Städtebau.

SAPORITI; Möbelherst.; gegr. 1949. Designer: Alberto Rosselli und Giorgio Raimondi.

SAPPER, Richard; 94, 110, 145, 222, **314**, 333, 353

SARFATTI; Gino; 1912-1985; ehem. Luftfahrtingenieur und Leuchtendesigner. Pionier des modernen italien. Leuchtendesigns; 1939 Leuchtenfirma Arteluce gegr.; wichtige Entwürfe in den 40er und 50er Jahren. 63, 108, 201, 236

SARFATTI; Riccardo; Architekt; Sohn Gino Sarfattis; Mitbegr. der Leuchtenfirma Luceplan. 236

SAWAYA & MORONI; 83, **316**

SCARPA, Afra; 1937; Möbeldesignerin und Architektin; 116, 156, 200, 291, **318**, 333

SCARPA, Carlo; 63, 128, 210, 278, 305, 318, **319**, 340

SCARPA, Tobia; 1935; Möbeldesigner und Architekt; 116, 156, 200, 291, **318**, 333, 340

SCARZELLA, Patrizia; 321

SCHAWINSKY, Alexander »Xanti«; Schweiz 1904-1979. Produktdesigner, Grafiker und Künstler. Studium am Bauhaus. Gestaltete 1933-1936 für Studio Boggeri Anzeigen und Broschüren von Motta, Cinzano und Olivetti; in den 30er Jahren in deren berühmter Werbeabteilung; Schreibmaschinen für Olivetti (1936 *Studio 42*). Emigrierte 1936 in die USA; dort haupts. Maler und Dozent. 53, 134

SCHIAPARELLI, Elsa; 1890-1973; italienische Modedesignerin, die früh in die USA und 1922 nach Paris ging, das zu ihrer Wahlheimat wurde. In den 30er Jahren große Erfolge mit avantgardistischen, surreal anmutenden Entwürfen (u.a. Zusammenarbeit mit Salvador Dali, Jean Cocteau). 1937 *Musik*-Kollektion, 1938 *Zirkus*-Kollektion. Zog sich Mitte der 50er Jahre aus dem Modedesign zurück.

SCHUBERTH, Emilio; 1904-1972; Modedesigner; röm. Couturier, der für die schönen und reichen Frauen seiner Zeit, von Sophia Loren bis zu Soraya, exklusive Abendroben schuf.

SCUOLA POLITECHNICA DI DESIGN; private Hochschule für Design in Mailand; gegr. 1954 (nicht zu verwechseln mit dem Polytechnikum); bietet Kurse in Industrie-, Möbel-, Public- und Visuellem Design. 1995 *Compasso d'oro*.

SEEGATZ / EIFLER; Designstudio; gegr. 1994 von Claus Eifler, Andreas Seegatz, Ludolf von Alvensleben und Tom Keller in Mailand / Berlin. Architektur, Produktdesign Grafik, Kulturprojekte (1996 Projekt *World interiors* in Köln und Mailand).

SEMPRINI, Roberto; 1959; Architekt und Möbeldesigner; gehörte zu der Bewegung des Bolidismus. Arbeitete 1988 mit Massimo Iosa Ghini für den TV-Sender RAI (Programm *Fuori Orario*); Diskothek Bolidò mit Iosa Ghini in New York. Möbel für Disform, Fiam, Ferrart, Sigla und Edra-Mazzei (1989 Sofa *Tatlin* mit Mario Cananzi). 186

SIGLA; **321**

SILVESTRIN, Danilo, 1942; Architekt, Möbel- und Produktdesigner; Meister der einfachen Form. Arbeiten für ClassiCon, Lambert, Rosenthal, Up&Up und WMF.

SKIPPER; Möbelherst.; gegr. 1968; seit 1973 Dach für verschiedene Kollektionen, wie *Comput* (Büromöbel), *B. Ardani* (Wohnmöbel), *Green* (Außenmöbel). Designer: u.a. Ettore Sottsass, Bruno Gecchlin und Angelo Mangiarotti. 246

SMC ARCHITETTURA; Studio von Sergio Mazza und Giuliana Gramigna. **250**

SMEG; Elektrogeräteherst.; gegr. 1948 in Guastalla. Herde, Waschmaschinen und Geschirrspülmaschinen mit klassisch- elegantem und funktionalem Design.

SOTTSASS, Ettore; 61, 65, 77, 88, 92, 96, 110, 254, 278, 292, 299, **322**, 348

SOWDEN, George James; 1942 England; Architekt, Möbel- und Industriedesigner. Arbeitete ab 1970 mit Ettore Sottsass; Computersysteme und Büroarbeitsplätze sowie Ergonomieforschung für Olivetti; Mitbegr. von Memphis (1982 Kleiderschrank *Luxor*). Arbeiten für u.a. Ritzenhoff und Rasch.

STEINER, Albe; 231, 290, **326**

STILEINDUSTRIA; gegr. 1953 von Alberto Rosselli mit dem Ziel, den Informationsaustausch zwischen Industrie und Design zu fördern; wurde 1962 eingestellt. In den 90er Jahren mit wenig Erfolg reanimiert. 1970 *Compasso d'oro*.

STOPPINO, Giotto; 127, 218, 224, **328**

STUDIO ALCHIMIA; 88, **92**, 94, 102, 144, 176, 216, 254, 258, 300, 324

STUDIO BOGGERI; **134**, 276

SUPERSTUDIO; 292, 298, **329**

SUSANI, Marco; 1956; Architekturstudium in Mailand. **332**

TAKAHAMA, Kazuhide;1930 Japan; Architekt und Möbeldesigner; 1963 Studio in Bologna. Arbeiten für B&B Italia, Simon International sowie den Leuchtenherst. Sirrah.

TECNO; 142, **330**

TECNO TUBO TORINO; **216**

TERRAGNI, Guiseppe; 1904-1943; Architekt und Möbeldesigner; rationalist. Architektur (1934-36 faschist. Parteizentrale in Como). Verwendete Industriematerialien, entwarf frühe Serienprodukte (1936 Freischwinger *Lariana*, seit 1982 bei Zanotta). 55, 302, 348

TESTA, Armando; 1917-1992; Grafiker; eine der einflußreichsten Figuren in der italienischen Grafik- und Werbewelt. 1946 Studio in Turin; 1956 erfolgreiche Werbeagentur gegr. Bekannt durch die Plakate für die Olympischen Spiele in Rom 1960 und seine Anzeigen für Pirelli. 290

THUN, Matteo; 77, 109, 201, 216, **331**

TOSCANI, Oliviero; 1942; Modefotograf und Art Director; sorgte mit seinen Werbekampagnen für Bennetton für Aufsehen. Entwickelte moderne CI für Fiorucci und Esprit; visuelle Kommunikation für B&B Italia. 116, 126

TOURING; Karosseriebauer; gegr. 1926. 1931 legendärer aerodynamischer *Flying Star*, 1937 Alfa *8C 2900 B Superleggera*, 1939 Alfa *6C 2500SS Duxia*. 1957 Lancia *3500GT*, 1959 Lancia *Flaminia*. 1967 aufgelöst. 98, 232

TOVAGLIA, Pino; 1923-1977; Grafikdesigner; Werbung für Pirelli, Logos für Ottagono und Alfa Romeo. Gründer des Art-Director's Club Mailand. Berater bei La Rinascente und Flos; leitete den Kurs CI an der Scuola Politecnica di Design in Mailand; 1998 *Compasso d'oro* für sein Lebenswerk.

TRIENNALE; einflußreiche internationale Ausstellung zu Architektur und Design; seit 1933 im Dreijahresabstand (mit Unterbrechungen) im Mailänder Palazzo dell'Arte (Architektur: Giovanni Muzio). Vorläufer: die *Biennalen* in Monza, 20er Jahre, (Nr. I bis IV), auf denen v.a. Kunsthandwerk und Innenarchitektur gezeigt wurden. Wechselvolle Geschichte der stets themenbezogenen Schauen: V. und VI. *Triennalen* 1933 und 1936 sog. »Richtungs-Triennalen« (Rationalismus vs. Novecento); VII. *Triennale* 1940; VIII. *Triennale* 1947 (Thema »L'abitazione«, Wohnen und Einrichtung); IX. bis XI. *Triennale* 1951, 1954, 1957 explizit der neuen Disziplin des Industriedesigns gewidmet; XII. *Triennale* 1960; XIII. *Triennale* 1964 (Thema »Il tempo libero«, Freizeit); IVX. *Triennale* 1968 (wurde von Radical Designern besetzt); XV. *Triennale* 1973; XVI. *Triennale* 1982; XVII. *Triennale* 1983–1988 (Ausstellungszyklus); XVIII. *Triennale* 1992; XIX. *Triennale* 1994 (Thema »Identità e differenze«, Identität und Differenz). Seit Ende der 60er Jahren sukzessive weniger Bedeutung. Bis dahin eine der wichtigsten Institutionen zur Förderung des Designs, wichtige Plattform für Designer. 1967 *Compasso d'oro*. 54, 57, 64, 90, 142, 162, 176, 204, 352

TRIMARCHI, Mario; 1958 Messina; Architekturstudium in Reggio Calabria. 44, **332**

TRUSSARDI; Modehaus; gegr. 1910 in Bergamo, heute Mailand. Zunächst Handschuh-Meisterbetrieb, später komplettes Lederwarensortiment. 1970 übernahm Nicola Trussardi die Leitung. 1983 Damen-, 1984 Herrenmode; seit 1991 auch Haute Couture; stellt Accessoires, Möbel, Geschirr u.a. her; beliebt sind Lederjacken und Mäntel.

UFO; s. Gruppo UFO

ULTIMA EDIZIONE; Möbelherst.; gegr. 1986; spezialisiert auf die Verarbeitung alten Marmors. Designer: Gae Aulenti, Ettore Sottsass, Marco Zanuso, Marco Zanini, Vico Magistretti.

UNIFOR; 309, **333**

UP&UP; Herst. von Tischen, Fußböden, Badezimmereinrichtungen und Kaminen; gegr. 1986; spezialisiert auf Marmor; Arbeiten von Aldo Rossi, Marco Romanelli und Marta Laudani, Achille Castiglioni, Adolfo Natalini, Marco Zanini. 307

VALENTINO; **334**

VALLE, Gino; **338**, 355

VENINI; 132, 201, 296, **340**

VENINI, Paolo; 1895-1959; Glasdesigner und Unternehmer; 1921 Mitbegr. Veninis, einer der renommiertesten Glasmanufakuren Venedigs; seit 1925 Alleininhaber. Venini griff alte Techniken auf und entwickelte sie weiter. Designer: u.a. Gio Ponti, Carlo Scarpa. 296, 319, 318, 340

VENTURINI, Guido; 1957; Produktdesigner; vertritt Bolidismus; arbeitete 1985-1989 mit Stefano Giovannoni für King-Kong; Arbeiten für Alessi, Ultima Edizione, Twergy und Bianchi & Bruni. 94, 212

VERSACE, Donatella; 80, 342

VERSACE, Gianni; **342**

VIGANÓ, Vittoriano; 1919; Architekt und Produktdesigner. Frühe Experimente mit neuen Materialien. Arbeitete mit Gio Ponti und im Studio BBPR. Vermittelte die Ideen Le Corbusiers; prägte als Designer die 50er Jahre mit Stahl-, Glas- und Sperrholzmöbeln. Arbeiten für Arteluce. 60, 109

VIGNELLI, Lella; 1936; Architektin, Möbel- und Grafikdesignerin; Studium am MIT Cambridge (USA) und in Venedig; 128, 292, **344**

VIGNELLI, Massimo; 1931; Architekt, Möbel- und Grafikdesigner; Studium der Architektur in Mailand und Venedig. 128, 290, 292, 340, **344**

VIGO, Nanda; Architektin, Künstlerin und Produktdesignerin. Arbeitete für Lucio Fontana und Gio Ponti; neben Architekturprojekten und Kunst Möbel- und Lampen für Driade, Gabbianelli und Glass Design.

VORTICE; Herst. elektrischer Geräte; gegr. 1954. Bekannt wurde Marco Zanusos innovativer Ventilator *Ariante* von 1977, eine »Schachtel«, in die die Technik integriert war.

ZANI & ZANI; **346**

ZANINI, Marco; 1954; Architekt, Möbel-, Glas- und Leuchtendesigner. Arbeitete für Sottsass Associati; bekannt durch Entwürfe für Memphis (1986 Sessel *Roma*) und Glas für Venini. 77, 256, 325

ZANOTTA; 55, 78, 114, 144, 162, 179, 181, 230, 299, 321, 329, **348**

ZANUSO, Marco; 61, 62, 63, 104, 109, 122, 132, 136, 138, 145, 222, 290, 314, 348, **352**

ZANUSO, Marco jr.; 1954; Architekt, Möbel- und Leuchtendesigner. Leuchten für seine Firma Oceano Oltreluce; Möbel für Memphis; Architekturprojekte in Europa. 303

ZANUSSI; 65, 338, **355**

ZEUS; 81, **357**

ZUCCHETTI RUBINETTERIA; Armaturenherst.; gegr. 1929 von Alfredo Zucchetti. 1975 Zusammenarbeit mit Studio Nizzoli (*Zetamix 6000*), später mit Raul Barbieri und Giorgio Marianelli.

Mit großen Dank der Autorin an

Markus Schuler, Köln,
ohne den dieses Buch nicht entstanden wäre. Dank für seine enthusiastische und umsichtige Recherchearbeit und die sachkundige und inspirierte redaktionelle Betreuung der Bereiche Mode- und Grafikdesign.

Fulvio Ferrari, Turin, für die großzügige Bereitstellung seines Fotoarchivs.

Jan Strathmann, Köln.

Helge Aszmoneit und dem Rat für Formgebung/German Design Council, Frankfurt,

Donatella Cacciola, Rom und Bonn

Giulio Castelli, Mailand, und dem ADI, mit zusätzlichem Dank an Alessandra Fossati.

Uta Brandes, Köln. ICE, Istituto Nazionale per il Commercio Estero, Düsseldorf (Andrea Ferrari, Mariana Lopper, Tommaso Maria Gliozzi). Michael Erlhoff, Köln. Galerie Ulrich Fiedler, Köln (Ulrich Fiedler und Katharina Evers). Thomas Hauffe und Elisabeth Knoll, DuMont Buchverlag, Köln. Bruno Mocci, Kulturbeauftragter der Italienischen Botschaft, Bonn. Peter Pfeiffer, Mailand. Marco Romanelli, Mailand. Heike Tekampe, Köln.

Paolo Antonelli, Peter Boragno, Guido Boragno, Robin Davy, Klaus Thomas Edelmann, Ruth Hanisch-Raddatz und Wolfgang Raddatz, Hans Höger, Christoph Johannsson, Michael Junker, Olaf Kriszio, Antonia Lahmé, Ines Lusche, Manu Lange, Julia Lenz, Kathrin Luz, Anne Marburger, Alexandra Maus, Susan Neumann, Eleonore Neumann, Ingeborg Polster, Udo Schliemann, Klaus Schmidt-Lorenz, Ulrike Stiefelhagen, Ute von Elsen.

Dank an alle Firmen und Designer, die mich bereitwillig bei meiner Recherche unterstützt haben.

Und einen besonderen Dank an Mandy, Bernd und Olaf.

Impressum

Die Deutsche Bibliothek –
CIP Einheitsaufnahme

Claudia Neumann:
Design Lexikon Italien –
Köln : DuMont, 1999
ISBN 3-8321-4427-7

Zuerst erschienen im
DuMont Buchverlag, Köln 1999

Exklusivrechte für den deutschsprachigen Raum:
DuMont Literatur und Kunstverlag, Köln

Idee, Konzeption und Produktion
Howard Buch Produktion, Bonn

Projektleitung: Bernd Polster

Art director: Olaf Meyer

Lektorat: Heike Tekampe, Köln

Lithographie: EPS, Bonn

3-8321-4427-7

Bildnachweise

Fulvio Ferrari: 14, 18, 30, 35, 53 (l., m.), 55 (l.), 57 (l.), 61 (m.), 63 (m., r.), 65 (m.), 67 (m.), 71 (m., r.), 72 (l., m.), 74 (l.), 75 (l., m.), 92 (o., u.r.), 104 (u.), 104 (o.r.), 105 (o.r.), 142, 144 (l.), 149 (l.), 164 (l.), 170 (r.), 173 (r., u.), 175 (u.r.), 210, 219 (l.), 263, 279 (o.), 285 (o.), 293, 297 (o.l., u.l.), 323 · **Studio Aldo Ballo**: 7, 19, 111 (o.l., o.r.), 125 (o.l.), 132 (l.), 139 (u.l.), 155, 156 (o.r., u.l.), 162 (r.), 171 (l., r.), 207 (o.r.), 241, 250 (l.), 295, 316 (r.), 325 (l.), 346, 347, 349 (u.r.) · **Andreas Jung / Galerie Ulrich Fiedler, Köln**: 4, 31, 66 (m.), 91 (u.), 109, 279 (u.l.), 297 (u.r.) · **Archiv ADI, Mailand**: 33, 34, 62 (r.), 64 (m.), 65 (l.), 67 (l.), 68, 69 (m., r.), 71 (l.), 72 (r.), 78 (l.), 79 (r.), 103 (o.), 146, 147, 156 (u.r.), 165 (m.), 173 (o.l.), 179, 208, 246, 271 (o.l., u.r.), 273, 311 (u.r.), 315 (o.), 318, 330, 339 (o.), 352, 353, 354 · **Gio Ponti Photo Archives, Salvatore Licitra**: 39, 54 (m.), 62 (m.) · **Studio Masera**: 40, 114 (r.), 163, 329, 349 (o.l.) · **Archivio Storico of Olivetti, Ivrea, Italy:** 51 (r.), 52 (l.), 55 (m.), 67 (r.), 139, 277, 279 (u.r.), 281 · **Robin Davy:** 2 · **M. Ramazzotti:** 15 · **Ramazzotti & Stucchi**: 302, 303 (l.), 349 (u.l.), 349 (o.r.), 351 · **Nucera / Casa Vogue**: 21 · **Miro Zagnoli**: 111 (u.l., u.r.), 169 (o.l.), 316 (m.) · **Notarianni**: 316 (l.) · **Victor Mendini**: 317 (l.) · **Santi Caleca**: 317 (r.) · **Centrokappa**: 161 (u.l.) · **Bella & Ruggeri:** 25, 156 (o.l.), 250 (r.) · **Roberto Sellitto:** 243 (u.r.), 193 (r.) · **Luciano Soave:** 54 (u.r.) · **Salvador Liderno:** 38, 237 (u.l.) · **Gionata Xerra:** 237 (r.) · **Studio Azurro:** 235 · **Bruno Di Bello:** 253 (u.l.) · **Archiv Albe Steiner:** 45, 326, 327 · **Leo Torri:** 180 (r.), 306 (u.r.) · **Bruno Stefani:** 61 (u.l.) · **Serge Libiszewski:** 310, 311 (o.l.) · **Hans Hansen:** 168 · **Bernd Mayer:** 169 (u.l.) · **Axel Siebmann:** 106 · **Anghinelli:** 206 · **Paolo Roversi:** 229 (l.) · **Mici Toniolo:** 282 (u.r.) · **Franco Manfrotto:** 141 (u.) · **P. Bramati:** 306 (u.l.) · **Guy Marineau:** 335 (r.) · **Piero Biasion:** 335 (l.) · **Beppe Caggi:** 343 (o.r.) · **Abbattista:** 343 (o.l.) · **R. Tecchio:** 359 (r.)